문제를 해결하며 학습하는

수학교육과정 및 교재론

김남희 지음

| 수학교육 학습시리즈 ❷ |

개정판

대면 및 비대면 강의를 위한 **학습자 활동 중심** 교재

문제를 **해결**하며 **학습**하는

수학교육과정 및 교재론

김남희 지음

실제편

KM 경문사

개정판 머리말

'수학 교육 학습 시리즈'를 출간한 지 어느새 4년이 지났다. 학습자 활동 중심으로 구성된 이 시리즈가 그동안 독자들의 꾸준한 사랑을 받아 온 것에 대해 깊이 감사드린다. 2020 코로나 팬데믹 이후, 비대면 학습의 효율적 운영과 학생의 자기주도 학습 역량 강화에 대한 관심이 그 어느 때보다도 커졌음을 실감한다.

개정판에서는 2022 개정 수학과 교육과정에 발맞춰 내용을 재정비하였다. 그리고, 수학 교사를 꿈꾸는 수험생들의 학습을 돕고자 최근 교원임용시험 기출문제와 그 해결 예시를 추가하였다. 아울러《수학교육과정과 교재연구, 2024》의 개정에 맞춰 일부 내용을 수정· 보완하였다.

이 책은 독자에게 학교수학의 교수－학습에 관한 의미있는 질문들을 던지고 있다. 각 질문에 답하다 보면 수학교육의 이론과 실제에 대한 이해가 깊어짐을 느낄 수 있을 것이다. 아무쪼록 이 책이 수학교육을 공부하는 독자 나아가 수학 교사가 되기를 희망하는 예비 수학 교사들의 '자기주도 학습 역량' 강화에 큰 도움이 될 수 있기를 희망한다.

2025년 3월

저자 김남희 올림

초판 머리말

이 책은 사범대학의 수학교육과 학생, 교원임용시험을 준비하는 예비 수학교사, 중·고등학교 현직 수학교사들을 위해 집필하였다. 이 책은 수학교육학의 기초 학습을 마친 사범대학 학부 3, 4학년생 수준의 강의 교재로서 혹은 수학교육학을 자학자습하고자 하는 사람들을 안내하는 교재로서 적합한 책이다.

이 책의 가장 큰 특징은 문제를 해결해 나가면서 수학교육학의 이론과 실제를 다룰 수 있도록 구성한 것이다. 기존의 수학교육학 이론서와 다르게 '문제를 해결하며 수학교육학을 학습해 나간다'는 독특한 아이디어로 책을 구성하게 된 배경은 수학교육학 학습자들이 이론과 실제에 관한 문제를 다루면서 스스로 의미 있는 질문을 제기하고 탐구하는 습관을 키울 수 있도록 돕기 위함이다.

수학교육학을 공부하는 학생들을 지도한 오랜 경험에 의하면, 강의 수업과 병행하여 학생들에게 학습 주제와 관련된 문제를 스스로 해결해 볼 수 있는 기회를 제공하면 학습 효과가 높아진다. 이 책을 공부하면서 독자들은 친절한 교사나 동료가 마치 내 옆에서 좋은 질문을 던져주고 있다는 느낌을 받게 될 것이다. 독자들은 그 질문의 해답을 스스로 찾아가면서 수학교육학의 기본 내용을 익히고, 표현하고, 설명할 수 있게 된다.

현명한 독자라면 수학교육학의 이론과 실제에 대한 학습이 문제를 해결한다고 완결되지 않음을 잘 알고 있을 것이다. 그러나 이 책에 제시한 문제의 의미를 곰곰이 생각해 보고, 관련 자료를 찾아보고, 자신의 생각을 정리해 나가는 과정 속에서 큰 배움과 학습의 진전이 있음을 경험하게 될 것이다. 수학교육학 학습 과정에서 모호하게 이해했던 내용들이 문제를 해결해 나가면서 명확하게 이해될 것이며 평소에 생각하지 못했던 측면에서 제기된 문제들을 통해 자신의 의식과 관점이 확장될 것이다. 만약 독자가 수학 교사를 희망하여 교원임용시험을 준비하는 수험생이라면 이 책은 독자의 자학자습을 이끌면서 수학교육학을 체계적으로 공부할 수 있도록 돕는 안내서가 될 것이다. 아무쪼록 이 책이 수학교육학의 이론과 실제에 대한 지식을 보다 견고히 하는 데 좋은 길잡이가 되기를 기대한다.

이 책이 나오기까지 집필에 집중하며 일할 수 있도록 관심과 사랑으로 도와준 가족들에게 감사의 마음을 전한다. 특히 원고의 구성, 편집, 교정의 기나긴 기간을 매일 옆에서 함께 지켜보며 관심 써주고 격려해 준 남편에게 고마움을 전한다. 또한 여러 가지 큰 배려로 연구년의 시간을 통해 이 책을 마무리할 수 있도록 도와주신 학과 교수님들께도 깊이 감사드린다. 마지막으로 이 책을 출판될 수 있도록 애써주신 경문사 임직원 여러분과 오랜 동안의 힘들었던 편집 작업을 즐거운 마음으로 매끄럽게 진행해주신 성윤조 선생님께 진심으로 감사드린다.

2018년 3월

저자 김남희 올림

이 책을 공부하는 방법

각 장에서 다루는 학습 주제들은 서로 독립적으로 구성되어 있다. 따라서 독자의 관심이나 필요에 따라 차례 순서에 관계없이 학습 주제를 선별하여 공부할 수 있다. 그러나 수학교육의 이론과 실제를 전반적으로 정리하고 싶은 독자라면 처음부터 마지막까지 순서대로 공부하는 것이 무난할 것이다.

각 장의 학습 주제는 공통적으로 주요내용 학습, 문제해결 학습으로 나뉘고 문제해결 학습에서는 기초문제, 정리문제, 교원임용시험 기출문제를 다루었다. 그리고 마지막으로 질문과 토론에 의한 하브루타 학습을 안내하였다. 각 코너를 학습하는 방법은 다음과 같다.

주요내용 학습

수학교육학의 기초 학습을 마친 후, 복습, 정리 및 지식의 확장을 위한 학습 과정에서 필수적으로 익혀야 할 내용들을 엄선하여 다루었다. 사범대학 수학교육과 학생들을 위한 교재로 활용한다면 학부 3, 4학년 수준에 적합한 내용들이라고 할 수 있다. 이 책을 자학자습용으로 활용한다면 자신이 가지고 있는 수학교육학 이론서와 병행해서 공부하는 것이 좋다. 이 책에 제시된 주요 내용을 바탕으로 하여 동일한 학습 주제를 다른 교재에서 찾아 심화 탐구 학습을 하는 것도 바람직하다.

기초문제로 복습하기

학습 주제의 주요 내용을 정리하면서 그 내용을 익히고 복습한다. 이론과 관련된 문제뿐만 아니라 학교수학의 실제와 관련된 문제도 다룬다. 이 코너에서는 독자가 문제를 스스로 해결해보고 검토하는 활동을 하는 것이 중요하다. 문제해결 결과를 단순히 기록하는 것에서 나아가 관련 내용을 다룬 참고자료를 찾아 자신의 결과를 검토하고 보완해본 후, 도움이 된 자료들은 기록하여 추후 복습에 활용한다. 강의 시간에 토론식 수업을 한다면 제시 문제의 해결 과정이나 결과를 서로 발표하고, 함께 검토하면서 발전시켜볼 수도 있다.

정리문제로 다지기

학습 주제 내용에 대한 이해를 보다 견고히 한다. 여기서는 [문제해결 예시]를 제공하여 독자들이 문제해결 결과를 검토하고 보완할 수 있도록 돕는다. 독자들은 자신이 스스로 해결한 답안을 [문제해결 예시]와 비교해보고, 참고자료에서 관련 내용을 찾아 그 결과를 검토하고 보완해본다. [문제해결 예시]는 참고자료에 근거한 예시일 뿐, 독자는 [문제해결 예시]를 보다 나은 결과로 재구성해 볼 수 있다. 제시된 자료 이외에 도움이 된 자료가 있으면 나의 추가 자료로 기록하고 추후 학습에 활용한다. 강의 시간에 토론식 수업을 한다면 제시 문제의 해결 과정이나 결과를 서로 발표하고, 함께 검토하면서 발전시킬 수도 있다.

기출문제로 도약하기

1997년 이후부터 현재까지 실시된 교원임용시험 기출문제에서 해당 학습 주제와 관련된 문제를 다룬다. 기출문제 중 객관식 문제는 배제하고 단답형, 서술형, 논술형의 문제를 선별하여 제시한다. 정리문제 코너와 마찬가지로 [문제해결 예시]를 제공하여 독자들이 문제해결 결과를 검토하고 보완할 수 있도록 돕는다. [문제해결 예시]는 가능한 한 자세하게 기술하고자 하였다. 따라서 교원임용시험을 준비하는 독자라면 자신의 답안을 현행 시험에서 요구하는 분량에 맞게 수정해보는 과정이 필요하다. 문제를 스스로 해결해보고 [문제해결 예시]와 비교해 본 후, 참고자료에서 관련 내용을 찾아 그 결과를 검토하고 보완해본다. 참고자료로 예시된 이론서 외에도 다른 수학교육학 교재에서 관련 내용을 찾아보는 것이 필요하다. 관련 내용이 있으면 나의 추가 자료로 기록하고 추후 학습에 활용한다. 우리나라 수학과 교육과정과 관련된 문제는 문제가 출제된 시점의 교육과정을 찾아보는 것도 의미 있지만, 가능하다면 현재 적용 중인 교육과정에 근거해 답안을 구성하는 노력을 해본다.

문제만들기로 나아가기

이 코너에서는 독자 스스로가 논하고 싶은 내용들을 찾아 문제로 만들고 이를 동료와 함께 해결해본다. 하브루타는 친구를 의미하는 히브리어인 하베르에서 유래한 용어로 학생들끼리 짝을 이루어 서로 질문을 주고받으며 논쟁하는 토론 교육 방법이다. 하브루타 학습을 위해 먼저, 학습 주제와 관련해서 질문할 내용, 더 알고 싶은 내용, 보충 또는 심화 학습이 필요한 내용들을 문제 형식으로 만들어본다. 사범대학 수학교육과 학부생의 사례, 교원임용시험을 준비하는 예비 수학교사의 사례, 현직 수학교사의 사례를 참고하는 것도 좋다. 탐구 활동을 실행하고 동료와 토론하면서 자신의 생각을 다듬고 정리해 나간다. 수학교육학의 이론과 실제에 대한 논의거리는 무궁무진하다고 할 수 있다. 논의할 내용들이 생길 때마다 그것을 문제로 만들고 그 해결 결과를 정리한 자료를 축적해서 나만의 포트폴리오를 구성해본다.

이 책을 공부하면서 수학교육학의 이론을 수학 수업, 교육과정, 교과서와 관련짓는 노력을 충실히 하는 것이 바람직하다. 이론을 바탕으로 구현된 실제는 교육적으로 탄탄한 의미를 갖추게 되고, 실제와의 관련성이 풍부한 이론은 이해의 폭을 넓혀주기 때문이다.

차례

PART Ⅰ

수학 교육과정 및 교재연구

차례

PART II

학교수학의 문제해결지도

CHAPTER 01 추론 교육

> 내용 학습

> 문제 해결

> 하브루타

CHAPTER 02 분석-종합

> 내용 학습

차례

PART III
수학과 평가

CHAPTER 01 수학과 평가

PART

I

수학 교육과정 및 교재연구

CHAPTER

01

수학과 교육과정

내용 학습

- 이 책에 정리된 주요 내용을 토대로 자신의 지식을 확장해 봅시다.
- 수학교육학 교재나 참고문헌에서 학습 주제 관련 내용을 찾아 심화 학습해 봅시다.

우리나라 교육과정 개요

2022 개정 수학과 교육과정은 총론의 핵심역량[1]과 연계하여 '문제해결, 추론, 의사소통, 연결, 정보처리' 역량을 수학 교과 역량으로 설정하고, 핵심 아이디어와 지식 · 이해, 과정 · 기능, 가치 · 태도의 세 범주로 내용 체계를 구성하고 있다. 아울러 기초 소양 함양과 생태 전환 교육, 민주 시민 교육, 학생 맞춤형 교육을 도모하는 교수 · 학습 및 평가 방법을 제시한다. 또한, 학생 주도성 개념을 바탕으로 학생의 삶과 성장을 지원하고 온라인 교육 환경에서 교수 · 학습 및 평가를 할 수 있도록 하고 있다. 2022 개정 수학과 교육과정 설계 개요는 다음과 같다.

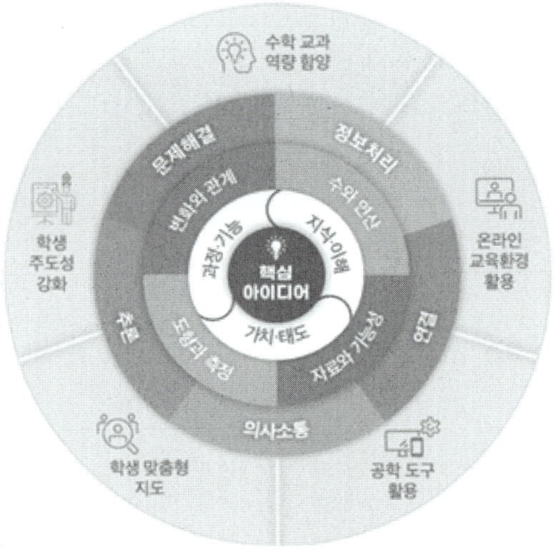

우리나라 수학과 교육과정 설계 개요(교육부, 2022: 5)

1) '자기 관리, 지식정보처리, 창의적 사고, 심미적 감성, 협력적 소통, 공동체' 역량

수학과는 4개 영역 즉, '수와 연산', '변화와 관계', '도형과 측정', '자료와 가능성'으로 구성된다. 공통 교육과정인 초등 · 중학교의 영역을 동일하게 설정하여 초등 · 중학교를 관통하는 핵심 대상과 개념을 학습한다. 4개 영역은 고등학교에 진학하여 수학 공통 과목이나 선택 과목을 학습하는 데 기초가 되는 내용을 전반적으로 다룬다.

수학 영역에서 배워야 할 필수 학습 내용은 '지식 · 이해', '과정 · 기능', '가치 · 태도'로 구분해 설명한다. 이들은 수학 교과 역량을 함양하는 데 필요한 핵심 요소이다. 지식 · 이해는 학생들이 해당 영역에서 학습해야 할 내용 즉, 수학의 핵심적인 개념, 원리, 법칙 등을 포함한다. 과정 · 기능은 수학 학습에서 교과 역량이 발현되는 사고 및 탐구 과정이나 기능을 의미한다. 가치 · 태도는 수학 학습을 통해 기를 수 있는 고유한 가치나 태도 등이다. 수학의 가치를 인식하고 수학적 태도를 함양할 수 있도록 학습하는 것이 중요하다.

핵심 아이디어는 학년(군) 또는 학교급을 관통하는 수학 내용의 본질 또는 가치를 나타낸다. 수학의 개념, 원리, 법칙 등이 어떻게 발생하고 확장되며 그 결과로 어떤 일반성과 추상성을 획득하는지, 수평적으로 또는 수직적으로 어떻게 상호 관련되는지, 어떤 탐구 과정을 중점적으로 강조하는지 등이 압축되어 제시된다.

이제, 다음에서 2022 개정 수학과 교육과정의 구체적인 내용을 살펴본다.

수학과 교육과정 내용

1. 성격

교육과정에서 제시하고 있는 수학과의 '성격'은 다음과 같다 (교육부, 2022: 6).

> 수학과는 수학의 개념, 원리, 법칙을 이해하고 주변의 여러 가지 현상을 수학적으로 관찰하고 해석하며 논리적으로 사고하고 합리적으로 문제를 해결하는 능력과 태도를 기르는 교과이다. 수학은 오랜 역사를 통해 인류 문명 발전의 원동력이 되어 왔으며, 세계화 · 정보화가 가속화되는 미래 사회의 구성원이 지녀야 할 역량을 기르는 데 필수적이다.
> 초 · 중학교에서 학습한 수학은 기본적인 삶을 영위하고 일상생활을 포함한 다양한 맥락의 문제를 해결하는 데 도움이 되고, 고등학교 수학뿐만 아니라 여러 교과 학습의 토대가 된다. 수학 학습은 자연과학, 공학, 의학뿐만 아니라 사회과학, 인문학, 예술 및 체육 분야 등 다양한 분야의 직업에서 요구하는 수리 소양을 형성하는 데 기초가 되며, 나아가 미래 사회를 주도할 창의성을 갖춘 사람으로 성장할 수 있는 기반을 제공한다.
> 학생들은 수학 학습을 통해 수학 지식을 이해하고 수학적 사고 과정과 기능을 형성하며 수학의 가치를 인식하고 바람직한 수학적 태도를 갖추어 수학 교과 역량을 함양할 수 있다. 또한, 수학을 학습하는 과정에서 협력하여 문제를 해결하고 성찰하는 경험을 통해 다른 사람에 대한 포용성을 갖춘 민주 시민이자 인간과 환경의 공존 및 지속 가능한 발전을 추구하는 세계 공동체의 일원으로 성장할 수 있다.

2. 목표

수학과 '목표'는 총괄 목표와 세부 목표로 나뉜다. 총괄 목표는 지식 · 이해, 과정 · 기능, 가치 · 태도를 통합적으로 학습하여 수학 교과 역량을 함양하는 것으로, 세부 목표는 문제해결, 추론, 의사소통, 연결, 정보처리 역량을 각각 함양하는 것으로 설정하고 있다. 그 내용은 다음과 같다(교육부, 2022: 6).

수학의 개념, 원리, 법칙을 이해하고 수학의 가치를 인식하며 바람직한 수학적 태도를 길러 수학적으로 추론하고 의사소통하며 다양한 현상과 연결하여 정보를 처리하고 문제를 창의적으로 해결하는 수학 교과 역량을 함양한다.

(1) 수학적 지식을 이해하고 활용하여 적극적이고 자신감 있게 여러 가지 문제를 해결한다.
(2) 수학적 사실에 대해 흥미와 관심을 갖고 추측과 정당화를 통해 추론한다.
(3) 수학적 사고와 전략에 대해 의사소통하고 수학적 표현의 편리함을 인식한다.
(4) 수학의 개념, 원리, 법칙 간의 관련성을 탐구하고 실생활이나 타 교과에 수학을 적용하여 수학의 유용성을 인식한다.
(5) 목적에 맞게 교구나 공학 도구를 활용하며 자료를 수집하고 처리하여 정보에 근거한 합리적 의사결정을 한다.

세부 목표는 다섯 가지 수학 교과 역량 각각에 대해 지식·이해, 과정·기능, 가치·태도의 세 가지 범주에서 서로 관련을 맺는 핵심 내용을 엮어 한 문장으로 기술되어 있음을 알 수 있다.

	지식 · 이해	과정 · 기능	가치 · 태도
(1)	수학적 지식	문제해결	적극적인 태도, 자신감
(2)	수학적 사실	추론	수학에 대한 흥미와 관심
(3)	수학적 표현	의사소통	수학의 유용성 인식
(4)	수학의 개념, 원리, 법칙	연결	수학의 가치 인식
(5)	자료와 정보	정보처리	합리적 의사 결정

3. 내용 체계

우리나라 교육과정에서 '내용 체계'는 학습할 내용의 범위와 수준을 다룬다. 영역별 핵심 아이디어와 지식 · 이해, 과정 · 기능, 가치 · 태도의 세 범주로 구성되어 있다.

수학과 교육과정은 공통 교육과정과 선택중심 교육과정으로 나뉘어진다. 공통 교육과정에서 제시하는 각 영역별 내용 체계표를 제시하면 (1)~(4)에 제시한 표와 같다(교육부, 2022: 7－10).

[공통 교육과정]
- 수학

[선택 중심 교육과정]

[공통 과목]
- 공통수학1, 공통수학2
- 기본수학1, 기본수학2

[진로 선택 과목]
- 미적분II
- 기하
- 경제 수학
- 인공지능 수학
- 직무 수학

[일반 선택 과목]
- 대수
- 미적분 I
- 확률과 통계

[융합 선택 과목]
- 수학과 문화
- 실용통계
- 수학과제탐구

내용 체계표에 제시된 핵심 아이디어와 세 범주는 성취기준, 성취기준 해설, 그리고 성취기준 적용 시 고려사항을 통해 수업에서 구현된다. 다음은 [9수01－05]에서 제시한 성취기준, 성취기준 해설, 성취기준 적용 시 고려사항이다(교육부, 2022: 33－34).

〈성취기준〉

[9수01-05] 정수와 유리수의 사칙계산의 원리를 이해하고, 그 계산을 할 수 있다.

〈성취기준 해설〉

[9수01-05] 정수의 사칙계산의 원리는 여러 가지 모델을 이용하여 직관적으로 이해하게 하고, 실 생활에서 사칙계산의 유용성을 인식하게 한다.

〈성취기준 적용 시 고려사항〉

정수와 유리수의 사칙계산의 원리를 이용하는 문제를 해결하기 위해 더 나은 계산 방법을 끈기 있게 찾아보게 하고, 풀이 과정과 결과를 반성하는 태도를 갖게 한다.

(1) 수와 연산

<table>
<tr><td>핵심 아이디어</td><td colspan="6">• 사물의 양은 자연수, 분수, 소수 등으로 표현되며, 수는 자연수에서 정수, 유리수, 실수로 확장된다.
• 사칙계산은 자연수에 대해 정의되며 정수, 유리수, 실수의 사칙계산으로 확장되고 이때 연산의 성질이 일관되게 성립한다.
• 수와 사칙계산은 수학 학습의 기본이 되며, 실생활 문제를 포함한 다양한 문제를 해결하는 데 유용하게 활용된다.</td></tr>
<tr><td rowspan="3">구분
범주</td><td colspan="6">내용 요소</td></tr>
<tr><td colspan="3">초등학교</td><td colspan="3">중학교</td></tr>
<tr><td>1~2학년</td><td>3~4학년</td><td>5~6학년</td><td colspan="3">1~3학년</td></tr>
<tr><td>지식 · 이해</td><td>• 네 자리 이하의 수
• 두 자리 수 범위의 덧셈과 뺄셈
• 한 자리 수의 곱셈</td><td>• 다섯 자리 이상의 수
• 분수
• 소수
• 세 자리 수의 덧셈과 뺄셈
• 자연수의 곱셈과 나눗셈
• 분모가 같은 분수의 덧셈과 뺄셈
• 소수의 덧셈과 뺄셈</td><td>• 약수와 배수
• 수의 범위와 올림, 버림, 반올림
• 자연수의 혼합 계산
• 분모가 다른 분수의 덧셈과 뺄셈
• 분수의 곱셈과 나눗셈
• 소수의 곱셈과 나눗셈</td><td>• 소인수분해
• 정수와 유리수</td><td>• 유리수와 순환소수</td><td>• 제곱근과 실수</td></tr>
<tr><td>과정 · 기능</td><td colspan="3">• 자연수, 분수, 소수 등 수 관련 개념과 원리를 탐구하기
• 수를 세고 읽고 쓰기
• 자연수, 분수, 소수의 크기를 비교하고 그 방법을 설명하기
• 사칙계산의 의미와 계산 원리를 탐구하고 계산하기
• 수 감각과 연산 감각 기르기
• 연산 사이의 관계, 분수와 소수의 관계를 탐구하기
• 수의 범위와 올림, 버림, 반올림한 어림값을 실생활과 연결하기
• 자연수, 분수, 소수, 사칙계산을 실생활 및 타 교과와 연결하여 문제해결하기</td><td colspan="3">• 최대공약수와 최소공배수 구하기
• 정수, 유리수, 실수의 대소 관계 판단하기
• 정수, 유리수, 근호를 포함한 식의 사칙계산의 원리를 탐구하고 계산하기
• 유리수와 순환소수의 관계 설명하기</td></tr>
<tr><td>가치 · 태도</td><td colspan="3">• 자연수, 분수, 소수의 필요성 인식
• 사칙계산, 어림의 유용성 인식
• 분수 표현의 편리함 인식
• 수와 연산 관련 문제해결에서 비판적으로 사고하는 태도</td><td colspan="3">• 음수, 무리수의 필요성 인식
• 실생활에서 사칙계산의 유용성 인식
• 수 체계의 논리적 아름다움에 대한 관심
• 정수와 유리수의 사칙계산의 원리를 이용하는 문제의 풀이 과정과 결과를 반성하는 태도</td></tr>
</table>

(2) 변화와 관계

<table>
<tr><th>핵심 아이디어</th><td colspan="6">• 변화하는 현상에 반복적인 요소로 들어있는 규칙은 수나 식으로 표현될 수 있으며, 규칙을 탐구하는 것은 수학적으로 추측하고 일반화하는 데 기반이 된다.
• 동치 관계, 대응 관계, 비례 관계 등은 여러 현상에 들어있는 대상들 사이의 다양한 관계를 기술하고 복잡한 문제를 해결하는 데 유용하게 활용된다.
• 수와 그 계산은 문자와 식을 사용하여 일반화되며, 특정한 관계를 만족시키는 미지의 값은 방정식과 부등식을 해결하는 적절한 절차를 거쳐 구해진다.
• 한 양이 변함에 따라 다른 양이 하나씩 정해지는 두 양 사이의 대응 관계를 나타내는 함수와 그 그래프는 변화하는 현상 속의 다양한 관계를 수학적으로 표현한다.</td></tr>
<tr><th rowspan="3">구분
범주</th><th colspan="6">내용 요소</th></tr>
<tr><th colspan="3">초등학교</th><th colspan="3">중학교</th></tr>
<tr><th>1~2학년</th><th>3~4학년</th><th>5~6학년</th><th colspan="3">1~3학년</th></tr>
<tr><th>지식 · 이해</th><td>• 규칙</td><td>• 규칙
• 동치 관계</td><td>• 대응 관계
• 비와 비율
• 비례식과 비례배분</td><td>• 문자의 사용과 식
• 일차방정식
• 좌표평면과 그래프</td><td>• 식의 계산
• 일차부등식
• 연립일차방정식
• 일차함수와 그 그래프
• 일차함수와 일차방정식의 관계</td><td>• 다항식의 곱셈과 인수분해
• 이차방정식
• 이차함수와 그 그래프</td></tr>
<tr><th>과정 · 기능</th><td colspan="3">• 물체, 무늬, 수, 계산식의 배열에서 규칙을 탐구하기
• 규칙을 찾아 여러 가지 방법으로 표현하기
• 두 양의 관계를 탐구하고, 등호를 사용하여 나타내기
• 대응 관계를 탐구하고, □, △ 등을 사용하여 식으로 나타내고 설명하기
• 두 양의 관계를 비나 비율로 나타내기
• 비율을 분수, 소수, 백분율로 나타내기
• 비율을 실생활 및 타 교과와 연결하여 문제해결하기
• 비례식을 풀고, 주어진 양을 비례배분하기</td><td colspan="3">• 식의 값과 함숫값 구하기
• 다항식의 연산 원리에 따라 계산하기
• 식을 간단히 하기
• 등식의 성질과 부등식의 성질 설명하기
• 방정식과 부등식 풀기
• 방정식, 부등식, 함수와 관련된 문제해결하기
• 상황이나 관계를 표, 식, 그래프로 나타내기
• 주어진 그래프 해석하기
• 일차함수의 그래프와 이차함수의 그래프의 성질 설명하기
• 일차함수의 그래프와 미지수가 2개인 일차방정식의 해 사이의 관계 설명하기</td></tr>
<tr><th>가치 · 태도</th><td colspan="3">• 규칙, 동치 관계 탐구에 대한 흥미
• 대응 관계, 비 표현의 편리함 인식
• 비와 비율의 유용성 인식
• 변화와 관계 관련 문제해결에서 비판적으로 사고하는 태도</td><td colspan="3">• 문자의 유용성 인식
• 순서쌍과 좌표, 그래프 등 수학적 표현의 유용성과 편리함 인식
• 방정식, 부등식, 함수의 필요성 인식
• 실생활, 사회 및 자연 현상과 관련된 문제를 수학적 모델링을 통해 해결하려는 도전적인 태도
• 체계적으로 사고하여 합리적으로 의사 결정하는 태도
• 타당한 근거에 따라 논리적으로 설명하는 태도</td></tr>
</table>

(3) 도형과 측정

구분 / 범주	내용 요소					
	초등학교			중학교		
	1~2학년	3~4학년	5~6학년	1~3학년		
핵심 아이디어	• 평면도형과 입체도형은 여러 가지 모양을 범주화한 것이며, 각각의 평면도형과 입체도형은 고유한 성질을 갖는다. • 도형의 성질과 관계를 탐구하고 정당화하는 것은 논리적이고 비판적으로 사고하는 데 기반이 된다. • 측정은 여러 가지 속성의 양을 비교하고 속성에 따른 단위를 이용하여 양을 수치화함으로써 여러 가지 현상을 해석하거나 실생활 문제를 해결하는 데 활용된다.					
지식 · 이해	• 입체도형의 모양 • 평면도형과 그 구성 요소 • 양의 비교 • 시각과 시간(시, 분) • 길이(cm, m)	• 도형의 기초 • 원의 구성 요소 • 여러 가지 삼각형 • 여러 가지 사각형 • 다각형 • 평면도형의 이동 • 시각과 시간(초) • 길이(mm, km) • 들이(L, mL) • 무게(kg, g, t) • 각도(°)	• 합동과 대칭 • 직육면체와 정육면체 • 각기둥과 각뿔 • 원기둥, 원뿔, 구 • 다각형의 둘레와 넓이 • 원주율과 원의 넓이 • 직육면체와 정육면체의 겉넓이와 부피	• 기본 도형 • 작도와 합동 • 평면도형의 성질 • 입체도형의 성질	• 삼각형과 사각형의 성질 • 도형의 닮음 • 피타고라스 정리	• 삼각비 • 원의 성질
과정 · 기능	• 여러 가지 사물과 도형을 기준에 따라 분류하기 • 도형의 개념, 구성 요소, 성질 탐구하고 설명하기 • 평면도형이나 입체도형 그리기와 만들기 • 평면도형을 밀기, 뒤집기, 돌리기 한 모양을 추측하고 그리기 • 쌓은 모양 추측하고 쌓기나무의 개수 구하기 • 공간 감각 기르기 • 여러 가지 양을 비교, 측정, 어림하는 방법 탐구하기 • 측정 단위 사이의 관계 탐구하기 • 측정 단위를 사용하여 양을 표현하기 • 실생활 문제 상황에서 길이, 들이, 무게, 시간의 덧셈과 뺄셈하기 • 도형의 둘레, 넓이, 부피 구하는 방법 탐구하기 • 측정을 실생활 및 타 교과와 연결하여 문제해결하기			• 점, 직선, 평면의 위치 관계를 다양한 상황과 연결하기 • 도형의 성질 설명하기 • 삼각형의 작도 과정 설명하기 • 삼각형의 합동과 닮음 판별하기 • 도형의 길이, 넓이, 겉넓이, 부피 구하기 • 구체적인 모형이나 공학 도구 이용하기 • 도형의 성질을 정당화하기 • 닮음비 구하기 • 간단한 삼각비의 값 구하기 • 삼각비를 활용하여 문제해결하기		
가치 · 태도	• 평면도형, 입체도형에 대한 흥미와 관심 • 합동인 도형, 선대칭도형, 점대칭도형의 아름다움 인식 • 표준 단위의 필요성 인식 • 넓이와 부피를 구하는 방법의 편리함 인식 • 도형과 측정 관련 문제해결에서 비판적으로 사고하는 태도			• 증명의 필요성 인식 • 피타고라스 정리, 삼각비의 유용성 인식 • 피타고라스 정리, 삼각비에 대한 흥미와 관심 • 도형의 성질을 이용한 건축물, 문화유산, 예술 작품에 대한 흥미와 관심 • 다양한 정당화 방법을 이용하여 체계적으로 사고하고 타인을 합리적으로 설득하려는 태도 • 정당화를 통해 수학적 근거를 바탕으로 비판적으로 사고하는 태도		

(4) 자료와 가능성

<table>
<tr><td>핵심 아이디어</td><td colspan="6">• 자료를 수집, 정리, 해석하는 통계는 자료의 특징을 파악하고 두 집단을 비교하며 자료의 관계를 탐구하는 데 활용된다.
• 사건이 일어날 가능성을 여러 가지 방법으로 표현하는 것은 불확실성을 이해하는 데 도움이 되며, 가능성을 확률로 수치화하면 불확실성을 수학적으로 다룰 수 있게 된다.
• 자료를 이용하여 통계적 문제해결 과정을 실천하고 생활 속의 가능성을 탐구하는 것은 미래를 예측하고 합리적인 의사 결정을 하는 데 기반이 된다.</td></tr>
<tr><td rowspan="3">구분
범주</td><td colspan="6">내용 요소</td></tr>
<tr><td colspan="3">초등학교</td><td colspan="3">중학교</td></tr>
<tr><td>1~2학년</td><td>3~4학년</td><td>5~6학년</td><td colspan="3">1~3학년</td></tr>
<tr><td>지식 · 이해</td><td>• 자료의 분류
• 표
• ○, ×, ／를 이용한 그래프</td><td>• 그림그래프
• 막대그래프
• 꺾은선그래프</td><td>• 평균
• 띠그래프, 원그래프
• 가능성</td><td>• 대푯값
• 도수분포표와 상대도수</td><td>• 경우의 수와 확률</td><td>• 산포도
• 상자그림과 산점도</td></tr>
<tr><td>과정 · 기능</td><td colspan="3">• 자료를 기준에 따라 분류하고 설명하기
• 탐구 문제를 설정하고 그에 맞는 자료를 수집하기
• 자료를 표나 그래프로 나타내고 해석하기
• 자료의 평균을 구하고 해석하기
• 자료를 수집하고 정리하여 문제해결하기
• 사건이 일어날 가능성을 비교하고 표현하기
• 실생활과 연결하여 사건이 일어날 가능성을 예상하기</td><td colspan="3">• 적절한 대푯값을 선택하여 구하기
• 자료를 표, 그래프로 나타내고 해석하기
• 통계적 탐구 문제 설정하기
• 공학 도구를 이용하여 자료를 수집하고 분석하기
• 확률의 기본 성질 탐구하기
• 자료의 분포를 비교하고 설명하기
• 자료의 상관관계 설명하기</td></tr>
<tr><td>가치 · 태도</td><td colspan="3">• 표와 그래프의 편리함 인식
• 평균의 유용성 인식
• 자료를 이용한 통계적 문제해결 과정의 가치 인식
• 가능성에 근거하여 판단하는 태도
• 자료와 가능성 관련 문제해결에서 비판적으로 사고하는 태도</td><td colspan="3">• 대푯값, 상대도수, 상자그림의 유용성 인식
• 공학 도구를 이용한 자료 수집과 분석의 편리함과 유용성 인식
• 자신의 삶과 연계된 확률과 통계에 대한 흥미와 관심
• 통계적 문제해결 과정에 주도적으로 참여하는 태도
• 체계적으로 사고하여 합리적으로 의사 결정하는 태도
• 확률 및 통계적 근거를 바탕으로 비판적으로 사고하는 태도</td></tr>
</table>

4. 성취기준

'성취기준'은 지식 · 이해, 과정 · 기능, 가치 · 태도를 학습한 도달점이다. 학습을 통해 도달해야 할 구체적인 성취 내용이 제시된다. '성취기준 해설'과 '성취기준 적용 시 고려 사항'은 성취기준의 취지, 범위 등 수학과 성취기준의 고유한 측면을 해석하고 적용할 때 고려할 수 있는 정보를 담고 있다. [중학교 1∼3학년] '수와 연산' 영역의 성취기준을 예시하면 다음과 같다(교육부, 2022: 33−34).

[중학교 1~3학년]

(1) 수와 연산

1 소인수분해

[9수01-01] 소인수분해의 뜻을 알고, 자연수를 소인수분해 할 수 있다.

[9수01-02] 소인수분해를 이용하여 최대공약수와 최소공배수를 구할 수 있다.

2 정수와 유리수

[9수01-03] 다양한 상황을 이용하여 음수의 필요성을 인식하고, 양수와 음수, 정수와 유리수의 개념을 이해한다.

[9수01-04] 정수와 유리수의 대소 관계를 판단할 수 있다.

[9수01-05] 정수와 유리수의 사칙계산의 원리를 이해하고, 그 계산을 할 수 있다.

3 유리수와 순환소수

[9수01-06] 순환소수의 뜻을 알고, 유리수와 순환소수의 관계를 설명할 수 있다.

4 제곱근과 실수

[9수01-07] 제곱근의 뜻과 성질을 알고, 제곱근의 대소 관계를 판단할 수 있다.

[9수01-08] 무리수의 개념을 이해하고, 무리수의 유용성을 인식할 수 있다.

[9수01-09] 실수의 대소 관계를 판단하고 설명할 수 있다.

[9수01-10] 근호를 포함한 식의 사칙계산의 원리를 이해하고, 그 계산을 할 수 있다.

(가) 성취기준 해설

- [9수01－02] 초등학교에서 학습한 최대공약수와 최소공배수의 개념을 바탕으로 소인수분해를 이용하여 최대공약수와 최소공배수를 구하게 한다. 최대공약수와 최소공배수는 자연수의 소인수분해를 이용하는 범위에서 다루고, 최대공약수와 최소공배수의 활용 문제는 다루지 않는다.
- [9수01－05] 정수의 사칙계산의 원리는 여러 가지 모델을 이용하여 직관적으로 이해하게 하고, 실생활에서 사칙계산의 유용성을 인식하게 한다.
- [9수01－06] 순환소수를 분수로 고치는 것은 순환소수가 유리수임을 이해할 수 있는 정도로 다룬다. 유한소수를 순환소수로 나타내는 것은 다루지 않는다.
- [9수01－08] 실생활에서 사용되는 무리수의 예를 찾아보는 활동을 통해 무리수의 필요성과 유용성을 인식하게 한다. 실수는 유리수와 무리수로 이루어짐을 이해하게 하고, 수 체계의 논리적인 아름다움에 관심을 갖게 한다.

(나) 성취기준 적용 시 고려 사항

- ‘수와 연산’ 영역에서는 용어와 기호로 ‘소수, 합성수, 거듭제곱, 지수, 밑, 소인수, 소인수분해, 서로소, 양수, 음수, 양의 정수, 음의 정수, 정수, 수직선, 양의 유리수, 음의 유리수, 유리수, 절댓값, 교환법칙, 결합법칙, 분배법칙, 역수, 유한소수, 무한소수, 순환소수, 순환마디, 제곱근, 근호, 무리수, 실수, 분모의 유리화, 양의 부호 $(+)$, 음의 부호$(-)$, $|\ |$, $\leq$, $\geq$, 순환소수 표현(예. $7.\dot{2}1\dot{5}$), $\sqrt{\ }$’를 다룬다.
- 정수와 유리수의 사칙계산의 원리를 이용하는 문제를 해결하기 위해 더 나은 계산 방법을 끈기 있게 찾아보게 하고, 풀이 과정과 결과를 반성하는 태도를 갖게 한다.
- 제곱근과 무리수는 피타고라스 정리를 이용하여 도입할 수 있다.
- 한 변의 길이가 1인 정사각형의 대각선의 길이 등을 이용하여 무리수의 존재를 직관적으로 이해하게 한다.
- 제곱근의 값은 계산기 등을 이용하여 구할 수 있음을 알게 한다.
- 정수, 유리수와 관련하여 지나치게 복잡한 계산을 포함하는 문제는 다루지 않는다.
- 사칙계산 이외의 이항연산 문제는 다루지 않는다.

5. 교수 · 학습 및 평가

'교수 · 학습'과 '평가'는 수학 교과 역량 및 총론의 개정 중점을 반영하여 나아가야 할 방향과 방법을 제시하고 있다. 그 내용을 구체적으로 제시하면 다음과 같다(교육부, 2022: 43－47).

'평가'에 관한 보다 자세한 내용은 '제3부, 수학과 평가'에서 다루기로 한다.

(1) 교수 · 학습의 방향

(가) 수학과 교육과정에 제시된 성격, 목표, 내용 체계, 성취기준, 평가와 일관성을 가지도록 교수 · 학습을 운영한다.**(일관성)**

(나) 핵심 아이디어를 중심으로 수학의 지식 · 이해, 과정 · 기능, 가치 · 태도를 통합적으로 교수 · 학습하여 수학 교과 역량을 함양하고 수리 소양을 갖추게 한다.**(교과 역량 및 수리 소양 함양)**

(다) 학생이 주도적으로 수학을 학습하여 수학과 교육과정에 제시된 목표를 달성하도록 교수 · 학습을 운영한다.**(학생 주도성)**

(라) 수학 내용 특성에 적합한 교구나 공학 도구를 선택하여 효율적인 교수 · 학습이 이루어지도록 하고 학생들의 디지털 소양 함양을 도모한다. 그리고 수학 교과서 읽기, 수학 학습 과정과 결과 쓰기, 문장제 문제해결 등을 통해 학생들의 언어 소양 함양을 도모한다.**(디지털 소양, 언어 소양 함양)**

(마) 수학 내용의 특성, 학교 여건, 학생의 학습 능력과 수준 등을 고려하여 교수 · 학습을 운영한다.**(학생 특성 고려)**

(바) 학생 개인의 필요, 수학 학습 속도, 학습 능력 등을 고려하여 학생 맞춤형 수업을 실시하고 보충 학습과 심화 학습의 기회를 제공한다.**(보충 및 심화 학습 기회 제공)**

(사) 수학 교수 · 학습에서 범교과 학습 주제(안전 · 건강, 인성, 진로, 민주 시민, 인권, 다문화, 통일, 독도, 경제 · 금융, 환경 · 지속가능발전 등)를 현상이나 소재로 선택하여 활용할 수 있다. **(범교과 학습 주제 활용)**

(아) 사회적 환경, 학생의 요구, 수학 내용의 특성, 수업 방식 등에 따라 온라인을 활용한 교수 · 학습을 운영할 수 있다.**(온라인 활용 교수-학습)**

(자) 학교급 전환에 따라 변화되는 수학 내용과 수업 방법을 파악하여 교수 · 학습에 적용하고, 진로연계교육에서 이를 고려한다.**(진로 연계 교육)**

(차) 수학과 교수 · 학습 계획을 수립하거나 교수 · 학습 자료 개발 등을 할 때 교육과정을 재구성할 수 있다.**(교육과정 재구성)**

(2) 교수 · 학습 방법

교수 · 학습 방법에서는 수학 교과 역량 함양을 통해 수학을 깊이 있게 학습하고 적용할 기회를 제공할 것을 강조한다. 문제 해결 역량, 추론 역량, 의사소통 역량, 연결 역량, 정보처리 역량 함양을 위해 제안하는 사항은 다음과 같다.

① 다음과 같은 교수 · 학습 방법을 통해 문제해결 역량을 함양하게 한다.
- ㉠ 수학의 개념, 원리, 법칙을 이용하여 해결 가능한 문제를 학생에게 제시한다. 이때 다양한 방법으로 해결 가능한 문제, 여러 가지 해답이 나올 수 있는 문제 등을 활용할 수 있다.
- ㉡ 문제에 주어진 조건과 정보를 분석하고 적절한 문제해결 계획을 수립하고 실행하며 문제해결 과정을 반성하도록 구체적인 발문과 권고를 제시한다.
- ㉢ 문제해결 과정 및 결과의 의미를 재해석하여 주어진 문제를 변형하거나 새로운 문제를 만들어 해결하게 한다.
- ㉣ 성공적인 문제해결 경험을 바탕으로 적극적이고 자신감 있게 문제해결에 참여하게 하고, 단번에 답이 나오지 않는 문제라도 끈기 있게 도전하여 성취감을 느끼게 한다

문제해결 역량 함양을 위한 교수 · 학습 방법(교육부, 2022: 44)

② 다음과 같은 교수 · 학습 방법을 통해 추론 역량을 함양하게 한다.
- ㉠ 관찰, 실험, 측정 등 구체적 조작 활동을 통해 수학의 개념, 원리, 법칙에 흥미와 관심을 갖고 다양한 방법으로 탐구하고 이해하게 한다.
- ㉡ 귀납, 유추 등의 개연적 추론을 통해 수학적 추측을 제기하고 정당화하며, 수학적 증거와 논리적 근거를 바탕으로 비판적으로 사고하는 태도를 갖게 한다.
- ㉢ 수학의 개념, 원리, 법칙을 도출하는 과정과 수학적 절차를 논리적이고 체계적으로 수행하고 반성하게 한다.

추론 역량 함양을 위한 교수 · 학습 방법(교육부, 2022: 44)

③ 다음과 같은 교수 · 학습 방법을 통해 의사소통 역량을 함양하게 한다.
㉠ 수학 용어, 기호, 표, 그래프 등의 수학적 표현을 정확하게 사용하고 표현끼리 변환하게 한다.
㉡ 학생이 자신의 사고와 전략을 수학적 표현으로 나타내고 설명하면서 수학적 표현의 편리함을 인식하게 한다.
㉢ 학생 간 상호 작용과 질문이 활발한 교실 문화를 조성하고 수학적으로 의미 있는 의사소통이 이루어지도록 적절한 과제를 제시하고 안내한다.
㉣ 수학적 아이디어에 대해 상호 작용하는 과정에서 타인을 배려하고 의견을 존중하는 태도를 기르게 한다.

의사소통 역량 함양을 위한 교수 · 학습 방법(교육부, 2022: 44)

④ 다음과 같은 교수 · 학습 방법을 통해 연결 역량을 함양하게 한다.
㉠ 영역이나 학년(군) 내용 간에 관련된 수학의 개념, 원리, 법칙 등을 유기적으로 연계하여 새로운 지식을 생성하면서 창의성을 기르게 한다.
㉡ 수학과 실생활, 사회 및 자연 현상, 타 교과의 내용을 연계하는 과제를 활용하여 수학의 유용성을 인식하게 한다.

연결 역량 함양을 위한 교수 · 학습 방법(교육부, 2022: 44)

⑤ 다음과 같은 교수 · 학습 방법을 통해 정보처리 역량을 함양하게 한다.
㉠ 실생활 및 수학적 문제 상황에서 자료를 탐색하고 수집하며 수학적으로 처리하여 합리적인 의사 결정을 하는 태도를 기르게 한다.
㉡ 교구나 공학 도구를 활용하여 추상적인 수학 내용을 시각화하고 수학의 개념, 원리, 법칙에 대한 직관적 이해와 논리적 사고를 돕는다.
㉢ 학생이 주도적으로 교구나 공학 도구를 활용하여 탐구하게 한다.
㉣ 계산 기능 함양을 목표로 하지 않는 교수 · 학습 상황에서는 복잡한 계산을 할 때 공학 도구를 이용할 수 있게 한다.

정보처리 역량 함양을 위한 교수 · 학습 방법(교육부, 2022: 45)

한편 교수 · 학습 방법에서는 학생들이 주도적으로 참여하는 교수 · 학습 환경과 분위기 조성, 학생의 학습 능력과 수준 등을 고려한 수업, 학생의 다양성을 고려한 맞춤형 지도, 범교과 또는 타 교과 연계를 고려한 수업, 온라인 활용 교수 · 학습에 대해서도 유의

해야 할 사항을 제안하고 있다. 그 내용은 다음과 같다.

(나) 학생들이 수학 학습에 주도적으로 참여하는 교수 · 학습 환경과 분위기를 조성한다.

① 수학 학습의 주체가 학생 자신임을 인식하고 수학 학습에 적극적으로 참여하도록 유도한다.

② 스스로 수학 학습 목표와 계획을 세우고 학습 결과를 평가하고 성찰하도록 안내한다.

③ 수학을 효과적으로 학습하는 방법을 탐색하고 자신의 학습 과정과 태도를 돌아보고 조절하는 자기주도적 학습 습관을 형성하도록 지도한다.

④ 교사 및 동료와 협력적 관계 속에서 수학 학습에 대한 조언과 의견을 경청하고 수용할 수 있도록 허용적인 분위기를 조성한다.

⑤ 수학 학습에 자신감을 가지고 실수가 배움의 기회임을 인식하며 끈기 있게 도전하도록 격려하고 지원한다.

학생 주도성 강화를 위한 교수 · 학습 방법(교육부, 2022: 45)

(다) 수학과의 수업은 학습 내용, 학생의 학습 능력과 수준 등을 고려하여 다음의 교수 · 학습 방안을 적절히 선택하여 적용한다.

① 설명식 교수는 교사가 설명과 시연을 통해 수업을 주도하는 교수 · 학습 방안으로, 수업 내용을 구조화하여 체계적으로 지도하는 데 효과적이다. 이때, 교사는 학생의 적극적인 수업 참여를 유도하고, 사고를 촉진하는 발문을 적절히 활용한다.

② 토의 · 토론 학습은 특정 주제에 대해 협의하거나 논의하는 교수 · 학습 방안으로, 학생들이 수학 내용을 폭넓게 이해하고 자신의 주장을 효과적으로 표현하고 다른 사람의 의견을 비판적 사고를 통해 수용하여 합리적으로 의사결정하는 태도를 기를 수 있게 한다.

③ 협력 학습은 모둠 내의 상호 작용, 의사소통, 참여를 통해 공동의 학습 목표에 도달하도록 하는 교수 · 학습 방안으로, 다른 사람을 존중하고 배려하며 모둠 내의 역할을 수행하고 책임감을 기를 수 있게 한다.

④ 탐구 학습은 학생이 중심이 되어 수학의 개념, 원리, 법칙을 발견하고 구성하는 교수 · 학습 방안으로, 학생 스스로 자료와 정보로부터 지식을 도출하거나 지식의 타당성을 확인하는 것이 중요함을 알게 할 수 있다.

⑤ 프로젝트 학습은 학생 스스로 특정 주제나 과제를 탐구하고 해결하기 위해 계획을 수립하고 수행하여 결과물을 산출하고 공유하는 교수 · 학습 방안으로, 자기주도적으로 수학 지식과 경험을 통합하게 할 수 있다.

⑥ 수학적 모델링은 학생의 삶과 연계된 현상을 다양한 수학적 표현 방식을 이용하여 수학적 모

델로 만들고 수학적 모델을 다시 실생활이나 사회 및 자연 현상에 적용하는 교수 · 학습 방안으로, 수학의 응용에 대한 넓은 안목을 갖게 할 수 있다.

⑦ 놀이 및 게임 학습은 호기심과 흥미를 유발하는 놀이 및 게임 활동을 활용하는 교수 · 학습 방안으로, 활동 속에서 수학 개념이나 원리를 탐구하고 동료와 경쟁 또는 협력하면서 자연스럽게 수학에 접근하고 수학 학습에 대한 자신감 및 의사소통 역량을 기르게 할 수 있다.

학생 능력과 수준 고려를 위한 교수 · 학습 방법(교육부, 2022: 45-46)

(라) 수학 교수 · 학습 과정에서 학생의 다양성을 고려하고 학생의 성장을 지원하기 위한 맞춤형 지도를 실시한다.

① 학생의 수학 학습 수준이나 사고방식의 차이를 존중하여 학생 개인에게 적합한 학습 과제를 선정하여 제시하고, 학생이 소재나 과정을 선택하고 구성할 수 있도록 수학 학습 활동을 설계한다.

② 학생의 시도와 성취에 대해 구체적으로 격려하고 칭찬하며, 동료 학생의 학습 수준이나 학습 결과에 대해 포용적인 교실 문화를 형성한다.

③ 학생의 수학 학습 과정과 결과를 점검하여 학생의 성장 발전을 지원하고, 이때 온라인 학습 관리 시스템을 활용할 수 있다.

학생 맞춤형 지도를 위한 교수 · 학습 방법(교육부, 2022: 46)

(마) 범교과 학습 또는 타 교과와의 연계를 고려하여 수학 교수 · 학습 과정을 설계할 수 있다.

① 범교과 학습 주제에 관심을 갖고 각종 자료와 정보를 수집하여 수학적으로 분석 및 해석하게 하고, 수학적 분석 결과에 근거하여 토의와 토론에 참여하게 한다.

② 가정, 학교, 지역사회와의 연계나 타 교과와의 연계를 고려하여 범교과 학습 주제에 대한 프로젝트를 수행할 수 있다.

③ 수학적 모델링을 활용하여 타 교과의 내용을 맥락으로 수학의 개념, 원리, 법칙 등을 다루는 연계 수업을 할 수 있다.

교과 연계를 위한 교수 · 학습 방법(교육부, 2022: 46)

(바) 온라인 수학 교수 · 학습 상황에서는 다음 사항에 유의한다.

① 원격수업을 실시하는 경우, 학생의 특성과 학습 내용의 성격에 적합하고 안정적으로 운영할 수 있는 온라인 학습 플랫폼을 선택하여 수업 목표, 수업 내용, 수업 전략을 설계하고 운영한다.

② 학습 내용과 학생의 수준에 적합한 매체와 도구를 활용하여 학습의 효율성과 다양성을 도모한다.

③ 원격수업에서도 학생 참여형 수업이 이루어질 수 있도록 하고 적절한 조언과 발문을 통하여 학습 참여를 이끌어 낸다.

④ 온라인 교수 · 학습 자료를 활용할 때는 공표된 저작물의 출처를 명시하고 다른 누리집 등에 공유하지 않도록 안내한다.

온라인 교육 환경 활용을 위한 교수 · 학습 방법(교육부, 2022: 46-47)

1단계

문제를 해결하며 학습해봅시다.

기초문제로 복습하기

- 문제해결 문제를 해결해 가면서 주요 내용을 익히고 복습해 봅시다.
- 반성 · 정리 참고문헌에서 관련 내용을 찾아 문제해결을 검토하고 보완해 봅시다.
- 자료축적 문제해결에 도움이 된 자료들을 기록하여 추후 학습에 활용해 봅시다.

→ 강의 시간에 토론식 수업(토론 학습)을 한다면 해결 과정이나 결과를 서로 발표하고, 함께 검토하면서 발전시켜 봅시다.

01 2022 개정 수학과 교육과정 설계 개요를 나타내는 다음 그림에서 빈 곳에 적절한 용어를 적어보자.

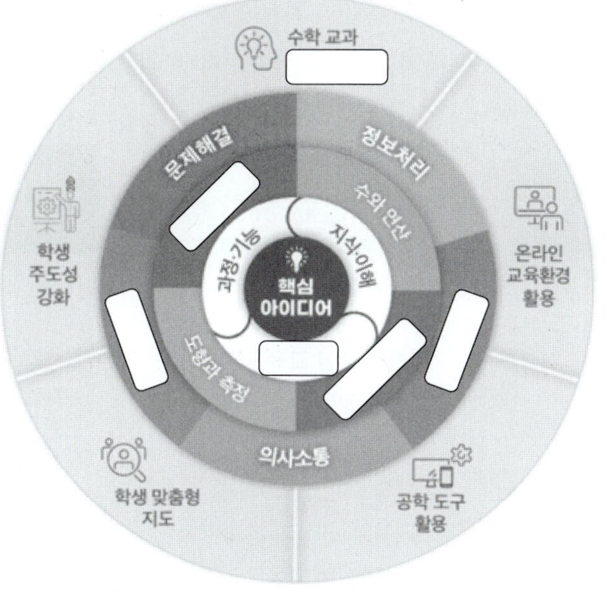

*도움이 된 참고자료 기록하기

02 수학 교육에서는 학습자의 인지적 측면과 정의적 측면의 균형 있는 발달이 중요하다. 학습자의 정의적 측면에는 자신감, 흥미, 학습 의지 등 여러 가지 요소가 있을 수 있다. 추가로 3개 더 적어보자.

자신감, 흥미, 학습 의지, (   ), (   ), (   ), ……

*도움이 된 참고자료 기록하기

03 2009, 2015, 2022 개정 수학과 교육과정의 수학 교과목이다. 빈 곳을 채워 기록해 보자.

2009 개정 교육과정	2015 개정 교육과정	2022 개정 교육과정
[공통 교육과정] 수학(초1~중3)	[공통 교육과정] 수학(초1~중3)	[공통 교육과정] 수학(초1~중3)
[선택 교육과정]	[선택 중심 교육과정]	[선택 중심 교육과정]
[기본 과목] 기초수학	[공통 과목] 수학	[공통 과목] 공통수학1, 공통수학2 (기본수학1, 기본수학2)
[일반 과목] 수학 I, 수학 II, 확률과 통계, 미적분 I, 미적분 II, 기하와 벡터	[일반 선택 과목] 수학 I, 수학 II, 미적분, 확률과 통계	[일반 선택 과목] ( ) ( ) ( )
[심화 과목] 고급 수학 I, 고급 수학 II	[진로 선택 과목] 기하, 실용 수학, 경제 수학, 수학과제 탐구, 기본 수학, 인공지능 수학	[진로 선택 과목] ( ) ( ) ( ) ( ) ( )
		[융합 선택 과목] 수학과 문화, 실용 통계, 수학과제 탐구

04 다음은 우리나라 수학과 교육과정의 변천과정을 그 특징과 함께 요약한 것이다. 2022 개정 교육과정의 특징을 적어서 표를 완성해보자.

우리나라 수학과 교육과정의 특징 (황혜정 외, 2023: 30)

기별	공포(고시)	특징
교수요목기	1946. 3.	• 가르칠 주제를 열거한 교수요목의 형태 • 해방 전의 교육 내용의 답습 • 내용이 어렵고 과다
제1차	1955. 8.	• 경험 중심 교육과정 • 생활 단원 학습 • 수학 용어의 한글화
제2차	1963. 2.	• 교과 중심 교육과정 • 수학의 계통성중시 • 기초 학력 배양
제3차	1973. 2.(초) 1973. 8.(중) 1974. 12.(고)	• 학문 중심 교육과정 • 수학교육 현대화 운동의 정신 반영 • 수학 내용의 조기 도입 • 수학적 구조와 엄밀성 강조
제4차	1981. 12.	• 수학교육 현대화 운동의 반성 • '기본으로 돌아가기' 정신의 반영 • 학습 부담 경감을 위한 학습 내용 축소
제5차	1987. 6. (초) 1987. 3. (중) 1988. 3. (고)	• 문제해결력의 강조 • 기초 학력 배양 • 학습 부담 경감을 위한 학습 내용 축소
제6차	1992.9. (초) 1992. 6. (중) 1992. 10. (고)	• 문제해결력의 강조 • 다양한 교수• 학습 및 평가 방법 권장 • 계산기와 컴퓨터 활용 권장 • 학습 부담 경감을 위한 학습 내용 축소
제7차	1997. 12.	• 수준별 교육과정 (단계형, 과목 선택형) • 학습자 중심 교육과정 • 학습 부담 경감을 위한 학습 내용 축소 • 문제해결 및 고등 사고 능력의 신장
2007 개정	2007. 2.	• 수준별 교육과정 (단계형 폐지, 고등학교 과목 선택형) • 학습자 중심 교육과정 • 학습 부담 경감을 위한 학습 내용 축소 • 문제해결 및 고등 사고 능력의 신장
2009 개정	2009. 12(총론) 2011. 8(교과)	• 창의성을 강조하는 교육과정 • 학습 부담 경감을 위한 학습 내용 축소 • 초등학교와 중학교 학년군제 도입 • 고등학교에 기초, 일반, 심화 과목 도입
2015 개정	2015. 9.	• 수학 교과 역량의 구현 • 학습 부담 경감 추구 • 학습자의 정의적 측면 강조 • 실생활 중심의 통계 내용 재구성 • 공학 도구의 활용 강조
2022 개정	2022. 12.	• • • •

05 2022 개정 교육과정에서 제시한 수학과 목표를 써보자.

*도움이 된 참고자료 기록하기

06 다음은 2022 개정 교육과정의 '교수·학습 방법'의 추론 능력의 함양을 위한 제안이다. 괄호 안에 적절한 용어를 써보자.

㉠ (   ) 등 구체적 조작 활동을 통해 수학의 개념, 원리, 법칙에 흥미와 관심을 갖고 다양한 방법으로 탐구하고 이해하게 한다.
㉡ (   ) 등의 개연적 추론을 통해 수학적 추측을 제기하고 정당화하며, 수학적 증거와 논리적 근거를 바탕으로 비판적으로 사고하는 태도를 갖게 한다.
㉢ 수학의 개념, 원리, 법칙을 도출하는 과정과 수학적 절차를 (   )이고 체계적으로 수행하고 (   )하게 한다.

(교육부, 2022: 44)

*도움이 된 참고자료 기록하기

07 다음은 2022 개정 교육과정의 '교수 · 학습 방법'에서 연결 역량 함양을 위한 제안이다. 제안 ㉡을 반영한 지도 사례를 중등수학 교과서에서 찾아 제시해보자.

> ㉠ 영역이나 학년(군) 내용 간에 관련된 수학의 개념, 원리, 법칙 등을 유기적으로 연계하여 새로운 지식을 생성하면서 창의성을 기르게 한다.
> ㉡ 수학과 실생활, 사회 및 자연 현상, 타 교과의 내용을 연계하는 과제를 활용하여 수학의 유용성을 인식하게 한다. (교육부, 2022: 44)

*도움이 된 참고자료 기록하기

08 다음은 2022 개정 교육과정의 '교수 학습 방법'에서 정보 처리 역량 함양을 위한 제안이다. 제안 ㉣을 반영한 지도 사례를 중등수학 교과서에서 찾아 제시해보자.

> ㉠ 실생활 및 수학적 문제 상황에서 자료를 탐색하고 수집하며 수학적으로 처리하여 합리적인 의사 결정을 하는 태도를 기르게 한다.
> ㉡ 교구나 공학 도구를 활용하여 추상적인 수학 내용을 시각화하고 수학의 개념, 원리, 법칙에 대한 직관적 이해와 논리적 사고를 돕는다.
> ㉢ 학생이 주도적으로 교구나 공학 도구를 활용하여 탐구하게 한다.
> ㉣ 계산 기능 함양을 목표로 하지 않는 교수 · 학습 상황에서는 복잡한 계산을 할 때 공학 도구를 이용할 수 있게 한다. (교육부, 2022: 45)

*도움이 된 참고자료 기록하기

09 2022 개정 교육과정의 중학교 <수학> 내용 변화를 정리해보자.

(예) 상자 그림 추가: 공학 도구 이용을 성취기준에 명시하여 자료의 해석 활동을 강조하였다.

*도움이 된 참고자료 기록하기

10 2022 개정 교육과정에서 '행렬과 연산'은 <공통수학1>에서 다룬다. 성취기준 및 성취기준 해설을 참고하여 '행렬과 연산' 지도 내용 범위를 써보자.

*도움이 된 참고자료 기록하기

2단계

문제를 해결하며 학습해봅시다.

정리문제로 다지기

- **문제해결** 문제를 스스로 해결한 후, 자신의 답안을 [해결 예시]와 비교해 봅시다.
- **반성 · 정리** 참고문헌에서 관련 내용을 찾아 문제해결을 검토하고 보완해 봅시다.
- **자료축적** 문제해결에 도움이 된 자료들을 기록하여 추후 학습에 활용해 봅시다.

→ 강의 시간에 토론식 수업(토론 학습)을 한다면 해결 과정이나 결과를 서로 발표하고, 함께 검토하면서 발전시켜 봅시다.

01 2022 개정 교육과정에서 강조하는 수학 교과 역량을 모두 써보자.

나의 문제해결

02 2022 개정 교육과정은 수학 교과 역량 함양에 필요한 핵심 요소로 '지식 · 이해', '과정 · 기능', '가치 · 태도'를 강조한다. 각 의미를 설명해보자.

나의 문제해결

→ [해결 예시] 33쪽

03 2022 개정 교육과정의 '교수 · 학습 방법'에서 의사소통 역량 함양을 위한 제안 사항을 모두 써보자.

나의 문제해결

04 다음은 2022 개정 교육과정의 '자료와 가능성' 영역 내용 체계표이다. 빈 곳의 내용을 적절하게 채워보자.

<table>
<tr><td>핵심 아이디어</td><td colspan="6">• 자료를 수집, 정리, 해석하는 통계는 자료의 특징을 파악하고 두 집단을 비교하며 자료의 관계를 탐구하는 데 활용된다.
• 사건이 일어날 가능성을 여러 가지 방법으로 표현하는 것은 불확실성을 이해하는 데 도움이 되며, 가능성을 확률로 수치화하면 불확실성을 수학적으로 다룰 수 있게 된다.
• 자료를 이용하여 통계적 문제해결 과정을 실천하고 생활 속의 가능성을 탐구하는 것은 미래를 예측하고 합리적인 의사 결정을 하는 데 기반이 된다.</td></tr>
<tr><td rowspan="3">구분 / 범주</td><td colspan="6">내용 요소</td></tr>
<tr><td colspan="3">초등학교</td><td colspan="3">중학교</td></tr>
<tr><td>1~2학년</td><td>3~4학년</td><td>5~6학년</td><td colspan="3">1~3학년</td></tr>
<tr><td>지식 · 이해</td><td>• 자료의 분류 · 표
• ○, ×, ╱를 이용한 그래프</td><td>• 그림그래프
• 막대그래프
• 꺾은선그래프</td><td>• 평균
• 띠그래프, 원그래프
• 가능성</td><td>• (　　　　)
• 도수분포표와 상대도수</td><td>• (　　)와 (　　)</td><td>• 산포도
• (　　　)과 (　　)</td></tr>
<tr><td>과정 · 기능</td><td colspan="3">• 자료를 기준에 따라 분류하고 설명하기
• 탐구 문제를 설정하고 그에 맞는 자료를 수집하기
• 자료를 표나 그래프로 나타내고 해석하기
• 자료의 평균을 구하고 해석하기
• 자료를 수집하고 정리하여 문제해결하기
• 사건이 일어날 가능성을 비교하고 표현하기
• 실생활과 연결하여 사건이 일어날 가능성을 예상하기</td><td colspan="3">• 적절한 (　　　)을 선택하여 구하기
• 자료를 표, 그래프로 나타내고 (　　)하기
• 통계적 탐구 문제 설정하기
• 공학 도구를 이용하여 자료를 수집하고 분석하기
• 확률의 기본 성질 탐구하기
• 자료의 분포를 비교하고 설명하기
• 자료의 상관관계 설명하기</td></tr>
</table>

가치·태도	• 표와 그래프의 편리함 인식 • 평균의 유용성 인식 • 자료를 이용한 통계적 문제해결 과정의 가치 인식 • 가능성에 근거하여 판단하는 태도 • 자료와 가능성 관련 문제해결에서 비판적으로 사고하는 태도	• 대푯값, 상대도수, 상자그림의 유용성 인식 • 공학 도구를 이용한 자료 수집과 분석의 편리함과 유용성 인식 • 자신의 삶과 연계된 확률과 통계에 대한 흥미와 관심 • 통계적 문제해결 과정에 ( )태도 • 체계적으로 사고하여 합리적으로 ( ) 태도 • 확률 및 통계적 근거를 바탕으로 ( )태도

나의 문제해결

→ [해결 예시] 34쪽

05 다음은 2022 개정 교육과정에 제시한 수학과 세부 목표이다. 이 목표를 지식·이해, 과정·기능, 가치·태도의 세 가지 관점으로 설명해보자.

(1) 수학적 지식을 이해하고 활용하여 적극적이고 자신감 있게 여러 가지 문제를 해결한다.
(2) 수학적 사실에 대해 흥미와 관심을 갖고 추측과 정당화를 통해 추론한다.
(3) 수학적 사고와 전략에 대해 의사소통하고 수학적 표현의 편리함을 인식한다.
(4) 수학의 개념, 원리, 법칙 간의 관련성을 탐구하고 실생활이나 타 교과에 수학을 적용하여 수학의 유용성을 인식한다.
(5) 목적에 맞게 교구나 공학 도구를 활용하며 자료를 수집하고 처리하여 정보에 근거한 합리적 의사 결정을 한다.

(교육부, 2022: 6)

나의 문제해결

06 우리나라 수학과 교육과정 교수–학습 방법의 제안과 관련하여 학교수학에서 교구나 공학 도구를 활용하는 바람직한 방향에 대해 써보자.

나의 문제해결

→ [해결 예시] 35쪽

07 다음은 NCTM(2000)의 '학교수학을 위한 원리와 규준'에서 제시하는 학교수학의 6가지 원리 중 '평가의 원리'에 대한 설명이다. ①과 관련하여, 우리나라 수학과 교육과정의 '평가 방법'에서 제시하고 있는 다양한 평가 방법을 써보자.

> 평가는 수학 학습을 지원하는 것이어야 한다. 평가는 교사와 학생 모두에게 유용한 정보를 제공해야 한다. 평가는 단순한 시험 이상의 것으로 교실 활동의 일상적인 부분이 되어야 한다. ① 교사는 효율적이고 적절한 결정을 내리기 위해서 여러 가지 자료로부터 증거를 모아야 한다. 개방형 질문, 구성형 과제, 선택형 문항, 수행 과제, 관찰, 대화, 일지, 포트폴리오를 포함한 다양한 평가 기법을 사용할 수 있다. 교사는 모든 학생에게 그들의 수학 학습 능력을 보일 수 있는 기회를 제공해야 한다.

나의 문제해결

08 2022 개정 교육과정은 온라인 교육환경 활용을 강조한다. 교사가 온라인 교육환경에서 평가를 실시할 때 유의해야 할 사항으로 교육과정이 제안하는 내용을 써보자.

나의 문제해결

→ [해결 예시] 36쪽

09 수학 교육과정에서는 수학사의 적절한 이용을 권장하고 있다. 수학사가 수학 학습 지도 과정에서 도움이 되는 경우, 교사는 수학사를 접목한 지도를 계획하는 것이 필요하다. 수학사를 수학 교육에 적절히 이용했을 때 학생들에게 어떤 도움을 줄 수 있을까? 수학사 이용의 교육적 효과에 대해 세 가지 이상 써보자.

> 수학사는 한낱 역사적 사건이나 일화의 소개에 그치지 말고, 수학적 사고 방법의 육성에 도움이 되도록 이용해야 할 것이다. 수학의 학습-지도에서 수학사의 이용은 보조적인 것이며, <u>수학의 역사는 학습자에게 실질적인 도움을 줄 수 있는 정도로 다루어야 한다</u>.
>
> (우정호, 2007: 42)

나의 문제해결

10 2022 개정 교육과정은 고등학교 수학 과목을 공통 과목, 일반 선택 과목, 진로 선택 과목, 융합 선택 과목으로 구분한다. 공통 과목은 고등학교 수학을 학습하는 데 기본이 되는 내용을, 일반 선택 과목은 수학의 학문 영역 내에서 주요 학습 내용을, 진로 선택 과목은 심화 학습 및 진로 관련 내용을, 융합 선택 과목은 수학 안팎의 주제를 융합하고 체험, 응용하는 내용을 다루는 과목이라고 한다. 빈 곳에 알맞은 과목명을 적어보자.

<table>
<tr><th rowspan="2">공통 과목</th><th colspan="3">선택 과목</th></tr>
<tr><th>일반 선택 과목</th><th>진로 선택 과목</th><th>융합 선택 과목</th></tr>
<tr><td>공통수학1,
공통수학2</td><td rowspan="2">대수,
(　　　)
(　　　)</td><td>미적분 II, (　　　),(　　　),
(　　　), 직무 수학</td><td rowspan="2">(　　　),
(　　　)
수학과제 탐구</td></tr>
<tr><td>기본수학1,
기본수학2</td><td>전문 수학, 이산 수학,
고급 대수, 고급 미적분, 고급 기하</td></tr>
</table>

[고등학교 수학 과목 구조](수학과 교육과정, 교육부, 2022: 53-54)

→ [해결 예시] 37쪽

해결 예시

01 문제해결, 추론, 의사소통, 연결, 정보처리

해결 예시 참고자료		
구분	참고자료	근거
교육과정	수학과 교육과정(교육부, 2022)	43-47
이론서	수학교육학신론2(황혜정 외, 2023)	92
나의 추가 자료		

02 수학 교과 역량 함양을 위해서는 지식 · 이해, 과정 · 기능, 가치 · 태도 교육이 필요하다. 지식 · 이해는 학생들이 해당 영역에서 학습해야 할 내용 즉, 수학의 핵심적인 개념, 원리, 법칙 등을 포함한다. 과정 · 기능은 수학 학습에서 교과 역량이 발현되는 사고 및 탐구 과정이나 기능을 의미한다. 가치 · 태도는 수학 학습을 통해 학생들이 갖게 되는 고유한 가치나 태도 등이다. 수학의 가치를 인식하고 수학적 태도를 함양할 수 있도록 학습하는 것이 중요하다.

해결 예시 참고자료		
구분	참고자료	근거
교육과정	수학과 교육과정(교육부, 2022)	3-4
이론서	수학교육학신론2(황혜정 외, 2023)	101
	2015 개정 교육과정에 따른 수학과 교육과정(교수-학습 방법 및 평가) 개발연구(한국과학창의재단, 2015)	i
나의 추가 자료		

03 ㉠ 수학 용어, 기호, 표, 그래프 등의 수학적 표현을 정확하게 사용하고 표현끼리 변환하게 한다.

㉡ 학생이 자신의 사고와 전략을 수학적 표현으로 나타내고 설명하면서 수학적 표현의 편리함을 인식하게 한다.

㉢ 학생 간 상호 작용과 질문이 활발한 교실 문화를 조성하고 수학적으로 의미 있는 의사소통이 이루어지도록 적절한 과제를 제시하고 안내한다.

㉣ 수학적 아이디어에 대해 상호 작용하는 과정에서 타인을 배려하고 의견을 존중하는 태도를 기르게 한다.

해결 예시 참고자료

구분	참고자료	근거
교육과정	수학과 교육과정(교육부, 2022)	44
이론서	수학교육학신론2(황혜정 외, 2023)	122-123
	2015 개정 교육과정에 따른 수학과 교육과정(교수-학습 방법 및 평가) 개발연구(한국과학창의재단, 2015)	57
나의 추가 자료		

04 (지식 – 이해) 대푯값, 경우의 수, 확률, 상자그림, 산포

(과정 – 기능) 대푯값, 해석

(가치 – 태도) 주도적으로 참여하는, 의사결정하는, 비판적으로 사고하는

해결 예시 참고자료

구분	참고 자료	근거
교육과정	수학과 교육과정(교육부, 2022)	10
교과서	중학교 수학	자료와 가능성 영역
나의 추가 자료		

05 세부 목표는 다섯 가지 수학 교과 역량 각각에 대해 지식·이해, 과정·기능, 가치·태도의 세 가지 범주에서 서로 관련을 맺는 핵심 내용을 엮어 한 문장으로 기술되어 있음을 알 수 있다. 이를 구분해서 표시하면 다음과 같다.

수학의 개념, 원리, 법칙을 이해하고 수학의 가치를 인식하며 바람직한 수학적 태도를 길러 수학적으로 추론하고 의사소통하며 다양한 현상과 연결하여 정보를 처리하고 문제를 창의적으로 해결하는 수학 교과 역량을 함양한다.

(1) 수학적 지식을 이해하고 활용하여 적극적이고 자신감 있게 여러 가지 문제를 해결한다.
(2) 수학적 사실에 대해 흥미와 관심을 갖고 추측과 정당화를 통해 추론한다.
(3) 수학적 사고와 전략에 대해 의사소통하고 수학적 표현의 편리함을 인식한다.
(4) 수학의 개념, 원리, 법칙 간의 관련성을 탐구하고 실생활이나 타 교과에 수학을 적용하여 수학의 유용성을 인식한다.
(5) 목적에 맞게 교구나 공학 도구를 활용하며 자료를 수집하고 처리하여 정보에 근거한 합리적 의사결정을 한다.

해결 예시 참고자료

구분	참고자료	근거
교육과정	수학과 교육과정(교육부, 2022)	6
나의 추가 자료		

06 교구나 공학 도구를 활용하여 추상적인 수학 내용을 시각화하고 수학의 개념, 원리, 법칙에 대한 직관적 이해와 논리적 사고를 돕도록 한다. 교구나 공학 도구를 활용할 때에는 학생이 주도적으로 탐구하게 한다. 계산 기능 함양을 목표로 하지 않는 교수·학습 상황에서 복잡한 계산을 할 때에는 공학 도구를 이용한다. 교구나 공학 도구를 활용하여 평가할 때는 다음 두 가지 사항을 고려한다. 첫째, 성취기준의 도달 여부를 판단하는 데 교구나 공학 도구의 사용이 효과적인 경우 이를 활용한 평가를 실시할 수 있다. 둘째, 교구나 공학 도구를 활용하여 평가할 때는 교구나 공학 도구의 기능 및 조작이 아닌 수학 내용의 탐구 과정을 평가한다.

해결 예시 참고자료

구분	참고자료	근거
교육과정	수학과 교육과정(교육부, 2022)	44-45, 49
이론서	학교수학을 위한 원리와 규준(NCTM, 2000, 류희찬 외 역, 2007)	30-34
	수학교육과정과 교재연구(김남희 외, 2024)	49
	수학 학습-지도 원리와 방법(우정호, 2011)	479-487
나의 추가 자료		

07 지필평가, 프로젝트 평가, 포트폴리오 평가, 관찰 평가, 면담 평가, 구술 평가, 자기 평가, 동료 평가

해결 예시 참고자료

구분	참고자료	근거
교육과정	수학과 교육과정(교육부, 2022)	48-49
이론서	학교수학을 위한 원리와 규준(NCTM, 2000, 류희찬 외 역, 2007)	26-30
	수학교육학신론2(황혜정 외, 2023)	127-128
나의 추가 자료		

08 • 온라인 수학 교수·학습 상황에서는 다음 사항에 유의한다.

① 원격수업을 실시하는 경우, 학생의 특성과 학습 내용의 성격에 적합하고 안정적으로 운영할 수 있는 온라인 학습 플랫폼을 선택하여 수업 목표, 수업 내용, 수업 전략을 설계하고 운영한다.

② 학습 내용과 학생의 수준에 적합한 매체와 도구를 활용하여 학습의 효율성과 다양성을 도모한다.

③ 원격수업에서도 학생 참여형 수업이 이루어질 수 있도록 하고 적절한 조언과 발문을 통하여 학습 참여를 이끌어 낸다.

④ 온라인 교수·학습 자료를 활용할 때는 공표된 저작물의 출처를 명시하고 다른 누리집 등에 공유하지 않도록 안내한다.

• 온라인 수학 교수·학습 환경에서 평가할 때는 다음 사항을 고려한다.

① 온라인 수학 학습에서는 학생의 활동에 근거한 구체적인 자료를 사용하여 평가한다.

② 온라인 학습 플랫폼이나 학습 관리 시스템을 이용하여 학생의 수행 과정을 관찰하고 개별 맞춤형으로 환류할 수 있다.

③ 학생의 접속 환경 미비로 인한 불참 시 기회 부여 등에 대해 방안을 마련하고 형평성의 문제가 제기되지 않도록 사전에 안내한다.

해결 예시 참고자료

구분	참고자료	근거
교육과정	수학과 교육과정(교육부, 2022)	46-47, 49
나의 추가 자료		

09 첫째, 알고리즘적인 계산수학을 반성하여, 개념적 사고를 고취할 수 있다. 둘째, 교육과정 구성에서 '자연스러운' 내용 배열의 준거가 되며, 학습－지도에서 수학적 아이디어의 발달 과정을 따름으로써 자연스럽게 그 이해를 도울 수 있다. 셋째, 수학의 역사적 발달과정에 소급해봄으로써, 수학적 사고의 인간적인 모습을 접해 보게 하여, 학습동기를 유발하고 수학 학습에 생기를 불어넣을 방안을 찾을 수 있다. 넷째, 현대 기술 문명의 발달에서의 수학의 중심적인 역할과 수학의 문화적인 역할, 특히, 인간관과 세계관 형성에 미친 수학의 역할을 이해함으로써 수학에 대한 학생들의 인식을 바꿀 수 있다.

해결 예시 참고자료

구분	참고자료	근거
이론서	수학 학습-지도 원리와 방법(우정호, 2011)	131-137
	학교수학의 교육적 기초(우정호, 2007)	41-42
나의 추가 자료		

10 인공지능 수학, 수학과 문화, 실용 통계, 수학과제 탐구

해결 예시 참고자료

구분	참고자료	근거
교육과정	수학과 교육과정(교육부, 2022)	183-197, 215-257
나의 추가 자료		

3단계

문제를 해결하며 학습해봅시다.

기출문제로 도약하기

- **문제해결** 문제를 스스로 해결한 후, 자신의 답안을 [해결 예시]와 비교해 봅시다.
- **반성 · 정리** 참고문헌에서 관련 내용을 찾아 문제해결을 검토하고 보완해 봅시다.
- **자료축적** 문제해결에 도움이 된 자료들을 기록하여 추후 학습에 활용해 봅시다.

→ 교원임용시험대비 수험생들은 답안 작성 분량을 고려하면서 자신의 답안을 수정하거나 보완해 봅시다.

01 미국수학교사협의회(NCTM)의《학교수학 교육과정 및 평가 규준(약칭 Standards)》은 유치원에서 제12학년까지(K~12)를 3단계로 나누어 각 단계마다 교육과정 규준을 제시하고 있다. 각 단계의 규준 1부터 규준 4까지는 공통이다.
이 중 규준 2, 규준 3, 규준 4가 무엇인지 쓰고(2점), 이들 각 규준을 간략히 설명하시오(2점). | 1997년 교원임용시험 기출문제 1번 |

→ [해결 예시] 66쪽

02 학교에서 수학을 가르쳐야 하는 데에는 여러 가지 이유가 있으나, 대체적으로 수학 교육의 목적을 세 가지 정도로 말할 수 있다. 수학 교육의 세 가지 목적이 무엇인지 쓰고(2점), 이들 각각에 대하여 간략히 설명하여라(3점). (총 5점)

| 1998년 교원임용시험 기출문제 1번 |

03 현행(6차) 수학과 교육과정에 따르면, 중학교 3학년에서는 삼각비를 직각삼각형의 닮음의 성질을 바탕으로 직각이 아닌 한 예각에 대한 두 변의 길이의 비로 정의하여 다루도록 되어 있다. 고등학교 공통수학에서 삼각비를 일반화시킨 삼각함수를 어떻게 정의하고 있는지를 설명하여라. (5점) | 1998년 교원임용시험 기출문제 5번 |

→ [해결 예시] 67쪽

04 제7차 수학교육과정에서는 국민공통 기본교육 기간과 수준별 교육과정을 적용한다. (총 4점) | 1999년 교원임용시험 기출문제 1번 |

(1) 국민공통 기본교육 기간을 간단하게 설명하고 이 기간 동안 수학과에서 운영하게 될 6개 내용 영역을 쓰라. (2점)

(2) 수준별 교육과정의 운영 형태를 국민공통 기본교육 기간과 그 기간 외로 나누어 설명하여라. (2점)

→ [해결 예시] 68쪽

05 제7차 수학과 교육과정의 목표는 다음과 같다.

| 1999년 추가 교원임용시험 기출문제 1번 |

(가) 여러 가지 생활 현상을 수학적으로 고찰하는 경험을 통하여 수학의 기초적인 개념, 원리, 법칙과 이들 사이의 관계를 이해할 수 있다.

(나) 수학적 지식과 기능을 활용하여 생활 주변에서 일어나는 여러 가지 문제를 수학적으로 관찰, 분석, 조직, 사고하여 해결할 수 있다.

(다) 수학에 대한 흥미와 관심을 지속적으로 가지고, 수학적 지식과 기능을 활용하여 여러 가지 문제를 합리적으로 해결하는 태도를 기른다.

제7차 수학과 교육과정의 목표를 미국수학교사협의회(NCTM)의 《학교 수학 교육과정 및 평가의 규준(약칭 Standards)》의 초 · 중 · 고 과정에서 일관되게 제시하는 4가지 규준과 비교해 보았을 때, 다음 물음에 답하시오. (총 5점)

(1) 이 4가지 규준 중 제7차 교육과정과 공통점이 가장 많은 규준은 무엇인가? (2점)

(2) 공통점이 가장 적은 규준은 무엇인가? (3점)

→ [해결 예시] 69쪽

06 다음은 기술 공학을 수학 교육에 활용하는 내용이다. 물음에 답하시오. (총 5점)

| 1999년 추가 교원임용시험 기출문제 3번 |

(1) 역동적 기하 소프트웨어를 활용하여 삼각형 내각의 합에 대해서 학생들과 함께 탐구해 보려고 한다. 생략된 마지막 부분 (라)에 어떤 활동 내용이 들어가면 가장 적절한가? (2점)

(가) 삼각형 ABC를 그린다.
(나) 각 A, 각 B, 각 C의 크기를 각각 구한다.
(다) 각 A, 각 B, 각 C의 크기를 모두 더한다.
(라)

(2) LOGO 언어로 '임의의 정다각형 그리는 절차'를 만들고자 한다. 생략된 절차 (나)를 완성하시오. 참고로 정삼각형을 그리는 절차는 다음과 같다. (3점)

```
TO TRIANGLE :SIDE
REPEAT 3 [FD :SIDE RT 120]
END
```

```
(가) TO POLYGON :SIDE :N
(나)
(다) END
```

→ [해결 예시] 69쪽

07 제7차 수학과 국민공통기본 교육과정은 수학 교과의 교수·학습 방법에서 계산기나 컴퓨터의 활용에 관한 입장을 명시적으로 서술하고 있다. 계산기나 컴퓨터의 활용에 관하여 교육과정이 명시하고 있는 바를 기술하시오. (2점)

| 2000년 교원임용시험 기출문제 1번 |

→ [해결 예시] 70쪽

08 다음은 수행평가의 한 유형인 〈프로젝트〉에서 사용할 수 있는 가상적인 소재이다.

| 2002년 교원임용시험 기출문제 2번 |

A교사는 학생들에게 학교의 부지, 건물 등이 배치되어 있는 설계도를 가져와서 학생들을 소집단으로 구성하고 각 소집단별로 다음 과제를 해결하게 한다.

> 다음 주에는 건물이 배치되어 있는 장소를 제외하고 나머지 땅에 잔디를 깔려고 한다. 가능한 한 최소 비용으로 이 작업을 마치려면 어느 정도의 예산이 필요한가?

제7차 수학과 교육과정의 세 가지 일반 목표 중에서, A교사가 위와 같은 수행평가를 실시했을 때 달성하고자 하는 목표와 가장 가까운 것 한 가지를 쓰시오. (4점)

→ [해결 예시] 70쪽

09 제7차 수학과 교육과정 중, 국민 공통 기본 교육과정의 '4. 교수·학습 방법'에서는 보충 과정과 심화 과정의 학습을 효율화하기 위하여 유의 사항을 제시하고 있다. 다음의 기본 과정을 지도한 후에 보충·심화 과정을 지도하려고 한다. 다음 물음에 답하시오. (총 6점)

| 2003년 교원임용시험 기출문제 1번 |

[7-가 단계]
대영역 : 수와 연산
중영역 : 자연수의 성질
소영역 : 최대공약수와 최소공배수를 구할 수 있다.

(1) 보충 과정의 내용 구성에 대한 유의 사항을 한 가지 제시하고, '최소공배수 구하기' 보충 과정 지도에 사용할 문제를 하나 만드시오. (3점)

(2) 심화 과정의 내용 구성에 대한 유의 사항을 한 가지 제시하고, '최소공배수 구하기' 심화 과정 지도에 사용할 문제를 하나 만드시오. (3점)

→ [해결 예시] 71쪽

10 다음은 제7차 수학과 교육과정에 속하는 내용의 일부를 제시한 것이다. 물음에 답하시오. (총 6점)

| 2004년 교원임용시험 기출문제 2번 |

(가) 도수의 합이 다른 두 집단의 분포를 비교하는 방법에 대하여 알아본다. (7-나 단계)
(나) 실생활 문제에서 합동인 도형과 닮은 도형을 찾아본다. (8-나 단계)
(다) 식의 일부를 치환하여 전개하는 다항식의 곱셈을 할 수 있다. (9-가 단계)
(라) 자연 현상에서 주기적 상황을 조사하여 삼각함수와 관련시킬 수 있다. (10-나 단계)

(1) 위의 (가)~(라)에는 공통적인 특징이 있다. 이러한 특징을 가지는 내용을 교육과정에서 1가지만 쓰시오. (단, 7－나 단계에서 10－나 단계까지의 내용 중, 실생활의 문제를 해결하는 것에 관한 내용 이외의 것으로 제시하시오.) (1점)

(2) 현재 7－나 단계에서 상대도수에 관한 내용이 다뤄지고 있다. 상대도수의 개념을 처음 지도할 때와 (가)의 내용을 지도할 때 적합한 문제 상황의 구체적인 예를 각각 하나씩 제시하시오. (2점)

(3) 위의 (가), (다)와 같은 내용은 학생들의 학습 부담을 줄이려는 의도를 보여주는 예이다. 이처럼 학습 내용을 줄이려는 경향은 우리나라의 제4차 수학과 교육과정부터 나타나고 있다. 20세기 중반 이후의 수학교육의 발달사에 비추어 볼 때, 이러한 경향을 초래한 요인을 3가지만 제시하시오. (3점)

→ [해결 예시] 72쪽

11 다음은 수학 문제해결 교육과 관련하여 교사들이 주고받은 대화의 일부이다.

| 2004년 교원임용시험 기출문제 3번 |

(1) 문제해결 지도를 위한 문제들은 실생활로부터 만들어진 문장제이어야 합니다.
(2) 수학 교과서에 나오는 전형적인 문제들도 적절히 변형시키면 문제해결 지도에 적합한 문제로 활용할 수 있다고 생각합니다.
(3) 문제해결 교육과 학생들의 수학적 사고의 훈련은 별로 상관이 없다고 생각합니다.
(4) 해법이 다양한 문제일수록 그 문제는 문제해결 지도에 적합한 문제가 된다고 생각합니다.
(5) 문제해결 지도는 일반적인 수학 수업과는 관련시키지 않는 것이 좋습니다.
(6) 문제해결을 잘하기 위해서 수학 교과서에서 흔히 보는 연습 문제는 풀 필요가 없다고 생각합니다.

대화 내용 중 문제해결 교육과 관련하여 옳지 <u>않게</u> 말한 대화의 번호를 3개만 쓰고, 각각에 대하여 옳지 <u>않다고</u> 생각하는 이유를 설명하시오. (총 5점)

→ [해결 예시] 73쪽

12 다음은 중학교 1학년 기하 영역의 정다면체에 관한 수업의 일부이다.

| 2013년 교원임용시험 2차 기출문제 1-1번 |

교 사 : 그러면 이제부터 정다면체에 대해서 함께 생각해 보려고 해요. 여기 오른쪽에는 정다면체인 입체도형을 모아 놓았고 왼쪽에는 정다면체가 아닌 입체도형을 모아 놓았어요. 이 두 부류의 입체도형을 비교하면서 정다면체를 뭐라고 약속하면 좋을지 서로의 의견을 말해 보도록 합시다.

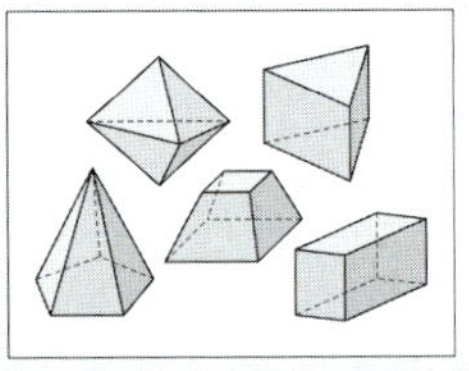

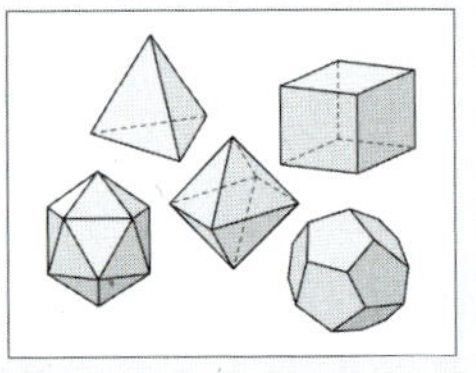

학생 1: 정다면체인 입체도형은 모든 면이 정삼각형이거나 정사각형, 정오각형이에요. 아, 그러면 정다면체는 모든 면이 합동인 정다각형으로 이루어져 있는 입체도형이라고 약속하면 될 것 같아요.

학생 2: 선생님! 그러면 저 입체도형도 정다면체가 될 수 있는 거 아니에요?

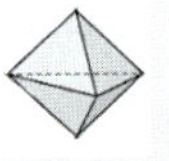

교 사 : 그래요? 왜 그렇다고 생각하나요?

학생 2: 저 입체도형도 모든 면이 합동인 정삼각형으로 이루어졌어요.

학생 1: 그런데 그 입체도형도 선생님께서 정다면체가 아니라고 이미 정해놓은 거니까 정다면체라고 말하면 틀린 거 아닌가요?

교 사 : ㉠ <u>지금은 정다면체가 무엇인지 약속하려고 하는 거니까 미리 정해져 있다고 주장하기보다는 학생 2가 말하는 입체도형이 왜 정다면체가 될 수 없는지 그 이유를 구체적으로 말해 주면 정다면체가 무엇인지 약속하는 데 도움이 될 거예요.</u>

학생 1: 오른쪽에 놓인 입체도형과 왼쪽에 놓인 입체도형은 다른 특징을 가지고 있는 것 같아요.

학생 2: 자세히 보니까 오른쪽에 놓여 있는 정다면체들은 한 꼭짓점에 모인 면의 개수가 모두 같은데 왼쪽에는 각 꼭짓점에 모인 면의 개수가 다른 입체도형도 있어요.

교 사 : 그러면 우리가 아까 정다면체가 무엇인지 약속한 것에다 어떤 것을 추가하면 될까요?

학생 1: 아까 정한 약속에다가 각 꼭짓점에 모인 면의 개수가 같다는 것을 추가하면 되겠네요.

학생 2: 학생 1의 말을 들으니 정다면체는 모든 면이 합동인 정다각형으로 이루어져야 하고, 각 꼭짓점에 모이는 면의 개수가 모두 같은 입체도형으로 약속하면 될 것 같아요.

교 사 : 지금까지 여러분의 토론을 종합해 보면 정다면체는 모든 면이 합동인 정다각형으로 이루어져 있고, 각 꼭짓점에 모인 면의 개수가 모두 같다는 것으로 약속할 수 있어요.

(하략)

2009 개정 교육과정에 따른 수학과 교육과정은 학교 수학에서 인지적 능력 개발 및 정의적 태도 개선과 더불어 인성 함양을 강조하고 있다. 위의 상황에서 교사는 학생들이 수학 학습자로서 바람직한 인성과 태도를 함양하기 위한 수업을 하고 있다. 밑줄 친 ㉠에서 2009 개정 교육과정에 따른 수학과 교육과정이 제시하는 인성 함양을 위한 교수·학습 방법 관련 유의사항을 어떻게 반영하고 있는지 설명하시오. (10점)

→ [해결 예시] 74쪽

13 다음은 수업 준비를 위한 교사용 보조 자료이다. 수학적 사실을 정당화하는 과정에서 두드러지게 나타나는 추론 유형을 (가), (나)에서 각각 하나씩 찾고, 이 두 유형의 추론을 기초로 정당화의 지도 방법을 <작성 방법>에 따라 논술하시오. (10점)

| 2016년 교원임용시험 전공B 기출문제 8번 |

〈한 가지 수학적 사실을 정당화하는 두 가지 접근〉

밑변의 양 끝각의 크기가 같은 사다리꼴에서 평행하지 않은 한 쌍의 대변의 길이는 서로 같음을 설명하시오.

(가)

밑변의 양 끝각의 크기가 같은 사다리꼴 모양의 종이를 준비한다. 그림과 같이 윗변의 수직이등분선을 따라 접는다.

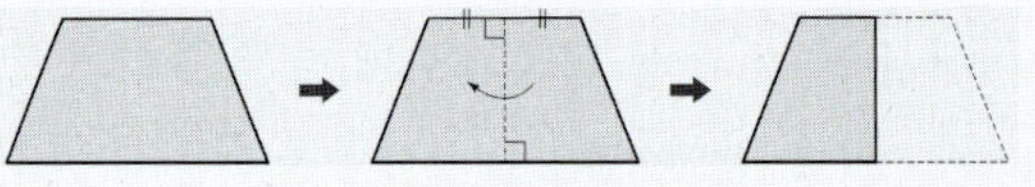

평행하지 않은 한 쌍의 대변이 일치하므로, 대변의 길이는 서로 같다.

(나)

그림과 같이 $\overline{AD} /\!/ \overline{BC}$이고 $\angle B = \angle C$인 사다리꼴 ABCD가 있다. $\overline{AB} = \overline{DC}$임을 보이자.

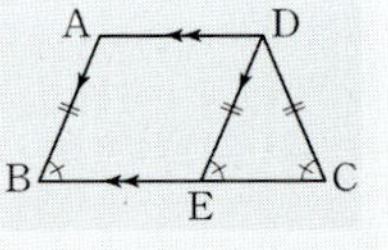

점 D에서 $\overline{AB}$에 평행한 $\overline{DE}$를 그으면, 동위각의 성질에 의해서 $\angle DEC = \angle B$이다. 그런데 $\angle B = \angle C$이므로 $\angle DEC = \angle C$이다. 따라서 $\triangle DEC$는 이등변삼각형이므로 $\overline{DE} = \overline{DC}$이다. 또한 $\square ABED$는 평행사변형이므로 $\overline{AB} = \overline{DE}$이다. 따라서 $\overline{AB} = \overline{DE}$이고 $\overline{DE} = \overline{DC}$이므로 $\overline{AB} = \overline{DC}$이다.

작성 방법

- 서론, 본론, 결론의 형식을 갖출 것.
- 서론 부분에는 (나)와 같은 방법만으로 지도할 때 생길 수 있는 문제점을 포함할 것.
- 본론 부분에는 아래 요소를 포함하여 작성할 것.
  - 폴리아(G. Polya)의 관점에서 두 추론의 역할
  - 반 힐레(P. van Hiele)의 기하 학습 수준 이론에서 학습 수준을 제1수준 ~ 제5수준으로 구분할 때, 제3수준과 제4수준이 주는 시사점
- 결론 부분에는 2009 개정 교육과정에 따른 수학과 교육과정의 '교수 · 학습 방법'에 제시된 수학적 추론 능력을 신장시키기 위한 유의사항을 포함할 것.

→ [해결 예시] 74쪽

14 2015 개정 교육과정에 따른 수학과 교육과정의 중학교 함수 영역에서는 함수 개념을 도입하기 전에 다양한 상황을 그래프로 나타내고 해석하는 것을 다루도록 하고 있다. 이에 두 예비 교사 A와 B는 함수 그래프 지도 이론과 기존의 교과서 자료를 이용하여 함수 영역에 추가된 성취기준에 대한 수업을 설계해 보았다.
다음은 설계한 수업의 [학습 목표], [(가) 예비 교사 A의 활동지], [(나) 예비 교사 B의 활동지]이다. 두 활동지 (가)와 (나)에 기초하여 그래프 지도 방식을 비교하고, (가)와 (나)를 이용하여 수학 수업을 실행하기 위해 수업 장면에서 교사가 살펴보아야 할 사항을 <작성 방법>에 따라 논술하시오. (10점)

| 2017년 교원임용시험 전공B 기출문제 8번 |

[학습 목표]

학습 목표(성취기준) : 다양한 상황을 그래프로 나타내고, 주어진 그래프를 해석할 수 있다.

[(가) 예비 교사 A의 활동지]

※ 그림과 같은 3개의 용기에 일정한 속도로 물을 따른다고 할 때, 물음에 답하시오.

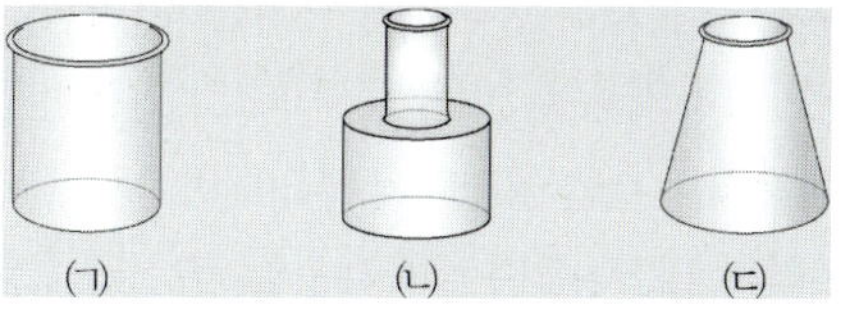

1. 각 용기에 물을 채울 때 시간에 따라 변하는 물의 높이를 대략적인 그래프 개형으로 나타내어 보시오.

2. 그래프를 보고 시간에 따른 물의 높이의 변화를 설명해 보시오.

[(나) 예비 교사 B의 활동지]

1. 1분에 1L 씩 일정한 속도로 물이 나오는 수도꼭지에서 물통에 물을 받고 있다. 물을 받는 시간을 x(분), 받은 물의 양을 y(L)라 할 때, 다음 표를 완성하시오.

x(분)	1	2	3	4	5
y(L)					

2. 위의 표를 이용하여 다음 좌표평면 위에 그래프를 그리시오.

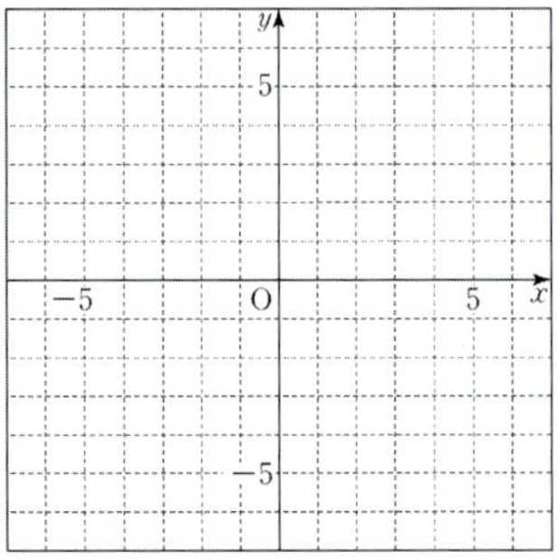

3. 위의 그래프를 보고 받은 물의 양의 변화를 설명하시오.

작성 방법

- 크라벤담(H. Krabbendam)의 질적 접근과 양적 접근의 관점에서 그래프 지도 방식을 비교하여 제시할 것.
- 폴리아(G. Polya)의 문제해결 이론에 근거하여 (가)와 (나)의 문제를 해결하는 반성 단계에서 적절한 교사의 공통 발문 1가지와 그 발문이 적절한 이유를 제시할 것.
- (가)와 (나)를 이용하는 수업 장면에서 주의해야 할 극단적인 교수학적 현상을 수업 상황과 관련지어 각각 1가지씩 다르게 제시할 것.
- 중학교 함수 영역의 그래프에 대한 교수·학습 방법에서 유의해야 할 사항을 2015 개정 교육과정에 따른 수학과 교육과정에 근거하여 제시할 것.
- 서론, 본론, 결론의 형식을 갖출 것.

→ [해결 예시] 74쪽

15 다음 〈자료 1〉 은 원주각의 성질을 지도하는 수업 상황의 일부이고, 〈자료 2〉 는 원주각의 성질을 활용하는 수업 계획서의 일부이다. 〈자료 1〉 과 〈자료 2〉 에 나타난 수업 양상과 이 수업에서 강조되는 수학 교과 역량에 대하여 〈작성 방법〉 에 따라 논술하시오. (10점)

| 2018년 교원임용시험 전공B 기출문제 8번 |

〈자료 1〉

교 사 : [그림 1]에서 원주각과 중심각 사이의 관계를 살펴보았어요. 일반적으로 원주각과 중심각 사이에는 어떤 관계가 성립하는지 발표해 볼까요?

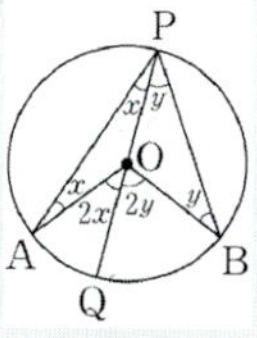

[그림 1]

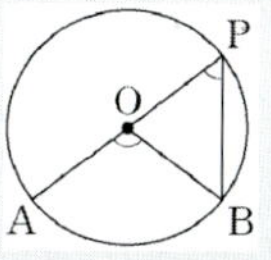

[그림 2]

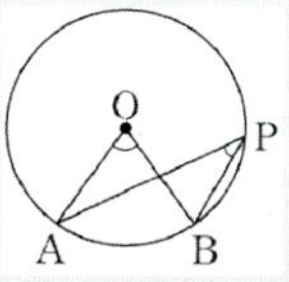

[그림 3]

학생 A : 한 원에서 한 호에 대한 원주각의 크기는 중심각의 크기의 $\frac{1}{2}$이라는 관계를 찾을 수 있습니다.

교 사 : 자신의 생각을 잘 말해 주었어요. 다른 의견이 있나요?

학생 B : 선생님, 한 호에서 여러 개의 원주각을 만들 수 있습니다. [그림 2], [그림 3]의 경우는 [그림 1]과 다르므로 이 관계가 성립하지 않을 것 같습니다. [그림 1]과 같이 중심 O가 ∠APB의 안쪽에 있을 때에만 원주각의 크기가 중심각의 크기의 $\frac{1}{2}$입니다.

학생 A : [그림 2], [그림 3]에서도 ∠APB는 호 AB에 대한 원주각이므로, 점 P의 위치에 관계없이 성립할 것 같아요.

학생 B : 원주각은 맞지만, 점 P의 위치가 변하기 때문에 각의 크기도 변할 것입니다. 따라서 성립하지 않을 것 같아요.

교 사 : 두 학생의 의견이 서로 다르네요. 왜 그렇게 생각했는지 누가 말해 볼까요?

학생 A : 제가 말해 볼게요. [그림 3]의 경우, [그림 4]와 같이 지름 $\overline{PQ}$를 그으면 삼각형의 두 내각과 이웃하지 않는 한 외각의 크기에 대한 성질을 이용하여 [그림 1]처럼 원주각과 중심각 사이의 관계를 설명할 수 있어요.

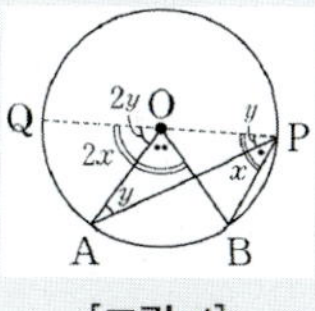

[그림 4]

학생 C : 맞아요. [그림 2]의 경우에도 비슷한 방법으로 설명할 수 있어요.

학생 B : 그러네요. 점 P의 위치에 관계없이 모든 경우에 성립한다는 것을 알게 되었어요. 이것을 간단히 $\angle APB = \frac{1}{2}\angle AOB$라고 표현해도 좋을 것 같아요.

… (중략) …

교 사 : 지금까지 여러분들의 토론을 종합하면, '한 원에서 한 호에 대한 원주각의 크기는 모두 같고, 그 크기는 중심각의 크기의 $\frac{1}{2}$이다.'라고 합의할 수 있습니다.

〈자료 2〉

- 도입 : 교사는 선수 학습 내용을 확인하고, 실세계 현상을 기초로 하는 비수학적 문제 상황을 제시한다. 학생은 제시된 문제가 현실과 결부되어 있음을 이해하고 탐색한다.

문제 그림과 같이 도로 한쪽 편에 스크린이 설치되어 있다. 스크린이 있는 반대편에서 도로를 따라 이동하면서 스크린을 촬영하려고 한다. 스크린 좌우 양 끝점과 카메라가 이루는 각의 크기가 최대가 되는 카메라의 위치를 결정하시오.

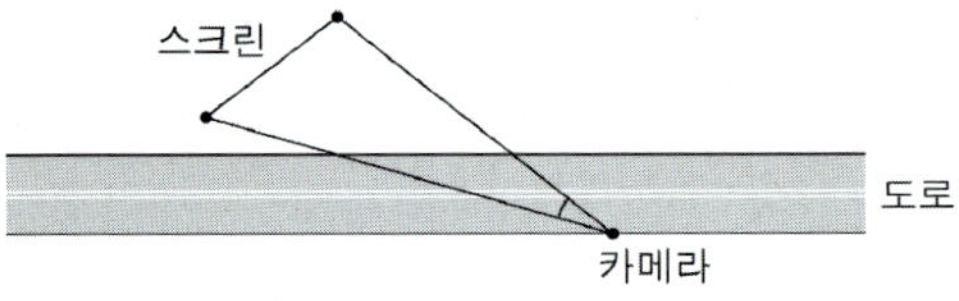

- 전개
  - 1단계 : 주어진 실세계 문제에서 수학적 측면을 알아내고 규칙성을 발견하도록 한다.
  - 2단계 : 현실과 결부된 문제 상황을 다음과 같이 변환한다.

  선분 AB와 직선 l이 주어져 있다. 점 P가 직선 l 위를 움직일 때, $\angle APB$의 크기가 최대가 되는 점 P의 위치는?

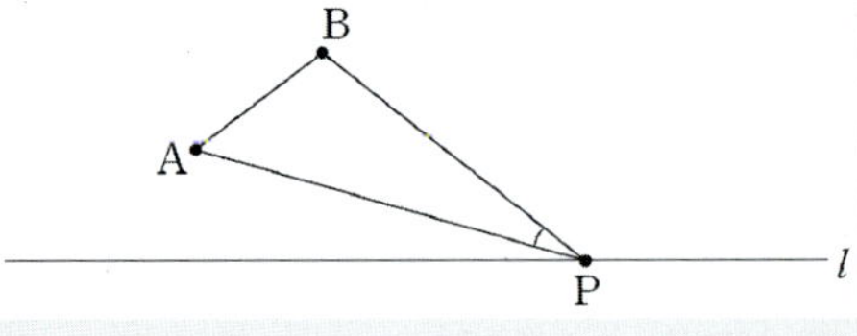

- 3단계 : 문제를 다음과 같이 수학적으로 해결한다.

두 점 A, B를 지나는 다양한 크기의 원을 작도하고, 호 AB에 대한 원주각의 크기를 이용하여 문제를 해결한다.

… (하략) …

작성 방법

- 서론, 본론, 결론의 형식을 갖출 것.
- 서론 부분에는 사회적 구성주의와 급진적 구성주의의 차이점, 현실주의적 수학교육에서 수학화의 의미를 각각 제시할 것.
- 본론 부분에는 다음을 포함할 것.

  첫째, 〈자료 1〉의 수업 상황을 사회적 구성주의 이론의 '객관화된 수학 지식을 얻기까지 거쳐야 할 과정'의 관점에서 분석한 내용.

  둘째, 〈자료 2〉의 수업 계획서를 현실주의적 수학교육 이론의 '수학화 과정'의 관점에서 분석한 내용.
- 결론 부분에는 〈자료 1〉에서 의사소통 역량, 〈자료 2〉에서 문제해결 역량이 각각 강조되는 이유를 2015 개정 교육과정에 따른 수학과 교육과정의 '교수 · 학습 방법' 중 문제해결 능력, 의사소통 능력 함양을 위해 제시한 사항에 근거하여 각각 설명할 것.

➜ [해결 예시] 74쪽

16 다음은 2015 개정 교육과정에 따른 중학교 수학과 교육과정에 제시된 내용 체계의 일부와 수학과 교육과정의 변화에 대한 두 교사의 가상 대화이다.

| 2018년 교원임용시험 전공A 기출문제 1번 |

내용 체계

영역	핵심 개념	내용 요소		
문자와 식	다항식	• 문자의 사용과 식의 계산	• 식의 계산	• 다항식의 곱셈과 인수분해
	방정식과 부등식	• 일차방정식	• 일차부등식과 연립일차방정식	• 이차방정식
확률과 통계	확률		• 확률과 그 기본 성질	
	통계	• 자료의 정리와 해석		• 대푯값과 산포도 • (㉠)

가상 대화

교사 A : 2015 개정 교육과정에 따른 중학교 '수학' 과목 교육과정의 내용 영역은 수와 연산, 문자와 식, 함수, 기하, 확률과 통계입니다.

교사 B : 맞아요. 그런데, 2009 개정 교육과정에 따른 중학교 '수학' 과목 교육과정과 어떤 차이가 있나요?

교사 A : 네, 내용 체계에서 확률과 통계 영역의 제시 순서가 바뀌었어요. 그리고 내용 요소에 새롭게 추가된 것이 있어요.

교사 B : 그렇군요. 그러면 대수 영역에도 변화가 있나요?

교사 A : 대수 영역의 내용 중 일부가 바뀌었어요. 다항식의 곱셈과 인수분해를 통합하여 학습하도록 하였고, ㉡ 2009 개정 교육과정에 따른 중학교 '수학' 과목 교육과정의 대수 영역 '용어와 기호'에 있던 내용 중, 2015 개정 교육과정에 따른 고등학교 '수학' 과목 교육과정의 대수 영역 '학습 요소'로 이동한 것이 있어요.

위 내용 체계 에서 괄호 안의 ㉠에 들어갈 내용 요소와 가상 대화 의 ㉡에 해당하는 학습 요소를 순서대로 쓰시오. (2점)

→ [해결 예시] 75쪽

17 다음은 2015 개정 교육과정에 따른 중학교 수학과 교육과정의 수와 연산 영역에 제시된 〈교수 • 학습 방법 및 유의 사항〉과 〈평가 방법 및 유의 사항〉의 일부이다.

| 2018년 교원임용시험 전공B 기출문제 1번 |

〈교수 • 학습 방법 및 유의 사항〉

- 다양한 상황을 이용하여 음수의 필요성을 인식하게 한다.
- 정수의 사칙계산의 원리는 여러 가지 ㉠ 모델을 이용하여 직관적으로 이해하게 할 수 있다.

〈평가 방법 및 유의 사항〉

- 정수, 유리수와 관련하여 지나치게 복잡한 계산을 포함하는 문제는 다루지 않는다.
- ㉡ 사칙계산 이외의 이항연산 문제는 다루지 않는다.

셈돌 모델을 이용하여 $(+3)-(-2)$를 계산하는 방법을 그림과 함께 설명하고, ㉠ 방법의 한계를 보완하기 위한 지도 방안을 서술하시오. 또 ㉡에 해당하는 수학 문제를 하나 제시하시오. (4점)

→ [해결 예시] 75쪽

18 <자료 1>은 절대부등식을 증명하는 수업 과정에서 학생이 새로운 추측을 제기하는 상황이고, <자료 2>는 김 교사가 <자료 1>의 수업 과정에서 제기된 추측의 증명을 지도하기 위해 작성한 교수 · 학습 계획서의 일부이다. <자료 2>를 토대로 <자료 1>에서 추측한 명제의 증명을 지도하기 위한 교수 · 학습 방안을 <작성 방법>에 따라 논술하시오. (10점) | 2019년 교원임용시험 전공B 기출문제 8번 |

자료 1

… (상략) …

김 교사 : 지금까지 두 실수 x, y에 대하여 절대부등식 $x^2+y^2 \geq xy$가 성립함을 증명해 보았습니다.

학 생 1 : 선생님, 오늘 배운 절대부등식을 보면 세 실수 x, y, z에 대하여 부등식 $x^2+y^2+z^2 \geq xyz$도 성립할 것 같습니다.

학 생 2 : 저는 부등식 $x^2+y^2+z^2 \geq xy+yz+zx$가 성립할 것 같습니다.

김 교사 : 모두 좋은 추측입니다. 두 추측은 모두 참일까요? 여러분은 어떻게 생각합니까?

학 생 들 : (서로 다른 반응을 보이며 호기심을 가진다.)

김 교사 : 그럼 다음 시간에 확인해 봅시다.

자료 2

(가) 증명 지도 계획

• 수학에 대한 다음 2가지 관점을 활용한다.

관점	수학관
A	수학은 준경험적이고 오류 가능하며 인간의 창조적 활동의 산물이다. 수학적 지식은 절대적 진리도 아니고 절대적 확실성도 갖지 않으며 끊임없는 개선의 여지가 있다.
B	수학의 형성 과정에서 사회의 역할을 강조한다. 수학적 지식은 절대적인 진리로서 객관적인 것이 아니라 사회적으로 객관적인 것이다.

• 명제는 다음과 같이 증명한다.

명제

세 실수 x, y, z에 대하여 부등식

$$x^2+y^2+z^2 \geq xy+yz+zx$$

가 성립한다.

증명

세 실수 x, y, z에 대하여 부등식

$$x^2+y^2 \geq 2xy, \quad y^2+z^2 \geq 2yz, \quad z^2+x^2 \geq 2zx$$

이므로,

$$x^2+y^2+z^2 \geq xy+yz+zx$$

이다.

… (중략) …

(나) 평가 계획

- 교수 · 학습 과정에서 학생의 의사소통 능력과 태도 및 실천 능력을 평가한다.
- 관찰 평가 도구

관찰 항목		이름			
		S1	S2	…	S21
의사소통	㉠				
	다양한 관점을 존중하며 다른 사람의 아이디어를 이해한다.				

- 자기 평가 도구

점검 항목		그렇다	보통이다	그렇지 않다
태도 및 실천	㉡			
	다른 사람의 의견을 존중하며 협력하였다.			

작성 방법

- 서론, 본론, 결론의 형식을 갖출 것.
- 서론 부분에는 〈자료 1〉에서 학생이 사용한 추론 유형과 이 추론에 근거하여 보완해야 할 점을 제시할 것.
- 본론 부분에는 다음 요소를 포함할 것.
  - 〈자료 2〉의 관점 A에서 본 증명의 의미와 그 의미를 근거로 한 교사의 활동 1가지
  - 〈자료 2〉의 관점 B에서 본 증명의 의미와 그 의미를 근거로 한 교사의 활동 1가지
  - 2015 개정 수학과 교육과정의 '교수 · 학습 방법'에서 의사소통 능력, 태도 및 실천 능력 함양을 위해 강조한 사항을 근거로 하여 〈자료 2〉의 ㉠과 ㉡에 들어가는 항목 각각 1가지

→ [해결 예시] 76쪽

19 다음은 김 교사의 교수·학습 지도안에 대하여 교사들이 나눈 대화이다.

| 2020년 교원임용시험 전공B 기출문제 5번 |

김 교사: 교수 · 학습 지도안을 다음과 같이 작성해 보았습니다.

학습 목표	무리수의 개념을 이해한다.
단계	교수 · 학습 활동
도입	• 준비 학습: 유리수의 정의를 상기한다. • 동기 유발: 실생활에서 무리수의 예를 보여주는 동영상을 시청한다. • 본시 학습 목표를 확인한다.
전개	• 스프레드시트를 이용하여 $\sqrt{2}$가 순환하지 않는 무한소수임을 설명한다. (스프레드시트 표 아래 참조) • 무리수와 실수를 정의한다. • 무리수 $\sqrt{2}$를 수직선에 나타내는 방법을 설명한다.
정리	• 본시 학습 내용을 정리한다.

	A	B
1	x	x^2
2	1.3	1.69
3	1.4	1.96
4	1.5	2.25
5	1.41	1.9881
6	1.42	2.0164
⋮	⋮	⋮
11	1.41421	1.9999899241
12	1.41422	2.0000182084

최 교사: $\sqrt{2}$가 순환하지 않는 무한소수임을 설명하기 위해 공학 도구를 이용하였네요. 2015 개정 수학과 교육과정에 이에 대한 근거가 있나요?

김 교사: 네, ㉠ 정보 처리 능력을 함양하기 위한 교수 · 학습 방법에 명시된 내용이 있습니다.

최 교사: 그렇군요. 저도 수업 시간에 스프레드시트를 이용한 적이 있는데, ㉡ 학생들이 $\sqrt{2}$가 순환하지 않는 무한소수라는 것에는 관심을 두지 않고 "선생님, 무슨 식을 입력하였기에 x에 수를 넣으면 x^2이 계산되는 건가요? 스프레드시트 다루는 방법 좀 알려주세요."라는 말을 해서 난감했던 적이 있었습니다.

김 교사: 그런 점을 주의하여 수업을 하려고 합니다.

김 교사가 교수·학습 지도안에서 스프레드시트를 이용한 근거를 ㉠의 구체적인 내용으로 제시하시오. 그리고 브루소(G. Brousseau)의 교수학적 상황론에서 ㉡

을 설명할 수 있는 극단적인 교수 현상을 쓰고, 그 현상을 ㉡의 상황과 관련지어 설명하시오. (4점)

→ [해결 예시] 76쪽

20 다음은 19세기말부터 100여 년 동안 이루어진 수학교육의 변천에 관한 자료를 순서 없이 제시한 것이다. (가)~(마)를 수학교육의 역사적 흐름에 따라 순서대로 배열하시오. (2점)

| 2021년 교원임용시험 전공A 기출문제 1번 |

(가)	'기본으로 돌아가기 운동(The Back-to-Basics Movement)'의 영향으로 학교수학에서는 기본 기능을 강조하는 방향으로 고재를 재구성하였다. 그러나 우수한 학생들의 학력이 저하되고 응용력과 문제 해결 능력이 감소되기도 하였다.
(나)	전통적인 방식으로 유클리드 기하를 가르치는 것에서 벗어나 실험 기하를 가르치고, 수학의 실용성, 유용성 등을 강조하였다. 학교수학의 내용을 체계적으로 다듬으려는 노력이 시작되었으며, 학교수학에 함수 개념을 도입한 교과서가 출판되었다.
(다)	지식의 획득에서 지식의 구성으로, 문제 해결에서 문제 제기로 수학교육의 강조점을 변화시키자는 흐름이 본격적으로 일어났다. 그리고 '수학 학습 수준 이론', '현실주의적 수학교육(Realistic Mathematics Edu- cation)' 등 여러 이론과 모델이 발전하였다.
(라)	과학기술의 급격한 발달에 따라 수학의 응용 범위가 확대되었으나 학교수학의 내용이 시대에 뒤떨어진다는 반성으로 집합, 함수, 대수적 개념, 확률 등을 조기에 도입하고자 하였다. 이 시기에 일어난 변화는 우리나라 제3차 교육과정에 영향을 미쳤다.
(마)	근대화된 사회의 모습을 반영하여 수학교육을 개선하여야 한다는 주장이 제기되었다. 엄밀하고 논리적 체계를 갖춘 유클리드 원론 중심의 수학교육, 형식 도야라는 명분으로 과도한 훈련을 하는 수학교육, 소수 특권층을 위한 수학교육 등 당시의 수학교육 실태를 개선하여야 한다는 비판이 있었으나 실제로 크게 개선되지는 못했다.

→ [해결 예시] 76쪽

21 박 교사는 고등학교 '수학1' 삼각함수 단원에서 <수업 방향>에 따라 <온라인 활동 과제>를 활용한 실시간 온라인 수업을 하려고 한다. 이에 대하여 <작성 방법>에 따라 서술하시오. (4점)

| 2021년 교원임용시험 전공A 기출문제 9번 |

수업 방향

- 학생이 수업에 대하여 가능한 한 많은 권리와 책무성을 갖도록 한다.
- 학생과 학생 사이에 충실한 상호작용이 일어나도록 한다.
- 학생이 다양한 표상을 사용하는 능력을 함양하도록 한다.

온라인 활동 과제

(가) 컴퓨터 기하 프로그램으로 삼각함수 그래프를 그리는 방법을 복습하시오.

(나) 함수 $y = a\sin x$의 그래프를 a의 값을 다르게 하여 여러 개 그려보고, 함수 $y = \sin(bx)$의 그래프를 b의 값을 다르게 하여 여러 개 그려본 후 나타난 결과를 분석하여 정리하시오.

(다) 함수 $y = a\sin(bx)$ (a, b는 상수)의 그래프의 성질에 대하여 정리한 내용을 발표하시오.

작성 방법

- 박 교사의 〈수업 방향〉에 적합한 교수·학습 방법을 2015 개정 수학과 교육과정(교육부 고시 제2020-255호) '교수·학습 및 평가의 방향'의 '교수·학습 방법'에 제시된 것 중에서 선택하여 쓰고, 그 이유를 설명할 것
- 선택한 '교수·학습 방법'을 적용할 때, 〈온라인 활동 과제〉의 (다)에서 학생이 할 발표의 준비 과정과 내용을 서술할 것

➜ [해결 예시] 76쪽

22 다음은 학기 초에 평가 계획을 세우는 수학 교사들의 대화이다.
괄호 안의 ㉠에 공통으로 해당하는 수학 교과 역량과 괄호 안의 ㉡에 공통으로 해당하는 평가 방법을 2015 개정 수학과 교육과정(교육부 고시 제2020－236호)에 제시된 용어로 쓰시오. (2점) | 2022년 교원임용시험 전공 A 기출문제 1번 |

김 교사 : 2015 개정 수학과 교육과정에서는 수학의 개념, 원리, 법칙, 기능뿐만 아니라 수학 교과 역량을 균형 있게 평가한다는 평가 원칙을 제시하고 있습니다. 수학 교과 역량을 포함하여 평가 계획을 세워 봅시다.

이 교사 : 수학 교과 역량에 따라 평가 방법을 달리 해야 할 것 같습니다.

김 교사 : 그렇죠. 2015 개정 수학과 교육과정에 제시된 내용의 일부를 참고해 봅시다.

(㉠) : 수학의 가치를 인식하고 자주적 수학 학습 태도와 민주 시민 의식을 갖추어 실천하는 능력

(㉡) : 학생 스스로 자신의 이해와 수행을 평가하는 방법으로, 문제 해결과 추론 과정의 반성이나 신의 생각 표현 등을 평가할 때 활용할 수 있다.

이 교사 : (㉠)을/를 평가할 때 (㉡)을/를 활용하면 좋겠습니다.

23 다음은 대표적인 수학교육 개혁운동 2가지를 설명한 것이다.
(가)와 (나)에 해당하는 수학교육 개혁운동의 명칭을 순서대로 쓰시오. (2점)
| 2023년 교원임용시험 전공 A 기출문제 1번 |

(가) 19세기 말과 20세기 초부터 유럽과 미국을 중심으로 수학의 실용성을 강조하고 학생의 심리적 측면을 고려하는 방향으로 수학교육을 개혁하려는 운동이 일어났다. 영국의 페리(J. Perry), 독일의 클라인(F. Klein), 미국의 무어(E. Moore) 등이 이 운동에서 주도적인 역할을 하였는데, 여러 국가 사이의 협력을 통해 개혁을 추구하는 방향으로 전개되었다. 하지만 제1차와 제2차 세계대전이 일어나면서 더 진전되지 못했다.

(나) 제2차 세계대전의 종전 이후에 세계적으로 수학교육을 개혁하려는 운동이 다시금 전개되었다. 듀돈네(J. Dieudonné)는 '현대수학의 내용과 방법을 학교수학에 조기에 도입하는 것', '대수적 구조와 논리적 엄밀성을 강조하는 것'과 같은 개혁방향을 제안하였다. 이 같은 방향으로 이 운동을 구체화하는 시도가 여러 국가에서 이루어졌다. 하지만 급진적 개혁을 성급하게 추구한 나머지, 교육적으로 많은 부작용을 초래하였다.

24 다음은 2022 개정 중학교 수학과 교육과정의 변화에 대한 두 교사의 대화이다. 괄호 안의 ㉠, ㉡에 해당하는 용어를 순서대로 쓰시오. (2점)

| 2024년 교원임용시험 전공 B 기출문제 1번 |

정 교사 : 2022 개정 중학교 수학과 교육과정에서 영역 명칭의 변화가 있네요.

송 교사 : 맞아요. 초등학교와 중학교의 연계성을 강화하기 위해서 초등학교와 통일하여 제시한 것으로 알고 있습니다.

정 교사 : 네. 2015 개정 중학교 수학과 교육과정의 '문자와 식' 영역과 '함수' 영역을 통합하여 (㉠) 영역으로 제시한 거군요.

송 교사 : 그렇습니다. '확률과 통계' 영역도 '자료와 가능성' 영역으로 명칭이 바뀌었어요.

정 교사 : 그럼 자료와 가능성 영역의 '내용 체계(표)의 지식·이해 범주의 내용 요소' 중에서, 2015 개정 중학교 수학과 교육과정의 확률과 통계 영역의 '내용 체계(표)의 내용 요소'와 비교해서 변화된 내용이 있을까요?

송 교사 : 네. 다음은 자료와 가능성 영역의 내용 체계(표)의 일부인데요. '상자그림'이 새롭게 추가된 것을 확인할 수 있습니다.

구분 / 범주	내용 요소		
	중학교		
	1~3학년		
지식·이해	• (㉡) • 도수분포표와 상대도수	• 경우의 수와 확률	• 산포도 • 상자그림과 산점도

정 교사 : 그렇군요. 내용 요소에 제시된 (㉡), 도수분포표, 상대도수, 확률, 산포도, 상자그림, 산점도는 자료와 가능성 영역의 '성취기준 적용 시 고려 사항'에 자료와 가능성 영역에서 다루는 용어로 제시되어 있습니다.

→ [해결 예시] 78쪽

해결 예시

01 규준 2 : 의사소통으로서의 수학

규준 3 : 추론으로서의 수학

규준 4 : 수학적 연결성

규준 2의 의사소통으로서의 수학은 자신의 수학적인 아이디어를 수학적인 언어나 기호, 그래프, 표 등으로 효율적으로 나타내거나 수학적인 언어 기호, 그래프, 표 등으로 표현된 수학적 아이디어를 바르게 이해하고 사용하는 것과 관련 있다.

규준 3의 추론으로서의 수학은 주어진 사실이나 어떤 근거에 기초로 하여 합리적인 판단 작용에 의해 새로운 사실을 이끌어내는 사고 작용과 관련이 있다. 수학에서는 주로 발견적 추론과 연역적 추론을 사용한다.

규준 4의 수학적 연결성은 수학 내적 연결성과 수학 외적 연결성으로 구분할 수 있다. 수학 내적 연결성은 수학 내의 여러 영역들 사이의 상호 관련성을 인식하는 것과 관련되고 수학 외적 연결성은 수학과 실생활, 수학과 다른 학문 영역과의 관련성을 인식하는 것과 관련이 있다. 수학을 토대로 실생활의 문제를 해결하거나 수학을 이용해서 다른 과목의 학습에 도움을 얻거나 수학 내의 문제들을 관련지어 해결하는 등의 활동이 수학적 연결성과 관련된 수학적 사고를 하는 것이다.

해결 예시 참고자료

구분	참고자료	근거
교육과정	수학과 교육과정(교육부, 2022)	43-47
이론서	수학교육과정과 평가의 새로운 방향(NCTM, 1989: 구광조 외 역, 1992)	112-126, 198-213
나의 추가 자료		

02 정신도야성, 실용성, 문화적 가치 및 심미성

정신도야성은 수학이 논리적으로 추론하는 정신적 능력을 배양하는 소재이며 수학 학습을 통해 습득한 고등사고 능력은 다른 장면에서 위력을 발휘할 수 있음을 의미한다. 수학적 추론 과정은 정신적 능력의 훈련에 적합한 요인들을 포함하고 있다. 수학을 학습하는 것은 사고력을 도야하는 정신체조를 하는 것이다. 수학 학습을 통해서 습득한 합리적이고 논리적인 사고력, 추상적 사고력, 창의적 사고력, 비판적 사고력, 기호화하고 형식화하는 능력, 단순화하고 종합화하는 능력, 간결화하고 단순화하는 능력 등은 학습자의 정신적 능력을 신장시켜서 다른 분야의 학습이나 활동에서 위력을 발휘하게 한다. 또한 수학 학습을 통해 얻은 이해력, 기억력, 관찰력 등은 다른 학문, 다른 분야의 문제를 해결하는 데에도 도움을 준다. 즉, 수학 학습에서 배양된 정신 능력은 수학적 장면만이 아니고 다른 어떤 장면에서도 그 위력을 발휘할 수 있는 것이다.

실용성은 수학이 개인 생활이나 사회생활에 필요한 지식으로서 기능함을 의미한다. 한편 수학은 실제 현상을 설명하고 모델화하는 도구로서 과학의 발달과 더불어 도구로서의 수학의 유용성이 점점 증가되고 있다. 수학은 과학이나 다른 학문을 공부하는 데 도움이 되며 장차 직업생활을 하는 데에서 나아가 궁극적으로 국가 발전에도 도움을 주는 교과이기도 하다.

문화적 가치 및 심미성은 우리가 수학을 학습함으로써 인류의 문화유산을 배우고 후대에 전수할 수 있을 뿐만 아니라 수학적 안목을 가지고 주변의 현상을 올바르게 파악하고 아름답다고 느낄 수 있다는 의미이다. 수학은 역사적으로 발전되어온 인류의 정신문화로서 선인들이 발견해 놓은 지적 유산을 배우고 이를 계승, 발전시켜 다음 세계로 전승하는 것은 문화적으로 가치가 있다. 한편 수학은 아름다움을 지닌 교과이기도 하다. 기하학적 도형이나 황금 분할 등을 보면 수학적 대상도 아름답다고 할 수 있다. 또한 수학은 자연의 질서를 식과 문자로 간결하고 단순하게 표현하는 아름다움을 지닌 교과이기도 하다.

해결 예시 참고자료

구분	참고자료	근거
이론서	수학교육학신론2(황혜정 외, 2023)	40-47
	초등수학교육론(강완 외, 2014)	2-7
	학교수학의 교육적 기초(우정호, 2007)	1-2
나의 추가 자료		

03 고교 과정에서는 좌표평면에서 원주 위의 점의 좌표를 이용하여 삼각함수를 정의한다. 좌표평면 위에서 중심이 원점이고, 반지름이 r인 원을 생각하자.

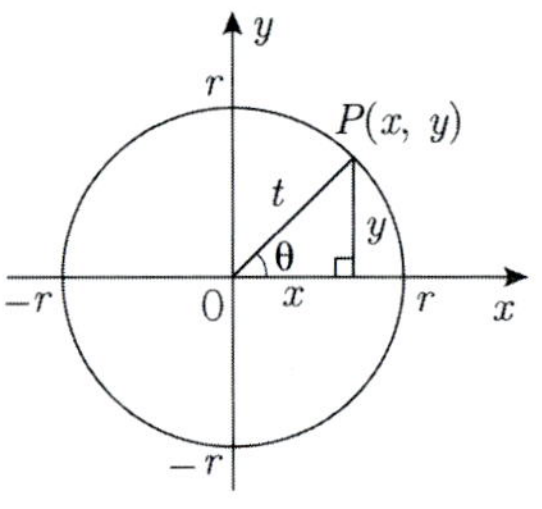

x축의 양의 부분을 시초선, 동경 OP가 나타내는 일반각의 크기를 θ라디안이라 하자.

동경 OP와 반지름의 길이가 r인 원의 교점을 $P(x,\ y)$라고 하면, $\frac{y}{r}$, $\frac{x}{r}$, $\frac{y}{x}(x \neq 0)$의 값은 θ의 크기에 따라 각각 한 가지로 결정된다. 곧 $\theta \to \frac{y}{r}$, $\theta \to \frac{x}{r}$, $\theta \to \frac{y}{x}$와 같은 대응은 각각 함수이다. 이와 같은 함수를 각각 사인함수, 코사인함수, 탄젠트함수라고 하며, 이것을 기호로 각각

$$\sin\theta = \frac{y}{r},\ \cos\theta = \frac{x}{r},\ \tan\theta = \frac{y}{x}\,(x \neq 0)$$

와 같이 나타낸다. 이 함수들을 통틀어 삼각함수라고 한다.

해결 예시 참고자료

구분	참고자료	근거
교육과정	수학과 교육과정(교육부, 2022)	101
교과서	고등학교 수학	〈대수〉(삼각함수)
이론서	수학교육과정과 교재연구(김남희 외, 2024)	154
나의 추가 자료		

04 (1) 제7차 수학교육과정의 국민공통 기본교육 기간은 초등학교 1학년부터 고등학교 1학년까지 10년이다. 이 기간을 10단계로 나누고 각 단계를 2개 하위 단계로 나눈다(1－가 단계, 1－나 단계, ⋯, 10－가 단계, 10－나 단계). 수학과에서 운영하는 6개 내용 영역은 '수와 연산', '도형', '측정', '확률과 통계', '문자와 식', '규칙성과 함수'이다.

(2) 국민공통 기본교육 기간인 초등학교 1학년부터 고등학교 1학년까지의 10년 동안에는 학생들이 학년에 관계없이 자신의 수학 능력에 맞는 단계에서 학습할 수 있는 단계형 수준별 교육과정으로 운영한다. 각 단계 내에서 발생하는 학생들의 수준 차를 해결하기 위해 보충 과정과 심화 과정을 둔다.

국민공통 기본교육 기간 외인 고등학교 2·3학년의 기간에는 일반선택과목과 심화선택과목 중 자기의 진로·능력·취향에 맞는 과목을 선택하여 학습하게 하는 과목 선택형 수준별 교육과정으로 운영한다.

해결 예시 참고자료

구분	참고자료	근거
교육과정	수학과 교육과정(교육부, 1997)	28-33
이론서	수학교육학신론 (황혜정 외, 2016)	78-80
	수학교육학 신서(강옥기외, 2012)	533-534
나의 추가 자료		

05

(1) 문제해결로서의 수학

(2) 의사소통으로서의 수학

해결 예시 참고자료

구분	참고자료	근거
교육과정	수학과 교육과정(교육부, 1997)	29
이론서	수학교육과정과 평가의 새로운 방향 (NCTM, 1989: 구광조 외 역, 1992)	193-202, 297-309
나의 추가 자료		

06

(1) 삼각형 ABC가 변화해도 각 A, 각 B, 각 C의 합이 항상 180°인지 확인한다.

(보충) 삼각형 ABC의 모양과 크기를 변화시켜본다. 각 A, 각 B, 각 C의 크기가 계속 변하여도 세 각의 크기의 합은 변하지 않고 항상 180°임을 관찰(확인)한다. 명제가 참인지 거짓인지를 판단하기 전에 가능한 한 여러 가지 경우를 고려해보도록 활동을 안내한다. 삼각형을 여러 가지로 변화시켜보면서 불변성(변하지 않는 성질)을 파악할 수 있도록 지도한다.

(2) (나) REPEAT N [FD :SIDE RT 360/N]

해결 예시 참고자료		
구분	참고자료	근거
교육과정	수학과 교육과정(교육부, 2015)	33-35
교과서	중학교 수학	기하 영역(평면도형의 성질)
	수학교육학 신서(강옥기 외, 2012)	420-421
이론서	수학교육과정과 교재연구(김남희 외, 2024)	239-241
	수학교육에서의 컴퓨터 활용(김남희 외, 2008)	104-106, 129-131
나의 추가 자료		

07 • 교수·학습 과정에서 계산능력 배양이 목표인 영역을 제외하고는 복잡한 계산, 수학적 개념, 원리, 법칙의 이해, 문제해결력 향상 등을 위하여 가능하면 계산기나 컴퓨터를 적극 활용하도록 한다.

• 교수·학습 전 과정에서 적절하고 다양한 교육기자재를 적극 활용하여 학습의 효과를 높이도록 한다.

해결 예시 참고자료		
구분	참고자료	근거
교육과정	수학과 교육과정(교육부, 1997)	86
나의 추가 자료		

08 제7차 수학과 교육과정의 세 가지 일반 목표 중에서 A교사가 실시한 위의 수행평가에서 달성하고자 하는 목표와 가장 가까운 것은 "수학적 지식과 기능을 활용하여 생활 주변에서 일어나는 여러 가지 문제를 수학적으로 관찰, 분석, 조직, 사고하여 해결할 수 있다."이다.

[참고] 제7차 수학과 교육과정의 세 가지 일반 목표

수학의 기본적인 지식과 기능을 습득하고, 수학적으로 사고하는 능력을 길러, 실생활의 여러 가지 문제를 합리적으로 해결할 수 있는 능력과 태도를 기른다.

가. 여러 가지 생활 현상을 수학적으로 고찰하는 경험을 통하여 수학의 기초적인 개념, 원리, 법칙과 이들 사이의 관계를 이해할 수 있다.

나. 수학적 지식과 기능을 활용하여 생활 주변에서 일어나는 여러 가지 문제를 수학적으로 관찰, 분석, 조직, 사고하여 해결할 수 있다.

다. 수학에 대한 흥미와 관심을 지속적으로 가지고, 수학적 지식과 기능을 활용하여 여러 가지 문제를 합리적으로 해결하는 태도를 기른다.

해결 예시 참고자료		
구분	참고자료	근거
교육과정	수학과 교육과정(교육부, 1997)	29
나의 추가 자료		

09 (1) • 다음 유의 사항 중 한 가지 제시

① 기본 과정의 내용 중 최소필수가 되는 내용 요소를 추출하여 구성한다.

② 기본 과정의 내용을 더 낮은 난이도로 하향 초등화하여 구성한다.

• 문제 만들기 :

(예시 1) 두 자연수 4와 10의 최소공배수를 구하시오.

(예시 2) 4의 배수는 4, 8, 12, 16, 20, 24, 28, 32, …이고, 10의 배수는 10, 20, 30, 40, …이다. 4와 10의 최소공배수를 구하시오.

(2) • 다음 유의사항 중 한 가지 제시

① 기본 과정에서 습득한 수학적 지식을 실생활에 활용하는 다양한 방법을 찾아보게 한다.

② 상위 단계에서 학습할 수학적 개념, 원리, 법칙을 도입하거나 탐구하게 해서는 안 된다.

③ 문제해결력 배양에 중점을 둔다.

• 문제 만들기:

(예시 1) 톱니의 개수가 각각 12, 20인 두 톱니바퀴 A, B가 맞물려 돌아가고 있다. 두 톱니가 맞물린 후 이 두 톱니끼리 다시 맞물리는 것은 두 톱니바퀴 A, B가 각각 최소 몇 바퀴를 회전한 후인지 구하시오.

(예시 2) 공책 24권과 지우개 28개를 학생들에게 똑같이 나누어주려고 한다. 최대 몇 명의 학생에게 나누어줄 수 있는지 구하시오.

해결 예시 참고자료		
구분	참고자료	근거
교육과정	수학과 교육과정(교육부, 1997)	66-67
교과서	중학교 수학	수와 연산 영역 (자연수의 성질)
이론서	수학교육학신론(황혜정 외, 2016)	81
나의 추가 자료		

10 (1) (가)~(라)의 공통 특징은 심화 과정으로 제시된 내용이라는 것이다. 심화 과정은 기본 과정을 성공적으로 학습한 학생들이 발전적으로 학습할 수 있는 내용으로 제시한다. 실생활에 활용하는 다양한 방법을 찾아보는 것 이외의 내용으로는 문제해결력의 배양과 관련된 내용이 있다.

(2) • 상대도수 개념을 처음 지도할 때 적합한 문제 상황은 도수분포표를 주고 어떤 계급에 해당하는 도수가 전체에서 차지하는 비율을 물어보는 문제이다.

(예) 다음은 우리 반 학생 30명의 중간고사 수학 성적을 조사하여 나타낸 도수분포표이다. 수학 성적이 70점 이상 80점 미만인 학생의 비율은 전체의 몇 %인가?

수학 성적(점)	학생 수(명)
50 이상 ~ 60 미만	2
60 이상 ~ 70 미만	7
70 이상 ~ 80 미만	8
80 이상 ~ 90 미만	5
90 이상 ~ 100 미만	8
합계	30

($\frac{8}{30}=\frac{4}{15}$, 약 26.7%)

• (가)의 내용을 지도할 때 적합한 문제 상황은 도수의 합이 다른 두 집단에 대한 도수분포표를 주고 상대도수를 비교하는 문제이다.

(예) 100명 A반과 80명인 B반의 중학생들은 모두 어느 온라인 학습 사이트를 이용하고 있다. 다음은 두 반 학생들을 대상으로 일주일 동안 이 사이트에서 온라인 학습을 한 시간을 조사하여 정리한 것이다. 온라인 학습 시간이 5시간 이상 6시간 미만인 학생 수의 비율은 A, B 두 반 중 어느 반이 더 많다고 할 수 있는가?

학습시간(시간)	학생 수(명)	
	A반	B반
1^이상 ~ 2^미만	14	10
2 ~ 3	25	17
3 ~ 4	40	35
4 ~ 5	16	10
5 ~ 6	5	8
합계	100	80

$(\frac{5}{100} < \frac{8}{80}$ 이므로 B반이 더 많다.)

(3) 첫째, 현대화 운동에 대한 비판(수학적 구조와 논리적 엄밀성 강조, 수학 용어와 기호의 엄밀한 사용, 학생의 지적 발달 수준과 무관하게 수학 내용을 조기에 도입 등)
둘째, 현대화운동에 대한 반성으로 일어난 '기본으로 돌아가기' 운동 전개
셋째, 1980년대 이후 문제해결력의 강조

해결 예시 참고자료		
구분	참고자료	근거
교육과정	수학과 교육과정(교육부, 1997)	67, 84-85
교과서	중학교 수학	확률과 통계 영역 (상대도수의 분포)
이론서	수학교육학신론(황혜정 외, 2016)	56-57, 73-74, 81
	수학교육학 신서(강옥기 외, 2012)	530-531
나의 추가 자료		

11 (다음 중 3가지를 쓰기)

(1)이 옳지 않다. 문제해결 지도를 위한 문제는 실생활뿐만 아니라 형식화되고 추상화된 수학적 상황에서도 만들어질 수 있다.

(3)이 옳지 않다. 문제해결을 통해서 귀납, 유추 등의 발견적 사고, 논리 – 연역적 사고, 형식화하는 사고, 일반화하는 사고 등의 고등 사고 능력을 키울 수 있다.

(5)가 옳지 않다. 우리나라 교육과정에서 문제해결은 전 영역에서 지속적으로 지도해야 한다고 명시하였듯이 문제해결 지도는 일반적인 수학 수업과 관련시켜야 한다.

(6)이 옳지 않다. 학생들은 기존의 연습 문제를 통해서 문제해결 전략을 모방하고 연습해 보기도 하고, 자신의 풀이를 다른 학생들의 해결 과정과 비교해보면서 더 높은 차원으로 확장해서 사고할 수 있는 기회를 얻을 수 있기 때문이다.

해결 예시 참고자료		
구분	참고자료	근거
교육과정	수학과 교육과정(교육과학기술부, 2011)	34-35
이론서	어떻게 문제를 풀 것인가?(Polya, G., 1956: 우정호 역, 2008)	6-8
	학교수학의 교육적 기초(우정호, 2007)	18-20, 69-75
나의 추가 자료		

12 학생 1이 학생 2의 답이 틀렸다고 주장할 때, 교사는 학생 1의 인성 함양을 위해 적절한 지도를 행하였다. 학생 2가 말하는 입체도형이 왜 정다면체가 될 수 없는지 그 이유를 구체적으로 살펴보도록 안내하는 것에서 이를 알 수 있다. 학생 1은 자신의 주장을 일방적으로 제시하는 것이 아니라 상대방의 의견을 존중하면서 자신의 생각을 설득력 있게 표현할 수 있는 기회를 갖게 되었다. 학생 1, 학생 2, 교사와의 대화를 통해 교사는 학생들이 수학 문제를 해결함에 있어서 결과에 이르는 과정도 중요함도 느낄 수 있도록 하였다. 이는 2009 개정 교육과정 교수－학습 방법에서 제안하는 다음 세 가지 사항이 잘 구현된 것으로 평가된다. 첫째, 다른 학습자의 풀이 방법과 의견을 존중하며, 이를 통해 타인을 배려하는 성품을 기르게 한다. 둘째, 자신의 수학적 아이디어를 설득력 있게 논리적으로 표현하여 그 타당성을 입증하고 이에 기초하여 합리적으로 결론을 내리는 과정을 통해 민주 시민의 소양을 기르게 한다. 셋째, 수학 문제를 해결함에 있어 결과에 이르는 과정이 중요함을 인식하게 한다.

해결 예시 참고자료

구분	참고자료	근거
교육과정	수학과 교육과정(교육과학기술부, 2011)	32, 35
교과서	중학교 수학	기하 영역(입체도형의 성질)
이론서		
나의 추가 자료		

13 2부 1장「추론 교육」기출문제 해결예시 06번 참조.

14 (1권) 2부 3장「브루소의 교수학적 상황론」기출문제 해결예시 09번 참조.

15 (1권) 2부 1장「프로이덴탈의 수학화 학습－지도론」기출문제 해결예시 12번 참조.

16 ㉠ 상관관계

㉡ 연립(일차)부등식

해결 예시 참고자료

구분	참고자료	근거
교육과정	수학과 교육과정(교육부, 2015)	8, 30-31, 48
교과서	중학교 수학	확률과 통계 영역(통계) 대수 영역(방정식과 부등식)
이론서	수학교육학신론(황혜정 외, 2016)	123-128
	수학교육과정과 교재연구(김남희 외, 2024)	87, 330
나의 추가 자료		

17 • 셈돌 모델에서 검은 돌은 양수를 나타내고 흰 돌은 음수를 나타내며 '검은 돌 하나와 흰 돌 하나는 같이 없애거나 더할 수 있다'는 규칙이 있다.
$(+3)-(-2)$는 '검은 돌 3개에서 흰 돌 2개를 빼는 것'이다. 즉, 그림으로 표현하면 ●● ● − ○○이다. 그림에서 빼야 할 흰 돌이 없으므로 검은 돌 2개와 힌돌 2개를 같이 추가로 더해서 다음과 같이 계산한다.

●●●$\begin{pmatrix}●●\\○○\end{pmatrix}$ − ○○ → ●●●●●

즉, $(+3)-(-2)=5$이다.

• 모델을 이용해서 직관적으로 이해하게 하는 ㉠의 방법은 인위적인 규칙이나 해석이 추가되어야 하며, 음수의 모든 대수적 성질을 일관성 있게 설명하지 못하는 한계점을 지닌다. 이를 보완하기 위한 지도 방법은 음수와 음수의 연산을 '형식불역의 원리'를 이용하여 형식적으로 다루는 것이다.

• ㉡에 해당하는 수학 문제는
'$a\triangle b=a+b-ab$일 때, $3\triangle 8$을 구하시오.',
'$a*b=\dfrac{b}{a}+a$일 때, $1*5$의 값은?'
과 같은 문제이다.

해결 예시 참고자료

구분	참고자료	근거
교육과정	수학과 교육과정(교육부, 2015)	28-29
교과서	중학교 수학	수와 연산 영역 (정수의 연산)
이론서	수학교육과정과 교재연구(김남희 외, 2024)	16-17, 20-22
	학교 수학의 교육적 기초(우정호, 2007)	210-211, 214-216
나의 추가 자료		

18 (1권) 3부 2장「구성주의」 기출문제 해결예시 **06**번 참조.

19 (1권) 2부 3장「브루소의 교수학적 상황론」 기출문제 해결예시 **12**번 참조.

20 (마) ⇨ (나) ⇨ (라) ⇨ (가) ⇨ (다)

해결 예시 참고자료

구분	참고자료	근거
이론서	수학교육학신론(황혜정 외, 2016)	49-58
	수학 학습-지도 원리와 방법(우정호, 2011)	24-25
	학교수학의 교육적 기초(우정호, 2007)	70
나의 추가 자료		

21 박 교사의 <수업 방향>에 적합한 교수－학습 방법은 탐구학습이라고 할 수 있다. 학생이 수업에 대해 가능한 한 많은 권리와 책무성을 갖도록 의도한 것은 '학생이 중심이 되어 수학 개념, 원리, 법칙을 발견하고 구성하는 교수·학습'을 염두에 둔 것이며 학생과 학생 사이에 충실한 상호작용이 일어나도록 하는 것은 '과제 발표를 통해 지식의 타당성을 서로 확인하는 능력을 기를 수 있게 하는 것'과 관련이 있다. 학생이 다양한 표상을 사용하는 능력을 함양하도록 하는 것은 '학생 스스로 자료와 정보로부터 지식을 도출하면서 이를 발표 과정에서 적절히 표현'하게 하는 것과 연관된다.

> **[참고: 교육과정 제시]** 탐구 학습은 학생이 중심이 되어 수학 개념, 원리, 법칙을 발견하고 구성하는 교수·학습 방법으로, 학생 스스로 자료와 정보로부터 지식을 도출하거나 지식의 타당성을 확인하는 능력을 기를 수 있게 한다.

탐구학습 방법을 적용해서 학생이 할 발표의 준비 과정은 다음과 같다. 먼저, 프로그램을 사용하여 함수 $y=a\sin x$(a는 상수)의 그래프를 그린다. <그림 1> ~ <그림 2>와 같이 a의 값을 다르게 하여 그래프의 변화를 관찰하고, 사인함수의 주기, 정의역, 치역, 그래프의 모양 등에 어떤 변화가 있는지 관찰하고 발견한 결과를 수학적으로 바르게 표현하며 정리한다. 그 다음에, 함수 $y=\sin x(bx)$(b는 상수)의 그래프를 그린다. <그림 3> ~ <그림 4>와 같이 b의 값을 다르게 하여 그래프의 변화를 관찰하고, 사인함수의 주기, 정의역, 치역, 그래프의 모양 등에 어떤 변화가 있는지 관찰하고 발견한 결과를 수학적으로 바르게 표현하며 정리한다.

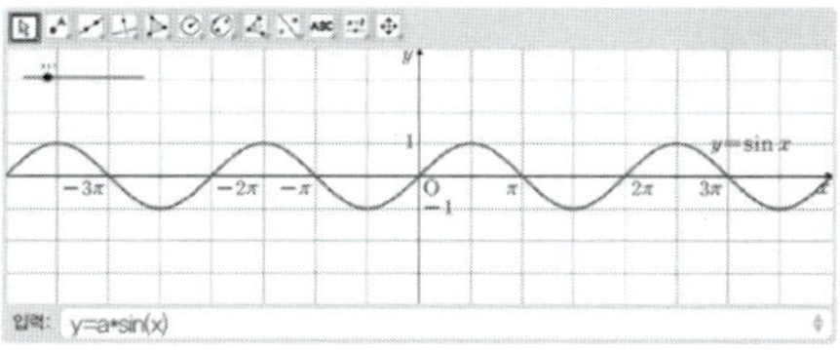

〈그림 1〉 $a=1$일 때 $y=a\sin x$의 그래프

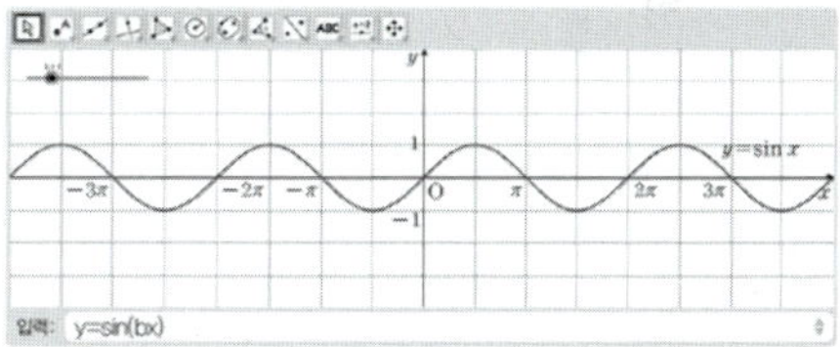

〈그림 3〉 $b=1$일 때 $y=\sin bx$의 그래프

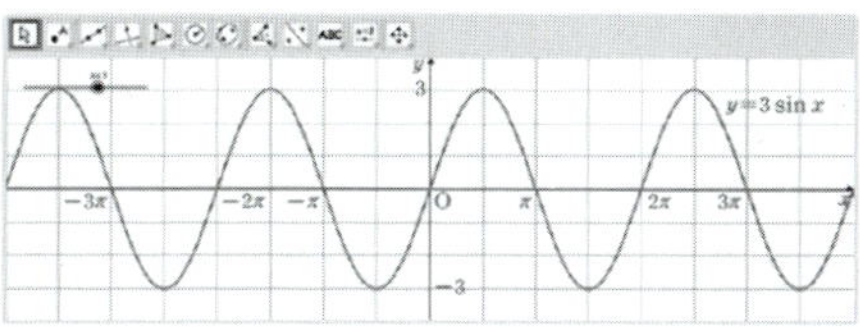

〈그림 2〉 $a=3$일 때 $y=a\sin x$의 그래프

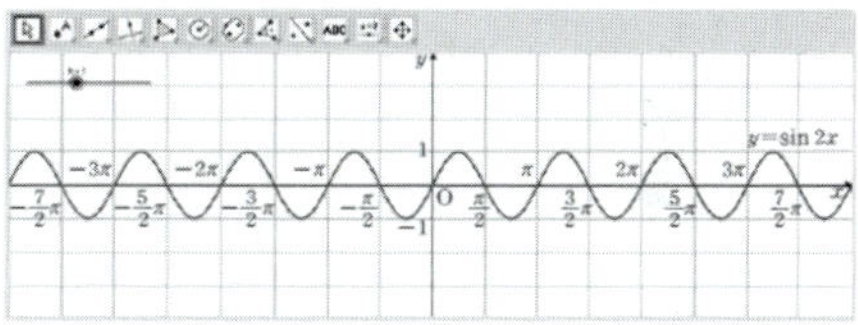

〈그림 4〉 $b=2$일 때 $y=\sin bx$의 그래프

<온라인 활동 과제>의 (다)에서 학생이 발표할 내용은 다음과 같다.

1) 프로그램으로 관찰한 내용을 예시하여 보여준다.
2) 값을 변화시키며 관찰한 것을 말로 설명한다.
3) 설명한 내용을 다음과 같이 교과서에서 배운 방식으로 정리해서 요약한다.

$y=a\sin(bx)$(a, b는 상수)의 그래프의 성질

1) 정의역은 실수 전체의 집합이다.
2) 치역은 $\{y|-|a|\le y\le |a|\}$이다.
3) 주기는 $\dfrac{2\pi}{|b|}$이다.

4) 그래프는 원점에 대하여 대칭이다.

해결 예시 참고자료		
구분	참고자료	근거
교육과정	수학과 교육과정(교육부, 2015)	66-69
교과서	고등학교 수학	〈수학 I〉(삼각함수)
이론서	수학교육과정과 교재연구(김남희 외, 2024)	96-97, 154
	수학 학습-지도 원리와 방법(우정호, 2011)	484
나의 추가 자료		

22 ㉠ 태도 및 실천 역량

㉡ 자기평가

해결 예시 참고자료		
구분	참고자료	근거
교육과정	수학과 교육과정(교육부, 2015)	39-41
나의 추가 자료		

23 (가) 수학교육 근대화 운동

(나) 수학교육 현대화 운동

해결 예시 참고자료		
구분	참고자료	근거
이론서	수학교육학신론 1(황혜정 외, 2023)	51-62
	학교수학의 교육적 기초(우정호, 2007)	70
나의 추가 자료		

24 변화와 관계, 대푯값

해결 예시 참고자료		
구분	참고자료	근거
교육과정	수학과 교육과정(교육부, 2022)	7-10
이론서	수학 교육과정과 교재연구(김남희 외, 2024)	330
나의 추가 자료		

하브루타

질문과 토론으로 학습해 봅시다.

문제만들기로 나아가기

- **문제 만들기** 보충 또는 심화 학습이 필요한 내용을 문제로 만들어 봅시다.
- **탐구 학습** 관련 자료를 스스로 찾아가면서 문제해결해 봅시다.
- **토론 학습** 함께 토론하면서 문제 해결을 검토하고 보완해 봅시다.
- **포트폴리오 제작** 탐구 자료를 모아 '수학교육학' 포트폴리오를 만들어 봅시다.

❶ 문제 만들기(예시)

문제 만들기 ❶ 사범대학 수학교육과 학부생의 사례

현행 교육과정에서 다음을 함양하기 위해 제시한 교수·학습의 제안 사항을 정리해보자.

- 연결 역량
- 문제 해결 역량

문제 만들기 ❷ 교원임용시험을 준비하는 예비 교사의 사례

20세기 초 수학 교육 근대화 운동, 20세기 중반 수학 교육 현대화 운동 및 '기본을 돌아가기(The back－to basics) 운동'을 요약하고, 우리나라 수학 교육과정의 변천에 미친 영향을 써보자.

문제 만들기 ❸ 중·고등학교 현직 수학 교사의 사례

2022 개정 교육과정은 수학 수업을 계획할 때 교육과정을 다음과 같이 활용할 것을 권장한다.

> 먼저 내용 체계의 '핵심 아이디어'를 통해 영역 전체를 아우르거나 관통하는 관점을 파악한다. 다음으로 내용 체계의 '지식·이해, 과정·기능, 가치·태도'를 확인하여 중점을 두어야 하는 내용을 확인한다. 이어서 '성취기준, 성취기준 해설, 성취기준 적용 시 고려 사항', '교수·학습 및 평가'를 확인하여 세부적인 수업 내용과 방법을 구체화한다. 수업 계획이 성취기준 학습에만 그치지 않고 여러 성취기준을 아우르거나 관통하는 핵심 아이디어를 구성하는 데에 기여하는지 점검하여 보완한다.
>
> (교육부, 2022: 4)

모의 수업할 학습 주제를 정하고 '성취기준, 성취기준 해설, 성취기준 적용 시 고려 사항', '교수·학습 및 평가'를 확인하여 세부적인 수업 내용과 방법을 구체화해 보자.

❷ 문제 만들기(실행)

(1) 문제 만들기(문제 제기)

(2) 탐구 및 토론 학습

(3) 문제해결 결과 정리

***문제해결에 도움이 된 참고자료들**

* 문제가 추가되면 [부록 A]의 <문제 만들기> 활동지를 복사하여 활용한다.

CHAPTER

02

학교수학 교재연구

내용 학습

- 이 책에 정리된 주요 내용을 토대로 자신의 지식을 확장해 봅시다.
- 수학교육학 교재나 참고문헌에서 학습 주제 관련 내용을 찾아 심화 학습해 봅시다.

학교수학의 지도 영역에 대한 교재연구는 어떤 주제, 어떤 방식으로 접근하느냐에 따라 다양할 수 있다. 여기서는 교육과정에서 제시하는 각 영역의 학습 내용 체계를 다룬다. 이론과 실제에 대한 구체적인 내용들은 문제 형식으로 재구성하여 영역별로 제시한다. 각 영역별 문제들은 교사 교육에 필요한 주요 내용을 질문 또는 권고 형식으로 제시한 것이다. 독자들은 문제를 해결하며 학습하는 과정에서 학교수학의 교재연구에 필요한 기본 지식을 습득해나갈 수 있다.

❶ 수와 연산 영역

현행 수학과 교육과정의 공통교육과정의 '수와 연산' 영역에서는 '핵심 아이디어'를 통해 수 개념, 사칙계산, 수와 사칙계산을 활용한 문제해결 등의 학습 필요성과 중요성을 강조한다. 또한, 학습 내용을 '지식 · 이해', '과정 · 기능', '가치 · 태도'의 세 범주로 제시하여 학습 내용을 균형 있게 학습하도록 제안한다(교육부, 2022).
다음에 제시한 내용 체계표는 '수와 연산' 영역의 핵심 아이디어와 지식 · 이해, 과정 · 기능, 가치 · 태도에 해당하는 내용을 보여주면서 수와 연산 영역에서 학습할 내용 범위와 수준을 제시한다. (교육부, 2022: 7)

<table>
<tr><th>핵심 아이디어</th><td colspan="6">• 사물의 양은 자연수, 분수, 소수 등으로 표현되며, 수는 자연수에서 정수, 유리수, 실수로 확장된다.
• 사칙계산은 자연수에 대해 정의되며 정수, 유리수, 실수의 사칙계산으로 확장되고 이때 연산의 성질이 일관되게 성립한다.
• 수와 사칙계산은 수학 학습의 기본이 되며, 실생활 문제를 포함한 다양한 문제를 해결하는 데 유용하게 활용된다.</td></tr>
<tr><th rowspan="3">구분
범주</th><th colspan="6">내용 요소</th></tr>
<tr><th colspan="3">초등학교</th><th colspan="3">중학교</th></tr>
<tr><th>1~2학년</th><th>3~4학년</th><th>5~6학년</th><th colspan="3">1~3학년</th></tr>
<tr><th>지식 · 이해</th><td>• 네 자리 이하의 수
• 두 자리 수 범위의 덧셈과 뺄셈
• 한 자리 수의 곱셈</td><td>• 다섯 자리 이상의 수
• 분수
• 소수
• 세 자리 수의 덧셈과 뺄셈
• 자연수의 곱셈과 나눗셈
• 분모가 같은 분수의 덧셈과 뺄셈
• 소수의 덧셈과 뺄셈</td><td>• 약수와 배수
• 수의 범위와 올림, 버림, 반올림
• 자연수의 혼합 계산
• 분모가 다른 분수의 덧셈과 뺄셈
• 분수의 곱셈과 나눗셈
• 소수의 곱셈과 나눗셈</td><td>• 소인수분해
• 정수와 유리수</td><td>• 유리수와 순환소수</td><td>• 제곱근과 실수</td></tr>
</table>

과정 · 기능	• 자연수, 분수, 소수 등 수 관련 개념과 원리를 탐구하기 • 수를 세고 읽고 쓰기 • 자연수, 분수, 소수의 크기를 비교하고 그 방법을 설명하기 • 사칙계산의 의미와 계산 원리를 탐구하고 계산하기 • 수 감각과 연산 감각 기르기 • 연산 사이의 관계, 분수와 소수의 관계를 탐구하기 • 수의 범위와 올림, 버림, 반올림한 어림값을 실생활과 연결하기 • 자연수, 분수, 소수, 사칙계산을 실생활 및 타 교과와 연결하여 문제해결하기	• 최대공약수와 최소공배수 구하기 • 정수, 유리수, 실수의 대소 관계 판단하기 • 정수, 유리수, 근호를 포함한 식의 사칙계산의 원리를 탐구하고 계산하기 • 유리수와 순환소수의 관계 설명하기
가치 · 태도	• 자연수, 분수, 소수의 필요성 인식 • 사칙계산, 어림의 유용성 인식 • 분수 표현의 편리함 인식 • 수와 연산 관련 문제해결에서 비판적으로 사고하는 태도	• 음수, 무리수의 필요성 인식 • 실생활에서 사칙계산의 유용성 인식 • 수 체계의 논리적 아름다움에 대한 관심 • 정수와 유리수의 사칙계산의 원리를 이용하는 문제의 풀이 과정과 결과를 반성하는 태도

수와 연산 영역의 내용 체계(교육부, 2022: 7)

초등학교 수학에서는 0과 자연수, 분수, 소수를 배우며 이에 대한 사칙연산을 학습한다. 중학교 수학에서 1학년에서 정수, 2학년에서 유리수, 3학년에서 무리수를 배운다. 나아가 실수를 도입힌다. 복소수는 고등학교 <공통수학1>에서 학습한다. 이에 대한 성취기준은 다음과 같다.

[10공수1-02-01] 복소수의 뜻과 성질을 설명하고, 사칙연산을 수행할 수 있다.

복소수의 성질과 사칙연산은 중학교에서 학습한 실수의 성질과 사칙연산과 연계하여 이해하게 하고, 나눗셈은 켤레복소수를 이용하여 계산하게 한다. 집합과 명제는 [공통수학2]에서 학습한다.

[10공수2-02-01] 집합의 개념을 이해하고, 집합을 표현할 수 있다.

집합의 연산은 합집합, 교집합, 여집합, 차집합을 다루고, 집합의 연산에 관한 교환법칙, 결합법칙, 분배법칙, 드모르간의 법칙은 벤 다이어그램으로 확인하는 정도로 간단히 다룬다. 명제와 조건의 뜻은 수학적인 문장을 이해하는 수준에서 간단히 다룬다. '모든', '어떤'을 포함한 명제는 구체적인 상황을 이용하여 도입한다. 대우를 이용한 증명법과 귀류법을 이용한 명제의 증명은 간단한 것만 다룬다.

학교수학의 학습은 수와 그 연산의 개념을 학습하는 것에서 시작한다고 해도 과언이 아니다. 학생들은 초등학교, 중학교, 고등학교를 거쳐 자연수, 0, 정수, 유리수, 실수, 복소수의 개념과 그 연산을 배워나가면서 모든 다항방정식의 해를 논의할 수 있는 '대수적으로 닫힌' 수 체계에 도달하게 된다. 학생들은 수 체계가 정의될 때마다 기존의 수 체계에서 인정된 성질을 바탕으로 새로운 수 체계에서 성립하는 성질들을 학습해나간다. 새로운 수 체계의 대수적 구조를 익혀나가는 과정에서 학습의 어려움에 봉착할 수도 있다. 연산의 구조로 정의되는 수 체계는 고도의 추상화 과정을 거친 결과이기 때문에 학생들은 자연수 개념뿐만 아니라 정수, 실수, 복소수 등의 새로운 수 개념이 도입될 때마다 기존의 인지 구조를 수정하고 발전시키는 과정이 필요하다.

수와 연산 영역의 교수-학습과 관련된 교재연구는 수 개념 발생의 역사적 과정, 수 개념 이해에 대한 심리적 분석, 수와 연산 지도를 위한 학습 모델, 수와 연산 영역 지도에 관한 교과서 분석 등의 다양한 분야에서 접근해볼 수 있다. 이 책에서는 그 주요 내용 중 교사 교육에 도움이 되는 주제들을 발췌하여 '수와 연산 영역'의 기초문제와 정리문제로 재구성하여 제시한다.

❷ 대수 영역

우리나라 수학과 교육과정에서 대수 관련 지도 내용은 공통 교육과정과 선택 중심 교육과정 전반에 걸쳐 고루 분포되어 있다. 공통 교육과정인 초등학교 수학과 중학교 수학에서는 대수를 '변화와 관계' 영역에서 다룬다. 우리나라 교육과정의 내용 체계에서 살펴본 대수 학습 관련 내용 요소는 다음 표와 같다(교육부, 2022).

학교급	내용 요소	
초등학교	• 규칙 • 대응 관계 • 비례식과 비례 배분	• 통치 관계 • 비와 비율
중학교	• 문자의 사용과 식 • 식의 계산 • 연립일차방정식 • 이차방정식	• 일차방정식 • 일차부등식 • 다항식의 곱셈과 인수분해
고등학교	• 다항식의 연산 • 인수분해 • 행렬과 그 연산	• 나머지정리 • 여러 가지 방정식과 부등식 • 도형의 방정식

수학과 교육과정에서 대수 학습 관련 내용 요소

대수 학습 관련 요소가 포함된 '변화와 관계' 영역 내용 체계표는 다음과 같다(교육부, 2022: 8).

<table>
<tr><td>핵심 아이디어</td><td colspan="6">• 변화하는 현상에 반복적인 요소로 들어있는 규칙은 수나 식으로 표현될 수 있으며, 규칙을 탐구하는 것은 수학적으로 추측하고 일반화하는 데 기반이 된다.
• 동치 관계, 대응 관계, 비례 관계 등은 여러 현상에 들어있는 대상들 사이의 다양한 관계를 기술하고 복잡한 문제를 해결하는 데 유용하게 활용된다.
• 수와 그 계산은 문자와 식을 사용하여 일반화되며, 특정한 관계를 만족시키는 미지의 값은 방정식과 부등식을 해결하는 적절한 절차를 거쳐 구해진다.
• 한 양이 변함에 따라 다른 양이 하나씩 정해지는 두 양 사이의 대응 관계를 나타내는 함수와 그 그래프는 변화하는 현상 속의 다양한 관계를 수학적으로 표현한다.</td></tr>
<tr><td rowspan="3">구분 / 범주</td><td colspan="6">내용 요소</td></tr>
<tr><td colspan="3">초등학교</td><td colspan="3">중학교</td></tr>
<tr><td>1~2학년</td><td>3~4학년</td><td>5~6학년</td><td colspan="3">1~3학년</td></tr>
<tr><td>지식 · 이해</td><td>• 규칙</td><td>• 규칙
• 동치 관계</td><td>• 대응 관계
• 비와 비율
• 비례식과 비례배분</td><td>• 문자의 사용과 식
• 일차방정식
• 좌표평면과 그래프</td><td>• 식의 계산
• 일차부등식
• 연립일차방정식
• 일차함수와 그 그래프
• 일차함수와 일차방정식의 관계</td><td>• 다항식의 곱셈과 인수분해
• 이차방정식
• 이차함수와 그 그래프</td></tr>
<tr><td>과정 · 기능</td><td colspan="3">• 물체, 무늬, 수, 계산식의 배열에서 규칙을 탐구하기
• 규칙을 찾아 여러 가지 방법으로 표현하기
• 두 양의 관계를 탐구하고, 등호를 사용하여 나타내기
• 대응 관계를 탐구하고, □, △ 등을 사용하여 식으로 나타내고 설명하기
• 두 양의 관계를 비나 비율로 나타내기
• 비율을 분수, 소수, 백분율로 나타내기
• 비율을 실생활 및 타 교과와 연결하여 문제해결하기
• 비례식을 풀고, 주어진 양을 비례배분하기</td><td colspan="3">• 식의 값과 함숫값 구하기
• 다항식의 연산 원리에 따라 계산하기
• 식을 간단히 하기
• 등식의 성질과 부등식의 성질 설명하기
• 방정식과 부등식 풀기
• 방정식, 부등식, 함수와 관련된 문제해결하기
• 상황이나 관계를 표, 식, 그래프로 나타내기
• 주어진 그래프 해석하기
• 일차함수의 그래프와 이차함수의 그래프의 성질 설명하기
• 일차함수의 그래프와 미지수가 2개인 일차방정식의 해 사이의 관계 설명하기</td></tr>
<tr><td>가치 · 태도</td><td colspan="3">• 규칙, 동치 관계 탐구에 대한 흥미
• 대응 관계, 비 표현의 편리함 인식
• 비와 비율의 유용성 인식
• 변화와 관계 관련 문제해결에서 비판적으로 사고하는 태도</td><td colspan="3">• 문자의 유용성 인식
• 순서쌍과 좌표, 그래프 등 수학적 표현의 유용성과 편리함 인식
• 방정식, 부등식, 함수의 필요성 인식
• 실생활, 사회 및 자연 현상과 관련된 문제를 수학적 모델링을 통해 해결하려는 도전적인 태도
• 체계적으로 사고하여 합리적으로 의사 결정하는 태도
• 타당한 근거에 따라 논리적으로 설명하는 태도</td></tr>
</table>

변화와 관계 영역의 내용 체계(교육부, 2022: 8)

초등학교 수학에서는 대수 학습을 위한 기초를 다진다. 규칙을 찾아 여러 가지 방법으로 표현하기, 두 양의 관계를 탐구하고 등호를 사용하여 나타내기, □, △ 등을 사용하여 식으로 나타내고 설명하기 등이 그 예다. 다양한 문제해결 전략을 배우며 문제 해결 역량을 키워간다. 문제 해결 전략을 비교하는 활동을 하면서 문자도입을 위한 준비 학습을 한다. 이후 문자를 사용한 식 세우기 전략의 필요성을 다루게 되면 대수 학습이 본격적으로 시작된다.

중학교 수학에서는 문제를 간단하고, 명확하게 나타내는 방법으로서 '식 만들기' 전략이 유용함을 인식하게 한다. '문자의 사용'을 본격적으로 도입하는 단계이다. 이 단계에서는 다양한 상황을 문자를 사용한 식으로 나타내보면서 문자 사용의 유용성을 인식하게 하는 학습이 중요하다.

우리나라 교육과정은 '지식 · 이해'뿐만 아니라 '과정 · 기능' 및 '가치 · 태도'의 교육을 중시한다. 방정식과 부등식은 다양한 상황을 통해 도입하면서 그 필요성을 인식하게 하는 것이 중요하다. 방정식과 부등식을 여러 가지 방법으로 풀어 보면서 더 나은 풀이 방법을 찾게 하는 태도 교육도 필요하다. 한편 구한 해가 문제 상황에 적합한지 확인하는 과정을 통해 타당한 근거에 따라 자신의 의견을 논리적으로 설명하는 태도도 갖게 해야 한다. 교육과정에 제세된 성취기준 적용 시 고려사항을 참고한다.

- 방정식과 부등식, 함수는 다양한 상황을 통해 도입하고, 그 필요성을 인식하게 한다.
- 방정식과 부등식은 여러 가지 방법으로 풀어 보면서 더 나은 풀이 방법으로 해를 찾게 한다. 구한 해가 문제 상황에 적합한지 확인하는 과정을 통해 타당한 근거에 따라 자신의 의견을 논리적으로 설명하는 태도를 갖게 한다.
- 방정식, 부등식, 함수에 대한 지나치게 복잡한 활용 문제는 다루지 않는다.

(교육부, 2022: 38)

고등학교 수학에서 대수 학습은 다항식의 연산, 인수분해, 여러 가지 방정식과 부등식, 행렬과 그 연산, 도형의 방정식 학습으로 나아간다. 대수의 개념, 원리, 법칙을 탐구하고, 수학 문제 해결 능력을 기르면서 학습자 스스로가 자신의 수학적 사고와 전략을 설명하는 학습이 더욱 중요해지는 단계이다.

대수 영역은 문제해결의 학습에서 시작하여 문자 기호의 도입으로 본격적으로 전개된다. 문자를 사용한 식의 표현은 수학적 의사소통에 필수적인 도구이다. 방정식과 부등식도 실생활의 문제를 포함한 수학 문제해결의 중요한 도구가 된다. 대수 학습이 심화되면서 다루는 여러 가지 방정식과 부등식의 학습은 그 자체의 활용은 물론 해석, 기하 등의 다른 수학 분야 학습에 필요한 기초지식으로서도 중요한 역할을 한다.

대수 영역의 교수-학습과 관련된 교재연구는 대수의 역사적 발생 과정, 문자식의 지도, 대수적 사고 및 대수적 원리, 교수-학습 관련 이론 및 사례 연구, 교과서 분석 등의 다양한 분야에서 접근해볼 수 있다. 이 책에서는 그 주요 내용 중 교사 교육에 도움이 되는 주제들을 발췌하여 '대수 영역'의 기초문제와 정리문제로 재구성하여 제시한다.

❸ 함수 & 미적분 영역

우리나라 수학과 교육과정에서 함수와 미적분 관련 지도 내용은 공통 교육과정과 선택 중심 교육과정 전반에 걸쳐 고루 분포되어 있다. 공통 교육과정인 초등학교 수학과 중학교 수학에서는 함수를 '변화와 관계' 영역에서 다룬다. '변화와 관계' 영역의 내용체계는 ❷ 대수영역의 내용체계 표를 참고한다.

학교급	내용 요소	
초등학교	• 규칙	• 대응 관계
중학교	• 좌표평면과 그래프 • 일차함수와 일차방정식의 관계	• 일차함수와 그 그래프 • 이차함수와 그래프
고등학교	• 함수 • 지수함수와 로그함수	• 유리함수와 무리함수 • 삼각함수

수학과 교육과정에서 함수 영역의 내용 요소

미적분은 고등학교 선택과목에서 다루고 있으며 각 내용 요소를 정리하면 다음 표와 같다(교육부, 2022).

학교급	내용 요소	
대수	수열	• 등차수열과 통비수열 • 수열 합 • 수학적 귀납법
미적분 Ⅰ	함수의 극한과 연속	• 함수의 극한 • 함수의 연속
	미분	• 미분계수 • 도함수 • 도함수의 활용
	적분	• 부정적분 • 정적분 • 정적분의 활용
미적분 Ⅱ	수열의 극한	• 수열 극한 • 급수
	미분법	• 여러 가지 함수의 미분 • 여러 가지 미분법 • 도함수의 활용
	적분법	• 여러 가지 함수의 적분법 • 정적분의 활용

수학과 교육과정에서 미적분 내용 요소

초등학교 수학과 중학교 수학에서는 함수 관련 내용을 '변화와 관계' 영역에서 다루고 있다. '변화와 관계' 영역 내용체계표는 앞서 제시한 것을 참조하면 된다. 함수 영역은 초등학교 수학에서 주로 문제 상황의 규칙을 찾고 이를 수나 식으로 나타내는 활동으로 시작된다. 초등학교 수학에서는 초보적인 수준에서나마 우리 생활 주변에서 여러 가지 변화 현상을 파악하고 이를 분석하는 과정을 경험하면서 이후 학습할 함수 개념의 기초를 형성하게 한다. 규칙을 찾고 여러 가지 방법으로 표현하는 활동과 두 양의 대응 관계를 탐구하고, □, △ 등을 사용하여 식으로 나타내고 설명하는 데 초점을 둔다.

중학교 수학에서는 좌표평면과 그래프를 이해하고 다양한 상황을 그래프로 나타내고 해석하며, 일상 언어, 표, 그래프, 식 사이의 상호 변환 활동을 하며, 일상생활의 예를 통해 정비례와 반비례를 도입하고, 변화 현상을 기초로 함수 개념을 도입한다. 일차함수와 이차함수의 개념과 그래프 그리기와 성질을 알아보고 일차함수와 일차방정식과의 관계를 다룬다.

고등학교 수학에서는 함수 개념을 좀 더 형식적으로 다룬다. 두 집합 사이의 대응 관계로 정의하고, 구체적인 예를 통해 일대일대응, 항등함수, 상수함수, 일대일함수, 합성함수, 역함수 등을 다루고, 유리함수와 무리함수와 그래프를 다룬다. 이외에도 선택에 따라 지수함수와 로그함수, 삼각함수를 다룬다.

함수 영역은 고등학교 선택교육과정에서 미적분 영역으로 확장된다. 고등학교 수학에서는 자연 현상이나 사회 현상을 설명하고 분석하기 위한 수학적 모델인 지수함수와 로그함수, 삼각함수를 도입한다. 함수의 극한과 연속, 미분, 적분, 수열의 극한, 미분법, 적분법을 다루면서 학교수학의 함수 학습의 정점에 있는 미적분을 본격적으로 다룬다. 이러한 과정을 통해서 함수가 실생활, 자연 현상, 사회 현상 등에서 찾아볼 수 있는 다양한 변화 현상을 수학적으로 이해하고 분석할 수 있는 수단이 되며 수학의 여러 분야를 통합하는 핵심적인 아이디어임을 이해할 수 있도록 한다. 우리나라 현행 교육과정의 일반선택과목인 <대수>에서는 등차수열, 등비수열, 수열의 합, 수학적 귀납법을 다룬다. 이는 <미적분 Ⅱ>이 수열의 극한으로 이어진다. 일반선택과목 <미적분 Ⅰ>에서는 함수의 극한과 연속을 다루고, 미분계수, 도함수와 함께 미분을 도입하며, 속도와 가속도 등 미분의 다양한 활용을 다룬다. 이어 부정적분과 정적분을 차례로 도입하고 부정적분과 정적분의 관계와 정적분의 활용을 다룬다. 진로선택과목 <미적분 Ⅱ>에서는 수열의 극한과 급수를 다룬 후, 지수함수와 로그함수, 삼각함수와 같은 초월함수의 미분과 합성함수, 매개변수로 나타낸 함수, 음함수와 역함수의 미분법과 같이 다양한 함수의 미분을 다루고 미분의 활용으로 이어진다. 마찬가지로 적분에서도 초월함수의 적분, 치환적분법, 부분적분법과 같은 다양한 적분을 다루고, 속도와 거리, 넓이와 부피 등 적분을 활용하는 문제들을 다룬다.

함수는 학교수학의 기초 개념일 뿐만 아니라 추상수학을 발전시키는 원동력이다. 또한 함수는 우리 생활 가까이에 항상 존재하고 있기도 하다. 우리가 크게 의식하고 있지는 않지만, 우리가 살아가는 현실 속에는 수많은 함수 상황이 있다. 우리는 함수적 사고를 통해 주변의 변화 현상을 관찰하고 분석할 수 있으며 변화의 특징을 설명할 수 있다. 나아가 미래의 변화를 예측할 수도 있다. 학교수학에서 학생들은 함수 학습을 통해 함수가 우리 주변 세계의 변화 현상을 보다 잘 이해할 수 있도록 도와주는 효율적인 도구임을 인식할 수 있어야 한다.

함수 영역의 교수–학습과 관련된 교재연구는 함수 개념 발생의 역사적 과정, 함수 교수–학습 이론, 함수 학습의 인식론적 장애, 함수 영역 지도에 관한 교과서 분석 등의 다양한 분야에서 접근해볼 수 있다. 이 책에서는 그 주요 내용 중 교사 교육에 도움이 되는 주제들을 발췌하여 '함수 & 미적분 영역'의 기초문제와 정리문제로 재구성하여 제시한다.

❹ 기하 영역

우리나라 수학과 교육과정에서 기하 영역은 공통 교육과정과 선택 중심 교육과정 전반에 걸쳐 고루 분포되어 있다. 공통 교육과정인 초등학교 수학과 중학교 수학에서는 기하를 '도형과 측정' 영역에서 다룬다. 초등학교의 도형 영역과 중학교 기하 영역에서 다루는 핵심 개념은 평면도형과 공간도형이다. 공통 교육과정의 '도형과 측정' 영역 내용 체계표를 제시하면 다음과 같다(교육부, 2022).

<table>
<tr><td>핵심 아이디어</td><td colspan="6">• 평면도형과 입체도형은 여러 가지 모양을 범주화한 것이며, 각각의 평면도형과 입체도형은 고유한 성질을 갖는다.
• 도형의 성질과 관계를 탐구하고 정당화하는 것은 논리적이고 비판적으로 사고하는 데 기반이 된다.
• 측정은 여러 가지 속성의 양을 비교하고 속성에 따른 단위를 이용하여 양을 수치화함으로써 여러 가지 현상을 해석하거나 실생활 문제를 해결하는 데 활용된다.</td></tr>
<tr><td rowspan="3">구분 / 범주</td><td colspan="6">내용 요소</td></tr>
<tr><td colspan="3">초등학교</td><td colspan="3">중학교</td></tr>
<tr><td>1~2학년</td><td>3~4학년</td><td>5~6학년</td><td colspan="3">1~3학년</td></tr>
<tr><td>지식 · 이해</td><td>• 입체도형의 모양
• 평면도형과 그 구성 요소
• 양의 비교
• 시각과 시간(시, 분)
• 길이(cm, m)</td><td>• 도형의 기초
• 원의 구성 요소
• 여러 가지 삼각형
• 여러 가지 사각형
• 다각형
• 평면도형의 이동
• 시각과 시간(초)
• 길이(mm, km)
• 들이(L, mL)
• 무게(kg, g, t)
• 각도(°)</td><td>• 합동과 대칭
• 직육면체와 정육면체
• 각기둥과 각뿔
• 원기둥, 원뿔, 구
• 다각형의 둘레와 넓이
• 원주율과 원의 넓이
• 직육면체와 정육면체의 겉넓이와 부피</td><td>• 기본 도형
• 작도와 합동
• 평면도형의 성질
• 입체도형의 성질</td><td>• 삼각형과 사각형의 성질
• 도형의 닮음
• 피타고라스 정리</td><td>• 삼각비
• 원의 성질</td></tr>
<tr><td>과정 · 기능</td><td colspan="3">• 여러 가지 사물과 도형을 기준에 따라 분류하기
• 도형의 개념, 구성 요소, 성질 탐구하고 설명하기
• 평면도형이나 입체도형 그리기와 만들기
• 평면도형을 밀기, 뒤집기, 돌리기 한 모양을 추측하고 그리기
• 쌓은 모양 추측하고 쌓기나무의 개수 구하기
• 공간 감각 기르기
• 여러 가지 양을 비교, 측정, 어림하는 방법 탐구하기
• 측정 단위 사이의 관계 탐구하기
• 측정 단위를 사용하여 양을 표현하기
• 실생활 문제 상황에서 길이, 들이, 무게, 시간의 덧셈과 뺄셈하기</td><td colspan="3">• 점, 직선, 평면의 위치 관계를 다양한 상황과 연결하기
• 도형의 성질 설명하기
• 삼각형의 작도 과정 설명하기
• 삼각형의 합동과 닮음 판별하기
• 도형의 길이, 넓이, 겉넓이, 부피 구하기
• 구체적인 모형이나 공학 도구 이용하기
• 도형의 성질을 정당화하기
• 닮음비 구하기
• 간단한 삼각비의 값 구하기
• 삼각비를 활용하여 문제해결하기</td></tr>
</table>

	• 도형의 둘레, 넓이, 부피 구하는 방법 탐구하기 • 측정을 실생활 및 타 교과와 연결하여 문제해결하기	
가치 · 태도	• 평면도형, 입체도형에 대한 흥미와 관심 • 합동인 도형, 선대칭도형, 점대칭도형의 아름다움 인식 • 표준 단위의 필요성 인식 • 넓이와 부피를 구하는 방법의 편리함 인식 • 도형과 측정 관련 문제해결에서 비판적으로 사고하는 태도	• 증명의 필요성 인식 • 피타고라스 정리, 삼각비의 유용성 인식 • 피타고라스 정리, 삼각비에 대한 흥미와 관심 • 도형의 성질을 이용한 건축물, 문화유산, 예술 작품에 대한 흥미와 관심 • 다양한 정당화 방법을 이용하여 체계적으로 사고하고 타인을 합리적으로 설득하려는 태도 • 정당화를 통해 수학적 근거를 바탕으로 비판적으로 사고하는 태도

도형과 측정 영역의 내용체계(교육부, 2022: 9)

초등학교 수학에서는, 평면도형과 입체도형의 기본 개념 이해하기, 도형의 성질 탐구하고 설명하기, 평면도형과 입체도형 만들기, 평면도형을 밀기, 뒤집기, 돌리기 한 모양을 추측하고 그리기 등을 다룬다. 또한, 공간에 대한 직관적 이해라고 할 수 있는 공간감각과 관련하여 쌓기나무 표현하기, 쌓은 모양 추측하기, 쌓기나무의 개수 구하기 등을 다룬다.

중학교 수학에서는 초등학교에서 파악한 도형의 기본 성질을 학생의 수준에 따라 직관적으로 혹은 연역적 추론을 통해 이해하고 탐구할 수 있도록 한다. 또한, 자연 현상이나 실생활의 상황을 통해 평면과 공간 및 평면도형과 입체도형의 개념을 이해할 수 있도록 한다. 특히 도형의 성질을 이해하고 설명하는 활동은 관찰이나 실험을 통해 확인하기, 사례나 근거를 제시하며 설명하기, 유사성에 근거하여 추론하기, 연역적으로 논증하기 등과 같은 다양한 정당화 방법을 학생 수준에 맞게 활용하면서 학생들의 인지 수준과 흥미를 고려하여 다양한 방법으로 추론 기회를 폭넓게 제공한다.

고등학교 수학에서는 공통과목인 <공통수학 2>에서 평면좌표, 직선의 방정식, 원의 방정식, 도형의 이동 등을 다룬다. 기하적 대상을 대수적인 방법으로 탐구하는 해석기하적 접근이다. 원 또는 직선을 좌표평면 위의 점들의 집합으로 보고 도형을 방정식으로 다룬다. 평행이동과 대칭이동도 대수적으로 다룬다. 진로 선택 과목인 <기하>에서는 이차곡선, 공간도형과 공간좌표, 벡터 등을 다룬다. 이의 학습을 통해 자연과학 및 공학 분야의 학습을 위한 기초를 제공한다. 학교수학의 기하 영역의 학습에서 학생들은 도형과 공간의 구조에 대해서 학습하면서 기하 모델과 공간 추론을 활용하여 여러 가지 문제를 해결할 수 있게 된다. 한편 도형의 성질을 발견하고 여러 성질 사이의 관계를 증명하는 과정에서 추론 능력을 개발하게 된다. 특히, 발견적 추론 능력과 연역적 추론 능력의 조화로운 개발을 통해 수학적으로 사고하는 힘을 키울 수 있도록 한다. 기하 영역의 교수－학습과 관련된 교재연구는 기하학의 역사적 발달 과정, 수학적 추론, 기하와 증명의 교수·학습 이론, 기하 영역 지도에 관한 교과서 분석 등의 다양한 분야에서 접근해볼 수 있다. 이 책에서는 그 주요 내용 중 교사 교육에 도움이 되는 주제들을 발췌하여 '기하 영역'의 기초문제와 정리문제로 재구성하여 제시한다.

⑤ 확률과 통계 영역

현행 수학과 교육과정의 공통교육과정에서는 확률과 통계를 '자료와 가능성' 영역에 배치하고 세 가지 '핵심 아이디어'를 통해 확률과 통계 고유의 측면을 이해하고 데이터를 중심으로 확률과 통계를 학습할 필요성과 중요성을 파악하도록 하고 있다. 아울러 학습 내용을 '지식 · 이해', '과정 · 기능', '가치 · 태도'로 구분하여 균형 있게 학습하도록 제시한다. '자료와 가능성' 영역 내용 체계표를 제시하면 다음과 같다(교육부, 2022: 10).

<table>
<tr><td>핵심 아이디어</td><td colspan="6">• 자료를 수집, 정리, 해석하는 통계는 자료의 특징을 파악하고 두 집단을 비교하며 자료의 관계를 탐구하는 데 활용된다.
• 사건이 일어날 가능성을 여러 가지 방법으로 표현하는 것은 불확실성을 이해하는 데 도움이 되며, 가능성을 확률로 수치화하면 불확실성을 수학적으로 다룰 수 있게 된다.
• 자료를 이용하여 통계적 문제해결 과정을 실천하고 생활 속의 가능성을 탐구하는 것은 미래를 예측하고 합리적인 의사 결정을 하는 데 기반이 된다.</td></tr>
<tr><td rowspan="3">구분
범주</td><td colspan="6">내용 요소</td></tr>
<tr><td colspan="3">초등학교</td><td colspan="3">중학교</td></tr>
<tr><td>1~2학년</td><td>3~4학년</td><td>5~6학년</td><td colspan="3">1~3학년</td></tr>
<tr><td>지식 · 이해</td><td>• 자료의 분류
• 표
• ○, ×, ／를 이용한 그래프</td><td>• 그림그래프
• 막대그래프
• 꺾은선그래프</td><td>• 평균
• 띠그래프, 원그래프
• 가능성</td><td>• 대푯값
• 도수분포표와 상대도수</td><td>• 경우의 수와 확률</td><td>• 산포도
• 상자그림과 산점도</td></tr>
</table>

과정 · 기능	• 자료를 기준에 따라 분류하고 설명하기 • 탐구 문제를 설정하고 그에 맞는 자료를 수집하기 • 자료를 표나 그래프로 나타내고 해석하기 • 자료의 평균을 구하고 해석하기 • 자료를 수집하고 정리하여 문제해결하기 • 사건이 일어날 가능성을 비교하고 표현하기 • 실생활과 연결하여 사건이 일어날 가능성을 예상하기	• 적절한 대푯값을 선택하여 구하기 • 자료를 표, 그래프로 나타내고 해석하기 • 통계적 탐구 문제 설정하기 • 공학 도구를 이용하여 자료를 수집하고 분석하기 • 확률의 기본 성질 탐구하기 • 자료의 분포를 비교하고 설명하기 • 자료의 상관관계 설명하기
가치 · 태도	• 표와 그래프의 편리함 인식 • 평균의 유용성 인식 • 자료를 이용한 통계적 문제해결 과정의 가치 인식 • 가능성에 근거하여 판단하는 태도 • 자료와 가능성 관련 문제해결에서 비판적으로 사고하는 태도	• 대푯값, 상대도수, 상자그림의 유용성 인식 • 공학 도구를 이용한 자료 수집과 분석의 편리함과 유용성 인식 • 자신의 삶과 연계된 확률과 통계에 대한 흥미와 관심 • 통계적 문제해결 과정에 주도적으로 참여하는 태도 • 체계적으로 사고하여 합리적으로 의사 결정하는 태도 • 확률 및 통계적 근거를 바탕으로 비판적으로 사고하는 태도

자료와 가능성 영역의 내용체계(교육부, 2022: 10)

초등학교 수학에서는 자료의 수집, 분류, 정리, 해석 활동으로 통계를, 가능성을 수치화하는 경험으로 확률의 기초를 지도한다.

중학교 수학에서는 자료를 관찰하고 정리하는 방법, 확률과 그 기본 성질을 익히고 간단한 확률을 구하는 것, 대푯값과 산포도 및 상관관계를 다룬다. 특히 대푯값과 산포도를 구할 때에는 공학 도구를 이용할 수 있으며 자료의 특성에 따라 적절한 대푯값을 선택하고, 각 대푯값이 어떤 상황에서 유용한지에 대해 다룬다.

고등학교 수학에서는 <공통수학 1>에서 중학교에서 학습한 경우의 수를 순열과 조합으로 체계화하고 형식화하여 다룬다. 순열과 조합을 활용하여 다양한 상황에서 사건이 일어날 수 있는 모든 경우의 수를 체계적으로 센다는 것을 핵심 아이디어로 제시한다. 일반 선택 과목인 <확률과 통계>에서는 데이터를 기반으로 하는 확률적 소양과 통계적 소양 개발을 위하여 순열과 조합, 이항정리, 확률의 개념과 활용, 조건부확률, 확률분포, 통계적 추정을 설명, 문제해결, 연결, 판단, 탐구, 해석 등의 과정 · 기능과 함께 제시한다. 확률과 통계의 유용성 인식, 통계적 사고 및 추론을 통한 불확실성에 대한 해석의 중요성 인식, 확률 및 통계적 근거를 바탕으로 합리적으로 의사결정을 하는 태도를 가치 · 태도 내용으로 다룬다(교육부, 2022).

<table>
<tr><td colspan="2">핵심 아이디어</td><td>• 사건이 일어날 수 있는 모든 경우를 분류하고 경우의 수를 체계적으로 세는 여러 가지 방법은 다양한 문제 상황에 활용된다.
• 확률의 성질과 정리를 활용하고 조건이 주어졌을 때 사건이 일어날 확률을 이용하는 것은 합리적인 의사 결정의 중요한 도구이다.
• 예측하고자 하는 집단의 속성을 표본으로부터 추정하는 방법은 사회의 불확실성을 이해하고 미래를 예측하는 중요한 도구이다.</td></tr>
<tr><th colspan="2">구분
범주</th><th>내용 요소</th></tr>
<tr><td rowspan="3">지식 · 이해</td><td>경우의 수</td><td>• 순열과 조합
• 이항정리</td></tr>
<tr><td>확률</td><td>• 확률의 개념과 활용
• 조건부확률</td></tr>
<tr><td>통계</td><td>• 확률분포
• 통계적 추정</td></tr>
<tr><td colspan="2">과정 · 기능</td><td>• 경우의 수, 확률, 평균, 표준편차 구하기
• 확률과 통계의 개념, 원리, 법칙을 설명하기
• 적절한 전략을 사용하여 문제해결하기
• 확률과 통계의 개념 사이의 관계를 설명하기
• 확률과 통계의 개념을 실생활에 연결(적용)하기
• 확률과 통계의 개념, 원리, 법칙에 근거하여 판단(추정)하기
• 확률과 통계의 개념, 원리, 법칙을 탐구하기
• 적절한 공학 도구를 선택하여 이용하기
• 자료를 수집하고 정리하고 해석하기
• 추정한 결과를 해석하기</td></tr>
<tr><td colspan="2">가치 · 태도</td><td>• 실생활과의 연결을 통한 경우의 수, 확률, 통계의 유용성 인식
• 통계적 사고 및 추론을 통한 불확실성에 대한 해석의 중요성 인식
• 확률 및 통계적 근거를 바탕으로 합리적으로 의사 결정을 하는 태도</td></tr>
</table>

고등학교 〈확률과 통계〉 내용체계표(교육부, 2022: 127)

학교수학의 확률과 통계 영역에서는 정보와 자료를 처리하는 것과 관련된 기본적인 지식을 습득하도록 하여 다양한 상황에서 얻어진 정보나 자료들을 바탕으로 현상을 해석하고 평가하는 능력을 키운다. 따라서 확률과 통계 학습에서는 지식을 암기하거나 맹목적으로 계산만 하는 활동보다는 문제를 실제적인 맥락에서 제기하고 스스로 필요한 자료를 수집해서 정리하고 해석하는 경험을 제공해야 한다. 이러한 과정을 바탕으로 교사는 학생들이 확률과 통계의 학습에서 합리적인 의사 결정을 할 수 있는 소양을 기를 수 있도록 안내해야 한다.

확률과 통계 영역의 교수－학습과 관련된 교재연구는 확률과 통계의 역사적 발달 과정, 확률 교수-학습 관련 연구, 통계 교수-학습 관련 연구, 공학 도구의 활용 사례, 확률과 통계 지도에 관한 교과서 분석 등의 다양한 분야에서 접근해볼 수 있다. 이 책에서는 그 주요 내용 중 교사 교육에 도움이 되는 주제들을 발췌하여 '확률과 통계 영역'의 기초문제와 정리문제로 재구성하여 제시한다.

이제까지 학교수학을 5개 영역으로 나누어 살펴보았다. 각 영역에 관련된 교재연구의 내용은 실로 그 양이 방대하므로 이 책에서 모두 다루는 데는 한계가 있다. 이 책에 제시한 영역별 문제들도 교재연구 분야에서 논의해야 할 이론과 실제의 모든 내용을 망라할 수는 없다. 따라서 독자들은 제시된 문제를 해결해보고, 자신에게 부족한 부분 또는 심화 학습이 필요한 부분이 생기면 스스로 탐구 문제로 만들어 해결해볼 필요가 있다. 학교수학의 교수-학습에 관한 심화 학습은 아래 제시된 분야의 자료를 참고해가며 심층탐구를 해나가는 것이 바람직하다.

수학 교과서 및 교사용 지도서
수학교육의 이론과 실제를 다룬 교재
수학과 교육과정(국내/국외)의 동향
현장 수학 교사의 수업 연구 사례
학교 현장 교육에 관한 연구 논문(또는 연구 보고서) 등

<문제만들기로 나아가기> 코너에서는 더 많은 문제를 제기하고 이에 대한 탐구 활동을 계속하는 것이 바람직하다. 이러한 활동은 수학교육학을 공부하는 예비 교사뿐만 아니라 현직 교사들에게도 반드시 필요한 학습 활동이다.

문제
해결

1단계

문제를 해결하며
학습해봅시다.

❶ 수와 연산 영역

기초문제로 복습하기

- **문제해결** 문제를 해결해 가면서 주요 내용을 익히고 복습해 봅시다.
- **반성 · 정리** 참고문헌에서 관련 내용을 찾아 문제해결을 검토하고 보완해 봅시다.
- **자료축적** 문제해결에 도움이 된 자료들을 기록하여 추후 학습에 활용해 봅시다.

→ 강의 시간에 토론식 수업(토론 학습)을 한다면 해결 과정이나 결과를 서로 발표하고, 함께 검토하면서 발전시켜 봅시다.

01 우리나라 수학과 교육과정을 참고하여 '수와 연산' 영역의 학년별 지도 내용 체계를 정리해보자.

*도움이 된 참고자료 기록하기

02 음수 지도를 위한 모델 중 하나인 '우체부 모델'을 설명하고 이 모델을 이용하여 (음수)×(음수)=(양수)임을 설명해보자.

*도움이 된 참고자료 기록하기

03 다음은 중학교 1학년 정수의 덧셈 지도 내용과 관련된 탐구활동 사례이다. 이 탐구활동과 가장 관련이 깊은 음수 지도 모델을 쓰고 그 모델이 갖는 장점과 한계에 대해 정리해보자.

정수의 덧셈은 어떻게 할까?

빨간 공 1개는 +1을 나타내고 파란 공 1개는 −1을 나타낸다고 하자.

❶ 〈그림 1〉과 같이 빨간 공이 2개 들어 있는 용기에 빨간 공 3개를 넣으면 빨간 공은 모두 몇 개인가? 이것을 덧셈 식으로 나타내어 보자.
❷ 〈그림 2〉와 같이 파란 공이 3개 들어 있는 용기에 파란 공 2개를 넣으면 파란 공은 모두 몇 개인가? 이것을 덧셈 식으로 나타내어 보자.

〈그림 1〉

〈그림 2〉

〈중학교 수학 1〉 정수의 덧셈 (이준열 외, 2013: 57)

*도움이 된 참고자료 기록하기

04 다음은 음수 지도 모델로 정수의 곱셈을 지도하는 사례이다. 이와 동일한 모델을 가지고 정수의 덧셈, 뺄셈, 나눗셈을 모두 설명할 수 있을까? 설명할 수 있다면 그 과정을 쓰고, 설명할 수 없다면 그 이유를 써보자.

정수의 곱셈은 어떻게 할까?

수학읽기에서 캥거루의 현재 위치를 0으로 하고, 오른쪽으로 뛰는 것을 양수로, 왼쪽으로 뛰는 것을 음수로 나타내면 $(+2)\times(+3)$은 캥거루가 오른쪽으로 2칸씩 세 번 뛴 후의 위치로 생각할 수 있다.

즉, $(+2)\times(+3)=(+2)+(+2)+(+2)=+6$이다.

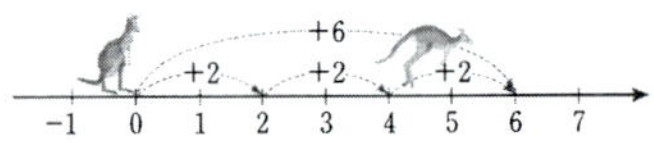

한편 $(-2)\times(+3)$은 캥거루가 왼쪽으로 2칸씩 세 번 뛴 후의 위치로 생각할 수 있다. 즉, $(-2)\times(+3)=(-2)+(-2)+(-2)=-6$이다.

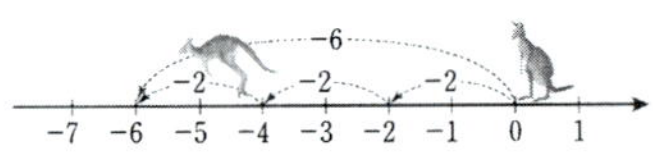

일반적으로 어떤 수에 $+3$을 곱하는 것은 그 수를 세 번 더하는 것과 같으므로 다음과 같이 계산할 수 있다.

$$(+5)\times(+3)=(+5)+(+5)+(+5)=5\times3=15$$
$$(-5)\times(+3)=(-5)+(-5)+(-5)=-(5\times3)=-15$$

음수를 곱하는 것은 캥거루가 뛰던 방향을 바꾸는 것으로 생각할 수 있다.

예를 들어 $(+2)\times(-3)$은 캥거루가 오른쪽으로 2칸씩 뛰던 것을 방향을 바꾸어 반대 방향으로 2칸씩 세 번 뛴 후의 위치로 생각한다.

즉, $(+2)\times(-3)=(-2)\times(+3)=-6$과 같이 생각하면 된다.

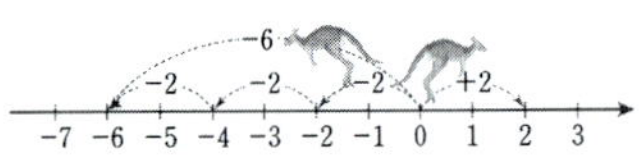

마찬가지로 $(-2)\times(-3)$은 캥거루가 왼쪽으로 2칸씩 뛰던 것을 방향을 바꾸어 반대 방향으로 2칸씩 세 번 뛴 후의 위치로 생각할 수 있다.

따라서 $(-2)\times(-3)=(+2)\times(+3)=+6$이다.

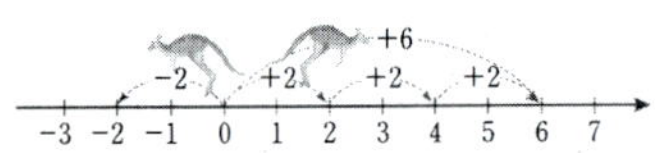

일반적으로 어떤 수에 -3을 곱하는 것은 그 수의 부호를 바꾸어 세 번 더하는 것과 같으므로 다음과 같이 계산할 수 있다.

$$(+5)\times(-3)=(-5)\times(+3)=-(5\times3)=-15$$
$$(-5)\times(-3)=(+5)\times(+3)=5\times3=15$$

〈중학교 수학 1〉 음수의 곱셈 (정상권 외, 2008: 74~75)

*도움이 된 참고자료 기록하기

05 문제 **04**에 제시된 정수의 곱셈 결과를 이용하여 정수의 나눗셈 규칙을 유도해보자.

*도움이 된 참고자료 기록하기

06 음수를 형식적·구조적인 방식으로 지도할 때는 다음과 같이 방정식의 해를 구하는 문제 상황에서 음수를 도입한다.

“$x+2=0$이 되는 x의 값을 -2라 한다. 이와 같은 수를 음의 정수라 부른다.”

학교수학에서 위와 같이 형식적·구조적 접근 방식으로 음수를 지도할 때의 교육적인 이점과 문제점에 대해 각각 서술해보자.

*도움이 된 참고자료 기록하기

07 $(-2)\times(-3)=6$임을 다음 두 가지 방법으로 각각 설명해보자.

(1) 형식적·구조적 접근에 의한 방법

(2) 귀납-외삽법

*도움이 된 참고자료 기록하기

08 정수의 연산에 관한 다음 두 식을 현실적인 맥락을 고려한 실생활 문제로 재구성해보자.

$$(+2)\times(-3)=\square$$

$$(-2)\times(-3)=\square$$

*도움이 된 참고자료 기록하기

09 음수 개념 이해에서 나타나는 인식론적 장애를 세 가지 이상 써보자.

*도움이 된 참고자료 기록하기

10 동치류(equivalence class) 개념은 유리수 정의에 핵심적인 역할을 한다. 정수의 집합 $\mathbb{Z}$가 정의되어 있다고 할 때, 이로부터 유리수를 형식적으로 정의하는 과정을 서술해보자.

*도움이 된 참고자료 기록하기

11 대수적 원리를 자연수, 정수, 유리수, 실수로의 수의 확장과 관련지어 설명해보자.

*도움이 된 참고자료 기록하기

12 집합은 현대수학을 전개하는 데 없어서는 안 될 언어적 도구이다. 2009 개정 수학과 교육과정부터 집합 개념을 중학교 수학에서 고등학교 수학으로 상향 이동하여 지도하게 된 이유를 다음 두 가지 측면에서 각각 설명해보자.

- 역사발생적 원리
- 수학 교육 현대화 운동

*도움이 된 참고자료 기록하기

2단계

문제를 해결하며 학습해봅시다.

정리문제로 다지기

- **문제해결** 문제를 스스로 해결한 후, 자신의 답안을 [해결 예시]와 비교해 봅시다.
- **반성 · 정리** 참고문헌에서 관련 내용을 찾아 문제해결을 검토하고 보완해 봅시다.
- **자료축적** 문제해결에 도움이 된 자료들을 기록하여 추후 학습에 활용해 봅시다.

→ 강의 시간에 토론식 수업(토론 학습)을 한다면 해결 과정이나 결과를 서로 발표하고, 함께 검토하면서 발전시켜 봅시다.

01 다음은 김 교사와 박 교사가 학교수학의 '수와 연산' 영역 지도에 관해 나눈 대화의 일부이다. 우리나라 수학과 교육과정에 제시된 '교수·학습 방법'에 관한 내용을 참고하여 물음에 답해보자.

> 김 교사: 오늘날 우리는 음수를 자연스럽게 사용하고 있지만, 역사적으로 보면, 19세기에 이르기까지도 사람들은 수를 크기, 개수, 길이, 넓이 등의 양적인 개념과 연결시켜 생각했기 때문에 음수를 수로 생각하는 데 많은 어려움을 겪었다죠?
>
> 박 교사: 맞아요. 그래서 음수와 그 연산을 처음 배우는 학생들이 그것을 직관적으로 쉽게 받아들이는 데 어려움을 겪는 것은 그런 역사적 사실과 무관하지 않다고 할 수 있겠죠.
>
> 김 교사: 네, 음수를 자연스럽게 수로 받아들이는 것이 쉽지는 않았지만 오늘날 음수가 (ㄱ) <u>우리 생활에서 유용하게 활용되고 있는 것은</u> 사실이지요.
>
> 박 교사: 그렇죠. 학생들에게 음수와 그 연산을 지도할 때 <u>형식적인 대수적 접근</u>만을 주장하는 것은 그다지 설득력이 없는 것 같아요. 음수를 처음 배우는 학생들에게는 (ㄴ) <u>직관적으로 이해할 수 있는 구체적인 모델을 가지고 음수 개념을 학습하는 것이 도움이 될 것 같아요.</u>
>
> 김 교사: 그래서 음수와 그 연산을 지도하는 수학 수업에서는 여러 가지 모델을 이용하여 학생들에게 탐구를 통한 이해를 도와주려는 시도를 하는 것이겠죠? 우리나라 교육과정의 교수·학습 방법에서 탐구활동을 제안하는 것과 마찬가지로요.

수학과 교육과정의 교수·학습 방법 제안 사항

(1) 수학을 생활 주변과 사회 및 자연 현상과 관련지어 지도하여 수학의 필요성과 유용성을 알게 하고, 수학의 역할과 가치를 인식할 수 있게 한다.

(2) 교수·학습 과정에서 적절한 교구를 활용한 조작 및 탐구활동을 통해 수학의 개념과 원리를 이해하도록 한다.

'교수-학습 방법' 제안 (교육부, 2015: 39)

(1) 중학교 1학년 수학 수업에서 음수 개념을 도입하고자 한다. (ㄱ)의 내용과 위 교수·학습 방법의 (1)을 고려하여, 생활 주변 현상에서 음수가 사용되는 예를 제시할 때, 적절한 예를 세 가지 써보자.

나의 문제해결

(2) (ㄴ)의 내용과 위 교수·학습 방법의 (2)를 고려하여, 중학교 1학년 수업에서 음수의 연산을 수직선 모델을 이용하여 설명하고자 한다. 다음 연산을 수직선 모델을 이용한 그림으로 설명해보자.

$$(-3)+(+4) \qquad (-6)-(-5) \qquad (+2)\times(-3) \qquad (-6)\div(-2)$$

나의 문제해결

→ [해결 예시] 113쪽

02 $(-3)\times(-4)=12$임을 자연수의 곱셈 연산을 바탕으로 한 귀납적 확장에 의해 설명해보자.

나의 문제해결

03 음수 개념을 처음 도입하는 단계에서는 직관적인 모델의 사용이 필요하다. 학교수학의 음수 지도에서 사용 가능한 직관적인 음수 지도 모델을 세 가지 들고, 각 모델의 장점과 한계에 대해 논술해보자.

나의 문제해결

04 학교수학에서 음수의 연산을 지도할 때 직관적이고 구체적인 모델을 사용한다. 이러한 모델들은 음수의 대수적 구조를 설명하는 데 본질적으로 한계를 가진다. 그럼에도 학교수학에서 음수를 형식적 방법과 모델을 통한 직관적 방법을 병행하여 지도해야 하는 이유에 대해 설명해보자.

나의 문제해결

→ [해결 예시] 114쪽

05 유리수 개념 발생과 관련되는 다양한 맥락을 구분해서 쓰고 유리수 $\frac{2}{5}$의 의미를 각 맥락에 따라 구체적으로 설명해보자.

나의 문제해결

06 나눗셈 $10 \div 2$를 '등분제'와 '포함제', '외적인 비'와 '내적인 비'로 구분해서 설명하고 그 예가 되는 문제를 하나씩 제시해보자. 그리고 수학에서 '외적인 비' 사용의 이점을 써보자.

나의 문제해결

→ [해결 예시] 118쪽

07 학생들은 무한을 완결된 형태 곧, 실무한으로 파악하기보다는 끝없이 확장 또는 접근해가는 잠재적 역동적 무한으로 파악하는 경우가 많다. $0.999\cdots=1$임을 단순한 계산에 의해 확인할 수 있으면서도 이를 수용하기 어려워하는 인지적 장애를 보인다. 학교수학에서는 $0.999\cdots=1$을 순환소수의 의미와 함께 처음 다룬다.

(1) $0.\dot{9}=1$을 다음의 두 가지 방법으로 설명해보자.

- 중학교 수학에서 배우는 학습 내용으로 설명(학습주제: 유리수와 순환소수)
- 고등학교 수학에서 배우는 학습 내용으로 설명(학습주제: 무한등비급수)

나의 문제해결

(2) 고대 그리스 시대부터 무한의 개념이 논의되었으나 그 당시 무한을 하나의 실체로 생각하는 것은 매우 어려운 일이었다. 아리스토텔레스는 무한을 가무한과 실무한의 개념으로 구별하였다. 가무한과 실무한의 의미를 그 사례와 함께 각각 설명해보자.

나의 문제해결

→ [해결 예시] 120쪽

08 학교수학에서 무리수 개념은 학생의 인지 수준에 따라 그 지도 방법이 다르다. $\sqrt{2}$가 무리수임을 다음에 제시된 방법으로 각각 설명해보자.

- 직관적인 설명 방법
- 형식적인 증명 방법

나의 문제해결

09 다음 문장을 읽고, 음수 개념 도입의 배경을 설명해보자.

> '대수적 필요성이 음수의 역사적 기원이다(우정호, 2007: 200).

나의 문제해결

10 수와 연산 영역의 교수－학습 과정에서 '계산기나 컴퓨터의 활용'으로 얻을 수 있는 교육적 효과(장점)를 세 가지 써보자.

나의 문제해결

→ [해결 예시] 121쪽

11 집합은 현대수학을 상징하는 지도 내용으로 그쳐서는 안 되며 수학적인 사고 수단이 되도록 지도되어야 한다. 다음은 학교수학에서 집합을 구체적으로 어떻게 다루어야 하는지에 대해 몇 가지 사례를 제시한 것이다. 지문을 읽고 물음에 답해보자.

> 분류 활동 이를테면, 딘즈의 특성 블록을 이용한 색, 모양, 크기, 두께에 따른 분류 활동을 집합 사이의 포함관계나 연산을 고려하여 구체화하도록 안내하기, 공약수와 공배수를 약수의 집합과 배수의 집합의 공통집합으로 지도하기, 자취를 점의 집합으로 보고 이를테면, 평면 위에서 두 점 A, B로부터 같은 거리에 있는 점의 집합을 $\overline{\mathrm{AB}}$의 수직이등분선이라고 생각하게 하기, 평면에서 한 점을 지나는 원의 집합 · 두 점을 지나는 원의 집합 · 세 점을 지나는 원의 집합을 생각하여 세 점은 한 원을 결정함을 보이기, (ㄱ) <u>수직선 위에서 동치인 분수의 집합을 고려하여 유리수 개념을 암시하기</u>, 여러 가지 사각형 사이의 포함관계나 자연수 · 정수 · 유리수 · 실수 · 복소수 사이의 포함관계를 Euler-Venn 다이어그램으로 나타내기, 경우의 수를 다룰 때 집합을 고려하기, 정수의 가법군이나 유리수체 · 실수체 · 복소수체 · 다항식환을 암시적으로 다루기 등은 학교수학에서 집합이 수학적 사고 수단으로 의미 있게 작용하는 예가 된다.

학교수학에서의 집합 지도 (우정호, 2007: 133-134)

(1) 유리수 $\frac{1}{2}$을 (ㄱ)의 방법으로 나타내보자.

(2) 유리수 $\frac{1}{2}$을 정수의 순서쌍의 '동치류'로 나타내보자.

(3) 동치류(equivalence class)의 개념은 유리수를 정의하는 데 핵심적인 역할을 한다. 정수의 집합 $\mathbb{Z}$가 정의된다고 할 때, 이로부터 유리수를 형식적으로 정의하는 내용을 써보자.

나의 문제해결

→ [해결 예시] 122쪽

12 외연적 정의와 내포적 정의의 뜻을 설명하고 문제 **11**의 (3)에서 유리수를 정의한 방법은 무엇인지 판단해보자.

나의 문제해결

→ [해결 예시] 123쪽

해결 예시

01 (1) 기온을 나타낼 때, 0℃를 기준으로 영상은 '+'를, 영하는 '−'를 붙여서 다음과 같이 나타낼 수 있다.

영상 6℃ → +6℃
영하 2℃ → −2℃

영상과 영하뿐 아니라 '이익과 손해', '증가와 감소' 등과 같이 생활 속에서 서로 반대되는 성질을 지닌 양을 각각 수로 나타낼 때 음수를 활용할 수 있다.
(다음 예시 중 3가지 제시)

- 영상과 영하의 온도
- 이익과 손해
- 어떤 시점 이후의 시간과 이전의 시간
- 무역에서의 흑자와 적자
- 자산과 부채
- 취업률의 증가와 감소 등

(2) 수직선 모델에서 덧셈과 뺄셈은 화살표의 머리에 더하거나 뺄 수를 나타내는 화살표의 꼬리를 두되, 뺄셈의 경우에는 화살표를 반대 방향으로 놓는 것으로 설명하면 된다. 곱셈은 반복되는 덧셈으로 설명하되 음수를 곱할 때에는 음의 부호를 '방향을 바꾸는 것'으로 이해한다. 나눗셈은 반복되는 뺄셈을 통하여 피제수를 나타내는 화살표를 원점으로 줄이는 과정으로 설명된다. 단, 줄이는 방향이 제수의 반대 방향일 때 그 결과를 양으로 간주한다. 실제 수직선 모델을 이용한 음수의 사칙연산을 그림으로 설명하면 다음과 같다.

$(-3)+(+4)=(+1)$

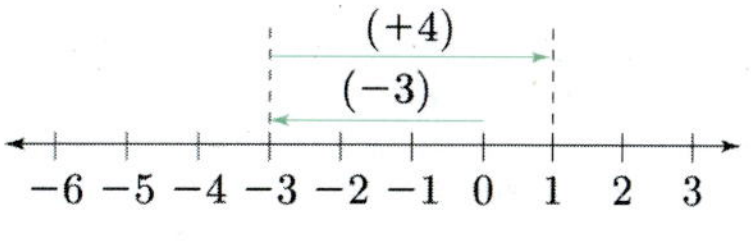

$(-6)-(-5)=(-1)$

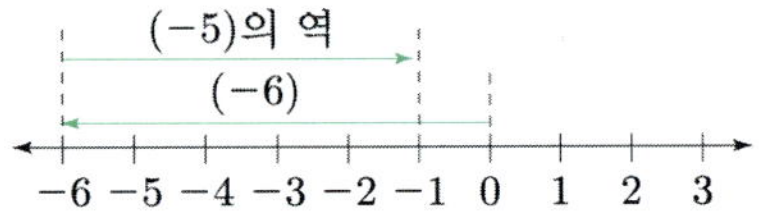

$(+2)\times(-3)=(-6)$

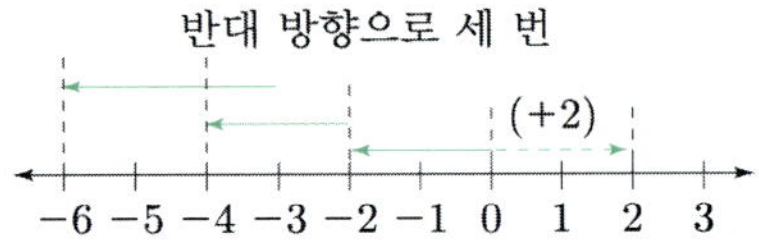

$(-6)\div(-2)=(+3)$

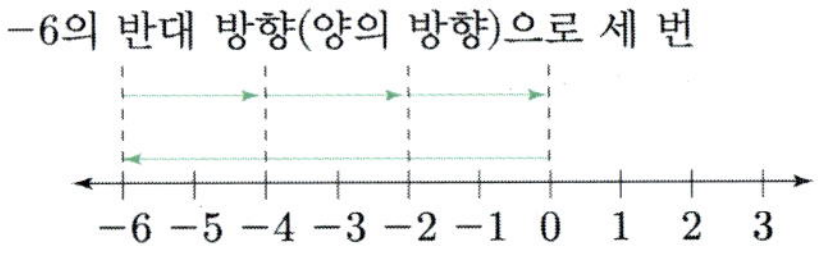

해결 예시 참고자료		
구분	참고자료	근거
교육과정	수학과 교육과정(교육부, 2022)	33-34, 45
교과서	중학교 수학	수와 연산 영역 (정수의 연산)
이론서	수학교육과정과 교재연구(김남희 외, 2024)	18-20, 36-38
	학교수학의 교육적 기초(우정호, 2007)	207-210
나의 추가 자료		

02 중학교 1학년 수학에서 자연수의 곱셈 연산을 바탕으로 정수의 곱셈 연산을 유도하는 과정은 다음과 같다. 아래와 같이 자연수의 곱셈을 관찰해보면

$$3\times3=9$$
$$3\times2=6$$
$$3\times1=3$$

승수(곱하는 수)가 1씩 작아지면 곱셈의 결과 값은 3씩 작아진다는 규칙을 귀납적으로 발견할 수 있다. 몇 가지 사례를 통해 귀납적으로 발견한 규칙을 자연수의 범위 이상으로 확장하여 적용해볼 수 있다(0과 음수를 곱하는 경우에서도 승수가 1씩 작아지면 곱셈의 결과 값은 3씩 작아진다는 규칙을 적용).
몇 개의 관찰을 통해 자연수의 연산에서 성립하는 규칙을 귀납적으로 발견하고, 이 규칙을 0과 정수의 범위까지 확장하여 다음의 결과를 얻을 수 있다.

$$3\times\ \ 0\ \ =0$$
$$3\times(-1)=-3$$

$$3\times(-2)=-6$$
$$3\times(-3)=-9$$
$$3\times(-4)=-12$$
$$\vdots \qquad \vdots$$

이제 위에서 발견한 $(+)\times(-)=(-)$를 바탕으로 아래와 같이 곱셈을 관찰하면

$$3\times(-4)=-12$$
$$2\times(-4)=-8$$
$$1\times(-4)=-4$$

피승수가 1씩 작아지면 곱셈의 결과 값은 4씩 커진다는 규칙을 귀납적으로 발견할 수 있다. 몇 개의 사례를 통해 귀납적으로 발견한 규칙을 자연수의 범위 이상으로 확장하여 적용해볼 수 있다(피승수가 0과 음수인 경우에도 피승수가 1씩 작아지면 곱셈의 결과 값은 4씩 커진다는 규칙을 적용).

몇 개의 관찰을 통해 자연수에서 성립하는 규칙을 귀납적으로 발견하고, 이 규칙을 0과 정수의 범위까지 확장하여 다음의 결과를 얻을 수 있다.

$$0\quad\times(-4)=0$$
$$(-1)\times(-4)=4$$
$$(-2)\times(-4)=8$$
$$(-3)\times(-4)=12$$
$$\vdots \qquad \vdots \qquad \vdots$$

즉, $(-3)\times(-4)=12$이다.

해결 예시 참고자료

구분	참고자료	근거
교육과정	수학과 교육과정(교육부, 2022)	33-34
교과서	중학교 수학	수와 연산 영역 (정수의 연산)
이론서	수학교육과정과 교재연구(김남희 외, 2024)	20-22
	학교수학의 교육적 기초(우정호, 2007)	212-214
나의 추가 자료		

03 학교수학에서 음수를 지도할 때 사용가능한 직관적인 음수 지도 모델에는 '셈돌 모델', '우체부 모델', '수직선 모델'이 있다. 첫째, 셈돌 모델은 두 가지 색의 돌을 이용하여 정수를 나타내고 연산을 지도하는 모델이다. 셈돌 모델은 정수를 자연수의 순서쌍으로 볼 수 있게 하고 덧셈과 뺄셈이 서로 역연산이라는 것을 명확하게 해준다. 이 모델에서 덧셈과 뺄셈을 간단하게 지도할 수 있다. 그러나 뺄셈에서 '없는 쌍을 만들어내기'가 필요하고, 곱셈과 나눗셈을 설명하기 위해서는 인위적인 규칙[2]을 특별한 이유 없이 부과해야 하는 한계점이 있다. 둘째, 우체부 모델은 어음과 고지서를 배달하는 우체부를 등장시켜 음수의 연산을 지도하는 모델로서 실용적인 맥락을 제공하면서 재미있는 이야기로 음수의 연산을 지도할 수 있다는 장점이 있다. 학생들에게 재미있는 이야기로 음수를 도입하게 할 수 있어서 초등학교 학생들에게도 음수의 연산을 가르치는 것이 가능하다. 그러나 나눗셈을 설명하지 못하는 한계점을 지닌다. 셋째, 수직선 모델은 수평으로 직선을 그려서 기준점 0을 임의로 잡고 한쪽 방향에 일정한 간격으로 양수를 배열하며 반대쪽 방향으로 음수를 같은 간격으로 배열한 수직선을 이용하여 음수의 연산을 정의하는 모델이다. 수직선 모델은 모든 사칙연산을 설명할 수 있으며 음수의 개념을 '크기와 방향을 가진 대상'으로 규정함으로써 이후에 학습하게 될 벡터 개념을 다룰 수 있다는 장점이 있다. 그러나 음의 부호가 처음에는 음수를 표현하기 위해 '왼쪽 방향을 향한다.'는 뜻이었는데 곱셈과 나눗셈을 할 때에는 '반대 방향'의 의미를 갖게 된다. 또 '뺄셈'을 의미한다는 점까지 생각하면 하나의 기호가 적어도 세 가지 이상의 의미를 내포하게 되므로 학생들에게 혼란을 줄 수 있다는 한계점이 있다.

해결 예시 참고자료

구분	참고자료	근거
교육과정	수학과 교육과정(교육부, 2022)	33-34, 45
교과서	중학교 수학	수와 연산 영역 (정수의 연산)
이론서	수학교육과정과 교재연구 (김남희 외, 2024)	14-20
	학교수학의 교육적 기초(우정호, 2007)	205~216
나의 추가 자료		

2) 검은 돌과 검은 돌을 곱하거나 흰 돌과 흰 돌을 곱하는 경우에는 검은 돌이 되고($(-)\times(-)=(+)$가 된다는 것) 검은 돌과 흰 돌을 곱하는 경우에는 흰 돌이 된다.

04 형식적인 방법으로 음수를 지도하면 음수의 대수적인 성질을 증명하면서 음수 체계에 대한 확신을 갖게 할 수 있다. 학생들에게 익숙한 자연수 연산의 기본 성질로부터 출발하여 음수 개념을 설명함으로써 음수의 형식적인 본질에 익숙하게 할 수 있다. 또한 일관성이 결여된 직관적인 모델이 임의적이고 협약적이라는 한계점을 극복할 수 있고 형식화된 대수적 언어를 통해 음수를 학습함으로써 수학적 사고가 진보할 수 있다는 장점이 있다. 그러나 지나치게 형식적인 방법으로만 음수를 지도하면 학생들은 음수의 풍부하고 실제적인 가치를 의미 있게 경험할 수 없으며 학생 스스로 일반적인 구조를 발견하거나 수학화하는 능력을 함양하는 기회를 가지기 어렵다는 한계점이 있다. 따라서 음수 지도를 위해서는 직관적인 방법을 병행해야 한다. 수직선 모델을 포함하여 셈돌 모델, 우체부 모델 등의 직관적인 지도 모델은 음수의 모든 연산을 만족스럽게 설명해주지는 못하며 인위적인 측면이 있어서 나름대로의 한계를 지니고 있지만 음수에 대한 직관적인 이해와 현실적인 유용성을 학습하는 데 도움을 줄 수 있다는 장점이 있다. 또한 음수가 물리적 세계를 다양하게 해석하는 풍부한 개념임을 인식시킬 수 있다.

직관적인 음수 지도 모델은 음수에 대한 다양한 해석을 가시화하므로 음수 지도는 직관적 방법과 형식적 접근법을 병행하는 것이 바람직하다. 음수의 계산은 결국 형식화에 의해 자동화되어야 하지만, 자동화되기 이전에 재발명 과정을 거쳐서 직관적 이해가 선행된 후에 자동화되도록 하는 것이 바람직한 지도 방법이다.

결론적으로 형식적인 방법으로만 음수를 지도하는 것은 여러 가지 한계점이 있으므로 형식과 구체적 의미 가운데 어느 한쪽에 치우치지 않는 음수 지도가 이루어져야 할 것이다.

해결 예시 참고자료

구분	참고자료	근거
교육과정	수학과 교육과정(교육부, 2022)	33-34
교과서	중학교 수학	수와 연산 영역 (정수의 연산)
이론서	수학교육과정과 교재연구(김남희 외, 2024)	18-20, 36-38
	학교수학의 교육적 기초(우정호, 2007)	207-216
나의 추가 자료		

05 유리수 개념의 발생과 관련되는 다양한 맥락은 등분할된 부분과 전체, 분배 결과의 몫, 비율, 연산자의 4가지로 설명해볼 수 있다.

첫째, 등분할된 부분과 전체는 직관적으로 가장 간단하고 구체적인 맥락으로서 전체를 같은 부분으로 나누었을 때 그 전체와 부분 사이의 관계를 나타내는 것이다. 유리수 $\frac{2}{5}$는 막대 하나를 5등분했을 때 그중 2개를 말한다.

둘째, 분배 결과의 몫은 어떤 주어진 양을 n개로 나누어야 하는 '분배 상황'에서 비롯된다. 예를 들어 $\frac{2}{5}$는 앞의 맥락에서는 '하나를 다섯 개로 나눈 부분 중의 두 개'를 의미하지만, 분배 결과의 몫으로 보면 '두 개의 사과를 다섯 명에게 공평하게 나누어줄 때 한 사람이 가져야 하는 양'을 의미하는 것이다. 분배 결과의 몫으로 이해되는 분수 개념은 질적으로 다른 양 사이의 관계(5명의 '사람'에게 2개의 '사과', 또는 10명의 '사람'에게 4개의 '사과'를 분배한 결과)를 표현하게 된다는 점이 중요하다.

셋째, 비율 맥락은 계속 변화하는 외적인 상황과 두 양의 값에도 불구하고 본질적으로 내재되어 있는, 변화하는 두 양 사이의 '동일한 관계'에 주목하는 것이다. '5등분한 사과의 2조각' 또는 '5명의 사람에게 2개의 사과를 분배한 결과'로 $\frac{2}{5}$의 개념이 이해되었다면, 다음 단계는 각 상황에 해당하는 동치인 상황이 무수히 많이 있을 수 있다는 것을 고려해야 한다. 예를 들면, 5등분한 사과의 2조각, 10등분한 사과의 4조각, 15등분한 사과의 6조각, … 등과 같이 '동치'인 것으로 받아들일 수 있는 상황이 무한히 계속된다는 것인데, 이는 5명의 사람에게 2개의 사과, 10명의 사람에게 4개의 사과, 15명의 사람에게 6개의 사과, … 등과 같이 분배하는 경우에도 마찬가지로 해당된다. 여기에서 유리수의 의미로 파악되어야 하는 것은 외적인 상황과 두 양의 값이 계속 변함에도 본질적으로 내재되어 있는, 변화하는 두 양 사이의 '동일한 관계'이다.

넷째, 연산자는 유리수 개념을 '곱셈 연산자(operator)'로 이해하는 것이다. 즉 유리수 $\frac{a}{b}$를, 유리수의 집합 $\mathbb{Q}$ 위에서 정의되는 함수 $x \to x \cdot \frac{a}{b}$로 이해하는 것이다. 이러한 관점은 형식화된 현대수학의 관점을 나타내는 것이기도 하지만, 한편으로는 수학적 개념의 조작적인 본질을 함의하고 있는 것이기도 하다. 학교수학에서는 엄밀하지 않은 차원에서 이러한 본질을 어느 정도 경험하는 것이 가능하다. 정의역을 간단한 유한집합으로 한정하여, 예컨대 유리수 $\frac{2}{5}$의 의미를 5를 2로, 10을 4로, 15를 6으로 보내는 사상으로서 이해하거나, 기하적 맥락에서 한 영역의 크기를 $\frac{2}{5}$만큼 줄인 영역의 크기를 대응시키는 활동으로 경험할 수 있는 것이다. $\frac{2}{5}$라는 개념을 독립적이고 구체적인 어떤 양의 이미지에 고착시키지 않고 '어떤 대상이 주어지더라도' 그 대상의 $\frac{2}{5}$를 생각한다는 조작적인 의미를 획득하는 것은 유리수 개념의 학습에서 중요한 부분이다.

해결 예시 참고자료

구분	참고자료	근거
교육과정	수학과 교육과정(교육부, 2022)	33-34
교과서	중학교 수학	수와 연산 영역 (정수와 유리수)
이론서	수학교육과정과 교재연구(김남희 외, 2024)	24-26
	학교수학의 교육적 기초(우정호, 2007)	217-218
나의 추가 자료		

06 등분제란 서로 다른 양 사이의 나눗셈으로 외적인 비이다. 포함제는 서로 같은 양 사이의 나눗셈으로 내적인 비이다. $10 \div 2$로 등분제 문제를 만들어보면 '사과 10개를 2명에게 나누어줄 때 한 사람이 가지게 되는 사과의 수를 구하시오.'와 같이 서로 다른 양(사과 개수, 사람 수) 사이의 나눗셈으로 설명할 수 있다. 그 결과는 5(개/명)이다.

반면 $10 \div 2$로 포함제 문제를 만들어 보면 '사과 10개를 2개씩 나누면 몇 묶음이 되는가(10에는 2가 몇 번 포함되는가)?'와 같이 같은 양(사과 개수)끼리의 나눗셈으로 설명할 수 있다. 결과는 수 5이다.

외적인 비의 사용은 단위의 계산을 자연스럽게 할 수 있도록 해주어 기하학이나 물리학에서 공식의 타당성을 검증할 때 매우 효과적이다.

해결 예시 참고자료

구분	참고자료	근거
교육과정	수학과 교육과정(교육부, 2022)	33-34
교과서	중학교 수학	수와 연산 영역 (정수의 연산)
이론서	수학교육과정과 교재연구(김남희 외, 2024)	25
	학교수학의 교육적 기초(우정호, 2007)	44-45
나의 추가 자료		

07 (1) • 중학교 수학에서 배우는 학습 내용으로 설명

$x = 0.\dot{9}$라고 하면, $x = 0.999\cdots$ ...... ①

①의 양변에 10을 곱하면 $10x = 9.999\cdots$ ...... ②

②에서 ①을 빼면 $9x = 9$이므로 $x = \frac{9}{9} = \frac{1}{1}$

따라서 $0.\dot{9} = 1$이다.

• 고등학교 수학에서 배우는 학습 내용으로 설명

$x = 0.\dot{9}$라고 하면

$x = 0.9 + 0.09 + 0.009 + \cdots$이므로

x는 초항이 0.9이고, 공비가 0.1인 무한등비급수의 합과 같다.

$|r| < 1$이므로 $x = \frac{a}{1-r}$ 즉,

$$x = \frac{0.9}{1-0.1} = \frac{0.9}{0.9} = 1$$

따라서 $0.\dot{9} = 1$이다.

(2) 가무한(potential infinity)이란, $0.999\cdots$, $0.909090\cdots$과 같이 한없이 계속되는 상태를 나타내는 가능적 존재로서의 무한을 말한다. 이는 계속 뭔가를 향해 가는, 끝없이 확장 또는 접근해가는 역동적인 무한으로 가능적 무한 또는 잠재적 무한이라고도 부른다. 실무한(actual infinity)이란, $0.999\cdots$를 1로 나타내듯이 한없이 계속되는 상태가 '종결된 결과'로서, 무한을 하나의 완결된 형태로 존재하는 실체로 여기는 입장에서 포착한 무한이다. 즉, 실무한은 완성된 형태로 현실적으로 존재하는 것으로 다루는 무한이다.

해결 예시 참고자료

구분	참고자료	근거
교육과정	수학과 교육과정(교육부, 2022)	33-34, 144
교과서	중학교 수학	수와 연산 영역 (유리수와 순환소수)
	고등학교 수학	〈미적분Ⅱ〉 (무한등비급수)
이론서	수학교육과정과 교재연구(김남희 외, 2024)	30-33, 273-277
	수학 학습-지도 원리와 방법(우정호, 2011)	464-465
	학교수학의 교육적 기초(우정호, 2007)	138-139
나의 추가 자료		

08 • 직관적인 설명 방법

우리나라 중학교 3학년 과정에서는 $\sqrt{2}$가 순환하지 않는 무한소수임을 계산기를 이용하여 직관적으로 보여준 후 다음과 같이 $\sqrt{2}$가 무리수임을 설명한다.

$1^2 < 2 < 2^2$이므로 $1 < \sqrt{2} < 2$

$1.4^2 < 2 < 1.5^2$이므로 $1.4 < \sqrt{2} < 1.5$

$1.41^2 < 2 < 1.42^2$이므로 $1.41 < \sqrt{2} < 1.42$

$1.414^2 < 2 < 1.415^2$이므로 $1.414 < \sqrt{2} < 1.415$

$\vdots$

이와 같이 계속하면

$\sqrt{2} = 1.41421356237\cdots$과 같이 순환하지 않는 무한소수로 나타내어진다.

• 형식적인 증명 방법

$\sqrt{2}$가 무리수가 아니라고 가정하자. 즉, $\sqrt{2}$가 유리수라고 가정하면, $\sqrt{2} = \frac{p}{q}$ (p, q는 서로소인 정수, $q \neq 0$)와 같이 나타낼 수 있다. 즉, $p = \sqrt{2}q$이다. 양변을 제곱하면 $p^2 = 2q^2$이므로 p^2은 짝수이다. 제곱하여 짝수가 되는 수는 짝수이어야 하므로 p도 짝수이다. $p = 2m$(m은 정수)이라고 놓으면 $p^2 = 2q^2$에서 $4m^2 = 2q^2$이다. 즉, $q^2 = 2m^2$이 되어 q^2도 짝수이고 q도 짝수이다. 이것은 p, q가 서로소라는 가정에 모순이다. 따라서 $\sqrt{2}$는 무리수이다.

해결 예시 참고자료

구분	참고자료	근거
교육과정	수학과 교육과정(교육부, 2022)	33-34
교과서	중학교 수학	수와 연산 영역 (제곱근과 실수)
이론서	수학교육과정과 교재연구(김남희 외, 2024)	41-42
	학교수학의 교육적 기초(우정호, 2007)	164
나의 추가 자료		

09 역사적으로 음수가 출현하여 정당한 수로 인정받는 데에는 1500년 이상의 긴 시간이 필요하였던 것으로 알려져 있다. 음수는 반직관적인 형식적인 개념으로서 뺄셈과 방정식 풀이의 일반성을 확보하려는 형식적인 필요에 의해서 출현하였다. 다

시 말하면, 방정식 풀이의 형식적인 완성을 이룩하려는 시도가 음수를 도입하게 된 주요 이유이다.

해결 예시 참고자료		
구분	참고자료	근거
교육과정	수학과 교육과정(교육부, 2022)	33-34
교과서	중학교 수학	수와 연산 영역 (정수의 연산)
이론서	수학교육과정과 교재연구(김남희 외, 2024)	14-15
	학교수학의 교육적 기초(우정호, 2007)	200-201
나의 추가 자료		

10 첫째, 길고 복잡한 계산을 계산기에 맡김으로써 학생들을 개념 학습에 더욱 집중하게 한다. 둘째, 결과의 즉각적인 피드백을 활용하여 학생들이 자신의 추측을 정당화하게 한다. 셋째, 상황과 문제를 더 복잡하고 실제적인 방식으로 모델화하여 다룰 수 있다.

해결 예시 참고자료		
구분	참고자료	근거
이론서	수학교육과정과 교재연구(김남희 외, 2024)	47-49
	수학 학습-지도 원리와 방법(우정호, 2011)	483, 487
나의 추가 자료		

11 (1) 수직선에서 $\frac{1}{2}=\frac{2}{4}=\frac{3}{6}=\ \cdots$ 이다.

집합 $\left\{\frac{1}{2}, \frac{2}{4}, \frac{3}{6}, \cdots, \frac{-1}{-2}, \frac{-2}{-4}, \frac{-3}{-6}, \cdots\right\}$을 유리수 $\frac{1}{2}$로 나타낸다.

(2) 집합 $\{\cdots, (-1, -2), (1, 2), (2, 4), \cdots\}$을 유리수 $\frac{1}{2}$로 나타낸다.

(3) 집합 $S=\{(a, b) \mid a, b \in \mathbb{Z}, b \neq 0\}$ 위의 관계 $\sim$을 다음과 같이 정의한다.

$$(a, b) \sim (c, d) \Leftrightarrow ad = bc$$

이때 $\sim$는 집합 S 위의 동치관계이다.

이 동치관계에 대하여 $(a, b) \in S$를 포함하는 동치류를 $\frac{a}{b}$로 나타내면

$$\frac{a}{b} = \{(x,\ y) \in S \mid (x,\ y) \sim (a,\ b)\} = \{(x,\ y) \in S \mid ay = bx\}$$

이고

$$\frac{a}{b} = \frac{c}{d} \ \Leftrightarrow\ (a,\ b) \sim (c,\ d) \ \Leftrightarrow\ ad = bc$$

가 성립한다.

이 동치류 전체의 집합 $\left\{ \frac{a}{b} \,\middle|\, a,\ b \in \mathbb{Z},\ b \neq 0 \right\}$을 유리수의 집합 $\mathbb{Q}$로 생각할 수 있다. 여기에서 덧셈과 곱셈은 다음과 같이 정의된다.

$$\frac{a}{b} + \frac{c}{d} = \frac{ad+bc}{bd},\ \ \frac{a}{b} \cdot \frac{c}{d} = \frac{ac}{bd}$$

또한 각 $\frac{a}{1} \in \mathbb{Q}$와 $a \in \mathbb{Z}$를 동일시한다면 $\mathbb{Z}$는 $\mathbb{Q}$의 부분집합이다.

해결 예시 참고자료		
구분	참고자료	근거
교육과정	수학과 교육과정(교육부, 2022)	33-34
교과서	중학교 수학	수와 연산 영역 (정수와 유리수)
이론서	수학교육과정과 교재연구(김남희 외, 2024)	22-24
	학교수학의 교육적 기초(우정호, 2007)	133-138
나의 추가 자료		

12 외연적 정의란 개념의 정의를 그 개념에 포괄되는 대상 전체(그 개념의 외연)로서 기술하는 방법이다. 내포적 정의란 어떤 대상에 공통인 성질로서 개념을 정의하는 방법으로 대상에 공통으로 내포된 특성을 성질로 본다.

어떤 개념을 그 개념이 타나내는 대상에 공통적인 속성으로써 정의하는 것이 아니라 그 개념에 포괄되는 대상 전체로 정의하는 방식을 '외연적 정의(extensional definition)'라 하며, 속성으로 정의하는 것을 '내포적(intensional) 정의'라 한다. 예를 들어 '사람'을 설명하기 위해 '사람'이라는 존재의 속성을 나열한다면 그것은 내포적 정의이고, 지구상에 존재하는 '모든 사람의 집합'을 제시함으로써 "이것이 사람이다."라고 설명한다면 그것은 외연적 정의이다. 문제 11의 (3)에서 제시한 유리수의 정의는 '외연적 정의'라 할 수 있다.

해결 예시 참고자료		
구분	참고자료	근거
교육과정	수학과 교육과정(교육부, 2022)	33-34
교과서	중학교 수학	수와 연산 영역(정수와 유리수)
이론서	학교수학의 교육적 기초(우정호, 2007)	135-136
	수학교육과정과 교재연구(김남희 외, 2024)	23-24
나의 추가 자료		

3단계

문제를 해결하며 학습해봅시다.

기출문제로 도약하기

- **문제해결** 문제를 스스로 해결한 후, 자신의 답안을 [해결 예시]와 비교해 봅시다.
- **반성 · 정리** 참고문헌에서 관련 내용을 찾아 문제해결을 검토하고 보완해 봅시다.
- **자료축적** 문제해결에 도움이 된 자료들을 기록하여 추후 학습에 활용해 봅시다.

→ 교원임용시험대비 수험생들은 답안 작성 분량을 고려하면서 자신의 답안을 수정하거나 보완해 봅시다.

01 음수 지도에 관한 다음 두 교사의 대화를 읽고 물음에 답하시오.

| 2007년 교원임용시험 기출문제 1~2번 |

김 교사 : 음수 개념의 역사적 발생 과정을 살펴보면, 많은 수학자들이 음수를 수로 인정하기 어려워하였습니다. 학생들도 수학자들과 마찬가지로 ① 음수 개념과 그 연산의 의미를 크기 또는 양과 관련지어 파악하기 때문에 음수를 수로 받아들이기 어려워합니다.

박 교사 : 동의합니다. 그래서 저는 먼저 ② 구체적인 음수 지도 모델을 도입하고, 규칙성을 탐구하여 연산의 원리를 발견하는 ③ 귀납적 외삽법, 기존의 수 체계에서 성립하는 성질을 이용하여 음수를 논리적으로 정의하는 방식인 ④ 형식 불역의 원리(principle of the permanence of equivalent forms)를 이용하여 음수의 연산을 지도합니다.

(1) ①의 예와 ②의 예를 각각 2가지씩 쓰시오. (4점)

(2) ③에 따라 지도할 때 '$2\times(-1)=-2$'를 어떻게 설명하는지 쓰고, ④에 따라 지도할 때 '-1'을 어떻게 정의하는지 쓰시오. (4점)

→ [해결 예시] 135쪽

02 제7차 수학과 교육과정에서는 '수학학습의 평가가 ① 학생 개개인의 수학 학습을 돕고, ② 교사 자신의 수업 방법을 개선'하는 데 기여할 것을 평가 목적의 하나로 명시하고 있다. 다음 문항을 위에 기술한 평가 목적에 보다 부합하도록 재구성하고, 재구성한 근거를 ①과 ②의 관점에서 문항 내용과 관련지어 서술하시오. (단, 문항을 재구성할 때, 주어진 명제는 변형하지 않도록 한다.) (4점)

| 2008년 교원임용시험 기출문제 1번 |

> 다음 명제의 참, 거짓을 판별하시오. 답 : ______
> 명제 : 이차함수 $y=ax^2+bx+c$는 x절편과 y절편을 모두 갖는다.

→ [해결 예시] 136쪽

03 다음은 중학교 1학년에서 정수의 덧셈과 곱셈을 지도한 후, 유리수의 정의와 유리수의 덧셈, 곱셈을 지도하는 두 교사의 방법이다. 물음에 답하시오. (30점)

| 2010년 교원임용시험 2차 기출문제 1번 |

〈김 교사〉

- 유리수는 분모($\neq 0$), 분자가 정수인 분수 꼴로 나타낼 수 있는 수이다. 예를 들면 $\frac{2}{3}$, $\frac{-3}{5}$, $\frac{7}{-2}$, $\frac{-5}{-6}$ 등이다.
- 유리수의 계산은 초등학교에서 다룬 분수의 계산법을 따른다. 예를 들면 $\frac{3}{-4}+\frac{5}{7}=\frac{3\times 7+(-4)\times 5}{(-4)\times 7}=\frac{1}{-28}$이다.

〈정 교사〉

- 유리수 $\frac{b}{a}$는 방정식 $a\times x=b$의 해이다 (단, a와 b는 정수이고 $a\neq 0$). 예를 들면 $\frac{-2}{3}$는 $3\times x=-2$의 해이다.
- 유리수의 계산은 정수의 덧셈과 곱셈에 대한 결합법칙, 교환법칙, 분배법칙에 형식불역의 원리(principle of the permanence of equivalent forms)를 적용하여 지도한다.

작성 방법

초등학교에서 다루는 분수의 계산법 :

$\frac{b}{a}+\frac{d}{c}=\frac{b\times c+a\times d}{a\times c}$, $\frac{b}{a}\times\frac{d}{c}=\frac{b\times d}{a\times c}$, $\frac{b}{a}=\frac{b\times c}{a\times c}$ (단, a, b, c, d는 자연수)

(1) 김 교사의 방법으로 수업을 받은 학생들이 $\left(-\frac{2}{3}\right)\times\frac{4}{5}$를 계산할 수 있도록 하기 위해서 김 교사가 추가해야 할 설명이 무엇인지 제시하고, 김 교사의 방법과 추가한 설명에 따라 $\left(-\frac{2}{3}\right)\times\frac{4}{5}$의 계산 과정을 상세하게 쓰시오. (10점)

(2) 정 교사는 학생들에게 $\left(-\frac{3}{4}\right)+\frac{5}{7}$와 $\left(-\frac{3}{4}\right)\times\frac{5}{7}$를 계산하는 방법을 지도하려고 한다. 이를 위해 정 교사가 고려해야 할 구체적인 내용을 다음 순서에 따라 서술하시오. (20점)

① 형식불역의 원리의 상세한 의미
② 추가로 정의해야 할 수학적 대상에 대한 설명
③ $\frac{b}{a}+\frac{d}{c}=\frac{b\times c+a\times d}{a\times c}$, $\frac{b}{a}\times\frac{d}{c}=\frac{b\times d}{a\times c}$의 유도
(단, a, b, c, d는 정수이고 $a\neq 0$, $c\neq 0$)
④ $\left(-\frac{3}{4}\right)+\frac{5}{7}$와 $\left(-\frac{3}{4}\right)\times\frac{5}{7}$의 상세한 계산 과정

→ [해결 예시] 137쪽

04 다음은 정수의 사칙연산을 지도하기 위한 셈돌 모델, 수직선 모델, 귀납적 외삽법에 대한 예시이다. **| 2014년 교원임용시험 전공A 서술형 1번 |**

셈돌 모델	$2+(-3)=-1$	●●+○○○=○
수직선 모델	$2-(-3)=5$	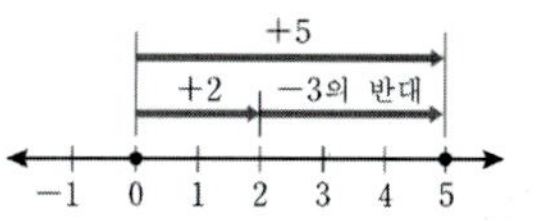
귀납적 외삽법	$2\times(-3)=-6$	$2\times2=4$ $2\times1=2$ $2\times0=0$ $2\times(-1)=-2$ $2\times(-2)=-4$ $2\times(-3)=-6$

정수의 사칙연산을 지도할 때, 셈돌 모델의 약점과 이를 보완할 수 있는 수직선 모델의 장점을 각각 쓰시오. 그리고 정수의 사칙연산을 지도할 때, 수직선 모델의 약점과 이를 보완할 수 있는 귀납적 외삽법의 장점을 각각 쓰시오. (3점)

→ [해결 예시] 138쪽

05 2009 개정 교육과정에 따른 수학과 교육과정의 중학교 수와 연산 영역 <교수·학습상의 유의점>에 '유한소수를 순환소수로 나타내는 것은 다루지 않는다'고 명시되어 있다. 이 유의점이 명시되어 있는 이유를 구체적인 사례와 함께 쓰시오. 또, <보기>와 같이 순환소수를 분수로 고치는 학습 내용을 지도할 때, 유의해야 할 점을 교육과정에 근거하여 서술하시오. (5점)

| 2015년 교원임용시험 전공B 서술형 1번 |

작성 방법

순환소수 $0.\dot{7}$을 분수로 나타내어 보자.

$0.\dot{7}$을 x라고 하면

$$x = 0.7777\cdots \qquad \cdots\cdots ①$$

이고, ①의 양변에 10을 곱하면

$$10x = 7.7777\cdots \qquad \cdots\cdots ②$$

이다. 이때 ①과 ②의 소수 부분이 같으므로 ②에서 ①을 빼면 $9x = 7$이다.

$$\begin{array}{rr} & 10x = 7.7777\cdots \\ -) & x = 0.7777\cdots \\ \hline & 9x = 7 \end{array}$$

따라서 $x = \dfrac{7}{9}$이다.

즉, $0.\dot{7} = \dfrac{7}{9}$임을 알 수 있다.

→ [해결 예시] 139쪽

06 다음은 2015 개정 교육과정에 따른 중학교 수학과 교육과정의 수와 연산 영역에 제시된 <교수 · 학습 방법 및 유의 사항>과 <평가 방법 및 유의 사항>의 일부이다.

| 2018년 교원임용시험 전공B 기출문제 1번 |

〈교수 · 학습 방법 및 유의 사항〉

- 다양한 상황을 이용하여 음수의 필요성을 인식하게 한다.
- 정수의 사칙계산의 원리는 여러 가지 ㉠ 모델을 이용하여 직관적으로 이해하게 할 수 있다.

〈평가 방법 및 유의 사항〉

- 정수, 유리수와 관련하여 지나치게 복잡한 계산을 포함하는 문제는 다루지 않는다.
- ㉡ 사칙계산 이외의 이항연산 문제는 다루지 않는다.

셈돌 모델을 이용하여 $(+3)-(-2)$를 계산하는 방법을 그림과 함께 설명하고, ㉠ 방법의 한계를 보완하기 위한 지도 방안을 서술하시오. 또 ㉡에 해당하는 수학 문제를 하나 제시하시오. (4점)

07 다음은 강 교수가 예비교사를 대상으로 형식 불역의 원리를 다루는 수업의 일부이다.

| 2024년 교원임용시험 전공A 기출문제 5번 |

강 교 수 : 지금까지 음수 지도를 형식적인 관점에서 접근하는 형식 불역의 원리를 설명했습니다. 그런데 프로이덴탈(H. Freudenthal)은 이를 '기하적·대수적 형식 불역의 원리'로 확장합니다. 여러분, 오른쪽과 같은 정수의 나눗셈을 어떻게 기하적인 방법으로 접근 할 수 있을까요?

$$2 \div 2 = 1$$
$$1 \div 2 = \frac{1}{2}$$
$$0 \div 2 = 0$$
$$(-1) \div 2 = ?$$
$$(-2) \div 2 = ?$$

예비교사 A : 잘 모르겠어요.

강 교 수 : 자, 주어진 나눗셈 식에서 나누는 수는 얼마인가요?

예비교사 A : 나누는 수는 2입니다.

강 교 수 : 그렇습니다. 그럼 이 연산을 함수로 이해해 봅시다. 나누어지는 수 x에 연산 결과 y를 대응시킨다고 할 때, y는 얼마인가요?

예비교사 B : $x \div 2$, 즉 $\frac{x}{2}$ 입니다.

강 교 수 : 네, 맞습니다. 그런데 음수의 연산을 아직 배우지 않은 학생들이 할 수 있는 나눗셈 식은 어디까지인가요?

예비교사 A : $0 \div 2 = 0$입니다.

강 교 수 : 맞아요. 음수가 도입되기 전까지는 이 함수의 x의 범위가 $x \geq 0$으로 제한됩니다. 그런데 x의 범위를 음수까지 확장하면 다음과 같이 함수 $y = \frac{x}{2}$의 그래프가 변화하게 됩니다.

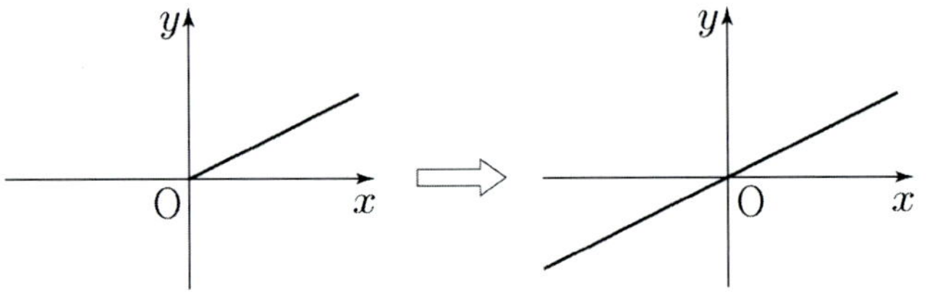

예비교사 B : 결국 $x < 0$일 때 $x \div 2$가 어떻게 정해져야 하는지를 알 수 있는 거네요.

강 교 수 : 그렇습니다. 예를 들어, 주어진 그래프에서 x좌표가 −4일 때의 y좌표를 구하면 나눗셈 식 (㉠)을/를 유도할 수 있습니다.

예비교사 A : ㉡ <u>이렇게 음수의 나눗셈을 기하적인 방법으로 해석하다니 정말 창의적인 것 같습니다.</u>

강 교 수 : 맞아요. 일차함수의 그래프를 배운 후에 음수의 연산을 새로운 관점에서 보는 자료로 활용하면 좋을 것 같습니다.

괄호 안의 ㉠에 들어갈 나눗셈 식을 쓰고, '기하적·대수적 형식 불역의 원리'의 의미를 위의 수업 장면과 관련지어 기하적 측면과 대수적 측면에서 설명하시오. 또한, 밑줄 친 ㉡에서 가장 두드러지게 나타나는 수학 교과 역량의 명칭을 2022 개정 수학과 교육과정에 제시된 용어로 쓰시오. (4점)

→ [해결 예시] 139쪽

08 다음은 지도 교수와 예비 교사가 나눈 대화이다. <작성 방법>에 따라 서술하시오. (4점)
| 2024년 교원임용시험 전공A 기출문제 6번 |

예비 교사 : 교육 실습 때 중학생을 가르쳐 보니 학생들이 무리수 개념을 이해하기 어려워하는 것 같았습니다.

지도 교수 : 역사적으로 수학자들이 무리수 개념을 수용하는 데 오래 걸렸다고 하니, 학생들이 어려움을 겪는 것은 이해가 되지요. 스파드(A. Sfard)는 수 개념의 역사적 발달 과정 속에서 수학적 정의와 표상이 '과정으로서의 조작적 방법'과 '대상으로서의 (　　㉠　　)적 방법'의 두 가지 형태가 교대로 나타나면서 수학적 개념이 형성된다고 보았습니다.

예비 교사 : 아하, 두빈스키(E. Dubinsky)의 APOS 이론과도 비슷한 관점이군요.

지도 교수 : 맞습니다. 무리수 개념을 예로 들면, $\sqrt{2}$와 같은 무리수를 도입할 때, 제곱근의 대소 관계를 이용하여 $\sqrt{2}$가 순환하지 않는 무한소수임을 다음과 같이 직관적으로 설명합니다.

$1^2 < 2 < 2^2$이므로 $1 < \sqrt{2} < 2$이다.
$1.4^2 = 1.96$, $1.5^2 = 2.25$이므로
$1.4^2 < 2 < 1.5^2$이고
$1.4 < \sqrt{2} < 1.5$임을 알 수 있다.
또, $1.41^2 = 1.9881$, $1.42^2 = 2.0164$
이므로 $1.41^2 < 2 < 1.42^2$이고
$1.41 < \sqrt{2} < 1.42$임을 알 수 있다.
이를 반복하여 $\sqrt{2}$를 소수로 나타내면
$1.41423562373095048801 \cdots$ 이다.

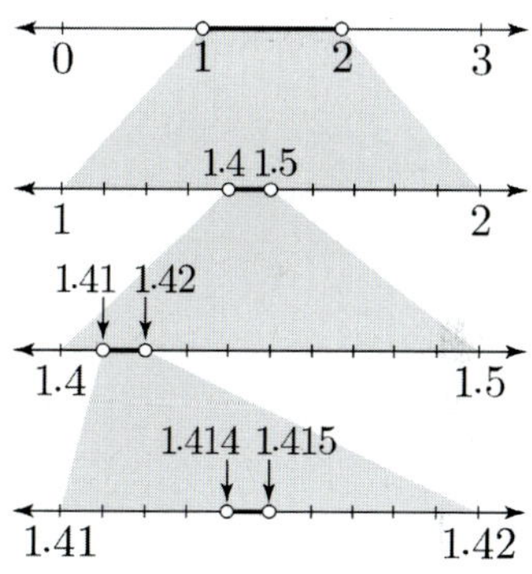

예비 교사 : 이렇게 동일한 조작을 반복하면, $\sqrt{2}$의 소수부분이 끝없이 계속되는 상태, 즉 '가능적 무한'임을 직관적으로 알게 되겠군요.

지도 교수 : 그렇지요. 이 단계의 학생들은 무리수가 실제로 존재하는 수인지 아직 이해하기 어려워하기도 하지요.

예비 교사 : 정말 그렇습니다. 어떻게 설명하면 학생들이 잘 이해할까요?

지도 교수 : 한 변의 길이가 1인 정사각형의 대각선의 길이가 $\sqrt{2}$임을 이용할 수 있습니다. 오른쪽 그림과 같이 대각선 OA의 길이인 $\sqrt{2}$를 수직선 위의 한 점에 대응시켜 설명하면, 학생들은 무리수 $\sqrt{2}$가 실제로 존재하는 수임을 인식하게 됩니다.

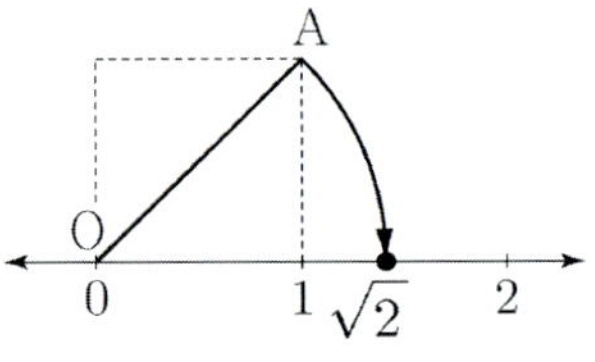

작성 방법

- 괄호 안의 ㉠에 들어갈 용어를 쓸 것.
- APOS 이론의 '행동'(Action), '과정'(Process), '대상'(Object)에 해당하는 내용을 위에서 제시한 무리수 개념의 형성 과정과 관련지어 설명할 것.

➔ [해결 예시] 141쪽

해결 예시

01 (1) **①의 예 :**

작은 수에서 큰 수를 빼는 것이 어떻게 가능한지를 받아들이기 어려워한다.

(-4)는 2보다 작은데 (-4)를 제곱하면 2를 제곱한 수보다 크다. 작은 수의 제곱이 어떻게 큰 수의 제곱보다 클 수 있는지를 받아들이기 어려워한다.

(기타 답안) :

- 승수가 양수인 경우는

$$(-200)\times 3=(-200)+(-200)+(-200)$$

으로 생각할 수 있다. 예를 들면, 200원을 세 번 빌린 것으로 생각하면 600원을 빌린 것이 되나 $200\times(-3)$은 직관적으로 어떤 의미가 있는지 이해하기 어렵다.

- (부채)×(부채)가 어떻게 이득이 되는지 이해하기 힘들다.
- $(-4)\times(-5)=20$이라면 $1:-4=-5:20$이 된다. 더 큰 수와 더 작은 수의 관계가 어떻게 더 작은 수와 더 큰 수의 관계와 같은지 받아들이기 어렵다.

②의 예: 수직선 모델, 셈돌 모델

(2) ■ 자연수 연산에서 출발하여 귀납적 외삽법에 따라 정수의 연산을 설명해보자. 다음과 같은 몇 개의 사례로부터 자연수의 곱셈에서 승수를 1씩 줄이면 그 결과가 2씩 줄어드는 규칙을 귀납적으로 발견한다.

$$2\times 3=6$$
$$2\times 2=4$$
$$2\times 1=2$$

위에서 귀납적으로 발견한 규칙을 승수가 정수인 경우까지 확장(외삽)하여 적용하면 다음과 같다.

$$\begin{array}{l} 2\times 2=4 \\ 2\times 1=2 \\ \hline 2\times 0=0 \\ 2\times(-1)=-2 \\ \quad\vdots \end{array}$$

귀납적 외삽법을 통하여, $2\times(-1)=-2$임을 설명할 수 있다.

■ '-1'의 정의

"방정식 $x+1=0$을 만족시키는 x의 값을 -1이라 한다."

해결 예시 참고자료

구분	참고자료	근거
교육과정	수학과 교육과정(교육부, 2022)	33-34
교과서	중학교 수학	수와 연산 영역(정수의 연산)
이론서	수학교육과정과 교재연구(김남희 외, 2024)	14-22
	학교수학의 교육적 기초(우정호, 2007)	200-216
나의 추가 자료		

02 ■ 재구성한 문항 : 다음 명제의 참, 거짓을 판별하고, 그렇게 답한 이유를 설명하시오.

■ 재구성한 근거 :

①의 관점 : 용어의 뜻이나 개념 이해에 중점을 두면서 학생이 문제해결 결과가 아닌 문제해결의 과정에 초점을 맞춰 공부할 수 있도록 도울 수 있다.

②의 관점 : 교사는 학생의 답안 내용을 통해 학생이 어느 부분에서 취약한지를 확인하고 다음 지도에 반영하여 학생의 지식을 수정, 보완, 개선할 수 있다. 한편 학생의 답안 내용이 옳은 경우라면 동일 주제와 관련된 심화 학습 내용을 계획할 수도 있다.

해결 예시 참고자료

구분	참고자료	근거
교육과정	수학과 교육과정(교육부, 1997)	79, 87
	수학과 교육과정(교육부, 2022)	85, 91
교과서	고등학교 수학	〈기본수학 2〉(명제)
이론서	수학교육학 신서(강옥기 외, 2012)	455
	수학교육학신론(황혜정 외, 2016)	424-425
나의 추가 자료		

03 (1) 김 교사의 방법으로 수업을 받은 학생들이 $\left(-\frac{2}{3}\right)\times\frac{4}{5}$를 계산할 수 있도록 하기 위해서 김 교사가 추가해야 할 설명은 (양수)÷(음수)=(음수), (음수)÷(양수)=(음수)이다.

즉, $2\div(-3)=\frac{2}{-3}=-\frac{2}{3}$, $-2\div(+3)=\frac{-2}{3}=-\frac{2}{3}$이다.

$\left(-\frac{2}{3}\right)\times\frac{4}{5}$의 계산은 $\left(-\frac{2}{3}\right)=\frac{-2}{3}=\frac{2}{-3}$이므로 초등학교에서 다루는 분수의 계산법을 따라,

$$\left(-\frac{2}{3}\right)\times\frac{4}{5}=\left(\frac{-2}{3}\right)\times\left(\frac{4}{5}\right)=\frac{(-2)\times4}{3\times5}=\frac{-8}{15}=-\frac{8}{15}$$

$$\left(-\frac{2}{3}\right)\times\frac{4}{5}=\left(\frac{2}{-3}\right)\times\left(\frac{4}{5}\right)=\frac{2\times4}{(-3)\times5}=\frac{8}{-15}=-\frac{8}{15}$$

(2) ▪ 형식불역의 원리란 기존의 체계에서 인정된 성질이 유지되도록 체계를 확장하고 연산과 관계를 확장하듯이, 기본적인 성질이 유지되도록 대수적인 구조를 확장하는 것이다. 정 교사가 추가로 정의해야 할 수학적 대상은 $-\frac{3}{4}$이 방정식 $(-4)\times x=3$을 만족하는 x의 값이고 $\frac{5}{7}$가 방정식 $7\times y=5$를 만족하는 y의 값이라는 것을 설명하는 것이다.

▪ $\frac{b}{a}+\frac{d}{c}=\frac{b\times c+a\times d}{a\times c}$ $(a\neq0,\ c\neq0)$의 유도 과정은 다음과 같다.

$\frac{b}{a}$는 $a\times x=b$의 해이고, $\frac{d}{c}$는 $c\times y=d$의 해이다(즉, $x=\frac{b}{a}$, $y=\frac{d}{c}$).

$ax=b$의 양변에 c를 곱하고, $cy=b$의 양변에 a를 곱하여

$cax=cb$, $acy=ad$를 얻는다.

위 두 식의 양변을 각각 더하고 유리수의 결합법칙을 이용하면

$ac(x+y)=cb+ad$이다. 이 방정식의 해는

$x+y=\frac{b\times c+a\times d}{a\times c}(a\neq0, c\neq0)$이다. 즉, $\frac{b}{a}+\frac{d}{c}=\frac{b\times c+a\times d}{a\times c}$이다.

$\frac{b}{a}\times\frac{d}{c}=\frac{b\times d}{a\times c}$ $(a\neq0,\ c\neq0)$의 유도 과정은 다음과 같다.

$\frac{b}{a}$는 $a \times x = b$의 해이고, $\frac{d}{c}$는 $c \times y = d$의 해이다.

두 식 $ax = b$, $cy = b$의 좌변과 우변을 각각 곱하면 $axcy = bd$이다.

유리수의 곱셈에 대한 교환법칙에 의하여 $acxy = bd$이다. 이 방정식의 해는 $xy = \frac{bd}{ac}(a \neq 0,\ c \neq 0)$이다. 즉, $\frac{b}{a} \times \frac{d}{c} = \frac{b \times d}{a \times c}(a \neq 0, c \neq 0)$이다.

위의 결과를 이용하여 $(-\frac{3}{4}) + \frac{5}{7}$와 $(-\frac{3}{4}) \times \frac{5}{7}$을 계산하면 다음과 같다.

$$\left(-\frac{3}{4}\right) + \frac{5}{7} = \frac{(-3) \times 7 + 4 \times 5}{4 \times 7} = \frac{(-21) + 20}{28} = \frac{(-1)}{28} = -\frac{1}{28}$$

$$\left(-\frac{3}{4}\right) \times \frac{5}{7} = \frac{(-3) \times 5}{4 \times 7} = \frac{-15}{28} = -\frac{15}{28}$$

해결 예시 참고자료

구분	참고자료	근거
교육과정	수학과 교육과정(교육부, 2022)	33-34
교과서	중학교 수학	수와 연산 영역 (정수의 연산)
이론서	수학교육과정과 교재연구(김남희 외, 2024)	14-22
	수학 학습-지도 원리와 방법(우정호, 2011)	160-166
	학교수학의 교육적 기초(우정호, 2007)	214-216
나의 추가 자료		

04 정수의 사칙연산을 지도할 때 셈돌 모델의 약점은 정수의 곱셈이나 나눗셈을 설명하는 데 한계를 갖는다는 것이다. 이를 보완할 수 있는 수직선 모델은 정수의 곱셈이나 나눗셈의 설명이 가능하고, 정수의 대소 관계 비교가 용이하며, 벡터 개념을 다룰 수 있는 장점이 있다. 그러나 수직선 모델 역시 음의 부호를 다중적인 의미로 사용한다는 약점을 가진다. 음의 부호가 '왼쪽을 향한다.', '반대 방향', '뺄셈' 등으로 상황에 따라서 다른 의미로 사용되는 것이다. 귀납적 외삽법은 자연수의 사칙연산을 바탕으로 관찰에 의한 귀납적 결과를 자연스럽게 확장하여 정수의 사칙연산까지 설명할 수 있다는 장점이 있다.

해결 예시 참고자료		
구분	참고자료	근거
교육과정	수학과 교육과정(교육부, 2022)	33-34
교과서	중학교 수학	수와 연산 영역 (정수의 연산)
이론서	수학교육과정과 교재연구(김남희 외, 2024)	16-22, 35-37
	학교수학의 교육적 기초(우정호, 2007)	207-216
나의 추가 자료		

05

- 0.1과 같은 유한소수를 $0.09999\cdots$ 인 무한소수로 표현하면서 다루지 말라는 것이다. $0.004=0.003999999\cdots$ 처럼 유한소수를 9가 반복되는 순환하는 무한소수로 다루지 않아야 한다.
- 순환소수를 분수로 고치는 것은 순환소수가 유리수임을 이해할 수 있는 정도로만 다루어야 한다. $0.\dot{3}482901\dot{7}$, $0.01\dot{3}\dot{7}$과 같이 순환마디가 길거나 복잡한 순환소수를 다룰 필요는 없다. 한편 위 순환소수들을 곧바로 $\dfrac{34829017}{99999999}$, $\dfrac{137-1}{9900}$로 바꾸면서, 순환소수를 유리수로 고치는 방법을 공식처럼 다루지 말라는 것이다.

해결 예시 참고자료		
구분	참고자료	근거
교육과정	수학과 교육과정(교육부, 2022)	33-34
교과서	중학교 수학	수와 연산 영역 (유리수와 순환소수)
이론서	수학교육과정과 교재연구(김남희 외, 2024)	38-41
	학교수학의 교육적 기초(우정호, 2007)	222
나의 추가 자료		

06

- 1부 1장 「수학과 교육과정」 기출문제 해결예시 **17**번 참조.

07

- $(-4)\div 2=-2$ 즉, $\dfrac{(-4)}{2}=-2$ (함수 식 $y=\dfrac{x}{2}$ 이용)

- ㉠ $(-4) \div 2 = (-2)$
- '기하적·대수적 형식 불역의 원리'의 의미: 형식불역의 원리는 어떤 대수적 구조나 기하적 구조를 확장할 때에는 기존 체계에서 인정된 성질이 유지되도록 해야 한다는 것을 의미한다. 수학적 사고 발달의 이면에 놓여있는 형식불역의 원리는 대수적 사고에만 국한 되는 것이 아니며 기하적으로도 확인되므로, 기하와 대수의 조화를 보여준다. 위 수업 장면에서는 기하적으로 확장한 결과 -2와 대수적으로 확장한 결과 -2가 일치함을 다룬다.

(기하적 측면) 수업 장면에서 강교수의 말 "음수가 도입되기 전까지지는 이 함수의 값의 범위가 $x \geq 0$으로 제한됩니다. 그런데, x의 범위를 음수까지 확장하면 다음과 같이 함수 $y = \frac{x}{2}x$의 그래프가 변화하게 됩니다."과 그래프의 모양을 보면 x가 음수인 경우까지 그래프 모양을 확장하면 기존의 기울기를 그대로 유지하면서 반직선의 그래프가 자연스럽게 직선으로 확장, 결과적으로 x가 (-4)일 때 y좌표는 -2다.

(대수적 측면)
자연수의 나눗셈 연산에서 정수의 나눗셈 연산으로 확장할 때 기존에 성립하는 성질(피제수가 1씩 줄어들면 결과는 1/2씩 줄어든다)이 그대로 유지되도록 확장한다. 결과적으로 $(-4) \div 2 = -2$가 되어야 한다.

- 연결 역량

문제해결 예시 참고자료		
구분	참고자료	근거
교육과정	수학과 교육과정(교육부, 2022)	33-34
교과서	중학교 수학	'수와 연산' 영역
이론서	수학교육과정과 교재연구(김남희 외, 2024)	20-22
	수학 학습 지도 원리와 방법(우정호, 2011)	165
나의 추가 자료		

08 ㉠ 구조

APOS 이론 관련, 이 문제에서 제시한 무리수 개념 형성에서

– 행동(Action)은 박스 안에 제시된 내용처럼 제곱근의 대소 관계를 이용해서 동일한 조작을 반복하는 낱낱의 변환이다.

– 과정(Process)은 행동을 반복하면서 반성하는 가운데 그 행동이 내면화되어(interiorized) 하나의 정신적인 '과정'이 된 것이다. 행동이 내면화되면서 동일한 조작을 할 수 있는 정신적 구조가 생긴 상태다. 이 상태에서 계속 진행하면 $\sqrt{2}$의 소수 부분이 끝없이 계속됨을 인식하고, '가능적 무한'임을 직관적으로 알게 된다.

– 대상(Object)은 과정을 전체적으로 인식하면서 $\sqrt{2}$를 객관적으로 대상화 한 것이다. 한 변의 길이가 1인 정사각형의 대각선의 길이가 $\sqrt{2}$임을 이용하여 대각선 OA의 길이인 $\sqrt{2}$를 수직선 위의 한 점에 대응시키는 설명 속에서 무리수 $\sqrt{2}$를 하나의 실체로 다루게 된다. 무리수 $\sqrt{2}$가 수직선 위에 실제로 존재하는 수임을 인식하게 된다.

문제해결 예시 참고자료

구분	참고자료	근거
교육과정	수학과 교육과정(교육부, 2022)	33-34
교과서	중학교 수학	수와 연산 영역(제곱근과 실수)
이론서	수학교육과정과 교재연구(김남희 외, 2024)	38-43
나의 추가 자료		

하브루타

질문과 토론으로 학습해 봅시다.

문제만들기로 나아가기

- **문제 만들기** 보충 또는 심화 학습이 필요한 내용을 문제로 만들어 봅시다.
- **탐구 학습** 관련 자료를 스스로 찾아가면서 문제해결해 봅시다.
- **토론 학습** 함께 토론하면서 문제 해결을 검토하고 보완해 봅시다.
- **포트폴리오 제작** 탐구 자료를 모아 '수학교육학' 포트폴리오를 만들어 봅시다.

❶ 문제 만들기(예시)

문제 만들기 ❶ 사범대학 수학교육과 학부생의 사례

학교수학에서는 초등학교에서 자연수를 도입한 후 중학교에서 수의 범위를 확장한다. 수학 교과서에서 정수, 유리수, 무리수, 실수, 복소수 개념이 도입되는 내용을 찾아보고, 이를 대학수학 교재에서 다루는 정의와 비교해보자.

문제 만들기 ❷ 교원임용시험을 준비하는 예비 교사의 사례

우리나라 중학교 수학에서 무리수를 '순환하지 않는 무한소수'로 도입할 때 다음과 같은 내용이 소개된다. 이 지도 과정에서 공학 도구의 활용이 가능한지 여부를 판단해보고, 이를 수학과 교육과정의 '교수-학습 방법' 제안사항과 관련지어 설명해보자.

제곱근의 대소 관계를 이용하여 $\sqrt{2}$를 소수로 나타내어 보자.

먼저 $1.4^2=1.96$, $1.5^2=2.25$이고 $1.96<2<2.25$이므로

$$1.4<\sqrt{2}<1.5$$

임을 알 수 있다.

또, $1.41^2=1.9881$, $1.42^2=2.0164$이고 $1.9881<2<2.0164$이므로

$$1.41<\sqrt{2}<1.42$$

임을 알 수 있다.

이와 같은 방법으로 계속하면 다음을 알 수 있다.

$$1.414<\sqrt{2}<1.415$$

$$1.4142<\sqrt{2}<1.4143$$

$$\vdots$$

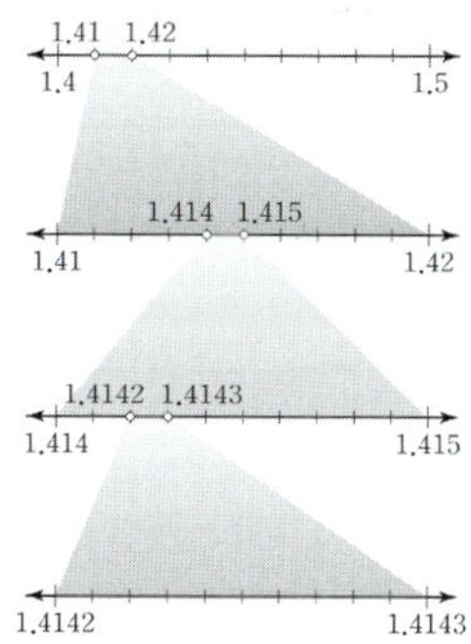

$\sqrt{2}$를 소수로 나타내면

$$\sqrt{2}=1.41421356237309504880 16\cdots$$

과 같이 순환하지 않는 무한소수가 된다.

문제 만들기 ❸ 중·고등학교 현직 수학 교사의 사례

중학교 수학의 '제곱근과 무리수'에 관한 '성취기준 적용 시 고려사항'을 교육과정에서 찾아보자. 그 사항을 반영한 수학 교수−학습 사례를 계획해보고, 그 사례의 적절성에 대해 동료교사들과 함께 토론해보자.

❷ 문제 만들기(실행)

(1) 문제 만들기(문제 제기)

(2) 탐구 및 토론 학습

(3) 문제해결 결과 정리

*문제해결에 도움이 된 참고자료들

* 문제가 추가되면 [부록 A]의 <문제 만들기> 활동지를 복사하여 활용한다.

문제 해결

1단계

문제를 해결하며 학습해봅시다.

② 대수 영역

기초문제로 복습하기

- **문제해결** 문제를 해결해 가면서 주요 내용을 익히고 복습해 봅시다.
- **반성 · 정리** 참고문헌에서 관련 내용을 찾아 문제해결을 검토하고 보완해 봅시다.
- **자료축적** 문제해결에 도움이 된 자료들을 기록하여 추후 학습에 활용해 봅시다.

➜ 강의 시간에 토론식 수업(토론 학습)을 한다면 해결 과정이나 결과를 서로 발표하고, 함께 검토하면서 발전시켜 봅시다.

01 우리나라 중학교 수학과 교육과정에서 '대수'는 '변화와 관계' 영역에서 다룬다. 학년별 지도 내용 체계를 정리해보자.

*도움이 된 참고자료 기록하기

02 초등학교를 거치는 동안 학생들은 수에 대한 조작에 익숙해져서 중학교 수학에서 문자식이 도입될 때 어려움을 겪는 경우가 많이 나타난다고 한다. 문자식의 계산에서 학생들이 다음과 같은 오류를 흔히 범하는 이유를 설명해보자.

- $(a+3)+(a-3)=3a+(-3a)$
- $2a+3=5$

*도움이 된 참고자료 기록하기

03 'algebra'라는 용어의 기원에서 출발하여 대수의 의미 변화에 대하여 설명해보자.

*도움이 된 참고자료 기록하기

04 형식불역의 원리는 '산술대수'에서 '기호대수'로의 확장과 관련이 깊다. 산술대수와 구분되는 기호대수의 특징을 써보자.

*도움이 된 참고자료 기록하기

05 학생들이 변수 개념 학습에서 보이는 인지장애를 세 가지 제시해보자. 그리고 제시한 인지장애의 원인을 설명해보자.

*도움이 된 참고자료 기록하기

06 프로이덴탈(Freudenthal, 1973)은 대수적 사고를 이루는 대수적 전략으로 대수적 원리, 대입, 대수적인 번역, 방정식과 부등식 풀기, 식을 함수로 간주하기, 관점의 전환, 대칭성을 알아보기, 식이 양임을 보이기, 유추하기 등을 제시하였다. 프로이덴탈이 제시한 대수적 전략들을 각각 설명해보자.

*도움이 된 참고자료 기록하기

07 폴리아는 수학 문제해결에서 번뜩이는 아이디어가 잘 떠오르지 않는 사람이라도 '방정식'을 이용하면 큰 어려움 없이 문제를 해결할 수 있다고 하였다. 아래 제시된 문제를 서로 다른 여러 가지 방법으로 해결하면서 방정식 풀이의 유용성에 대해 설명해보자.

가로의 길이와 세로의 길이가 각각 8 m, 5 m인 직사각형 모양의 꽃밭이 있다. 가로의 길이와 세로의 길이를 똑같은 길이만큼 더 늘렸더니 꽃밭의 넓이는 처음보다 68 m^2만큼 더 넓어졌다. 가로의 길이와 세로의 길이를 각각 몇 m씩 더 늘렸는지 구하여라.

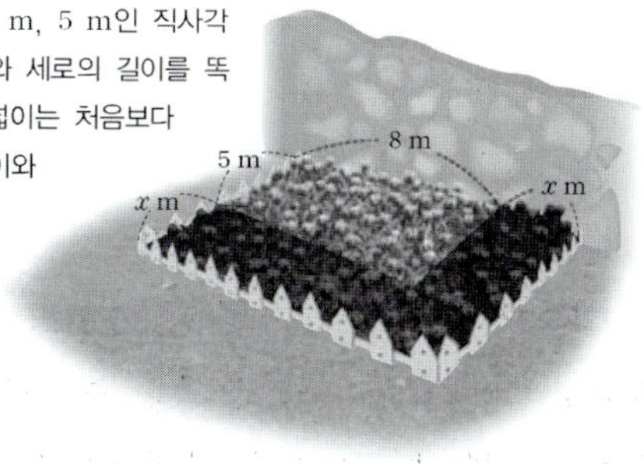

*도움이 된 참고자료 기록하기

08 다음은 방정식 학습에 계산기가 사용된 사례이다. 이 사례를 다음 두 가지 측면에서 평가해보자.

- 공학 도구 활용
- 대수적 사고 요소

일차방정식 $0.15x-1.67=5.23$을 계산기를 사용하여 풀어 보자. 계산기로 일차방정식의 해를 구할 때에는 '거꾸로 생각하기' 과정을 거쳐 결과로부터 x의 값을 구한다.

주어진 문제	거꾸로 생각하기
어떤 수 x	4 어떤 수 x를 얻는다.
↓	↑
x에 0.15를 곱한다.	3 그 결과를 0.15로 나눈다.
↓	↑
결과에서 1.67을 뺀다.	2 5.23에 1.67을 더한다.
↓	↑
결과 5.23을 얻는다.	1 결과 5.23

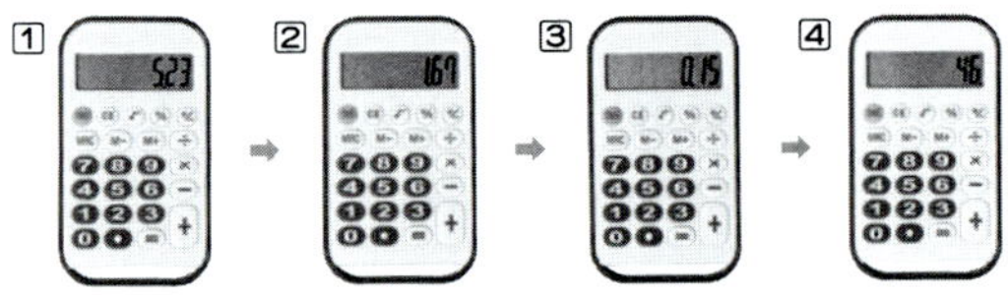

계산기를 사용한 문제해결 (우정호 외, 2013a: 115)

*도움이 된 참고자료 기록하기

09 학교수학에서 일반화의 학습과 특수화의 학습은 모두 중요하다. 중학교 수학의 '이차방정식의 근 구하기'를 학습 주제로 하여 일반화의 학습과 특수화의 학습을 안내하는 문제 상황을 각각 구성해보자.

(1) 특수화에서 일반화로

(2) 일반화에서 특수화로

*도움이 된 참고자료 기록하기

10 중학교 수학의 평면도형 단원에서 '다각형의 내각의 크기의 합'을 지도하고자 한다. 일반화와 특수화를 학습하는 지도 과정을 각각 구성해보자.

*도움이 된 참고자료 기록하기

2단계

문제를 해결하며 학습해봅시다.

정리문제로 다지기

- **문제해결** 문제를 스스로 해결한 후, 자신의 답안을 [해결 예시]와 비교해 봅시다.
- **반성 · 정리** 참고문헌에서 관련 내용을 찾아 문제해결을 검토하고 보완해 봅시다.
- **자료축적** 문제해결에 도움이 된 자료들을 기록하여 추후 학습에 활용해 봅시다.

→ 강의 시간에 토론식 수업(토론 학습)을 한다면 해결 과정이나 결과를 서로 발표하고, 함께 검토하면서 발전시켜 봅시다.

01 대수의 역사적 발생 과정을 보면, 대수의 발전 단계는 언어적 대수, 생략적 대수, 기호적 대수로 구분 가능하다. 기호적 대수 단계의 특징을 요약하면서 기호의 도입이 수학 발전에 끼친 영향에 대해 서술해보자.

나의 문제해결

→ [해결 예시] 155쪽

02 유시스킨(Usiskin, 1988)은 학교대수의 학습을 문제해결 과정의 학습, 산술의 일반화 학습, 여러 가지 양 사이의 관계 학습, 구조의 학습으로 구분하였다. 유시스킨의 구분에 따라, 각 학습에서 실행될 학습활동을 하나씩 제시하고, 그 활동에서 다루는 변수의 의미를 해석해보자.

나의 문제해결

03 '변하는 대상'과 '다가(多價)이름'이라는 변수의 두 가지 본질과 관련하여 고전적인 변수 개념과 현대적인 변수 개념을 구분하여 설명하고 그러한 변수 사용의 예를 각각 써보자.

나의 문제해결

→ [해결 예시] 155쪽

04 등호(=) 사용에 있어서 학생들이 자주 범하는 오류를 두 가지 제시하고, 산술에서의 등호 해석과 대수에서의 등호 해석의 차이를 구분해서 써보자.

나의 문제해결

05 '대입'은 좁은 의미로는 문자에 수를 대신 넣는 것이지만 넓은 의미로는 주어진 무엇을 다른 무엇으로 대치하는 것이다. 학교수학에서 대입은 문자에 수를 대신 넣어 식의 값을 구하는 수준에 머물기보다는 더 넓은 맥락에서 다루는 것이 필요하다. 대수 학습에서 행할 수 있는 여러 가지 대입 활동을 제시해보자.

나의 문제해결

06 대수적인 원리에 따른 수의 확장에서, 일차방정식의 해로서의 유리수의 의미를 이용해 다음에 제시된 식의 계산을 설명해보자.

(1) $\frac{8}{12}=\frac{2}{3}$ (약분)

(2) $\frac{2}{3}+\frac{7}{5}=\frac{31}{15}$ (덧셈)

(3) $\frac{2}{3}\times\frac{7}{5}=\frac{14}{15}$ (곱셈)

나의 문제해결

→ [해결 예시] 156쪽

07 다음은 초등수학의 문제해결 지도에서 다루는 내용이다. 다음에 제시된 여러 가지 문제 해결 전략들을 익히고 그 전략들을 비교하는 활동이 '방정식' 학습에 토대가 되는 이유를 설명해보자.

- 실제로 해보기
- 그림 그리기
- 규칙 찾기
- 표 만들기
- 추측(예상)과 확인
- 거꾸로 풀기
- 식 만들기
- 문제를 단순화하기(더 간단한 문제나 유사한 문제를 풀기)
- 다양한 문제를 적절한 방법으로 해결하기, 문제해결의 여러 가지 방법을 비교하여, 적절한 방법 선택하기

초등수학에서 문제를 해결하는 여러 가지 방법

나의 문제해결

→ [해결 예시] 159쪽

08 다음은 중학교 수학 교육과정에서 제시한 '성취기준'과 교과서 탐구활동 사례이다. 하진, 시완, 승연의 해결 방법의 장단점을 각각 써보자. 이를 바탕으로 문제 해결에서 문자의 사용이 왜 필요한지에 대해 설명해보자.

성취기준

[9수02-01] 다양한 상황을 문자를 사용한 식으로 나타내어 그 유용성을 인식하고, 식의 값을 구할 수 있다.

2011년 우정 사업 본부에서는 붙임 딱지형 보통 우표를 발행하였다. 이 보통 우표 한 장당 가격은 270원이다. 다음은 보통 우표를 여러 장 구입할 때 필요한 금액이 얼마인지 구하는 방법을 하진, 시완, 승연이가 그림, 말, 기호로 설명한 것이다. 각각의 장단점에 대해 서로 이야기하여 보자.

하진: 그림으로 나타내면, 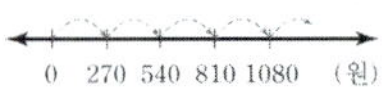

처럼 나타낼 수 있어.

시완: 말로 표현하면, '구입한 우표 수에 270원을 곱한다.' 라고 하면 돼.

승연: □를 사용하여 나타내면, 270×□로 나타낼 수 있어.

'문자식의 사용' 탐구활동 (우정호 외, 2013a: 75)

나의 문제해결

→ [해결 예시] 159쪽

해결 예시

01 기호적 대수 단계는 모든 식이나 연산이 일상 언어로부터 독립되어 기호 언어로 표현된 단계이다. 문자를 사용하여 미지수뿐만 아니라 임의의 상수까지도 나타내게 되면서 대수학의 비약적인 발달이 이루어졌다. 기호를 사용하면 수학적인 대상이나 그 연산의 바탕에 있는 구체적인 의미가 사라지면서 적용 가능성이 방대하게 확장될 수 있다. 기호의 발명은 대수를 단순한 절차적 도구 이상의 것으로 만들었다. 대수가 '일반화된 산술'의 범주를 넘어서게 된 것은 관심의 초점이 계산의 대상에서 계산 자체로 이동되면서부터이다. 변수가 나타내는 대수적 조작의 대상이 일반화되면서 변수의 형식적 조작 규칙이 중요시된 것이다. 기호의 도입으로 수학 문제를 일반적이고 형식적인 방법으로 취급할 수 있게 되었고 풀이 방법을 공식화하고 원리와 방법의 타당성을 연역적 추론에 의해서 처리할 수 있게 되었다. 기호 언어는 데카르트 이후의 수학에 크나큰 영향을 미치면서 17세기 이후 변수 개념, 함수 개념의 발달에 결정적인 역할을 하였다. 기호적 대수의 발달로 인해 군, 환, 체 등과 같은 추상적인 구조 개념의 점진적인 발달도 가능하게 되었다.

해결 예시 참고자료

구분	참고자료	근거
이론서	수학교육과정과 교재연구(김남희 외, 2024)	57-59
	학교수학의 교육적 기초(우정호, 2007)	226-230
나의 추가 자료		

02 문제해결 과정의 학습에서는 주로 방정식 풀이 활동이 실행될 수 있다. 이때 변수는 자리지기(placeholder)로서의 미지수로 다루어진다.

산술의 일반화 학습에서는 패턴을 찾고 그것을 일반화하여 표현하는 활동이 실행될 수 있다. 이때 변수는 일반화된 패턴을 나타내는 부정소(indeterminate)로 다루어진다.

여러 가지 양 사이의 관계 학습에서는 양 사이의 관계를 다루면서 함수를 다루고 함수의 그래프를 이해하는 학습 활동이 실행될 수 있다. 이때 변수는 독립변수, 종속변수, 매개변수 등의 의미로 다루어진다.

구조의 학습에서는 문자를 사용하면서 조작기능을 숙달하거나 정당화(증명)하는 학습활동이 실행될 수 있다. 이때 변수는 추상대수(군, 환, 체 등)에서 사용되는 문자처럼 임의의 대상을 나타내는 기호로 다루어진다.

해결 예시 참고자료		
구분	참고자료	근거
이론서	수학교육과정과 교재연구(김남희 외, 2024)	68-70
	학교수학의 교육적 기초(우정호, 2007)	250-251
나의 추가 자료		

03 고전적인 변수 개념은 변수의 동적 측면을 강조하는 것으로, 변하는 대상으로서의 변수의 본질과 관련이 있다. 변하는 대상으로 사용되는 변수는 실제로 변하거나 변하는 것으로 가정되는 대상을 나타내면서 계속 증가 또는 감소하는 운동학적인 상태를 표현하는 데 주로 쓰인다. 우리가 흔히 변하는 수, 변하는 양, 변하는 점, …이라고 부르는 것으로 이러한 변수 사용의 예는 흐르는 시간 T, 0에 다가가는 수 ε 등을 들 수 있다.

현대적인 변수 개념은 변수의 정적 측면을 강조하는 것으로 다가(多價)이름으로서의 변수의 본질과 관련이 있다. 다가이름으로 사용되는 변수는 수학적으로 동치인 임의의 대상을 나타내거나 여러 대상을 동시에 표현하는 데 주로 쓰인다. 우리가 흔히 임의의 수, 임의의 양, 임의의 점, …이라고 부르는 것으로 이러한 변수 사용의 예는 $a+b=b+a$, $\overline{\mathrm{AB}}+\overline{\mathrm{BC}} \geq \overline{\mathrm{AC}}$ 등을 들 수 있다.

해결 예시 참고자료		
구분	참고자료	근거
이론서	수학교육과정과 교재연구(김남희 외, 2024)	65-68
	학교수학의 교육적 기초(우정호, 2007)	243-246
나의 추가 자료		

04 [오류 사례 1]

등호를 동치관계를 나타내는 기호로 파악하지 못하여 일차방정식 $x+3=7$의 풀

이를 아래와 같이 기술하는 경우

$$\begin{aligned} x+3 &= 7 \\ &= 7-3 \\ &= 4 \end{aligned}$$

[오류 사례 2]

등호의 오른쪽에는 결과를 기술해야 한다고 생각하여 어떻게든 연산을 실행하여 $2a+3=5a$와 같이 무리하게 간단히 하는 경우

['등호(=)'의 해석]

산술에서 등호는 $4+3=\square$에서와 같이 왼쪽의 계산 결과를 오른쪽에 쓰라는 신호로 해석된다. 학생들에게 등호는 주어진 식을 결과로 변환시키라는 기호 또는 오른쪽에 결과를 쓰라는 명령으로 이해된다.

대수에서 등호는 등식의 기호로서 등호의 양쪽에 있는 것은 같다는 것을 나타낸다. 등호는 대칭적이고 추이적인 관계를 나타내는 데 사용된다. 산술에서 등호는 절차적 관점에서 해석되고 비대칭적 기호로 이해되는 반면, 대수에서 등호는 구조적 관점에서 해석되고 대칭적 기호로 이해된다.

해결 예시 참고자료		
구분	참고자료	근거
교육과정	수학과 교육과정(교육부, 2022)	34-37
교과서	중학교 수학	변화와 관계 영역 (일차방정식)
이론서	학교수학의 교육적 기초(우정호, 2007)	230-232
나의 추가 자료		

05 변수에 수를 넣는 특수화 활동(근의 공식에 수를 넣어 근을 구함), 수를 변수로 대치하는 일반화 활동(특수한 사례로부터 다각형의 내각의 합 유도), 복잡한 식에서 일부 식을 변수로 대치하여 구조적으로 단순화한 식을 만드는 활동(x^4+3x^2-28에서 x^2을 t로 치환) 등.

해결 예시 참고자료		
구분	참고자료	근거
이론서	수학교육과정과 교재연구(김남희 외, 2024)	75
	학교수학의 교육적 기초(우정호, 2007)	235
나의 추가 자료		

06 $\frac{2}{3}$는 방정식 $3x=2$를 만족하는 x의 값이다.

$\frac{7}{5}$은 방정식 $5y=7$을 만족하는 y의 값이다.

(1) $3x=2$의 양변에 4를 곱하면

$12x=8$이다.

따라서 $\frac{2}{3}=\frac{8}{12}$이다.

(2) $3x=2$, $5y=7$에서 각 식의 양변에 각각 5와 3을 곱하면

$15x=10$, $15y=21$이다. 두 식을 더하면

$15(x+y)=31$이고

$x+y=\frac{31}{15}$이다.

따라서 $\frac{2}{3}+\frac{7}{5}=\frac{31}{15}$이다.

(3) $3x=2$, $5y=7$에서 두 식을 곱하면

$15xy=14$이고

$xy=\frac{14}{15}$이다.

따라서 $\frac{2}{3}\times\frac{7}{5}=\frac{14}{15}$이다.

해결 예시 참고자료		
구분	참고자료	근거
교육과정	수학과 교육과정(교육부, 2022)	34-37
교과서	중학교 수학	변화와 관계 영역 (일차방정식)
이론서	수학 학습-지도 원리와 방법(우정호, 2011)	162-163
	학교수학의 교육적 기초(우정호, 2007)	198-199
나의 추가 자료		

07 여러 문제해결 전략을 익히고 문제해결 전략들을 서로 비교해보는 활동은 중학교 수학에서 문자를 사용한 식의 도입을 위한 기초가 된다. 중등수학에서는 문자를 사용하여 본격적으로 대수식을 표현하고 방정식, 부등식 등을 학습한다.

초등학교 수학에서 여러 가지 문제해결 전략을 학습하면서 학생들은 점차 문자를 사용한 식 세우기 전략의 필요성을 느끼게 된다. 다양한 문제를 적절한 방법으로 해결하거나, 문제해결의 여러 가지 방법을 비교하고, 적절한 방법을 선택할 수 있도록 하는 학습을 통해 학생들은 문제해결을 간단하고, 명확하게 나타내는 방법으로서 '식 만들기' 전략이 가장 유용함을 인식하게 되는 것이다. 이러한 인식은 중학교 수학에서 문제해결의 도구로 '방정식'을 자연스럽게 받아들이는 데 중요한 토대가 된다.

해결 예시 참고자료		
구분	참고자료	근거
교육과정	수학과 교육과정(교육부, 2022)	34-37
교과서	중학교 수학	변화와 관계 영역 (문자의 사용과 식, 일차방정식)
이론서	수학교육과정과 교재연구(김남희 외, 2024)	76, 84-88
	수학적 발견(Ⅰ)(Polya, 1981: 우정호 외, 2005)	36-42
나의 추가 자료		

08 • 하진의 해결 방법(그림으로 표현)

장점: 시각적으로 문제해결 과정과 결과를 쉽게 표현할 수 있다.

단점: 문제에 주어진 수가 소수나 분수 등 아주 작은 수나 복잡한 수라면 수직선에 그림으로 나타내기가 어렵다.

- 시완의 해결 방법(말로 표현)
  장점: 쉽고 편리하게 문제해결 결과를 표현할 수 있다.
  단점: 나타낼 대상이 많거나 문제 구조가 복잡한 경우라면 말로 표현하기가 쉽지 않다.
- 승연의 해결 방법(□, △ 등의 기호로 표현)
  장점: 기호를 사용해서 결과를 간단하게 표현할 수 있다.
  단점: 문제 상황이 복잡해지고, 지칭해야 할 대상이 많아지면 □, △, ○ 등의 몇 가지 기호만으로는 주어진 대상을 모두 나타낼 수 없는 한계가 있다.

하진, 시완, 승연의 해결 방법 중 어느 경우이든 동일한 결과를 나타낼 수 있지만 문자나 기호를 이용한 식의 표현이 문제의 구조를 더 간결하고 명확하게 나타낼 수 있고, 문제의 뜻을 쉽게 파악할 수 있게 한다. 뿐 아니라 문자를 사용해 식을 표현하면 문제의 해를 구하기 위한 형식적인 처리, 즉 계산 조작을 쉽게 할 수 있고 일반적인 표현이나 일반적인 처리도 가능하다는 장점이 있다. 특히 수학에서는 자유롭게 골라 쓸 수 있는 26개의 알파벳 문자를 사용하여 문자식을 표현할 수 있어서 서로 다른 대상들을 구별해서 지칭하기도 유리하다. 대수는 문자식의 조작이며 문자식은 수학을 학습해 나가기 위해 없어서는 안 되는 기초이다.

해결 예시 참고자료

구분	참고자료	근거
교육과정	수학과 교육과정(교육부, 2022)	34-37
교과서	중학교 수학	변화와 관계 영역 (문자의 사용과 식)
이론서	수학교육과정과 교재연구(김남희 외, 2024)	100-102
	학교수학의 교육적 기초(우정호, 2007)	238
나의 추가 자료		

3단계

문제를 해결하며 학습해봅시다.

기출문제로 도약하기

- **문제해결** 문제를 스스로 해결한 후, 자신의 답안을 [해결 예시]와 비교해 봅시다.
- **반성 · 정리** 참고문헌에서 관련 내용을 찾아 문제해결을 검토하고 보완해 봅시다.
- **자료축적** 문제해결에 도움이 된 자료들을 기록하여 추후 학습에 활용해 봅시다.

→ 교원임용시험대비 수험생들은 답안 작성 분량을 고려하면서 자신의 답안을 수정하거나 보완해 봅시다.

01 다음은 수학 문제와 어느 학생의 답안이다. **| 2000년 교원임용시험 기출문제 2번 |**

〔문제〕 놀이공원에서 회전그네를 타는데 어린이는 1인당 500원, 어른은 1인당 1200원을 내야 한다. 어린이 a명, 어른 b명이 회전그네를 타려면 얼마의 비용이 필요한가?

〔풀이〕 $500 \times a + 1200 \times b = 500a + 1200b = 1700ab$

〔답〕 $1700ab$ (원)

학생이 기록한 답안 이외에 몇 가지 방법으로 확인한 결과, 학생의 오류는 체계적이며 '+'기호에 대한 인식부족에서 비롯된 것임이 밝혀졌다. (총 5점)

(1) 이 체계적 오류의 확인 과정에서 사용하였을 것으로 추정되는 방법을 2가지 이상 쓰시오. (2점)

(2) 이 학생이 '+'기호를 어떻게 인식하여 $1700ab$를 답하였는가를 설명하고, 대수 학습을 성공적으로 하기 위하여 '+'기호를 어떻게 인식해야 하는가를 기술하시오. (3점)

→ [해결 예시] 166쪽

02 수학 교사 A, B의 대화를 읽고 물음에 답하시오.

| 2003년 교원임용시험 기출문제 4-1번 |

교사 A : 저는 학생들이 수학의 각 영역의 관련성을 인식하도록 가르치는 것이 바람직하다고 생각합니다. 예를 들면, 추상적인 식을 시각화한 자료는 식을 직관적으로 이해하게 해줄 뿐 아니라 대수와 기하의 연결성을 인식하게 하는 데에도 도움이 될 것입니다.

교사 B : 참 좋은 말씀입니다. 저는 수학의 역사가 수학을 가르치는 데 도움이 된다고 생각합니다. 예를 들면, '기존의 체계에서 인정된 성질이 그대로 유지되도록 하면서 체계를 확장하는 원리'가 수학의 역사상 수 체계의 확장에 유용하게 활용되었습니다. 이 원리는 학교에서 음수의 연산 법칙을 유도하거나 지수의 확장을 가르칠 때 활용될 수 있습니다.

교사 A는 부등식 $\sqrt{ab} \leq \dfrac{a+b}{2}$ $(a>0,\ b>0)$를 가르칠 때 사용하려고 다음 자료를 만들었다. 다음 그림이 어떻게 위의 부등식을 나타내고 있는지 설명하시오. (단, 그림에서 점 O는 원의 중심이다.) (1점)

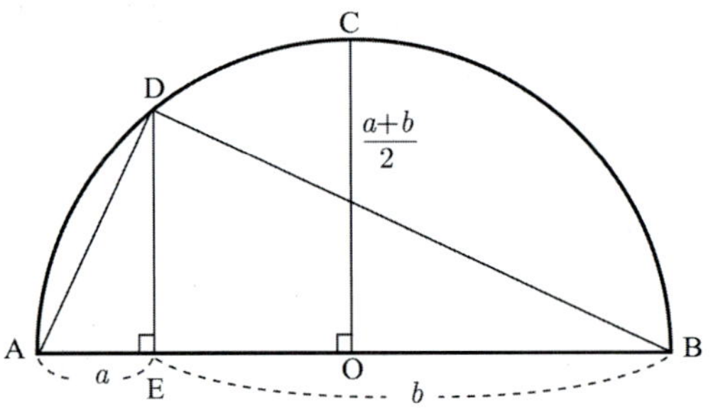

→ [해결 예시] 166쪽

03 다음은 딘즈(Z. Dienes)의 이론에 기초하여 탐구 활동을 강조한 수학 수업에서 사용할 교구 제작 및 활용을 위한 계획서의 일부이다.

| 2018년 교원임용시험 전공A 기출문제 10번 |

교구 제작 및 활용을 위한 계획서

〈제작 계획〉

• 1단계 : 한 변의 길이가 1인 정사각형 조각들을 사용하여 (가)와 같이 직사각형 모양 4개를 만든다. 이때 각 직사각형 모양을 만드는 데 사용된 정사각형 조각의 개수는 a_1, a_2, a_3, a_4이다.

(가)

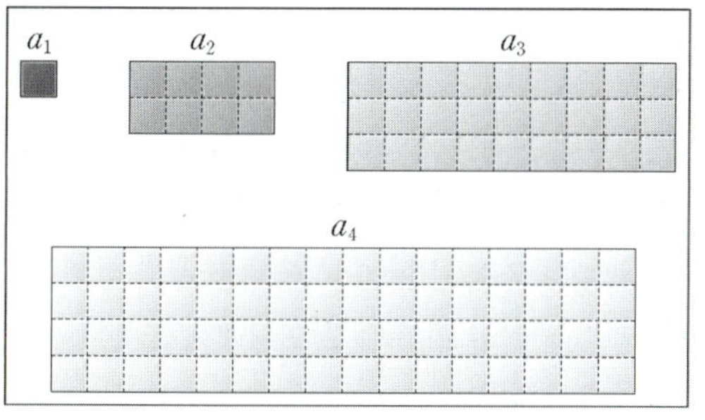

• 2단계 : (가)에서 각각의 직사각형 모양을 만드는 데 사용된 모든 정사각형 조각들을 재배치하면 (나)와 같은 큰 정사각형 모양으로 만들 수 있다.

(나)

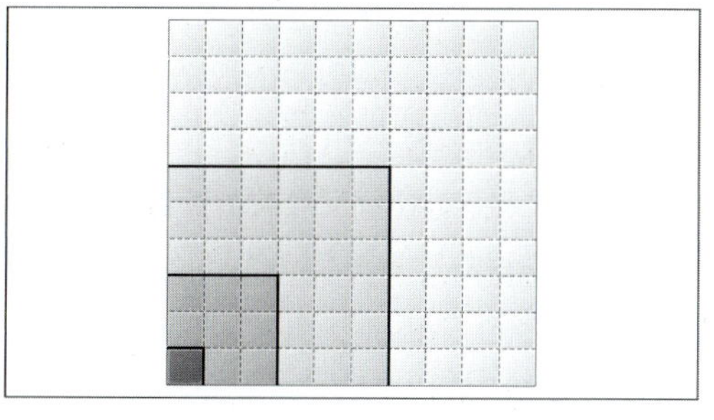

〈활용 계획〉

• (가)에 있는 정사각형 조각의 총 개수는 $a_1 + a_2 + a_3 + a_4$임을 파악한다.
• (나)에 있는 큰 정사각형의 한 변의 길이는 $1+2+3+4$임을 파악한다.
• (가)와 (나)에 있는 정사각형 조각의 개수는 서로 같다는 것을 인식한다.

… (하략) …

※ 필요하면 a_1, a_2, $\cdots$, a_n에서 n의 값에 따른 교구를 추가로 만들어 사용할 수 있다.

위 교구를 활용한 고등학교 수열 단원 수학 수업에서 학습자가 형성하기를 기대하는 일반화된 식을 쓰고, 그 식을 어떻게 유도하였는지 위 교구와 관련지어 설명하시오. 또한 딘즈의 개념 형성 이론의 관점에서, 수학 학습을 위해 고안된 교구 또는 구체물 속에 내포되어 있어야 하는 것이 무엇인지 쓰시오. (4점)

04 다음은 수학사의 활용에 대해 논의하고 있는 교사들의 대화이다.

| 2022년 교원임용시험 전공A 기출문제 6번 |

박 교사 : 수학사를 수업에서 활용하는 방법에는 어떤 것이 있을까요? 각자의 경험을 함께 얘기해 봅시다.

최 교사 : 저는 수학자들의 이야기를 해 주면서 학생들의 흥미를 유발한 적이 있습니다. "우리는 언제부터 문자를 사용해서 방정식을 나타내고 풀게 되었을까?"라고 질문하면서, 아주 옛날에는 문제의 풀이를 일상 언어만으로 기술했지만 약 3세기 디오판토스(Diophantus) 이후 미지수를 문자로 표현하였고, 16세기 프랑스의 수학자 비에트(F. Viète) 이후 ㉠ 방정식에서 문자의 사용 범위가 확대되었다는 이야기를 해 주었습니다.

김 교사 : 저는 학생들에게 피타고라스 정리가 성립함을 설명하는 방법이 많다고 얘기해 주면서, 인도의 수학자 바스카라(A. Bhaskara)가 제시한 그림에서 피타고라스 정리가 왜 성립하는지 알아보는 활동을 하게 한 적이 있어요. 수학사를 소재로 학생들이 피타고라스 정리를 탐구할 수 있었죠.

박 교사 : 수학사를 수업에 활용하는 또 다른 방법이 있을까요?

최 교사 : 교육과정 내용을 재구성할 때도 수학사를 참고할 수 있어요. ㉡ 수학을 발생된 것으로 파악하고 학습자가 학습 과정에서 수학의 발생을 경험하게 하는 원리에 따라서요. 퇴플리츠(O. Toeplitz)의 『미분적분학』에서 이 원리를 반영하고 있죠.

김 교사 : ㉢ 퇴플리츠와 방식은 다르지만 프로이덴탈(H. Freudenthal)도 수학사를 교육적으로 활용해야 한다고 했어요.

박 교사 : 선생님들과 이야기하다 보니 수학사를 수업에 활용하는 방법을 더 연구해야겠다는 생각이 드네요.

방정식의 일반해를 나타낼 수 있게 되었다는 점에서 밑줄 친 ㉠의 확대된 문자의 사용 범위를 구체적으로 쓰시오. 또한, 밑줄 친 ㉡이 뜻하는 용어가 무엇인지 쓰고, 밑줄 친 ㉢에서 '수학사를 교육적으로 활용'한다는 것의 의미를 설명하시오. (4점)

→ [해결 예시] 168쪽

05 (가)는 일차방정식 수업을 마친 후 학생 A가 쓴 자기성찰지의 일부이고, (나)는 강 교사가 학생 A를 관찰하고 작성한 수업일지의 일부이다. 괄호 안의 ㉠, ㉡에 해당하는 용어를 순서대로 쓰시오. (2점) **| 2024년 교원임용시험 전공A 기출문제 1번 |**

(가)

오늘 수업 시간에 등식의 성질 '$a=b$이면, $a+c=b+c$'를 이용하여 일차방정식 $x-3=7$을 푸는 방법을 배웠다. 그런데 일차방정식은 x에 특정한 수를 넣어야 참이 되는데, 등식의 성질에서는 c에 어떤 수를 넣어도 참이 되는 이유가 궁금해졌다. 선생님이 해 주신 설명을 들었는데도 아직 잘 모르겠다. 그리고 선생님께서 일차방정식 $x-3=7$과 $y-3=7$의 해가 같은지를 질문하셨다. 나는 문자 x와 y가 달라서 당연히 이 두 방정식의 해가 다를 것이라고 대답했다. 선생님이 이 두 방정식의 해가 같은 이유를 설명해 주셨는데, 아직도 그 이유가 잘 이해되지 않는다.

(나)

학생 A는 등식의 성질에서 사용된 문자 c가 특정한 수를 나타내는 것이 아니라 임의의 수를 나타낸다는 것을 이해하지 못하는 것으로 보인다. 또한 방정식에서 문자가 바뀌면 방정식의 해도 바뀐다고 생각하고 있는데, 방정식에서 문자를 임의로 선택할 수 있다는 것을 이해하지 못하는 것으로 파악된다.
이상에서 학생 A는 (㉠) 개념에 대한 인지장애를 가지고 있는 것으로 보인다. (㉠)은/는 주로 문자로 표현되며 다양한 측면을 가지고 있다. 그중에 $x-3=7$에서와 같이 방정식의 해를 나타내는 x는 자리지기로서의 (㉡)(으)로 사용된 경우이고, 등식의 성질 '$a=b$이면, $a+c=b+c$'에 쓰인 문자 a, b, c는 일반화의 표현을 위해 사용된 경우이다. 앞으로 학생 A에게 방정식의 문자 x가 나타내는 (㉡) 개념과 이를 포괄하는 (㉠) 개념을 최대한 쉽게 설명해 주는 기회를 마련해야겠다.

해결 예시

01 (1) 유사한 다른 문제를 제시하여 동일한 오류가 반복되는지 관찰한다.
학생을 면담하여 해답에 이른 과정을 설명하도록 해서 학생이 어떤 사고에 의해 위와 같은 결과를 내었는지 파악한다.

(2) 이 학생은 + 기호가 포함된 식은 아직 계산이 완결되지 않았다고 생각하고 무리하게 문자식을 계산하는 오류를 보였다. 이 학생은 $3+6$처럼 두 개 이상의 수가 연산 기호로 연결되어 있을 때 하나의 수 9로 결과를 써야 한다는 산술 경험에 의존해서 오류를 보였다. 이러한 현상은 위 학생이 산술적 사고에 지나치게 얽매여 있음을 보여준다. 대수에서 $a+b$라는 표현은 종종 a와 b를 더하는 과정(절차)이 되기도 하고 $a+b$, 즉 a와 b의 합 그 자체라는 대상이 되기도 한다. 대수 학습을 성공적으로 학습하기 위해서는 대수식을 하나의 대상 그 자체로 받아들일 수 있는 관점이 필요하다. 이는 대수 학습이 조작적(절차적) 관점에서 구조적 관점으로 진전되는 것과 관계가 있다.

해결 예시 참고자료

구분	참고자료	근거
교육과정	수학과 교육과정(교육부, 2022)	34-37
교과서	중학교 수학	변화와 관계 영역 (문자의 사용과 식)
이론서	수학교육과정과 교재연구(김남희 외, 2024) 학교수학의 교육적 기초(우정호, 2007)	59-61, 72-73 239-242
나의 추가 자료		

02 반원 O는 $a+b$를 지름으로 하므로 반지름 $\overline{OC}$의 길이는 $\dfrac{a+b}{2}$이다. 이때 $\angle$ADB는 지름에 대한 원주각이므로 $90°$이다.
$\overline{DE}=x$라 하면 두 삼각형 $\triangle ADE$와 $\triangle DBE$가 서로 닮음이므로 비례식 $a:x=x:b$가 성립한다. $x^2=ab$이므로 $x=\sqrt{ab}$이다. $\sqrt{ab}=\overline{DE} \le \overline{OC}=\dfrac{a+b}{2}$이므로,

$\sqrt{ab} \leq \frac{a+b}{2}$가 성립한다(단, 등호는 $a=b$일 때 성립).

해결 예시 참고자료		
구분	참고자료	근거
교육과정	수학과 교육과정(교육부, 2022)	61-62
교과서	고등학교 수학	변화와 관계 영역 (일차방정식, 일차부등식)
이론서	수학교육과정과 교재연구(김남희 외, 2024)	99-100
	학교수학의 교육적 기초(우정호, 2007)	108
나의 추가 자료		

03 • 학습자가 형성하길 기대하는 식은 $1^3+2^3+3^3+\ \cdots\ +n^3=\left\{\frac{n(n+1)}{2}\right\}^2$이다.

• (가)에 있는 정사각형의 총 개수 $a_1+a_2+a_3+a_4$는

$a_1+a_2+a_3+a_4=1+8+27+64=1^3+2^3+3^3+4^3$이다.

(나)에 있는 정사각형의 총 개수는 큰 정사각형의 한 변의 길이 $1+2+3+4$를 이용하면 $(1+2+3+4)^2$이다.

(가)와 (나)에 있는 정사각형의 총 개수는 서로 같으므로

$1^3+2^3+3^3+4^3=(1+2+3+4)^2$이다.

위 사례에서 아이디어를 얻어 $n=1,\ 2,\ 3,\ 4,\ 5$인 경우를 차례로 검토하면

$$
\begin{aligned}
&1 &&= 1 &&= 1^2\\
&1+8 &&= 9 &&= 3^2\\
&1+8+27 &&= 36 &&= 6^2\\
&1+8+27+64 &&= 100 &&= 10^2\\
&1+8+27+64+125 &&= 225 &&= 15^2
\end{aligned}
$$

이고, 우변에 있는 수 1, 3, 6, 10, 15에서 아래와 같은 특징을 발견할 수 있다.

$$
\begin{aligned}
1 &= 1 \\
3 &= 1+2 \\
6 &= 1+2+3 \\
10 &= 1+2+3+4 \\
15 &= 1+2+3+4+5
\end{aligned}
$$

위의 몇 가지 사례를 바탕으로 귀납적 확장에 의해 $1^3+2^3+3^3+\cdots+n^3=\left\{\frac{n(n+1)}{2}\right\}^2$임을 일반화해 볼 수 있다.

- 딘즈는 수학 학습을 위해 고안된 교구나 구체물은 개념의 구성요소가 포함된 놀이자료여야 하며, 수학적 구조가 내포되어 있어야 한다고 하였다.

해결 예시 참고자료

구분	참고자료	근거
교육과정	수학과 교육과정(교육부, 2022)	102
교과서	고등학교 수학	〈대수〉 (수열의 합)
이론서	수학교육학 신서(강옥기 외, 2012)	328-329
	수학 학습-지도 원리와 방법(우정호, 2011)	262-264
	어떻게 문제를 풀 것인가?(Polya, G., 1956: 우정호 역, 2008)	117-126
나의 추가 자료		

04 ㉠ 기호적 대수 단계에서 문자를 미지의 양뿐만 아니라 주어진 양을 나타내는 데에도 사용하게 되었다. 문자를 사용하여 미지수뿐만 아니라 임의의 상수까지도 나타내게 된 것이다. 이를 통해 수학 문제를 일반적이고 형식적으로 취급할 수 있게 되었다.

㉡ 역사발생적 원리

- (1권) 2부 1장 「프로이덴탈의 수학화 학습-지도론」 기출문제 해결예시 **15**번 참조.

문제해결 예시 참고자료

구분	참고자료	근거
이론서	수학교육과정과 교재연구(김남희 외, 2024)	58, 264-266
	학교수학의 교육적 기초(우정호, 2007)	226-228
	수학 학습-지도 원리와 방법(우정호, 2011)	398-404
나의 추가 자료		

05 ㉠ 변수

㉡ 미지수

문제해결 예시 참고자료		
구분	참고자료	근거
교육과정	수학과 교육과정(교육부, 2022)	34-37
교과서	중학교 수학	변화와 관계 영역 (일차방정식)
이론서	수학교육과정과 교재연구(김남희 외, 2024)	68-74
	학교수학의 교육적 기초(우정호, 2007)	243-254
나의 추가 자료		

하브루타

질문과 토론으로 학습해 봅시다.

문제만들기로 나아가기

- **문제 만들기** 보충 또는 심화 학습이 필요한 내용을 문제로 만들어 봅시다.
- **탐구 학습** 관련 자료를 스스로 찾아가면서 문제해결해 봅시다.
- **토론 학습** 함께 토론하면서 문제 해결을 검토하고 보완해 봅시다.
- **포트폴리오 제작** 탐구 자료를 모아 '수학교육학' 포트폴리오를 만들어 봅시다.

❶ 문제 만들기(예시)

문제 만들기 ❶ 사범대학 수학교육과 학부생의 사례

중등수학 교과서에서 흔히 볼 수 있는 다음과 같은 식을 공식, 방정식, 항등식, 함수식과 같이 서로 다른 이름으로 부르는 이유를 대수의 여러 가지 학습 측면이나 변수 사용의 다양한 측면과 관련지어 설명해보자.

공식	$V=s \cdot h$	(원기둥의 부피)=(밑넓이)×(높이)
방정식	$x^3-6x^2+9x=0$	
항등식	$a+b=b+a$	(a, b는 실수)
함수식	$y=\sin x$	

문제 만들기 ❷ 교원임용시험을 준비하는 예비 교사의 사례

인수분해 학습 과정에서 도입된 아래의 탐구활동 사례를 다음 두 가지 측면에서 평가해보자.

- 브루너의 EIS 이론
- 수학적 연결성

다음 [그림 1]과 같이 넓이가 x^2인 정사각형 2개, x인 직사각형 3개, 1인 정사각형 1개를 사용하여 [그림 2]와 같이 직사각형을 만들었다. 물음에 답하여 보자.

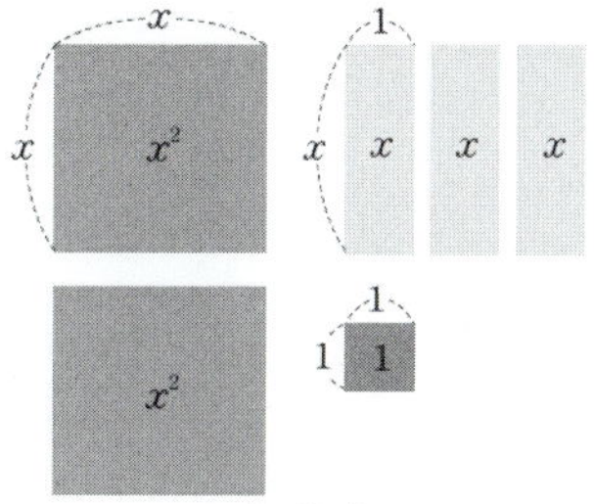
[그림 1]

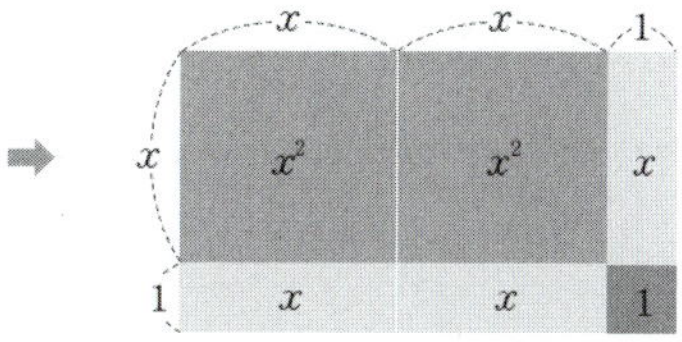
[그림 2]

(1) [그림 1]의 6개의 직사각형의 넓이의 합을 식으로 나타내어 보자.

(2) [그림 2]의 직사각형의 넓이를 가로의 길이와 세로의 길이의 곱으로 나타내어 보자.

(3) (1)과 (2)의 결과를 비교하여 보자.

문제 만들기 ❸ 중·고등학교 현직 수학 교사의 사례

우리나라 수학의 교육과정에서 '문자의 사용과 식' 지도를 위해 제시하고 있는 '성취기준 적용 시 고려사항'을 찾아보자. 그 사항을 반영한 수학 교수-학습 사례를 계획해보고, 그 사례의 적절성에 대해 동교 교사들과 함께 토론해보자.

❷ 문제 만들기(실행)

(1) 문제 만들기(문제 제기)

(2) 탐구 및 토론 학습

(3) 문제해결 결과 정리

*문제해결에 도움이 된 참고자료들

* 문제가 추가되면 [부록 A]의 <문제 만들기> 활동지를 복사하여 활용한다.

문제
해결

1단계

문제를 해결하며 학습해봅시다.

③ 함수 & 미적분 영역

기초문제로 복습하기

- **문제해결** 문제를 해결해 가면서 주요 내용을 익히고 복습해 봅시다.
- **반성 · 정리** 참고문헌에서 관련 내용을 찾아 문제해결을 검토하고 보완해 봅시다.
- **자료축적** 문제해결에 도움이 된 자료들을 기록하여 추후 학습에 활용해 봅시다.

→ 강의 시간에 토론식 수업(토론 학습)을 한다면 해결 과정이나 결과를 서로 발표하고, 함께 검토하면서 발전시켜 봅시다.

01 우리나라 중학교 수학과 교육과정에서 '함수'는 '변화와 관계' 영역에서 다룬다. 학년별 지도 내용 체계를 정리해보자.

*도움이 된 참고자료 기록하기

02 다음 문장의 괄호 안에 적절한 용어를 써넣으면서 함수의 역사적 발생에 대해 설명해보자.

역사적으로 물리적, 사회적, 정신적, 수학적 변화를 관찰하기 위해 탄생된 함수 개념은 의식화되어 다듬어지기까지는 오랜 시간이 필요하였으며, 그 과정에서 함수 개념이 종속성에서 (　　)으로, 동적인 것에서 (　　)인 것으로, 규칙적인 것에서 (　　)인 것으로, 다가함수에서 (　　)로 전환되었다. 그 이후로 함수 개념은 해석학의 발전에 핵심적인 역할을 하였으며, 함수에 합성과 역이라는 조작 가능성을 부여함으로써 추상수학으로의 새로운 발전 가능성을 제시하였다.

함수의 역사적 발생 (김남희 외, 2017: 128)

03 프로이덴탈은 교수학적 현상학을 통해, 함수를 지도할 때는 함수와 관련된 다양한 현상이나 상황에서 출발할 것을 강조하였다. 다음에 제시된 함수 현상과 관련하여 구체적인 사례를 하나씩 제시해보자.

- 포물선 운동과 관련된 현상
- 주기적 변화와 관련된 현상
- 지수적 성장과 관련된 현상

*도움이 된 참고자료 기록하기

04 프로이덴탈(Freudenthal, 1983)은 함수의 그래프 지도에서 그래프를 읽거나 그릴 때 공간에서 초점을 어디에 두느냐에 따라 점별 접근, 국소적 접근, 전체적 접근으로 구분할 수 있다고 하였다. 각 접근 방법을 중등학교 수학 교과서에서 다루는 지도 사례로 설명해보자.

*도움이 된 참고자료 기록하기

05 크라벤담(Krabbendam, 1982)은 함수의 그래프를 지도할 때 수치적인 값에 초점을 두는지 그렇지 않은지에 따라 양적 접근, 질적 접근 방법으로 구분할 수 있다고 하였다. 각 접근 방법을 중등학교 수학 교과서에서 다루는 지도 사례로 설명해보자.

*도움이 된 참고자료 기록하기

06 학생들의 함수 학습에서 흔히 나타날 수 있는 인식론적 장애를 구체적인 예와 함께 제시해보자.

*도움이 된 참고자료 기록하기

07 학교수학에서 함수 개념은 언어적 표현, 대응도, 화살표 도해, 관계식, 그래프 등 다양한 표현 방법으로 다루어야 한다. 중등수학 교과서에서 다루는 함수를 하나 예로 하여 언어적 표현, 대응도, 화살표 도해, 관계식, 그래프로 나타내보자.

*도움이 된 참고자료 기록하기

08 미분과 적분의 역사적 발달 과정을 요약해보자.

*도움이 된 참고자료 기록하기

09 이탈리아의 수학자 카발리에리(Cavalieri, F. B., 1598~1647)가 제시한 다음의 원리를 이용해서 타원의 넓이와 구의 부피를 구해보자.

① 한 쌍의 평행한 직선 사이에 두 평면도형이 있고, 이 직선과 평행한 임의의 직선에 의해 잘린 두 평면도형의 선분의 길이의 비가 일정하면 두 평면도형의 넓이의 비는 그 선분의 길이의 비와 같다.

② 한 쌍의 평행한 평면 사이에 두 입체도형이 있고, 이 평면과 평행한 임의의 평면에 의해 잘린 두 입체도형의 넓이의 비가 일정하면 두 입체도형의 부피의 비는 그 넓이의 비와 같다.

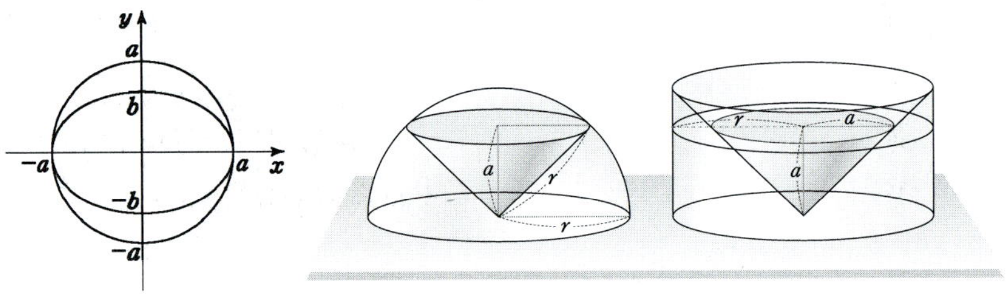

*도움이 된 참고자료 기록하기

10 같은 개념이라도 학생들의 인지 수준에 따라 직관적인 방법으로 정의할 수도 있고 형식적인 방법으로 정의할 수도 있다. 다음을 고등학교 수학 교과서에서 제시하는 직관적인 방법과 대학수학 전공 교재에서 제시하는 형식적인 방법으로 각각 정의해보자.

(1) $\lim_{n \to \infty} a_n = \alpha$

(2) $\lim_{x \to a} f(x) = \alpha$

*도움이 된 참고자료 기록하기

11 아래에 제시된 미적분학의 기본정리를 다음 두 가지 방법으로 각각 증명해보자.

적분과 미분의 관계

함수 $f(x)$가 폐구간 $[a,\ b]$에서 연속이면

$$\frac{d}{dx}\int_a^x f(t)dt = f(x) \text{ (단, } a \le x \le b\text{)}$$

정적분과 기본 정리

구간 $[a,\ b]$에서 연속인 함수 $f(x)$의 부정적분 중의 하나를 $F(x)$라 하면

$$\int_a^b f(x)dx = [F(x)]_a^b = F(b) - F(a)$$

(1) 고등학교 수학 교과서에 제시된 증명 방법

(2) 대학교 전공수학 교재에 제시된 증명 방법

*도움이 된 참고자료 기록하기

12 함수 지도에서 공학 도구가 활용된 사례를 수학 교과서에서 찾아 제시하고, 함수 교수－학습 과정에서 공학 도구를 활용하여 얻을 수 있는 교육적 이점에 대해 써 보자.

모둠 활동 컴퓨터 프로그램을 사용하여 p, q의 값을 변화시키면서 두 이차함수 $y=2(x-p)^2$, $y=2x^2+q$의 그래프를 각각 그려 보자. 또, p, q의 값에 따라 그래프가 어떻게 변하는지 친구들과 토론하여 보자.

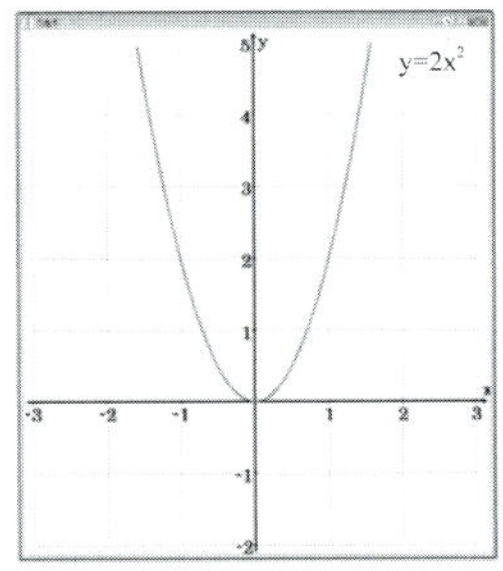

이차함수의 그래프 (우정호, 2012: 129)

*도움이 된 참고자료 기록하기

2단계

문제를 해결하며 학습해봅시다.

정리문제로 다지기

- **문제해결** 문제를 스스로 해결한 후, 자신의 답안을 [해결 예시]와 비교해 봅시다.
- **반성 · 정리** 참고문헌에서 관련 내용을 찾아 문제해결을 검토하고 보완해 봅시다.
- **자료축적** 문제해결에 도움이 된 자료들을 기록하여 추후 학습에 활용해 봅시다.

➔ 강의 시간에 토론식 수업(토론 학습)을 한다면 해결 과정이나 결과를 서로 발표하고, 함께 검토하면서 발전시켜 봅시다.

01 우리나라 중학교 수학 교과서와 고등학교 수학교과서에서 제시되는 함수의 뜻을 각각 쓰고, 우리나라 교육과정에서 함수 개념을 정의하는 방식을 아래의 개념과 연결지어 설명해보자.

• 종속성　　• 대응　　• 역사발생적 원리

나의 문제해결

➔ [해결 예시] 188쪽

02 프로이덴탈은 '반교수학적 전도'라는 표현을 통해 수학화 과정에 대한 경험이 생략된 채 최종적으로 손질된 기성지식을 인위적으로 초등화하여 제시함으로써 기성지식을 학생들에게 피상적으로 전달하는 것을 비판하였다. 다음은 함수 개념 지도와 관련하여 프로이덴탈이 지적한 내용 중 일부를 제시한 것이다.

(ㄱ) 함수 학습의 초점이 함수 개념 그 자체보다도 함수를 지도하기 위한 수단인 유한집합 사이의 인위적인 대응 관계를 나타내는 대응도에 집중되는 현상
(ㄴ) 함수기호 $y=f(x)$를 형식적으로 도입하고 사용하는 현상
(ㄷ) 함수를 너무 일찍 추상적이고 일반적인 개념으로 도입하는 현상

(1) (ㄱ), (ㄴ)에서 각각 예상해볼 수 있는 극단적인 교수학적 현상을 써보자.

나의 문제해결

(2) (ㄷ)의 문제점과 아래 내용을 반영하여 우리나라 교육과정에서 함수 개념을 도입하는 과정을 설명해보자.

함수는 역사적으로 여러 가지 변화 현상 가운데 숨어 있는 '종속 관계'를 설명하고 기술하고 조직하기 위한 도구로 도입되었다. 함수 교육은 함수로 조직될 필요가 있는 '종속적인' 관련성을 갖는, 학습자 주변의 다양한 현실적인 변화 현상으로부터 출발하여 종속 관계에 대한 심상의 구성을 바탕으로 점진적인 수학화 경험을 거쳐 최종적으로 집합 사이의 대응 관계로서의 현대적인 함수 개념에 이르도록 해야 한다. (우정호, 2007: 355)

나의 문제해결

→ [해결 예시] 189쪽

03 우리나라 교육과정에서 함수의 합성과 역은 고등학교 수학에서 다룬다. 고등학교 수학 교과서에서 제시하는 합성함수와 역함수의 정의를 써보자.

> 함수는 합성하고 역관계를 생각하는 새로운 관점을 열어, 기본적인 함수로부터 새로운 함수를 매우 풍부하게 고안할 수 있도록 하였으며, 복잡한 함수를 보다 간단한 함수로 분해할 수 있고, 가역적 조작 곧 역함수를 고려할 수 있게 됨으로써 수학적 사고에 풍부한 조작 가능성을 제공하였다. 이를테면 지수함수와 로그함수의 관계, 미분과 적분을 서로 관련짓는 미적분학의 기본정리, 합성함수와 역함수의 미분법과 치환적분법 등은 그 예가 된다. 현대 수학에서 함수 개념이 발휘하는 커다란 힘, 수학을 조직하는 도구적인 힘은 새로운 가능성을 열어준 함수를 합성하고 역함수를 생각하는 이러한 새로운 조작에 근거하는 바가 크다.
>
> (우정호, 2007: 361)

나의 문제해결

→ [해결 예시] 189쪽

04 수학자 클라인(Kline)은 “함수적 사고는 수학적 사고의 혼이요, 심장이다.”라는 말로 함수 교육의 중요성을 강조하였다. 아래 내용을 참고하여 함수적 사고의 발달을 위한 함수 개념 지도의 방향을 제시해보자.

> 함수의 ‘본질’을 이해하고 함수적 사고를 육성하려면 실제적인 변화 현상을 기술하고 해석하는 경험으로부터 출발하여 점진적인 수학화 과정을 재발명하도록 지도해야 한다.
>
> (우정호, 2007: 368)

나의 문제해결

→ [해결 예시] 190쪽

05 수학사의 교육적 적용에 관한 아래의 예문을 읽고 물음에 답하여보자.

> 수학사는 한낱 역사적 사건이나 일화의 소개에 그치지 말고, 수학적 사고 방법의 육성에 도움이 되도록 이용해야 한다. 수학의 학습-지도에서 수학사의 이용은 보조적인 것이며, 수학의 역사는 학습자에게 실질적인 도움을 줄 수 있는 정도로 다루어야 한다고 한다.
>
> (우정호, 2007: 42)

(1) 김 교사는 수학 시간에 학생들에게 '로그' 개념을 지도하고자 한다. 김 교사는 수업의 도입 부분에서 '로그' 개념과 관련한 흥미 유발 소재로 수학사와 관련된 내용을 하나 소개하고자 한다. 자신이 김 교사라고 가정하고, 로그 개념의 탄생 배경과 관련한 내용을 찾아 요약해보자.

나의 문제해결

(2) 수학사를 수학 교육에 이용하여 얻을 수 있는 교육적 이점을 세 가지 이상 써보자.

나의 문제해결

➜ [해결 예시] 191쪽

06 함수의 연속에 대한 경덕과 민경의 문제해결 사례를 읽고 다음 물음에 답하시오.

대학생 경덕은 함수 $f:\mathbb{R}\rightarrow\mathbb{R}$, $f(x)=x$가 $\mathbb{R}$의 모든 점에서 연속임을 다음과 같이 증명하였다.

임의의 점 $a\in\mathbb{R}$에서 주어진 $\varepsilon>0$에 대해서 $\delta=\varepsilon$으로 잡으면,
$|x-a|<\delta$일 때 $|f(x)-f(a)|=|x-a|<\delta=\varepsilon$이 된다.
따라서 $f(x)$는 $x=a$에서 연속이고, $\mathbb{R}$의 모든 점에서 연속이다.

민경이는 다음 과정을 통해 디리클레 함수가 $\mathbb{R}$의 모든 점에서 연속이라고 정당화했다.

$$f(x)=\begin{cases}1, & x\text{가 유리수일 때}\\ 0, & x\text{가 무리수일 때}\end{cases}$$

x가 유리수인 경우 1, 무리수인 경우 0으로 함숫값이 정의되므로, $(x, f(x))$의 순서쌍을 좌표평면 위에 표시해본다. 두 유리수 사이에는 반드시 유리수가 존재한다고 배웠으므로 점과 점 사이에 계속 또 다른 점을 계속 찍어나가면 직선으로 연결할 수 있다. 무리수 역시 무한히 많으므로 유리수와 마찬가지로 직선으로 연결하였다. 함수의 그래프가 끊어지지 않고 연결되어 있으므로 디리클레 함수는 $\mathbb{R}$의 모든 점에서 연속이다.

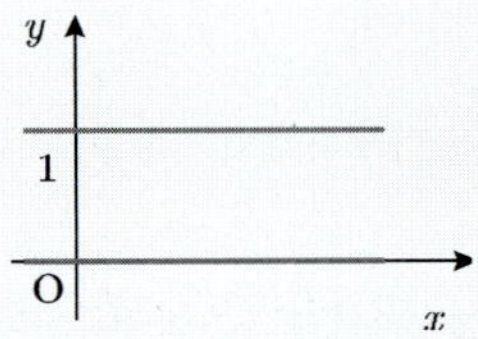

(1) 개념을 이해하는 과정에서 영향을 미치는 요소인 '개념 정의(concept definition)'와 '개념 이미지(concept image)'에 대해 각각 설명해보자.

나의 문제해결

(2) 함수의 연속에 대한 경덕과 민경의 이해 과정을 '개념 정의'와 '개념 이미지'를 이용하여 각각 설명해보자.

나의 문제해결

→ [해결 예시] 192쪽

07 미분의 지도는 전통적인 무한소 방법, 현대적인 무한소 방법, 극한 방법, $\varepsilon-\delta$ 방법, 컴퓨터를 이용한 수치적 방법, 컴퓨터 그래픽 기능을 이용한 시각적 방법 등 여러 가지 방법으로 접근 가능하다.

(1) $\varepsilon-\delta$ 방법이 수학의 발전에 기여한 점을 써보자.

(2) 컴퓨터 그래픽 기능을 이용하는 시각적 방법의 구체적인 사례를 제시해보자.

나의 문제해결

08 20세기 초 페리(Perry)와 함께 수학 교육 개혁 운동을 한 클라인(Klein)은 "미적분의 응용을 통하여 미적분의 내용을 실생활과 밀접하게 관련지어야 한다."고 주장하였다. 고등학교 수학 교과서에서 미분, 적분을 실생활과 관련지어 다루는 문제 사례를 각각 제시해보자.

나의 문제해결

→ [해결 예시] 193쪽

09 철학자 제논(기원전 490~429)이 제기한 다음의 패러독스에 내재된 논리적 오류를 '극한' 개념을 이용해서 수학적으로 반박해보자.

> "발이 빠른 영웅인 아킬레우스라도 거북이보다 뒤에서 출발한다면 결코 거북이를 따라잡을 수 없다."

나의 문제해결

10 고대 그리스의 수학자 아르키메데스(Archimedes, 기원전 287~212)가 지레의 원리를 활용하여 구의 부피를 계산한 방법을 다음 그림을 이용하여 설명해보자.

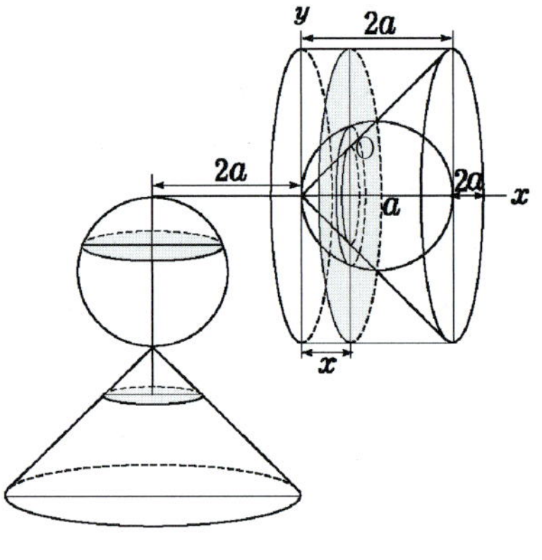

나의 문제해결

→ [해결 예시] 195쪽

11 함수는 모든 수학의 밑바탕에 폭넓게 스며들어 있는 기본 개념으로서 오랜 역사적 발생 과정을 거쳐 발전되어온 중요한 수학적 개념이라 할 수 있다. 함수 개념의 역사적 발생 과정을 다음 순서로 설명해보자.

> 전 함수 단계 → 기하적 함수 단계 → 대수적 함수 단계
> → 논리적 함수 단계 → 집합적 함수 단계

나의 문제해결

→ [해결 예시] 197쪽

해결 예시

01 한 양이 변함에 따라 다른 양이 하나씩 정해지는 두 양 사이의 대응 관계(중학교 1학년).

두 집합 X, Y에서, X의 각 원소에 Y의 원소가 하나씩 대응할 때, 이 대응을 X에서 Y로의 함수라고 하고, 기호로 $f: X \to Y$와 같이 나타낸다(고등학교 1학년).

중학교 수학 교과서에서는 함수를 다양한 상황에서 한 양이 변함에 따라 다른 양이 하나씩 정해지는 두 양 사이의 대응 관계로 정의한다. 여기서 두 양 사이의 대응 관계는 짝짓기 수준의 직관적인 대응으로 임의적인 대응이 아니다. 중학교 정의에서는 '~이 변함에 따라 ~이 변화한다'는 종속성을 강조하고 있다. 반면에 고등학교 수학 교과서에서는 함수를 두 집합 X, Y에서, X의 각 원소에 Y의 원소가 하나씩 대응되는 임의적인 '대응 관계'를 강조하는 정의이다. 함수의 발달은 우리 주변의 변하는 현상의 종속적인 관계를 관찰하는 것에서 출발하여 역사적으로 의식화되고 다듬어질 때까지 오랜 시간이 필요하였으며 그 과정을 거치면서 종속성을 중요시하는 관점에서 대응을 중요하시는 관점으로 발달되어왔다. 함수를 지도할 때, 처음에는 종속성이 반영된 개념으로 정의한 후 점차 수준이 높아졌을 때 임의적인 대응의 개념으로 지도하는 것은 역사발생적 원리에 따라 함수를 지도는 방법이라고 할 수 있다. 따라서 우리나라 교육과정의 함수 개념 정의 지도는 중학교에서 종속성을 도입하고 고등학교에서 대응의 관점을 도입하여 역사발생적 원리에 부합한 지도를 하고 있다고 평가해 볼 수 있다.

해결 예시 참고자료

구분	참고자료	근거
교육과정	수학과 교육과정(교육부, 2022)	34-37, 67
교과서	중학교 수학	변화와 관계 영역 (일차함수와 그 그래프)
	고등학교 수학	〈공통수학2〉 (함수와 그래프)
이론서	수학고육과정과 교재연구(김남희 외, 2024)	148-150
	학교수학의 교육적 기초(우정호, 2007)	355-363
나의 추가 자료		

02 (1) (ㄱ)에서 예상해볼 수 있는 극단적인 교수학적 현상은 '메타인지적 이동'이다.

(ㄴ)에서 예상해볼 수 있는 극단적인 교수학적 현상은 '형식적 고착'이다.

(2) 우리나라 교육과정에서는 (ㄷ)의 문제점을 반영하여 함수가 처음 도입되는 중학교 수학에서는 함수를 실생활의 변화 현상을 바탕으로 변하는 두 양 사이의 종속 관계인 전통적인 개념으로 먼저 다룬다. 이후 고등학교 수학에 이르러 함수를 집합 사이의 일가성을 갖는 임의적인 대응 관계인 현대적인 개념으로 형식화하여 제시한다.

해결 예시 참고자료			
구분		참고자료	근거
교육과정		수학과 교육과정(교육부, 2022)	34-37, 67
교과서		중학교 수학	변화와 관계 영역 (일차함수와 그 그래프)
		고등학교 수학	〈공통수학2〉 (함수와 그래프)
이론서		수학교육과정과 교재연구(김남희 외, 2024)	148-150
		학교수학의 교육적 기초(우정호, 2007)	354-355
나의 추가 자료			

03 합성함수는 구체적인 맥락과 함께 다음과 같은 형식적인 정의로 도입된다.

일반적으로 두 함수 $f: X \longrightarrow Z$, $g: Z \longrightarrow Y$가 주어졌을 때, 집합 X의 임의의 원소 x에 집합 Y의 원소 $g(f(x))$가 대응하게 하여 X를 정의역, Y를 공역으로 하는 새로운 함수를 정의할 수 있다. 이 함수를 f와 g의 합성함수라고 하고, 이것을 기호로

$$g \circ f$$

와 같이 나타낸다.

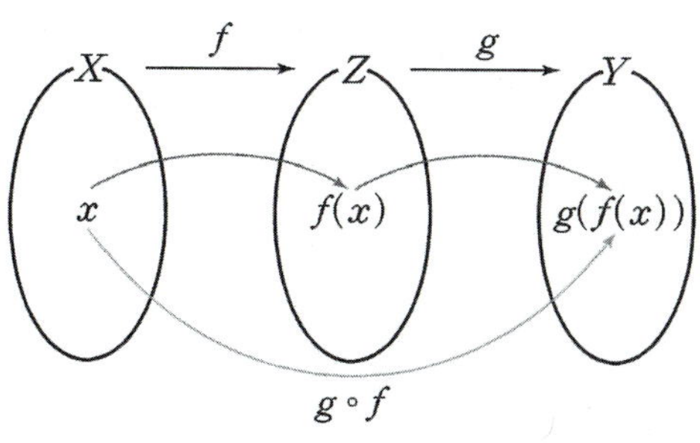

두 함수 $f: X \longrightarrow Z$와 $g: Z \longrightarrow Y$의 합성함수 $g \circ f: X \longrightarrow Y$의 x에서의 함숫값을

$$(g \circ f)(x)$$

와 같이 나타낸다.

이때 X의 임의의 원소 x에 Y의 원소 $g(f(x))$가 대응하므로

$$(g \circ f)(x) = g(f(x))$$

가 성립한다. 따라서 f와 g의 합성함수를

$$y = g(f(x))$$

와 같이 나타내기도 한다.

역함수도 합성함수와 마찬가지로 구체적인 맥락과 함께 다음과 같은 형식적인 정의로 도입된다.

함수 $f: X \longrightarrow Y$가 일대일대응이면 Y의 임의의 원소 y에서 $f(x) = y$인 X의 원소 x가 오직 하나 존재한다. 그러므로 Y를 정의역, X를 공역으로 하고, Y의 원소 y에 $f(x) = y$인 X의 원소 x가 대응하는 함수를 정의할 수 있다.

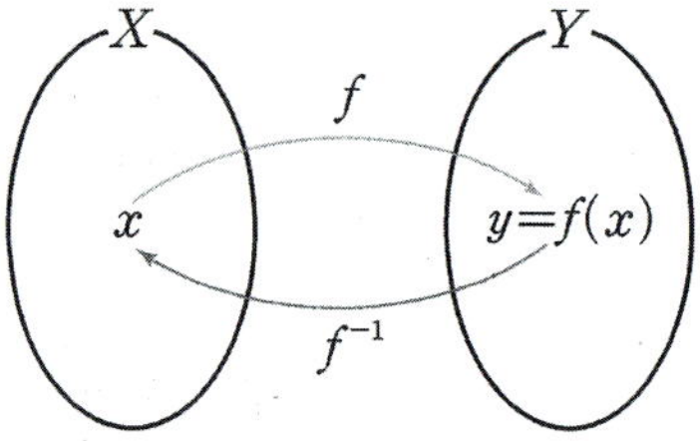

이 새로운 함수를 함수 f의 역함수라고 하고, 이것을 기호로

$$f^{-1}$$

와 같이 나타낸다. 즉, $f^{-1}: Y \longrightarrow X$, $x = f^{-1}(y)$이다.

해결 예시 참고자료		
구분	참고자료	근거
교육과정	수학과 교육과정(교육부, 2022)	67, 86
교과서	고등학교 수학	〈공통수학2〉(함수와 그래프)
이론서	수학교육과정과 교재연구(김남희 외, 2024)	127, 161-163
	학교수학의 교육적 기초(우정호, 2007)	361
나의 추가 자료		

04 초기 단계의 역사발생적 순서에 따라 함수로 조직될 수 있는 현상을 제시하고, 현실적인 변화 현상을 기술하고 해석하고 예측하기 위한 도구로서 함수를 도입해야 한

다. 학생들이 언어적 표현, 대응도, 화살표 표현, 그래프, 대수식 등의 다양한 표현 간의 번역을 통해 함수를 표현하는 풍부한 경험을 할 수 있도록 해야 한다. 또한 다양한 함수적 상황을 통해 함수 개념의 종속성과 대응에 주목하고, 이를 반성하여 점진적으로 현대적인 함수 개념에 이르는 재발명 과정을 경험하도록 해야 한다.

해결 예시 참고자료		
구분	참고자료	근거
이론서	수학교육과정과 교재연구(김남희 외, 2024)	130-135, 157-161
	학교수학의 교육적 기초(우정호, 2007)	366-377
나의 추가 자료		

05 (1) 로그는 곱셈과 나눗셈을 각각 덧셈과 뺄셈으로 단순화하는 역할을 하기 때문에, 17세기 초에 발달했던 천문학에 수반되는 큰 수의 복잡한 계산을 간편화하려는 실제적인 필요에 의해 창안되었다. 이때 Logarithm은 그리스어로 ratio와 number를 합성한 logarithmos의 번역어로, '비를 계산한 수'라는 뜻을 가지므로 로그를 로가리즘이라 부르게 되었다. 특히 로그 계산법의 발명으로 인해 큰 수의 계산으로 어려움이 많은 천문학자의 수고가 많이 덜어져서 로그 계산법이 천문학자의 수명을 두 배로 늘려주었다는 이야기까지 전해진다. 로그를 이용한 큰 수의 계산은 다음과 같은 등차수열과 등비수열의 관계를 통해 보여줄 수 있다.

0	1	2	3	4	5	6	7	8	9	10	11	12	13	14	··
1	2	4	8	16	32	64	128	256	512	1024	2048	4096	8192	16384	··

위에서 등비수열의 두 항의 곱과 몫은 다음과 같이

$$6+8=14 \qquad 15-10=5$$

$$64\times256=16384 \qquad 32768\div1024=32$$

각각 등차수열에 해당되는 두 항의 합과 차에 대응된다.
등비수열의 두 항을 곱하거나 나누려면 등차수열에 해당되는 항의 합이나 차를 구하여 그와 대응되는 등비수열의 항을 찾으면 된다.

특히 큰 수의 계산 도구로서 로그가 유용하려면 등비수열을 '조밀하게' 만들 필요가 있다. 조밀한 등비수열을 만들기 위해서는 초항을 큰 수로, 공비를 1보다 약간 크거나 작은 값으로 해야 한다. 이러한 배경 아래 e를 밑으로 하는 로가리즘의 출현이 불가피하게 되었고 이것이 e를 밑으로 하는 로가리즘을 '자연로그'라고 부르게 된 이유이다.

(2) 첫째, 수학사를 이용하면 알고리즘적인 계산 수학을 반성함으로써 개념적 사고를 고취할 수 있다. 둘째, 수학사는 교육과정 구성에서 '자연스러운' 내용 배열의 준거가 된다. 그러므로 수학 학습-지도에서는 수학적 아이디어의 발달 과정을 따르는 지도를 통해 학생들의 자연스러운 이해를 도울 수 있다. 셋째, 수학의 역사적 발달 과정을 소급해봄으로써 수학적 사고의 인간적인 모습을 접해보게 하여 학습 동기를 유발하고 수학 학습에 생기를 불어넣을 방안을 찾을 수 있다. 넷째, 현대 기술 문명의 발달에서의 수학의 중심적인 역할과 수학의 문화적인 역할, 특히 인간관과 세계관 형성에 미친 수학의 역할을 이해함으로써 수학에 대한 학생들의 인식을 바꿀 수 있다.

해결 예시 참고자료

구분	참고자료	근거
교육과정	수학과 교육과정(교육부, 2022)	100
교과서	고등학교 수학	〈대수〉(로그)
이론서	수학교육과정과 교재연구(김남희 외, 2024)	281-284
	학교수학의 교육적 기초(우정호, 2007)	41-42, 60-65
나의 추가 자료		

06

(1) '개념 정의(concept definition)'는 개념을 설명하는 언어적, 기호적 정의를 말하며, '개념 이미지(concept image)'는 개념과 관련된 심상(心象, mental image)들로 이루어진 인지 구조를 말한다.

(2) 경덕의 경우는 연속에 대한 개념 정의를 위주로 $f(x)=x$가 연속임을 증명하였다. 증명 과정에서 $\varepsilon-\delta$ 방법을 위주로 하는 연속의 형식적인 정의에만 초점을 맞추었을 경우, 다음 그림에서 보듯이 개념 이미지를 거치지 않고 개념 정의만을 통해 입력과 출력이 이루어질 수 있다.

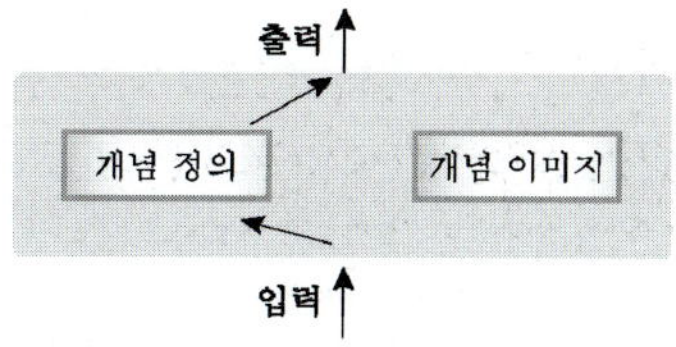

민경의 경우는 '연속'은 그래프가 끊어지지 않고 연결된다는 개념 이미지에 의존하여 디리클레 함수가 연속이라고 결론 내렸다. 연속에 대한 고등학교의 정의, 즉 $x=a$에서 $f(x)$가 연속이기 위해서는 $x=a$에서 함숫값이 정의되어 있고 $\lim_{x\to a} f(x)$가 존재하며 $\lim_{x\to a} f(x)=f(a)$라는 조건에 비추어 연속임을 판정하지 않고, 그래프의 연결 여부에만 초점을 맞추었으므로, 다음 그림에서 보듯이 개념 정의를 거치지 않고 개념 이미지만을 통해 입력과 출력이 이루어질 수 있다.

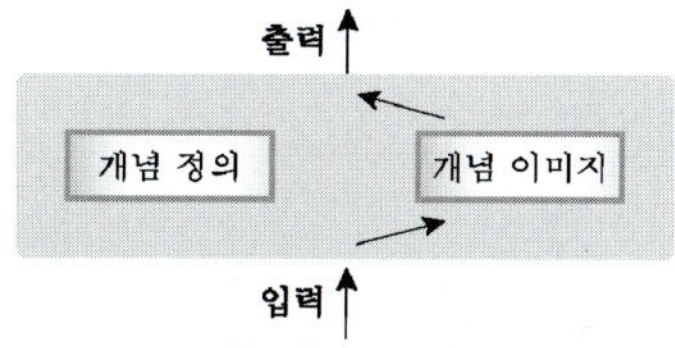

해결 예시 참고자료

구분	참고자료	근거
교육과정	수학과 교육과정(교육부, 2022)	114
교과서	고등학교 수학	〈미적분 I〉(함수의 연속)
이론서	수학교육과정과 교재연구(김남희 외, 2024)	259-262
	수학 학습-지도 원리와 방법(우정호, 2011)	461
나의 추가 자료		

07 (1) 18세기 말 코시(Cauchy)에 이르러 정립된 $\varepsilon-\delta$ 방법은 그 이전에 모호하게 정의될 수밖에 없던 극한, 연속, 미분가능 등의 개념들을 명확히 정의할 수 있었다. 따라서 수학의 토대를 이루는 매우 중요한 개념들을 수학적으로 엄밀하게 정의하는 데 기여하였다. 이후 $\varepsilon-\delta$ 방법은 미적분학과 해석학 등 수학의 발전을 이끄는 원동력이 되었다.

(2) 컴퓨터의 프로그램을 이용하면 미분가능한 함수의 그래프의 특징을 시각적인 방법으로 탐구할 수 있다.

[그림 1]과 [그림 2]는 각각 두 함수 $f(x)=\begin{cases} x^2\sin\dfrac{1}{x} & (x \neq 0) \\ 0 & (x=0) \end{cases}$과

$g(x)=\begin{cases} x\sin\dfrac{1}{x} & (x \neq 0) \\ 0 & (x=0) \end{cases}$의 그래프를 그린 것이다.

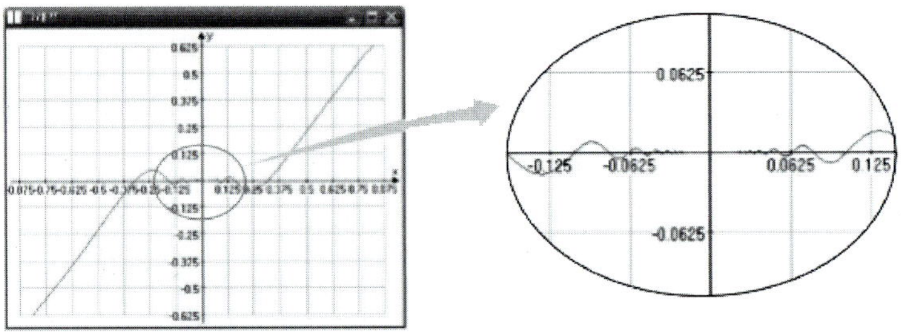

[그림 1]

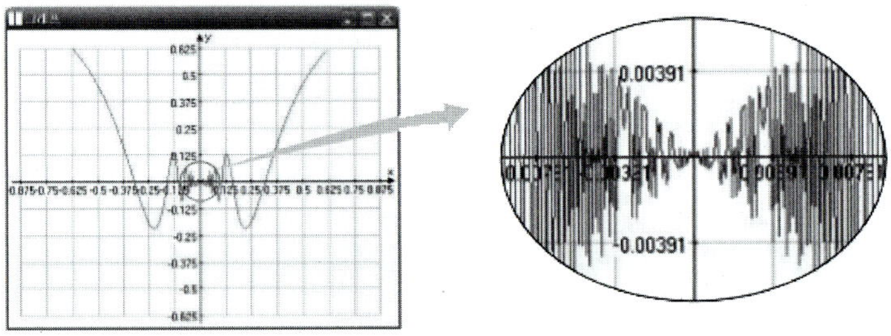

[그림 2]

함수 $f(x)$는 $x=0$에서 미분가능하다. [그림 1]의 오른쪽 그림과 같이 이 함수의 그래프를 $x=0$ 부근에서 확대하면, $x=0$ 주변의 곡선의 모양이 하나의 직선으로 보인다. 한편 함수 $g(x)$는 $x=0$에서 미분가능하지 않다. [그림 2]의 오른쪽 그림과 같이 이 함수의 그래프를 $x=0$ 부근에서 확대하면 아무리 확대하여도 $x=0$ 주변의 곡선의 모양이 하나의 직선으로 보이지 않는다.

해결 예시 참고자료

구분	참고자료	근거
교육과정	수학과 교육과정(교육부, 2022)	115, 145
교과서	고등학교 수학	〈미적분 Ⅰ〉, 〈미적분 Ⅱ〉(미분, 적분)
이론서	수학교육과정과 교재연구(김남희 외, 2024)	258-259, 284-289
	수학 학습-지도 원리와 방법(우정호, 2011)	484-485
	학교수학의 교육적 기초(우정호, 2007)	380-384
나의 추가 자료		

08 미분을 실생활과 관련지어 다루는 사례:

변화하는 양의 최댓값(또는 최솟값) 구하기,
움직이는 물체(자동차, 기차 등)의 속도와 가속도 구하기 등

적분을 실생활과 관련지어 다루는 사례:

입체의 부피 구하기, 움직이는 물체(자동차, 기차 등)의 속도와 거리 구하기 등

해결 예시 참고자료

구분	참고자료	근거
교육과정	수학과 교육과정(교육부, 2022)	75-77, 86-88
교과서	고등학교 수학	〈미적분 I〉, 〈미적분 II〉(미분, 적분)
이론서	학교수학의 교육적 기초(우정호, 2007)	379
나의 추가 자료		

09

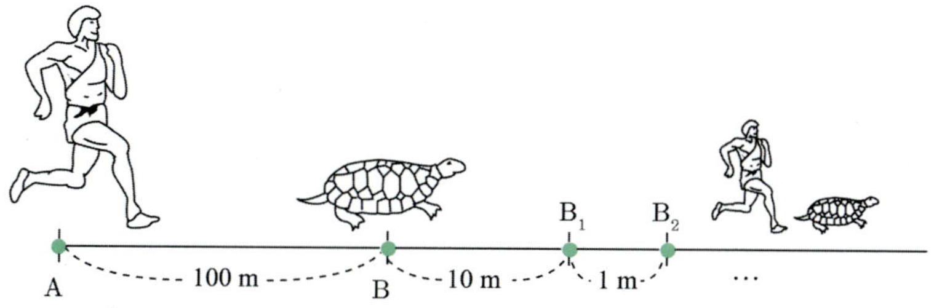

아킬레우스와 거북이

그림에 나와 있는 것처럼 아킬레우스는 A에서 출발하고 거북이는 B에서 출발한다고 가정하고 A와 B 사이의 거리가 1백 미터라고 하자. 편의상, 거북의 속도는 아킬레우스의 속도의 $\frac{1}{10}$이라 하자.

A지점에 있던 아킬레우스가 거북이가 있던 B지점까지 따라잡는 데에 걸리는 시간을 10초라 하자. 그동안 거북이는 10미터 떨어진 B_1지점까지 갔다. 아킬레우스가 B_1지점까지 따라잡는 데 걸리는 시간은 1초이다. 그동안 거북이는 1미터 떨어진 B_2지점까지 갔다. 아킬레우스가 B_2지점까지 따라잡는 데 걸리는 시간은 $\frac{1}{10}$초이다. 이런 식으로 생각하면 아킬레우스가 거북이를 따라잡기까지 걸리는 시간은 $10+1+\frac{1}{10}+\frac{1}{100}+\cdots$(초)가 된다.

'무한등비급수의 합'을 구하면,

$$10+1+\frac{1}{10}+\frac{1}{100}+\cdots=\frac{10}{1-\frac{1}{10}}=\frac{100}{9}\text{(초)}$$

이다. 아킬레우스가 거북이를 따라 100 m, 10 m, 1 m, 0.1 m, ⋯를 달리는 데 걸리는 시간은 각각 0보다 큰 값으로 그 시간을 무한 번 합하면 유한한 값이 된다. 결국 아킬레우스는 영원히 거북이를 앞지를 수 없는 것이 아니라 $\frac{100}{9}$초 이후에는 거북이를 추월할 수 있다.

해결 예시 참고자료

구분	참고자료	근거
교육과정	수학과 교육과정(교육부, 2022)	144
교과서	고등학교 수학	〈미적분Ⅱ〉(급수)
이론서	수학교육과정과 교재연구(김남희 외, 2024)	273-274
나의 추가 자료		

10 구의 부피를 구한 아르키메데스의 방법은 다음과 같다.

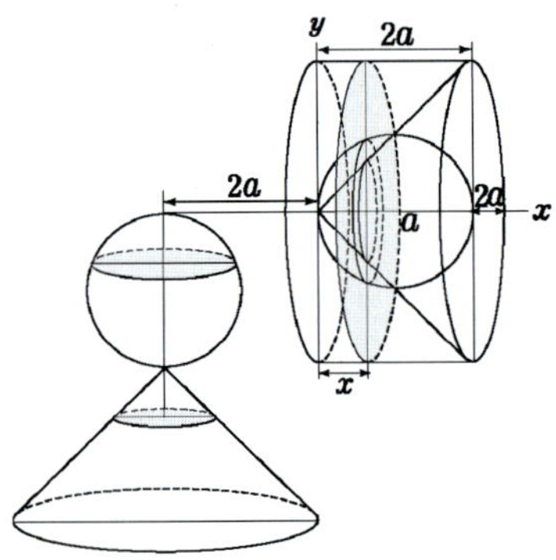

중심이 $(a,\ 0)$이고 반지름이 a인 원

$(x-a)^2+y^2=a^2$이다. 곧, $x^2+y^2=2ax$에서

양변에 π를 곱하면

$$\pi x^2+\pi y^2=\pi 2ax \quad \cdots\cdots ①$$

여기서 πy^2, πx^2은 각각 위의 원과 직선 $y=x$를 x축의 둘레로 회전시켰을 때 생기는 구와 원뿔을 점 x에서 x축에 수직인 평면으로 자른 단면의 넓이이다.
①의 양변에 $2a$를 곱하면

$$2a(\pi y^2+\pi x^2)=x\pi(2a)^2 \quad \cdots\cdots ②$$

여기서 $\pi(2a)^2$은 밑면의 반지름의 길이가 $2a$, 높이가 x인 원기둥의 단면의 넓이를 나타낸다. 원기둥은 그대로 두고 구와 원뿔을 원점에서 $-2a$의 거리에 x축에 수직으로 매어 단 것으로 생각하면, ②의 식은 원점에서 $2a$의 거리에 있는 구와 원뿔의 단면의 넓이와 원점에서 x의 거리에 있는 원기둥의 단면의 넓이가 지레의 원리에 의하여 평형을 이루고 있는 것으로 생각할 수 있다.
x를 0으로부터 $2a$까지 변화시키면, 이들 단면은 각각 구, 원뿔, 원기둥을 채우게 된다. 구의 부피를 V라고 하면, 그 당시에 원기둥과 원뿔의 부피를 구하는 공식은 이미 알려져 있었으므로, 다음과 같은 식을 얻을 수 있다.

$$2a\left\{V+\pi(2a)^2\frac{2a}{3}\right\}=a\{\pi(2a)^2 2a\} \quad \cdots\cdots ③$$

③으로부터 구의 부피 V는 $V=\frac{4}{3}\pi a^3$을 얻는다.

해결 예시 참고자료		
구분	참고자료	근거
교육과정	수학과 교육과정(교육부, 2022)	116, 146
교과서	고등학교 수학	〈미적분 I〉, 〈미적분 II〉(적분)
이론서	수학교육과정과 교재연구(김남희 외, 2024)	251-253
	수학 학습-지도 원리와 방법(우정호, 2011)	151-153
	학교수학의 교육적 기초(우정호, 2007)	46-48
나의 추가 자료		

11 역사적으로 함수는 그 이름이 주어지기 오래 전부터 존재하였다. 함수 개념의 출현은 기원전 2000년경의 고대 바빌로니아 시대까지 거슬러 올라갈 수 있다. 기원전 5세기경의 바빌로니아 사람들은 천체의 위치의 주기성을 발견하고 경험적 자료를 바탕으로 천체의 운동을 나타내는 경로를 추정하고 그것을 함수를 나타내는 수표로 나타내었다. 함수가 수학적으로 의식화되면서 발달하기 시작한 것은 17세기이다. 최초의 의식적인 함수가 운동을 나타내는 곡선과 관련해서 개념화되었다는 점에서 이 시기를 기하적 함수 단계라 한다. 기하적 함수의 대표자로는 오렘, 갈릴레이, 카발리에리, 뉴턴의 스승인 배로 등을 들 수 있다. 운동을 나타내는 곡선을 중심으로 함수에 대한 연구가 진행되는 과정에서 라이프니츠는 '곡선상의 한 점에 접선의 길이, 접선, 법선의 길이, 법선 등을 구하는 일을 함수'라 하고 이런 것들의 좌표에 따른 변화를 관찰하였다. 함수를 대수적으로 연구하는 관점의 변화는 18세기에 본격적으로 이루어졌다. 이 시기에 라이프니츠와 베르누이의 서찰에서

함수라는 용어가 처음 등장하게 된다. 이 시기에는 독립변수와 종속변수에 대한 구분이 명확해졌으며 각 변수의 구체적인 변화와 무관하게 변수들을 어떤 형태로든 서로 연결할 수 있는가 없는가 하는 것이 중요시되었다. 이는 함수가 기하학적 원천과는 관계없이 대수적으로 조작 가능하다는 것을 의미한다. 19세기 이후 보편화된 논리적 함수 단계는 함수 개념이 더 이상 대수식에 관련된 것이 아니라, 두 변수가 대응이라는 논리적 조건에만 관련되어 있다는 의미이다. 이 시기에 대표자인 디리클레는 '주어진 구간에서 x의 각 값에 y의 유일한 값이 대응할 때 y는 x의 함수'라고 정의함으로써 함수에서 변수 개념을 없앴을 뿐만 아니라 일가성과 임의성을 강조하게 된다. 집합적 함수 단계는 좀더 엄밀한 의미의 공리론적 집합론을 기초로 함수를 정의하는 것을 의미한다. 이 시기에 대표자로는 데데킨트, 부르바키 등이 있다.

해결 예시 참고자료

구분	참고자료	근거
교육과정	수학과 교육과정(교육부, 2022)	34-37, 67
교과서	중학교 수학	변화와 관계 영역(함수)
	고등학교 수학	〈공통수학2〉(함수)
이론서	수학교육과정과 교재연구(김남희 외, 2024)	117-127
	학교수학의 교육적 기초(우정호, 2007)	358-363
나의 추가 자료		

기출문제로 도약하기

3단계

문제를 해결하며 학습해봅시다.

- **문제해결** 문제를 스스로 해결한 후, 자신의 답안을 [해결 예시]와 비교해 봅시다.
- **반성 · 정리** 참고문헌에서 관련 내용을 찾아 문제해결을 검토하고 보완해 봅시다.
- **자료축적** 문제해결에 도움이 된 자료들을 기록하여 추후 학습에 활용해 봅시다.

→ 교원임용시험대비 수험생들은 답안 작성 분량을 고려하면서 자신의 답안을 수정하거나 보완해 봅시다.

01 다음은 고등학교에서 롤(Rolle)의 정리를 도입하기 전에 실물자료, OHP 또는 컴퓨터를 통해 학생들에게 제시할 실세계 상황이다. 다음 물음에 답하여라. (총 5점)

| 2002년 교원임용시험 기출문제 4번 |

> 땅에서 공중으로 쏘아올린 어떤 물체(공 또는 로켓)가 a초 후에 땅에 떨어진다고 할 때, 이 물체의 속도(velocity)가 0이 되는 시각이 존재한다.

(1) 위의 상황을 롤의 정리와 관련지어 설명하시오. (2점)

(2) 위와 같이 수학적 개념을 지도하는 데 있어서 상황(context)과 관련짓는 교수-학습의 장점을 세 가지로 요약하여 제시하시오. (3점)

→ [해결 예시] 213쪽

02 다음은 무한수열의 수렴에 관한 수업에 앞서 최 교사가 교과서와 교사용 지도서를 분석하면서 기록한 내용이다. | 2007년 교원임용시험 기출문제 5번 |

① 교과서에서는 직관적이고 자연스러운 사고에 따라 무한수열의 수렴을 정의한다.

② 지난해에 ①과 같이 정의를 배운 학생 중에는 '1, 1, 1, 1, ⋯'과 같은 상수수열이 수렴하지 않는다는 오개념을 가진 경우가 있었다.

③ 바이어슈트라스(Weierstrass)는 엄밀하지만 <u>자연스러운 사고에 역행하는</u> 방식으로 무한수열의 수렴을 정의하였다.

①과 ③에서의 '무한수열의 수렴의 정의'를 각각 제시하고, 이를 토대로 최 교사가 ③에서 '자연스러운 사고에 역행한다'고 판단하는 근거를 쓰시오. 또한 ②에 제시된 오개념의 원인을 ①과 관련하여 구체적으로 쓰시오. (5점)

→ [해결 예시] 213쪽

03 다음은 실수 e에 관한 세 교사의 대화이다. 물음에 답하시오.

| 2010년 교원임용시험 2차 기출문제 3-2번 |

김 교사 : 실수 e가 무리수임을 무한급수를 이용해 보일 수 있습니다. $\lim_{n\to\infty}\left(1+\frac{1}{n}\right)^n$으로 정의되는 수 e가 무리수임을 증명하려면, 먼저 $\lim_{n\to\infty}\left(1+\frac{1}{n}\right)^n$이 수렴함을 보여야 합니다. 한편 무한급수 $\sum_{n=0}^{\infty}\frac{1}{n!}$이 수렴하고 그 합이 e와 같음을 보일 수 있습니다. 이 사실에 귀류법을 적용하면 <u>e가 무리수</u>임을 증명할 수 있습니다.

정 교사 : 실수 e와 관련된 내용 중, 표준정규분포의 확률밀도함수에 대한 특이적분(improper integral) <u>$\int_{-\infty}^{\infty}\frac{1}{\sqrt{2\pi}}e^{-\frac{1}{2}x^2}dx=1$</u>을 이중적분(double integral)의 성질을 사용하여 증명할 수 있습니다.

박 교사 : 네, 맞습니다. 그렇지만, 고등학교 학생들이 김 선생님과 정 선생님의 증명 과정을 이해하기는 어렵다고 생각합니다. 저는 <u>$\lim_{n\to\infty}\left(1+\frac{1}{n}\right)^n=2.7182\cdots=e$임을 직관적으로 이해시킨</u> 후, 학생들이 여러 극한값을 능숙하게 구하도록 하는 데에 많은 시간을 할애합니다. 그리고 e가 무리수임이 알려져 있음을 간략하게 언급하는 정도로만 다룹니다. 한편, 표준정규분포의 확률밀도함수에 대한 것도 관련된 사실을 간략하게 소개하고 이를 활용해 여러 통계 문제를 해결하는 데에 초점을 맞추어 지도합니다.

2007년 개정 수학과 교육과정에서는 생활 주변 현상, 사회 현상, 자연 현상 등의 여러 가지 현상을 학습 소재로 하여 수학적 개념 · 원리 · 법칙을 도입하고, 계산 능력 배양을 목표로 하지 않는 경우의 복잡한 계산 수행, 수학적 개념 · 원리 · 법칙의 이해 등을 위하여 계산기, 컴퓨터, 교육용 소프트웨어 등의 공학 도구를 활용하여 수학 학습의 효과를 높이도록 권고하고 있다.
박 교사가 이러한 권고사항에 따라 밑줄 친 부분을 위해 시도할 것으로 예상되는 지도 방안 한 가지를 그 근거와 함께 제시하시오. (10점)

→ [해결 예시] 214쪽

04 다음은 역사 발생적 원리에 대한 설명과 예비 교사가 작성한 수업 계획서의 일부이다. **| 2016년 교원임용시험 전공A 기출문제 9번 |**

(가) 역사 발생적 원리

수학이 발생된 것으로 파악하고 학습자가 학습 과정에서 수학의 발생을 경험하게 하는 원리이다. 이 원리는 클레로(A. Clairaut), 클라인(F. Klein), 퇴플리츠(O. Toeplitz) 등이 주장하였다.

(나) 수업 계획서

- 단원 제목: 삼각함수
- 지도 순서

1단계		2단계		3단계		4단계
함수 정의하기	⇨	표로 나타내기	⇨	그래프로 그리기	⇨	현실에 응용하기

- 1단계에서는 함수 $y=\sin x$를 정의한다.
- 2단계에서는 함수 $y=\sin x$에서 x와 y 사이의 관계를 표로 나타낸다.
- 3단계에서는 2단계에서 작성한 표를 바탕으로 그래프를 그린다.
- 4단계에서는 함수 $y=\sin x$와 관련된 응용문제를 다룬다.

역사발생적 원리에 따라 수학 수업을 진행할 때, 수학 교수·학습에서의 의의를 1가지 쓰시오. 또한 이 원리에 기초하여 (나)에서 제시한 지도 순서를 재구성하고, 그 이유를 지도 내용과 관련지어 설명하시오. (4점)

→ [해결 예시] 215쪽

05 2015 개정 교육과정에 따른 수학과 교육과정의 중학교 함수 영역에서는 함수 개념을 도입하기 전에 다양한 상황을 그래프로 나타내고 해석하는 것을 다루도록 하고 있다. 이에 두 예비 교사 A와 B는 함수 그래프 지도 이론과 기존의 교과서 자료를 이용하여 함수 영역에 추가된 성취기준에 대한 수업을 설계해 보았다.
다음은 설계한 수업의 [학습 목표], [(가) 예비 교사 A의 활동지], [(나) 예비 교사 B의 활동지]이다. 두 활동지 (가)와 (나)에 기초하여 그래프 지도 방식을 비교하고, (가)와 (나)를 이용하여 수학 수업을 실행하기 위해 수업 장면에서 교사가 살펴보아야 할 사항을 <작성 방법>에 따라 논술하시오. (10점)

| 2017년 교원임용시험 전공B 기출문제 8번 |

[학습 목표]

학습 목표(성취기준) : 다양한 상황을 그래프로 나타내고, 주어진 그래프를 해석할 수 있다.

[(가) 예비 교사 A의 활동지]

※ 그림과 같은 3개의 용기에 일정한 속도로 물을 따른다고 할 때, 물음에 답하시오.

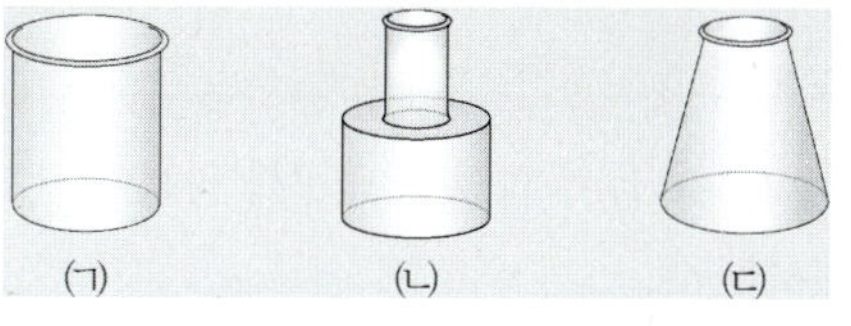

1. 각 용기에 물을 채울 때 시간에 따라 변하는 물의 높이를 대략적인 그래프 개형으로 나타내어 보시오.

2. 그래프를 보고 시간에 따른 물의 높이의 변화를 설명해 보시오.

[(나) 예비 교사 B의 활동지]

1. 1분에 1L씩 일정한 속도로 물이 나오는 수도꼭지에서 물통에 물을 받고 있다. 물을 받는 시간을 x(분), 받은 물의 양을 y(L)라 할 때, 다음 표를 완성하시오.

x(분)	1	2	3	4	5
y(L)					

2. 위의 표를 이용하여 다음 좌표평면 위에 그래프를 그리시오.

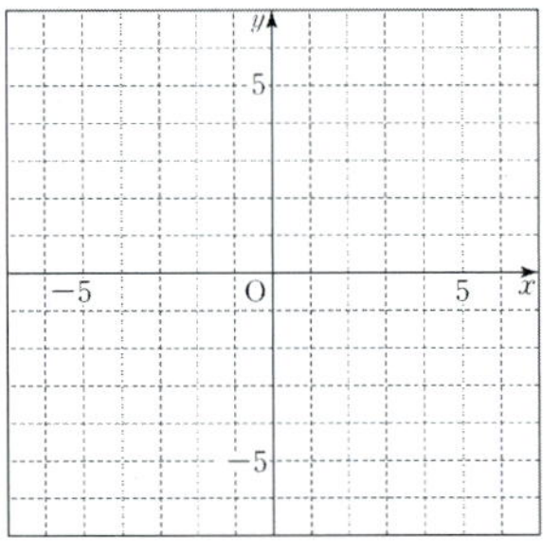

3. 위의 그래프를 보고 받은 물의 양의 변화를 설명하시오.

작성 방법

- 크라벤담(H. Krabbendam)의 질적 접근과 양적 접근의 관점에서 그래프 지도 방식을 비교하여 제시할 것.
- 폴리아(G. Polya)의 문제해결 이론에 근거하여 (가)와 (나)의 문제를 해결하는 반성 단계에서 적절한 교사의 공통 발문 1가지와 그 발문이 적절한 이유를 제시할 것.
- (가)와 (나)를 이용하는 수업 장면에서 주의해야 할 극단적인 교수학적 현상을 수업 상황과 관련지어 각각 1가지씩 다르게 제시할 것.
- 중학교 함수 영역의 그래프에 대한 교수 · 학습 방법에서 유의해야 할 사항을 2015 개정 교육과정에 따른 수학과 교육과정에 근거하여 제시할 것.
- 서론, 본론, 결론의 형식을 갖출 것.

→ [해결 예시] 215쪽

06 다음은 함수와 관련한 수학사 자료를 순서 없이 제시한 것이다. (가)~(마)를 함수 개념이 발생한 순서대로 배열하시오. (2점) **| 2020년 교원임용시험 전공A 기출문제 1번 |**

(가)	고대 바빌로니아나 그리스에서 천문학을 연구했던 사람들은 태양, 달, 행성 등의 변화를 관찰하여 수표를 작성하였다. 이 시기 사람들은 수표를 사용하여 천체 운동을 서술하고 주기성을 발견하였다. 삼각함수의 기원을 이 시기에서 찾을 수 있다.
(나)	비에트(F. Viète)가 문자를 사용하는 방식을 발전시키고 데카르트(R. Descartes)가 해석기하학을 창안한 것에 기초하여 함수를 대수적으로 연구하게 되었다. $f(x)$라는 기호를 처음으로 사용한 오일러(L. Euler)는 변수와 상수가 결합된 방식에 따라 함수를 분류했다. 이 시기에 이르러 독립변수와 종속변수의 구분이 명확해졌다.
(다)	해석학을 엄밀하게 만들기 위해 함수의 연속성과 미분가능성에 대한 연구가 이루어졌다. 데데킨트(R. Dedekind), 칸토어(G. Cantor) 등이 실수의 구조를 엄밀하게 하여 해석학을 발전시켰다. 부르바키(Bourbaki) 학파는 집합론에 기초하여 '순서쌍의 집합의 부분집합'이 어떤 특정한 조건을 만족할 때 그 부분집합을 함수로 정의하였다.
(라)	이 당시 학자들은 주로 운동을 나타내는 곡선을 중심으로 곡선의 접선, 곡선 아래의 넓이, 곡선의 길이, 곡선을 따라 움직이는 점의 속도 등을 연구하였다. 갈릴레이(G. Galilei)는 등가속도 운동을 하는 물체가 움직인 거리와 시간의 관계를 연구하였는데, 과학에서 이루어진 운동에 대한 연구가 함수를 개념화하는 데 기여하였다.
(마)	푸리에(Fourier) 급수나 디리클레(Dirichlet) 함수에 대한 연구 결과로 인하여 함수 개념을 새롭게 정의할 필요성이 생겨났다. 일가성과 임의성을 가지는 대응으로 함수를 정의함으로써 한 변수의 각 값에 다른 변수의 유일한 값이 대응되느냐 되지 않느냐는 논리적 조건에만 관심을 갖게 되었다.

→ [해결 예시] 216쪽

07 두빈스키(E. Dubinsky)는 스키마 구성을 설명하는 APOS 이론을 제안하였다. A는 행동(Action), P는 과정(Process), O는 대상(Object), S는 스키마(Schema)를 의미한다. 다음은 수학교육론 강의 시간에 교수가 APOS 이론을 설명하기 위해 제시한 두 고등학생의 학습 일지이다. **| 2020년 교원임용시험 전공A 기출문제 5번 |**

민수의 학습 일지

나는 $(5x^3+x^2-4x-2)\div(x-2)$와 같은 형태의 나눗셈 문제를 조립제법으로 풀 수 있다. 그런데 선생님께서 오늘 수업 시간에 조립제법에서 사용하는 여러 값을 차례로 입력하면 나눗셈 결과가 나오는 컴퓨터 프로그램을 보여주시면서, 프로그램 안에 포함된 계산 과정을 설명해보라고 하셨다. 이 컴퓨터 프로그램을 잘 모르는 내 친구는 잘 설명했는데, 이 프로그램을 잘 다루는 나는 설명하지 못해서 속상했다.

재희의 학습 일지

나는 오늘 수업 시간에 함수와 관련된 어려움을 겪었다. "두 함수 f, g의 합 $f+g$를 두 수의 합 $2+1$처럼 생각하면 된다."라고 하신 선생님 말씀이 잘 이해되지 않았다. 내가 아는 함수는 x의 값을 넣으면 y의 값이 나오는 것이었는데…. "함수 f나 g를 2나 1과 같은 수처럼 다룰 수 있을까?"라는 의문이 들었다.

민수의 학습 일지에 서술된 상황을 '행동' 및 '과정'과 관련지어 설명하고,
재희의 학습 일지에 서술된 상황을 '과정' 및 '대상'과 관련지어 설명하시오. (4점)

→ [해결 예시] 216쪽

08 다음은 2015 개정 수학과 교육과정(교육부 고시 제 2020－236호)의 선택 과목 <수학Ⅱ>의 '정적분' 수업에 대한 두 교사의 대화이다.

| 2021년 교원임용시험 전공B 기출문제 5번 |

임 교사 : 정적분 수업을 준비하면서 고등학교에서 다루는 수학 개념은 대학에서 공부했던 수학 개념과는 차이가 있다는 것을 느꼈습니다. 예를 들어 정적분을 정의하는 방식이 그렇습니다. 정적분은 리만적분의 개념을 고등학생들의 학습 수준을 고려하여 의도적으로 변형한 것으로 보입니다.

정 교사 : 맞습니다. 그래서 수학을 가르칠 때는 ㉠지식의 파손성에 유의할 필요가 있습니다. 고등학교에서 정적분을 닫힌구간 $[a, b]$에서 연속인 함수로 한정하여 정의하더라도, 학생들이 불연속 함수에 대해서는 정적분을 아예 정의할 수 없다고 생각하지 않도록 주의할 필요가 있습니다. 실제로 ㉡ 〈수학Ⅱ〉의 함수의 극한과 연속 영역에서 다룰 수 있는 함수 중에도 닫힌구간 $[0, 2]$에서 불연속이지만 리만 적분 가능한 함수 $f(x)$의 예는 많으니까요.

임 교사 : 그런데 이전 교육과정에 비해 정적분의 정의 방식이 달라졌습니다. 그래서 저는 달라진 방식에 따라 정적분의 정의를 제시한 뒤, 몇 가지 예를 통해 정적분의 값을 구해 보게 합니다. 선생님께서는 정적분 개념을 어떻게 지도하시나요?

정 교사 : 저는 먼저 미적분의 기본 정리의 아이디어를 이용하여 정적분이 넓이 측정과 관련되어 있다는 것을 다음과 같이 설명합니다.

함수 $f(t)$가 닫힌구간 $[a, b]$에서 연속이고 $f(t) \geq 0$이라 하자.
곡선 $y=f(t)$와 t축 및 두 직선 $t=a$, $t=x$ $(a \leq c \leq b)$로 둘러싸인 영역의 넓이를 $S(x)$라 하자.

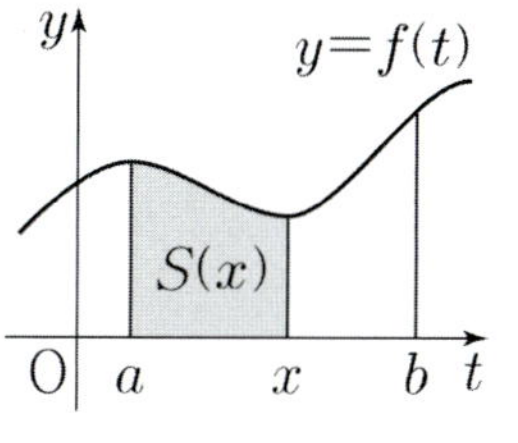

$t \to x$ 일 때 $\dfrac{S(t)-S(x)}{t-x} \to f(x)$이므로

$S'(x)=f(x)$이다.

$f(t)$의 한 부정적분을 $F(t)$라 하면 다음을 얻는다.

$S(b)=F(x)+C$(단, C는 상수)

… (중략) …

$S(b)=($ ㉢ $)$

이로부터 (㉢)을/를 $f(t)$의 a에서 b까지의 정적분이라 정의합니다.

임 교사 : 선생님과 제 수업 모두 ㉣2015 개정 수학과 교육과정의 〈수학 II〉 적분 영역에 제시된 교수 · 학습 방법 및 유의 사항을 반영했습니다. 그 결과 정적분의 도입 및 설명 방식은 다르지만, 정적분의 정의는 같네요.

밑줄 친 ㉠의 의미를 쉐발라드(Y. Chevallard)의 교수학적 변환론의 관점에서 서술하고, 밑줄 친 ㉡을 1가지 쓰시오.
또한, 괄호 안의 ㉢에 공통으로 해당하는 내용을 쓰고, 두 교사의 정적분 도입 및 설명 방식이 다른 이유를 밑줄 친 ㉣의 내용을 근거로 설명하시오. (4점)

→ [해결 예시] 217쪽

09 다음은 ○○고등학교의 학생회가 주최하는 행사의 포스터를 보고 두 교사가 나눈 대화이다.

| 2021년 교원임용시험 전공A 기출문제 5번 |

이웃 사랑 챌린지

학생 여러분, 우리 학교의 한 학생이 난치병에 걸렸는데 치료를 위해서는 30,000,000원이 필요하다고 합니다. 학생회에서는 치료비 마련을 돕기 위해 이웃 사랑 챌린지를 계획하였습니다. 챌린지는 참가자가 줄넘기 300회 미션을 수행한 후 두 명을 지목하면, 지목받은 참가자들이 미션을 수행하고 각자 또 두 명을 지목하는 방식으로 진행됩니다. 난치병 협회의 후원을 받아 참가자 한 명당 기부금 10,000원이 적립됩니다. 학생회장이 첫 참가자로서 챌린지를 시작할 예정입니다. 교내외에 많이 홍보해 주세요.

○○고등학교 학생회

윤 교사 : 학생들이 자발적으로 좋은 일을 하고 있네요. 선생님들도 동참해야겠어요.

강 교사 : 네, 학생들이 정말 대견하네요. 저는 이 행사를 홍보하고 추진하는 데 도움을 주고자 수학 수업에서 이 내용을 다뤄 보고자 해요.

윤 교사 : 어떻게요?

강 교사 : ㉠ <u>크라벤담(H. Krabbendam)의 그래프에 대한 질적 접근 관점에서 이웃 사랑 챌린지가 진행되는 상황을 다루는 수업</u>을 해 볼까 합니다.

윤 교사 : 그 후에 ㉡ <u>그래프를 좀 더 정확하게 표현하는 정교화 활동</u>을 하면 어떨까요?

강 교사 : 네, 수업에 반영해 보겠습니다.

윤 교사 : 저도 이웃 사랑 챌린지를 수업에서 다뤄 봐야겠어요. 학생들이 기획한 이웃 사랑 챌린지를 실세계 현상으로 하여 30,000,000원을 모으려면 최소 몇 단계까지 미션을 수행해야 하는지 알아보게 하는 거죠. 물론 학생들이 계획한 대로 이상적으로 진행된다고 가정해서요.

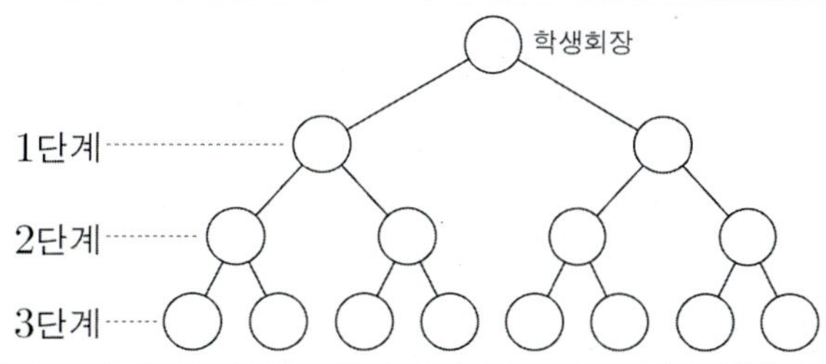

⋮

그러면 학생들이 수학적 모델을 만들고 분석해서 수학적 결과를 생성한 후 현상에 맞게 결론을 도출하게 될 거예요.

강 교사 : 학생들이 수학적 모델링도 경험할 수 있는 좋은 아이디어 같아요.

밑줄 친 ㉠에 포함해야 할 활동을 서술하고, 밑줄 친 ㉡의 예를 1가지 제시하시오. 또한, 윤 교사의 수업에서, 이웃 사랑 챌린지가 이상적으로 진행된다고 가정할 때 학생들이 실세계 현상으로부터 만들어야 할 수학적 모델과 도출해야 하는 결론을 각각 쓰시오. (4점)

→ [해결 예시] 218쪽

10 다음 (가)는 '함수의 연속'에 대한 박 교사의 수업의 일부이고, (나)는 박 교사가 수업 후에 최 교사와 나눈 대화이다. | 2023년 교원임용시험 전공B 기출문제 3번 |

(가)

박 교사 : 지금부터 함수의 연속에 대해서 배워볼게요. 여러분, 평소에 연속이라는 말을 들어보았나요?

학 생 A : 네, 3년 연속 우승이라고 할 때 연속이요.

학 생 B : 선생님, 연속 촬영도 있어요.

박 교사 : 좋아요. 여러분이 말한 것은 실생활에서 사용되는 연속이네요. 그럼 이제는 수학과 관련해서 연속이라는 말을 어떤 의미로 사용하였는지 말해볼까요?

학 생 A : 보통 선이나 그래프가 끊어지지 않고 이어져 있을 때를 연속이라고 한 것 같아요.

박 교사 : 그렇군요. 여러분 모두 그동안 연속이라는 말을 실생활이나 수학에서 사용해 온 것 같네요. 그런데 수학에서는 몇 가지 조건으로 '함수의 연속'을 정의하고 있습니다. 예를 들어, 함수 $f(x)\begin{cases} x^2+1 & (x \geq 1) \\ 2x & (x < 1) \end{cases}$ 이 $x=1$에서 연속인지 불연속인지를 어떻게 판단할까요?

학 생 B : 그래프를 그려서 그래프가 이어져 있는지 확인해 봐요.

박 교사 : 네, 좋은 생각이긴 하지만, 함수의 그래프는 연속을 시각적으로 확인하는 보조적인 수단에 불과합니다. 함수의 연속은 수학적 정의로 판단해야 하는데요. 함수 $f(x)$가 실수 a에 대하여 다음 세 가지 조건을 모두 만족시킬 때, $f(x)$는 $x=a$에서 연속이라고 합니다.

… (중략) …

박 교사 : 지금까지 $x=a$에서 함수 $f(x)$가 연속일 조건을 알아보고, 이와 관련된 문제를 풀어보았어요. 혹시 질문이 있나요?

학 생 들 : 아니요.

박 교사 : 그렇다면, $x=a$에서 함수 $f(x)$가 연속일 조건을 말해볼까요?

학 생 들 : 함숫값 $f(a)$와 극한값 $\lim_{x \to a} f(x)$ 가 존재해야 하구요. $\lim_{x \to a} f(x) = f(a)$이어야 합니다.

박 교사 : 좋아요. 여러분 모두 아주 잘 이해하고 있네요.

(나)

박 교사 : 오늘 수업 시간에 함수 $f(x)\begin{cases} x^2+1 & (x \geq 1) \\ 2x & (x<1) \end{cases}$ 이 $x=1$에서 연속인지 판단하라고 했더니, 일부 학생들은 연속의 정의보다는 그래프가 이어져 있는지를 확인하려는 모습을 보였습니다.

최 교사 : 저도 같은 경험을 했어요. 학생들은 연속 개념의 형식적 정의보다는 그래프가 끊이지 않고 연결되어 있다는 (㉠)에 영향을 많이 받는 것 같습니다.

박 교사 : 맞아요. 그런데 함수 개념에 대한 이해가 불완전한 학생들도 있어요. 오늘 수업에서 학생 C는 앞의 $f(x)$에 대해서, $y=x^2+1\,(x \geq 1)$과 $y=2x\,(x<1)$은 각각 함수이지만 이를 함께 제시한 $f(x)$는 함수가 아니라고 주장하더군요.

최 교사 : 네, 학자들은 함수 학습과 관련해서 개념 정의와 (㉠)의 불일치, 인식론적 장애에서 비롯되는 어려움을 이야기하는데요. ㉡<u>학생 C의 어려움은 그중의 하나로, 함수 개념의 역사적 발달 과정에서도 나타난 경향입니다.</u>

박 교사 : 동의합니다.

브루소(G. Brousseau)의 교수학적 상황론의 관점을 바탕으로 (가)의 수업 상황에서 박 교사가 학생들의 개인화와 배경화를 돕고 있다고 볼 수 있는 근거를 기술하고, 학생들의 탈개인화와 탈배경화된 지식을 확인하기 위한 교사의 발문 1가지를 찾아 제시하시오. 또한, 비너(S. Vinner)의 관점에서 (나)의 괄호 안의 ㉠에 들어갈 용어를 쓰고, 밑줄 친 ㉡에 해당하는 함수 학습과 관련된 어려움을 서술하시오. (4점)

→ [해결 예시] 219쪽

해결 예시

01 • (1권) 2부 1장 「프로이덴탈의 수학와 학습 – 지도론」 기출문제 해결예시 02번 참조.

02 • ①의 정의(학교수학의 직관적 정의) : 무한수열 $\{a_n\}$에서 n이 한없이 커짐에 따라, 수열의 일반항 a_n이 일정한 값 α에 한없이 가까워지면, 수열 $\{a_n\}$은 α에 수렴한다.

• ③의 정의(대학수학의 엄밀한 형식적 정의) : 무한수열 $\{a_n\}$에 대하여 적당한 $\alpha \in \mathbb{R}$가 존재하여,

'임의의 $\varepsilon > 0$에 대하여 이에 대응하는 적당한 $K(\varepsilon) \in \mathbb{N}$이 존재하여 $n > K$인 모든 $n \in \mathbb{N}$에 대하여 $|a_n - \alpha| < \varepsilon$이다.'

를 만족하면 수열 $\{a_n\}$은 α에 수렴한다.

■ 판단 근거 : 직관적 정의는 독립변수 n이 커지는 원인에 의해 종속변수 α에 가까워지는 결과를 생각하므로, 논리적 전개의 순서가 '원인 → 결과'이다. 이에 반해, 형식적 정의는 종속변수 α가 $|a_n - \alpha| < \varepsilon$을 만족할 수 있도록 독립변수 n을 결정한다는 점에서 '결과 → 원인'의 역순서이다. 이는 자연스러운 사고 방향을 역행하는 논리적인 반전이 뒤따라야 하므로, 이해에 어려움이 따른다.

■ 오개념의 원인 : 상수수열인 1, 1, 1, … 의 경우 수열의 항이 1로 일정하므로 어떤 수에 가까워지는 것은 아니다. 따라서 극한값이 존재하지 않는다고 생각할 수 있다. 학생들은 계속 변화하면서 어디에 가까워져야 한다는 직관적인 개념 이미지에 강하게 의존하고 있어서 상수수열 1, 1, 1, …은 아무 변화가 없고 어떤 수로 가까이 가지도 않는다고 생각하면서 수렴하지 않는다는 오개념을 가지게 된다.

해결 예시 참고자료

구분	참고자료	근거
교육과정	수학과 교육과정(교육부, 2022)	144
교과서	고등학교 수학	〈미적분Ⅱ〉(수열의 극한)
	수학교육과정과 교재연구(김남희 외, 2024)	259-262, 284-287
이론서	수학 학습-지도 원리와 방법(우정호, 2011)	372
	학교수학의 교육적 기초(우정호, 2007)	387-392
나의 추가 자료		

03 우리 주변의 현상으로 개념을 도입하기 위해 우선, 은행에 예금을 한 가상의 상황을 제시하고 복리로 계산된 원리합계 문제를 다룬다. 그리고 다음의 두 가지 방법 중 하나로 무리수 e의 값을 직관적으로 다룬다.

(1) 계산기에 의한 확인 : 계산기를 이용하여 수열 $a_n = \left(1+\dfrac{1}{n}\right)^n$에 $n=1, 2, 3, \cdots$을 대입하여 계산한 후 수열의 값이 $2.7182\cdots$로 가까워지는 것을 확인하도록 한다.

(2) 그래프에 의한 확인 : 수학교육용 소프트웨어를 이용하여 $f(x)=\left(1+\dfrac{1}{x}\right)^x$의 그래프를 그리고 x의 값이 충분히 큰 경우에 함수 $f(x)$의 그래프가 어떤 값에 가까워지는지를 시각적으로 보여준다. 위의 그래프는 $2.7182\cdots$로 가까워지는 것을 알 수 있다.

(1), (2)는 계산 능력 배양을 목표로 하지 않는 경우의 복잡한 계산 수행, 수학적 개념 · 원리 · 법칙의 이해 등을 위하여 계산기, 컴퓨터, 교육용 소프트웨어 등의 공학 도구를 활용하여 수학 학습의 효과를 높이도록 권고한 교육과정의 제안 사항에 적합하다.

참고

다음은 컴퓨터 프로그램을 사용하여 함수 $f(x)=(1+x)^{\frac{1}{x}}\ (x>-1)$의 그래프를 그린 것과 계산기로 x의 여러 가지 값에 대응하는 $(1+x)^{\frac{1}{x}}$의 값을 계산한 결과를 나타낸 것이다. 물음에 답하여 보자.

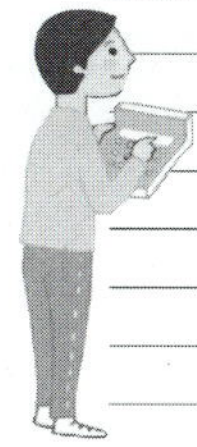

x	$(1+x)^{\frac{1}{x}}$
0.01	2.70481 ⋯
0.001	2.71692 ⋯
0.0001	2.71814 ⋯
0.00001	
⋮	⋮
−0.00001	
−0.0001	2.71841 ⋯
−0.001	2.71964 ⋯
−0.01	2.73199 ⋯

1. 위의 그래프를 보고, 극한값 $\lim_{x \to 0}(1+x)^{\frac{1}{x}}$ 이 존재하는지 생각해보자.

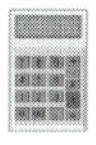

2. 위의 표를 완성하고, 그 결과를 이용하여 극한값 $\lim_{x \to 0}(1+x)^{\frac{1}{x}}$ 을 소수 넷째 자리에서 반올림하여 구해보자.

무리수 e 도입 (우정호 외, 2014: 40-41)

해결 예시 참고자료

구분	참고자료	근거
교육과정	수학과 교육과정(교육부, 2022)	100, 145
교과서	고등학교 수학	〈대수〉 (지수함수와 로그함수)
이론서	수학교육과정과 교재연구(김남희 외, 2024)	281-284, 295-296
	수학 학습-지도 원리와 방법(우정호, 2011)	479-480
나의 추가 자료		

04 • (1권) 2부 1장 「프로이덴탈의 수학화 학습－지도론」 기출문제 해결예시 **10**번 참조.

05 • (1권) 2부 3장 「브루소의 교수학적 상황론」 기출문제 해결예시 **09**번 참조.

06 (가)－(라)－(나)－(마)－(다)

전함수단계－기하적 함수 단계－대수적 함수 단계－논리적 함수 단계－집합적 함수 단계

해결 예시 참고자료

구분	참고자료	근거
교육과정	수학과 교육과정(교육부, 2022)	34-37, 67
교과서	중학교 수학	변화와 관계 영역 (일차함수와 그 그래프)
	고등학교 수학	〈공통수학2〉 (함수와 그래프)
이론서	수학교육과정과 교재연구(김남희 외, 2024)	118-127
	학교수학의 교육적 기초(우정호, 2007)	358-363
	수학 학습-지도 원리와 방법(우정호, 2011)	157-158, 532-536
나의 추가 자료		

07 <민수의 학습 일지>에서 서술된 상황을 보면 민수는 조립제법으로 나눗셈 문제를 풀 수 있는 '행동'은 할 수 있으나 프로그램 안에 포함된 계산 과정을 설명할 수는 없으므로 '과정' 상태에 이르지는 못했다. 민수는 행동이 내면화되어 동일한 조작을 할 수 있는 정신적 구조가 생긴 상태 즉, 행동이 내면화가 되어 그것을 설명할 수 있는 '과정' 상태에 이르지 못했음을 알 수 있다.

<재희의 학습 일지>에서 재희는 함수는 x의 값을 넣으면 y값이 나오는 것으로 인식하고 설명할 수 있다. 즉 함수를 입력과 출력으로 인식하고 설명할 수 있는 '과정' 상태에 있지만, 함수 자체를 객관화하여 하나의 대상으로 파악하는 '대상' 단계에는 이르지 못하였다. 함수를 '대상'으로 다룰 수 있어야 두 함수 사이의 합을 생각할 수 있는데, 재희는 이를 잘 이해하지 못했으므로 함수를 '대상'으로 다루지 못하고 아직 '과정'에 머물러 있는 상태라고 볼 수 있다.

참고

어떤 개념을 익히기 위해서는 우선 대상에 대한 변환을 적용해보게 되는데 이런 낱낱의 변환을 '행동'이라고 한다.

대상에 대한 행동을 반복하면서 반성하는 가운데 그 행동이 내면화되어 하나의 정신적인 '과정'이 된다. '과정'이란 행동이 내면화되면서 동일한 조작을 할 수 있는 정신적 구

조가 생긴 상태이다. '과정' 상태에서는 각 단계를 명시적으로 의식하지 않고도 변환시킬 수 있다. '과정'을 전체적으로 인식하기 시작하면 과정이 객관적으로 대상화되어 하나의 '대상'이 되고, 행동, 과정, 대상이 조직화되고 연결됨으로써 하나의 일관성 있는 구조가 되면 '스키마'가 된다.

해결 예시 참고자료

구분	참고자료	근거
교육과정	수학과 교육과정(교육부, 2022)	60, 67
교과서	고등학교 수학	〈공통수학 I〉(다항식), 〈공통수학 II〉(함수와 그래프)
이론서	수학교육과정과 교재연구(김남희 외, 2024)	262-264
	수학 학습-지도 원리와 방법(우정호, 2011)	260
나의 추가 자료		

08 ㉠ (1권) 2부 3장「브루소의 교수학적 상황론」 기출문제 해결예시 13번 참조.

㉡ $f(x)=\begin{cases}1 & (0\le x<1)\\ x+1 & (1\le x<2)\\ 4 & (x=2)\end{cases}$

(불연속점이 유한개이므로 리만적분 가능하다)

㉢ $F(b)-F(a)=\int_a^b f(t)dt$

두 교사의 정적분 도입 및 설명 방식이 다른 이유는 교육과정의 교수학습 방법 및 유의사항에서 '급수의 합을 이용한 정적분 정의는 다루지 않는다. $f(x)$의 부정적분 $F(x)$에 대하여 $F(b)-F(a)$를 $f(x)$의 a에서 b까지의 정적분이라 정의하되, 그 도입 및 설명방법을 다양하게 할 수 있다'는 내용을 반영한 것이다.

[참고] 2022 개정 교육과정 (성취기준 해설)

닫힌구간 $[a,b]$에서 연속함수 $f(x)$의 함숫값이 음이 아닌 경우 함수 $f(x)$의 그래프와 x축으로 둘러싸인 도형의 넓이를 $f(x)$의 a에서 b까지의 정적분이라 하고, 이를 일반적인 연속함수에 대한 정적분의 정의로 확장한다.

(교육부, 2022: 116)

문제해결 예시 참고자료

구분	참고자료	근거
교육과정	수학과 교육과정(교육부, 2015)	76-77
교과서	고등학교 수학	〈수학Ⅱ〉(적분)
이론서	수학 학습-지도 원리와 방법(우정호, 2011)	453-456
나의 추가 자료		

09 ㉠ 어떤 상황을 수량화하지 않은 상태로 개략적으로 표현하고 설명하는 활동, 이웃사랑 챌린지가 단계별로 진행됨에 따라 변화해 가는 상황을 전반적으로 설명하는 활동.

x축을 미션수행 단계로, y축을 기부금액으로 본다면 학생회장이 처음 미션을 수행했을 때(1만원)에서 시작해서 기부금액이 점점 급격하게 증가하는 상황을 개략적으로 설명하는 활동.

㉡ 이웃사랑 챌린지가 단계별로 진행되는 과정에서 단계마다 모아지는 기부금액을 정확한 수치적 자료를 이용해서 좌표평면에 점을 찍고 그래프가 어떻게 변화하는지 그 변화의 특징을 설명하고 예측하는 활동.

수학적 모델

$10000\times(2^0+2^1+2^2+\ldots+2^n)=10000\times\sum_{k=0}^{n}2^k \geq 30,000,000$을 만족하는 자연수 n의 최솟값을 구하시오.

결론

$n=11$

11단계까지 미션을 수행해야 30,000,000(원) 을 모을 수 있다.

문제해결 예시 참고자료

구분	참고자료	근거
교육과정	수학과 교육과정(교육부, 2022)	100
교과서	고등학교 수학	〈대수〉수열의 합
이론서	수학교육과정과 교재연구(김남희 외, 2024)	135-137
나의 추가 자료		

10 • 박 교사는 '평소에 연속이라는 말을 들어보았나요?' '수학과 관련해서 연속이라는 말을 어떤 의미로 사용하였는지 말해볼까요?' 등으로 학생들의 개인화와 배경화를 돕고 있다.

• 한편, 박 교사는 '$x=a$에서 함수 $f(x)$가 연속일 조건을 말해볼까요?'라고 물으며 학생들의 탈개인화와 탈배경화된 지식을 확인하기 위해 발문하고 있다.

• 개념 이미지

• 학생들은 함수는 모든 정의역에서 한 가지 규칙이나 대수식으로 표현되어야 한다고 생각하는 경향이 있다. 따라서 두 가지 이상의 규칙이나 대수식으로 표현된 함수들을 받아들이는 데 어려움을 느낀다.

문제해결 예시 참고자료

구분	참고자료	근거
교육과정	수학과 교육과정(교육부, 2022)	113-115
교과서	고등학교 수학	〈미적분 I 〉(함수의 극한과 연속)
이론서	수학교육과정과 교재연구(김남희 외, 2024)	258-261, 143
	수학 학습 지도 원리와 방법(우정호, 2011)	461,469
나의 추가 자료		

하브루타

질문과 토론으로 학습해 봅시다.

문제만들기로 나아가기

- **문제 만들기** 보충 또는 심화 학습이 필요한 내용을 문제로 만들어 봅시다.
- **탐구 학습** 관련 자료를 스스로 찾아가면서 문제해결해 봅시다.
- **토론 학습** 함께 토론하면서 문제 해결을 검토하고 보완해 봅시다.
- **포트폴리오 제작** 탐구 자료를 모아 '수학교육학' 포트폴리오를 만들어 봅시다.

❶ 문제 만들기(예시)

문제 만들기 ❶ 사범대학 수학교육과 학부생의 사례

함수의 그래프를 의미 있게 사용하려면, 여러 가지 접근 방식의 통합이 필요하다고 한다. 학교수학에서 학생들에게 점별 접근, 국소적 접근, 양적 접근에 대한 경험은 많이 제공되지만, 질적 접근에 대해서는 그렇지 못한 경우가 많다. 함수의 그래프 지도에서 질적 접근을 시도한 사례를 중학교 수학 교과서와 고등학교 수학 교과서에서 각각 하나씩 찾아보고 그 사례의 교육적 의의를 생각해보자.

문제 만들기 ❷ 교원임용시험을 준비하는 예비 교사의 사례

고등학교 수학에서는 함수의 극한에 대한 성질을 다루지만 이에 대한 엄밀한 증명은 제시하지 않는다.

$$\lim_{x\to a} f(x) = L,\ \lim_{x\to a} g(x) = M\ (L,\ M\text{은 실수})\text{일 때,}$$

$$\lim_{x\to a} f(x)g(x) = \lim_{x\to a} f(x) \times \lim_{x\to a} g(x) = LM$$

$\varepsilon-\delta$ 방법을 이용하여 위의 성질을 증명하고, $\varepsilon-\delta$ 방법의 강점을 설명해보자.

문제 만들기 ❸ 중·고등학교 현직 수학 교사의 사례

우리나라 수학과 교육과정에서 '함수의 개념' 지도를 위해 제시하고 있는 '성취기준 적용 시 고려 사항'을 찾아보자. 그 사항을 반영한 수학 교수–학습 사례를 계획해보고, 그 사례의 적절성에 대해 동료 교사들과 함께 토론해보자.

❷ 문제 만들기(실행)

(1) 문제 만들기(문제 제기)

(2) 탐구 및 토론 학습

(3) 문제해결 결과 정리

*문제해결에 도움이 된 참고자료들

* 문제가 추가되면 [부록 A]의 <문제 만들기> 활동지를 복사하여 활용한다.

문제
해결

1단계

문제를 해결하며
학습해봅시다.

④ 기하 영역

기초문제로 복습하기

- **문제해결** 문제를 해결해 가면서 주요 내용을 익히고 복습해 봅시다.
- **반성 · 정리** 참고문헌에서 관련 내용을 찾아 문제해결을 검토하고 보완해 봅시다.
- **자료축적** 문제해결에 도움이 된 자료들을 기록하여 추후 학습에 활용해 봅시다.

→ 강의 시간에 토론식 수업(토론 학습)을 한다면 해결 과정이나 결과를 서로 발표하고, 함께 검토하면서 발전시켜 봅시다.

01 우리나라 중학교 수학과 교육과정에서 '기하'는 '도형과 측정' 영역에서 다룬다. 학년별 지도 내용 체계를 정리해보자.

*도움이 된 참고자료 기록하기

02 '기하'와 '증명' 지도의 의의를 각각 써보자.

*도움이 된 참고자료 기록하기

03 유클리드《원론》에서는 기본적인 수학적 대상을 정의로 기술하고, 직관적으로 자명한 진리를 공리와 공준으로 상정하였다. 그리고 정의, 공리, 공준으로부터 수학의 명제들은 연역적으로 이끌어낸다. 유클리드《원론》에 제시된 공리와 공준을 써 보자.

*도움이 된 참고자료 기록하기

04 다음 내용은 명제의 증명을 종합적 방식에 의해 지도한 사례이다. 명제의 증명을 종합적 방식으로만 지도했을 때 나타날 수 있는 교육적 문제점에 대해 설명해보자.

예제 4

$\angle AOB$의 내부의 한 점 P에서 반직선 OA와 OB에 내린 수선의 발을 각각 D, E라고 할 때, $\overline{PD}=\overline{PE}$이면 $\overline{OP}$는 $\angle AOB$의 이등분선임을 보여라.

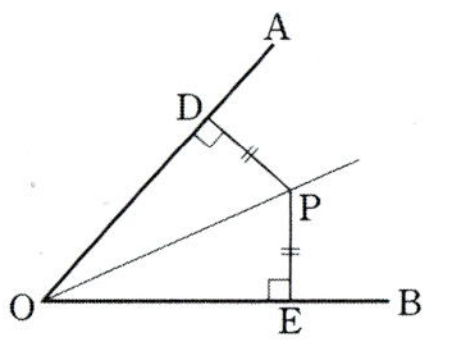

증명 △POD와 △POE에서

$\overline{PD}=\overline{PE}$ (가정) ……①

$\angle PDO=\angle PEO=90°$ (가정) ……②

$\overline{OP}$ 는 공통 ……③

①, ②, ③으로부터 두 직각삼각형의 빗변과 다른 한 변의 길이가 같으므로

$\triangle POD \equiv \triangle POE$

$\therefore \angle POD=\angle POE$

따라서 $\overline{OP}$는 $\angle AOB$의 이등분선이다.

알아두기

[가정]
$\angle PDO=\angle PEO=90°$
$\overline{PD}=\overline{PE}$
[결론]
$\angle POD=\angle POE$

*도움이 된 참고자료 기록하기

05 다음은 '개념의 고착화'에 관한 설명이다. 중등수학 교과서의 학습 내용과 관련하여 이에 해당하는 사례를 하나 들고, 그러한 장애를 완화하기 위한 지도 방안을 제시해보자.

> 학생들이 획득한 개념은 그 범위가 매우 좁은데, 학생들은 학습한 개념을 특정 맥락에만 적용 시키는 경우가 있다.

*도움이 된 참고자료 기록하기

06 다음을 귀납적 추론에 의한 방법과 연역적 추론에 의한 방법으로 각각 해결해보자.

> 평행사변형 ABCD에서 $\overline{AB}=\overline{CD}$, $\overline{AD}=\overline{BC}$
> $\angle A=\angle C$, $\angle B=\angle D$임을 증명하여라.

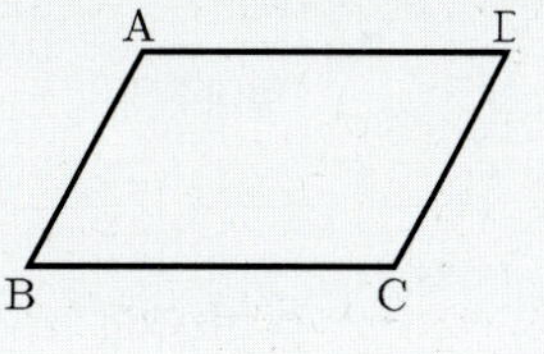

(1) 귀납적 추론

(2) 연역적 추론

*도움이 된 참고자료 기록하기

07 다음을 아래 제시된 두 가지 방식으로 각각 해결해보자.

> 삼각형의 세 변의 수직이등분선의 교점이 한 점에서 만남을 증명하여라.

(1) 종합기하적 관점의 증명

(2) 해석기하적 관점의 증명

*도움이 된 참고자료 기록하기

08 각 수리철학에서 바라보는 증명의 관점을 쓰고, 다양한 관점에 기초하여 학교수학의 증명 지도 방향을 제안해보자.

수리철학	증명관
절대주의	
준경험주의	
사회적 구성주의	

■ 학교수학의 증명 지도 방향 :

*도움이 된 참고자료 기록하기

09 다음 활동을 통해 추측할 수 있는 수학적 사실을 쓰고, 그것을 연역추론의 과정으로 증명해보자.

① 직사각형 모양의 종이를 반으로 접는다.
② 접은 종이를 점선을 따라 자른다.
③ 자른 종이를 펼쳐 나오는 삼각형을 $\triangle ABC$ 라고 한다.

10 다음은 수학 프로그램에서 삼각형의 모양을 변화시켜가면서 외심의 위치가 어떻게 변하는지 탐구하는 활동이다. 외심은 예각삼각형이면 삼각형의 내부에, 직각삼각형이면 삼각형의 빗변에, 둔각삼각형이면 삼각형의 외부에 있음을 확인할 수 있다.

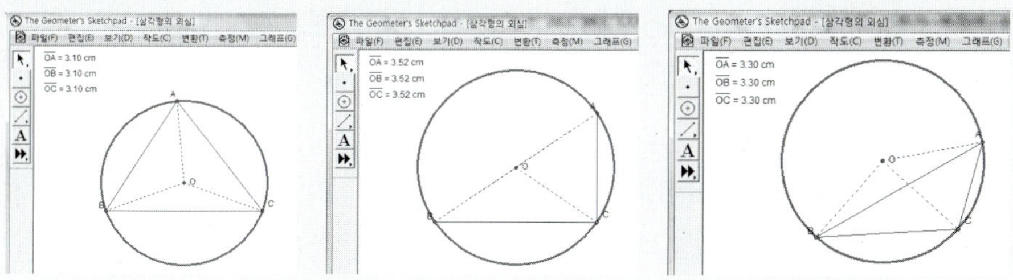

삼각형의 외심 탐구 (김남희 외, 2008: 150-151)

(1) 우리나라 교육과정의 교수·학습 방법의 제안에서 위 활동과 가장 관련이 있는 것을 써보자.
(2) 위 활동을 딘즈의 수학적 다양성의 원리 측면에서 평가해보자.

*도움이 된 참고자료 기록하기

11 다음은 증명 지도에 대한 두 교사의 대화이다. 다음을 읽고 물음에 답해보자.

김 교사: 중학교 수학에서도 증명을 지도하지요. '삼각형의 내각의 합은 180도이다.'를 증명한다든지 직각삼각형의 세 변의 길이 사이의 관계인 피타고라스의 정리를 증명하는 내용들이 있으니까요. 수학 교과서의 내용을 보면 중학교 수학에서도 연역적 추론의 지도가 많이 있다고 생각되어요.

정 교사: 맞아요. 그 내용은 'Euclid 원론'에도 있는 내용이지요. 'Euclid 원론'은 ① 공리적 방법으로 기술된 책인데, 연역적 추론 능력을 개발하고 수학적으로 사고하는 힘을 양성하는 데 많은 도움을 주는 수학의 고전이라고 할 수 있지요.

김 교사: 학생들이 수학적으로 사고하는 힘을 기르기 위해서는 추론 지도가 참 중요해요. ② <u>학생들은 증명을 많이 어려워하고……</u> 또 ③ <u>증명을 왜 해야 하는지도 잘 모른다</u>고 하소연을 하지만요.

정 교사: 그래요. 때로는 증명을 한 이후에도 증명한 정리의 내용이 무엇인지를 잘 이해 못 하는 경우까지 있기도 해요. 그래서 요즘 교육과정에서는 교수-학습상의 유의점에 '④ <u>어려운 증명의 경우에는 증명을 하기 전에 공학 도구나 조작 활동을 통하여 증명해야 할 성질을 직관적으로 이해하게 한다.</u>'는 제안이 있기도 하죠.

김 교사: 그런 제안은 추론 지도에 도움이 될 수 있을 것 같아요. 아…… 우리나라 수학과에서는 추론 능력의 신장을 특히 강조하는 것 같아요. 증명의 양은 약화시킨 것 같지만 ⑤ <u>'교수-학습 방법'에는 학생들의 추론 능력을 발전시키기 위해서 유의해야 할 사항</u>들을 제시하고 있거든요.

(1) ①의 방법이 무엇인지 설명하고, '삼각형의 내각의 합은 180도이다.'를 공리적 방법으로 증명해보자.

(2) ②, ③의 결과가 나타난 이유를 교사의 지도 방식에서 찾아 각각 두 가지씩 써보자.

(3) '피타고라스 정리'를 예로 하여 ④를 반영한 지도 사례를 수학 교과서에서 찾아보자.

(4) ⑤의 내용을 교육과정에서 찾아 적어보자.

*도움이 된 참고자료 기록하기

2단계

문제를 해결하며 학습해봅시다.

정리문제로 다지기

- **문제해결** 문제를 스스로 해결한 후, 자신의 답안을 [해결 예시]와 비교해 봅시다.
- **반성 · 정리** 참고문헌에서 관련 내용을 찾아 문제해결을 검토하고 보완해 봅시다.
- **자료축적** 문제해결에 도움이 된 자료들을 기록하여 추후 학습에 활용해 봅시다.

→ 강의 시간에 토론식 수업(토론 학습)을 한다면 해결 과정이나 결과를 서로 발표하고, 함께 검토하면서 발전시켜 봅시다.

01 학교수학에서 증명 지도는 추론 교육의 측면에서 교육적으로 큰 의의가 있다.

(1) 우리나라 수학과 교육과정의 교수－학습 방법에서 추론 지도를 위해 제안하는 사항을 모두 써보자.

나의 문제해결

(2) 다음 문제해결의 지도에서 필요한 교수－학습 과정을 제시하고, 그것을 (1)의 제안 사항과 관련지어 설명해보자.

평행사변형 ABCD에서 $\overline{AB}=\overline{CD}$, $\overline{AD}=\overline{BC}$ 이면 $\angle A=\angle C$, $\angle B=\angle D$ 임을 증명하여라.

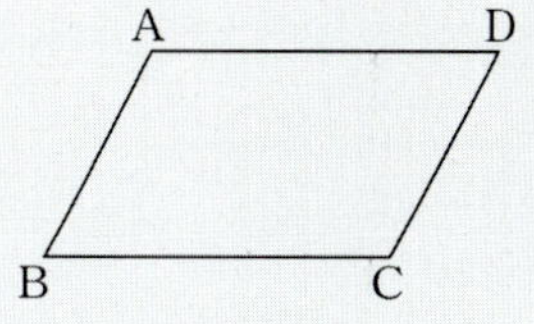

나의 문제해결

→ [해결 예시] 239쪽

02 다음 제시문에서 "연역적 증명을 학교수학에서 제 위치에 놓자."의 의미를 설명하고, 학교수학의 추론 지도의 방향을 세 가지 이상 제시해보자.

> 연역적인 증명을 학교수학에서 완전히 배제하라는 것이 아니다.
> 연역적 증명을 학교수학에서 제 위치에 놓자. (우정호, 2011: 31)

나의 문제해결

→ [해결 예시] 240쪽

03 다음은 우리나라 중학교 수학 '도형의 닮음' 단원에서 삼각형의 중점연결정리를 학습하는 수업 장면의 일부이다. 김 교사는 수업 시간에 <u>삼각형의 중점연결정리에 대한 증명</u>을 지도한 후에 학생들과 다음과 같은 상호작용을 하였다.

〈삼각형의 중점연결정리〉

$\triangle$ABC에서 변 AB, AC의 중점을 D, E라 하면

$\overline{DE} // \overline{BC}$, $\overline{DE} = \frac{1}{2}\overline{BC}$

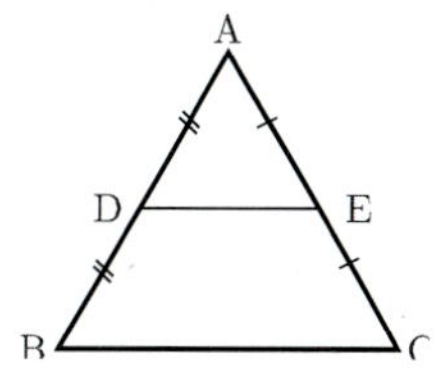

김 교사 : <u>만일 삼각형이 아니라, 사각형에서 각 변의 중점을 이웃한 점끼리 서로 연결하면 어떻게 될까요?</u>

학생 ① : 글쎄요.

김 교사 : 종이 위에 그림을 보면 어떨까요?

학생 ① : 사각형을 그리고… 각 변의 중점을 찍고… 이웃한 점끼리 서로 연결하면… 사각형이 그려지네요. 마름모 같기도 하고… 정사각형인가?

김 교사 : 중점을 연결해서 만든 도형이 어떤 성질을 가지고 있는지 살펴볼까요?

(학생들 탐구활동 중)

학생 ② : 선생님, 질문 있어요! 만일 종이에 네 점을 찍어서 사각형을 만드는 것이 아니라 공간에 네 점을 찍어서 사각형을 만드는 경우에는 어떨까요?

김 교사 : 좋은 질문이네요. 이 학생이 질문한 내용을 모두 함께 생각해볼까요? 우선 공간에 있는 도형을 쉽게 관찰할 수 있는 수학 프로그램을 이용해 해당 그림을 그리고 관찰해볼까요?

교사는 수학 프로그램을 이용해 공간상의 사각형을 그린 후,
그 도형을 상하좌우로 돌려가며 관찰하는 활동을 보여줌(아래 예시)

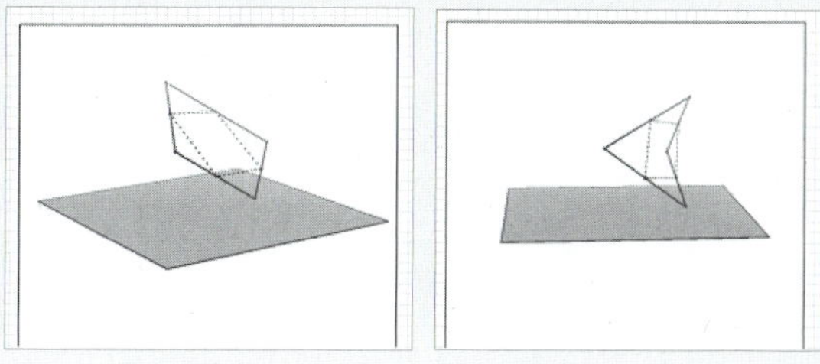

학 생 들 : 평면에서 그린 사각형의 경우와 유사한 결과가 나올 것 같은데요.

김 교사 : 여러분이 추측한 사실을 증명해보세요. 방금 배운 정리를 활용할 수 있을까요?

증명은 수학 교육의 목적 중의 하나인 추론 교육의 측면에서 그 지도의 의의를 갖는다. 증명의 학습을 위해서는 관찰과 귀납 등을 통한 비형식적인 방법에 의한 추론과 논리적이고 형식적인 방법에 의한 연역적 추론의 지도가 모두 중요하다. 위 수업에서 학생 ②가 제기한 문제에 대해 김 교사가 취한 방법을 추론 지도의 관점에서 평가하고, 제기된 문제를 연역적 추론에 의한 형식적 방법으로 해결해보자.

나의 문제해결

→ [해결 예시] 241쪽

04 다음 제시문을 읽고 물음에 답해보자.

〈'원'의 지도〉

(a) 평면 위의 한 점 O로부터 같은 거리에 있는 모든 점들의 집합을 원이라 하고, 이것을 원 O로 나타낸다.

이때 점 O가 원의 중심이고, 중심과 원 위의 한 점을 이은 선분이 반지름이다.

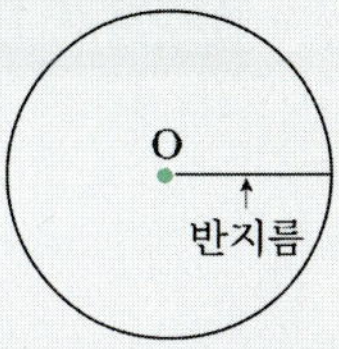

(b) 좌표평면 위에서 한 점 $\mathrm{C}(a,\ b)$를 중심으로 하고, 반지름의 길이가 r인 원의 방정식을 구해보자.

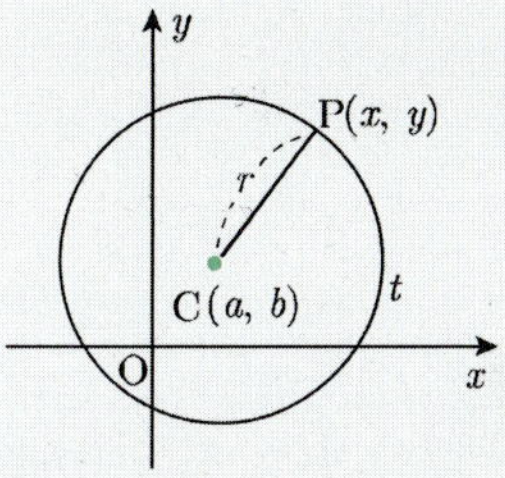

이 원 위의 임의의 점을 $\mathrm{P}(x,\ y)$라고 하면 $\overline{\mathrm{CP}}=r$이므로

$$\sqrt{(x-a)^2+(y-b)^2}=r$$

양변을 제곱하면

$$(x-a)^2+(y-b)^2=r^2 \cdots\cdots ①$$

이다.

역으로 방정식 ①을 만족하는 점 $\mathrm{P}(x,\ y)$에 대하여 $\overline{\mathrm{CP}}=r$이므로 점 $\mathrm{P}(x,\ y)$는 모두 이 원 위에 있다.

따라서 방정식 ①이 구하는 원의 방정식이다.

〈데카르트의 해석기하〉

데카르트의 기본적인 발상은 좌표의 개념을 도입하여 점 대신에 실수의 순서쌍 $(x,\ y)$를 생각함으로써 평면을 '산술화'한 것과, 미지수가 두 개인 부정방정식 $f(x,\ y)=0$에서 미지수 x를 x좌표로 간주하고 그에 대응하여 결정되는 미지수 y의 값을 y좌표로 간주함으로써, 그러한 좌표를 갖는 모든 점으로 이루어진 곡선을 나타내는 것으로 해석한 것이다. 이는 곧바로 함수 개념과 미적분학을 탄생시키게 됨으로써 새로운 과학의 세계를 연 위대한 착상이었다.

유클리드기하학은 직선으로 둘러싸인 다각형과 원 및 입체도형에 관한 연구이나, 해석기하학은 임의의 방정식에 의해 나타내어지는 곡선에 대한 연구로 도형의 연구 영역을 확장시켰을 뿐만 아니라 도형에 관한 다양한 문제의 대수적 해결을 가능하게 하였다.

(우정호, 2007: 291-292)

(1) 유클리드《원론》의 기하학은 데카르트의 해석기하와 대비되는 관점에서 종합기하(또는 논증기하)로 명명되기도 한다. (a), (b)의 지도 내용을 종합기하와 해석기하의 관점에서 구분해보자.

나의 문제해결

(2) 원의 지도 (b)를 참고하여 고등학교 수학 교과서에서 '직선'을 해석기하 관점에서 다루는 내용을 찾아 기술해보자.

나의 문제해결

→ [해결 예시] 243쪽

05 다음은 여러 수리철학의 입장에서 증명에 대한 서로 다른 관점을 나타낸 것이다. 각 관점에 적합한 수리철학을 써보자.

관점 A
증명은 수학의 확실성을 확보하는 수단이다.

관점 B
증명은 정리가 참임을 증명하는 수단이 아니라 발견과 개선을 위한 수단이다.
증명은 정당화의 도구가 아니라 비판과 발견을 이끌어내는 열린 활동이다.
증명은 정리를 확립하는 과정이 아니라 발견을 위한 사고실험의 과정이다.

관점 C
증명은 설명과 확신의 수단이다.
정리의 의미와 그 바탕이 되는 배경과 개념에 대한 이해는 엄밀한 증명을 하기 이전에 중요한 역할을 한다.

나의 문제해결

06 증명은 학교수학의 교수－학습에서 '추측된 사실의 정당화(입증)' 이외에도 다양한 역할을 할 수 있다. 증명 교육은 학생들이 수학에 대해 이해하는 방법, 수학을 기술하는 방법, 수학적으로 사고하는 방법에 적응시켜가는 과정으로서도 의미가 있다. 수학 교수－학습 과정에서 증명이 하는 역할을 여러 가지로 제시해보자.

나의 문제해결

➜ [해결 예시] 243쪽

07 학교수학의 추론 지도를 위한 다음 제안의 의미를 설명해보자.

> '추측하고, 증명하는 힘을 길러주어야 한다. 연역적 전개에 앞서 추측하고 발견하하는 비형식적인 사고가 선행되어야 한다.'
>
> (우정호. 2007: 347)

나의 문제해결

08 유클리드 《원론》의 공리와 공준은 오늘날에도 여전히 학교수학의 기하 영역 지도에 바탕이 되고 있다. 유클리드 《원론》의 제1공준을 쓰고, 중학교 수학에서 제1공준이 교수학적으로 변환된 내용을 써보자.

나의 문제해결

→ [해결 예시] 244쪽

09 다음은 증명 지도에 대한 세 교사의 대화이다. 다음을 읽고 물음에 답하여보자.

김 교사 : 반 힐레의 이론을 살펴보면 증명의 교수 · 학습이 성공적으로 이루어지기 위해서는 여러 가지 사전 활동들이 전제되어야 한다고 하지요.

박 교사 : 그래요. 증명 학습이 '증명'이라는 용어를 도입한다고 해서 모두 의미 있게 이루어지는 것은 결코 아니지요.

정 교사 : 맞아요. ① 증명을 하기 전에 도형을 관찰하고 도형의 성질들을 학생들 스스로 분석하는 경험이 필요해요.

김 교사 : 동기 유발도 중요하죠. 한 도형의 여러 성질 사이에 어떤 관련이 있는지, 그리고 여러 도형 사이에 어떤 관련성이 있는지를 탐색하는 과정에서 ② 증명의 필요성을 자연스럽게 도입하는 것도 필요해요.

정 교사 : 어떤 수학교육자는 학생들에게 진정한 수학적 사고 활동으로서 증명을 지도하지 못하고 증명의 기록에 불과한 기성의 수학을 단지 외부적으로 부과하는 것을 '반교수학적 전도'라고 강력하게 비판하죠. 수학화의 도구로서 연역을 재발명하는 학습이 이루어지도록 학생들을 격력해야 하며 '정의'보다는 '정의하기'를 '증명'보다는 '증명하기'를 학생들이 경험할 수 있도록 지도해야 합니다.

박 교사 : ③ 증명의 다양한 관점을 수학 수업에서 적절히 반영하는 것도 증명 교육을 풍부하게 하는 데 도움이 된다고 생각해요.

(1) 반 힐레의 학습 수준 이론 관점에서 ①의 활동을 평가해보자.

나의 문제해결

(2) 평행사변형과 관련된 명제 '두 쌍의 대변이 각각 평행하면 두 대각선은 서로 다른 것을 이등분한다.'를 예로 들어 ②의 과정이 드러나도록 하는 교사의 지도 과정을 기술해보자.

나의 문제해결

(3) 박 교사는 증명 지도에서 대화와 토론을 중심으로 한 소집단 협력학습을 계획하고 있다. 박 교사가 계획한 수업과 가장 관련이 깊은 수리철학을 쓰고, ③과 관련하여 이 철학에서 증명을 바라보는 관점을 써보자.

나의 문제해결

→ [해결 예시] 245쪽

해결 예시

01 (1) 다음과 같은 교수 · 학습 방법을 통해 추론 역량을 함양하게 한다.

㉠ 관찰, 실험, 측정 등 구체적 조작 활동을 통해 수학의 개념, 원리, 법칙에 흥미와 관심을 갖고 다양한 방법으로 탐구하고 이해하게 한다.

㉡ 귀납, 유추 등의 개연적 추론을 통해 수학적 추측을 제기하고 정당화하며, 수학적 증거와 논리적 근거를 바탕으로 비판적으로 사고하는 태도를 갖게 한다.

㉢ 수학의 개념, 원리, 법칙을 도출하는 과정과 수학적 절차를 논리적이고 체계적으로 수행하고 반성하게 한다.

(2) 바람직한 추론 지도를 위해서는 먼저 문제의 증명 과정을 곧바로 제시하기 전에 학생들로 하여금 증명해야 할 사실을 추측하도록 안내해야 한다. 예를 들어, 평행사변형의 종이 모형을 접어보거나 측정해보는 비형식적 활동 또는 GSP와 같은 수학 프로그램에서 도형을 움직여보면서 학생들이 평행사변형의 성질들을 추측해볼 수 있는 기회를 갖도록 한다. 그리고 학생들이 추측한 성질은 제한된 사례를 통해 발견한 것이므로, 모든 평행사변형에서 그 성질이 성립하는지를 확인해야 할 필요성을 느끼게 한다. 몇 가지 사례를 관찰하면서 발견한 추측이 수학적으로 참인 명제가 되기 위해서는 연역적인 증명이 필요하다는 것을 인식시키는 것이다. 교사는 이러한 과정을 통해 학생들이 증명을 정당화의 수단으로 도입할 수 있도록 도와줄 수 있다. 위와 같은 지도 과정은 우리나라 교육과정의 제안 즉, '수학적 추측을 제기하고 정당화하게 한다'는 측면에서 바람직한 추론 지도라고 볼 수 있다.

한편 증명을 본격적으로 지도할 때에는 교과서에 제시된 증명 내용을 학생들에게 곧바로 제시하기보다는 분석적 사고 방법을 활용하여 학생 스스로가 증명의 과정을 발견해나갈 수 있도록 안내해야 한다. 분석적 사고 방법에 의해 학생들이 풀이 계획을 발견하기 위해서는, 먼저 명제의 결론이 성립할 것이라고 가정한 뒤, 그 결론이 성립하기 위한 선행 조건들을 찾아가며 이미 알려져 있거나 참인 것으로 가정한 것에 이르는 '거꾸로 사고하기' 전략을 실행해보는 것이 도움이 된다. 풀이 계획을 발견하는 분석의 과정을 마치면, 이미 알려져 있거나 참인 것으로 가정한 것으로부터 출발하여 구하고자 하는 결론에 도달하는(분석의 과정을 거꾸로 되밟아감으로써) 종합의 과정으로 증명을 완성하도록 안내한다. 이러한 지도 과정은 명제가 참인 이유를 논리적으로 먼저 제시하기 이전에, 학생들이 증명의 과정을 어떻게 구성해야 하는가에 대해 스스로 고민해보면서 풀이 계획을 발견할 수 있도록 도와줄 수 있다. 또한 분석적 사고의 과정을 종합적 사고에 의해 정리하는 과정에서 논리적이고 연역적인 학습 태도를 길러줄 수 있다. 이는 우리나라 교육과정의 제안 즉, '수학적 증거와 논리적 근거를 바탕으로 비판적으로 사고하는 태도를 갖게 하면서, 수학적 절차를 논리적이고 체계적으로 수행하고 반성할 수 있도록 도와준다'는 측면에서 바람직한 추론 지도라고 볼 수 있다.

해결 예시 참고자료

구분	참고자료	근거
교육과정	수학과 교육과정(교육부, 2022)	37-40, 44
교과서	중학교 수학	도형과 측정 영역 (사각형의 성질)
이론서	수학교육과정과 교재연구(김남희 외, 2024)	192-196, 216-219, 234-239
	수학 학습-지도 원리와 방법(우정호, 2011)	41-47
	학교수학의 교육적 기초(우정호, 2007)	336-348
나의 추가 자료		

02 "연역적 증명을 학교수학에서 제 위치에 놓자."는 표현은 발견과 직관에 앞서 논리적 전개를 성급하게 제시해서는 안 된다는 의미이다. 다시 말하면 수학에서는 연역적 사고 못지않게 발견적 사고도 중요하므로 발견적 사고에 대한 지도를 한 이후에 연역적 사고를 지도하는 것이 바람직하다는 뜻이다. 학교수학의 교육에서 연역적 사고의 교육은 매우 중요하지만, 수학적 사고는 연역적 추론이나 형식적인 증명만으로 이루어진 것은 아니다. 연역적 증명은 직관적인 이해가 선행된 후 학생들이 의문이 생겨 필요하다고 생각할 때 도입되어야 한다. 수학적 사고 교육에서는 귀납과 유추 등에 의해 수학적 사실을 추측하거나 직관적 모델을 탐색하는 등의 비형식적인 사고 교육 역시 연역적 추론 교육과 마찬가지로 중요하다.

이러한 입장에서 학교수학의 추론 지도 방향을 제시하면 다음과 같다. 첫째, 귀납,

유추 등을 통해 먼저 증명해야 할 명제의 내용을 직관적으로 이해하는 지도 과정을 실행해야 한다. 연역적 증명에 앞서 학생 스스로 수학적 사실을 추측해보는 발견적 추론의 과정이 지도되어야 한다는 것이다. 둘째, 발견의 지도를 위해서 교사는 직관, 추측, 시행착오, 일반화, 관련성 찾기, 기하학적인 의미 이용하기, 측정 등과 같은 많은 방안을 사용해야 한다. 또한 조심성 있게 발견을 안내하는 질문을 하는 소크라테스 방법의 사려 깊은 사용도 요구된다. 셋째, 학생들로 하여금 발견의 기쁨을 맛보고 수학하는 자신의 힘에 신뢰감을 얻도록 해야 한다. 특히 발견 과정에서의 추측의 역할과 방황과 실수와 헛된 노력을 경험해 봄으로써 수학적 발견의 과정을 이해할 수 있도록 도와준다. 넷째, 증명은 발견적 추론에 의한 결과를 정당화하는 수단으로서 그 필요성이 부각되도록 도입되어야 한다. 특히, 연역적 추론을 하기 전에는 반드시 학생들이 직관적으로 이해한 내용에 대해 증명해야 할 필요성을 느끼도록 안내해야 한다. 예를 들어 중학교 1학년 수학에서 삼각형의 내각의 합이 180도라는 명제를 증명하려면, 학생들이 초등학교 수학에서 이미 몇 개 사례에서 그 사실이 성립함을 알고 있지만 모든 삼각형에 대해서 그러한지에 대해 의문을 갖게 하는 연출이 필요하다. 증명(연역적 추론)의 필요성을 느끼게 하는 과정에서 학생들은 연역적 추론이 관찰이나 직관적 추측의 불완전함을 보완하는 역할을 한다는 사실도 깨달을 수 있다.

해결 예시 참고자료

구분	참고자료	근거
이론서	수학교육과정과 교재연구(김남희 외, 2024)	234-239
	수학 학습-지도 원리와 방법(우정호, 2011)	35-41
	학교수학의 교육적 기초(우정호, 2007)	336-348
나의 추가 자료		

03 학생 ②가 제기한 문제에 대해 김 교사가 취한 방법을 추론 지도의 관점에서 보면 이는 바람직한 지도라고 평가할 수 있다. 김 교사는 학생 ②의 질문에 대해 곧바로 형식적인 방법에 의한 연역적 추론의 지도를 한 것이 아니라 컴퓨터 수학 프로그램을 이용하여 공간상에 해당 도형을 그리고 도형의 모양을 다양하게 변화시키며 변화하는 상황 속에서도 변하지 않는 성질이 무엇인지를 학생들이 직접 눈으로 관찰하여 스스로 질문에 대한 결과를 추측하도록 지도하였다. 그뿐 아니라 학생들이

추측한 사실에 대한 증명을 지도할 때 “방금 배운 정리를 활용할 수 있을까요?”라는 발문으로 이전의 지식을 활용해 당면한 문제를 해결하는 연역적 증명으로 잘 안내하였다. 우리나라 수학과 교육과정의 교수·학습 방법에는 ‘귀납, 유추 등의 개연적 추론을 통해 수학적 추측을 제기하고 정당화하여~.’라는 제안에서 처럼 김 교사의 지도는 비형식적인 방법에 의한 발견적 추론을 지도한 후 연역적 추론으로 이끌었다는 점에서 적절한 추론 지도 방법을 구사했다고 본다.

【제시된 문제 해결】

공간상에 네 점 A, B, C, D를 찍고 이웃한 점끼리 연결하여 도형 ABCD를 그린 후, 점 A와 C를 연결하여 선분 AC를 그린다. 선분 AB의 중점을 M, 선분 BC의 중점을 N이라 한 후 서로 연결한 선분 MN을 보면 삼각형 ABC에서 삼각형의 중점연결정리를 적용할 수 있다. 따라서 선분 MN과 선분 AC는 서로 평행이고, 선분 MN의 길이는 선분 AC의 길이의 $\frac{1}{2}$배이다. 마찬가지로 선분 AD의 중점을 O, 선분 CD의 중점을 P라 한 후 서로 연결한 선분 OP를 보면 역시 삼각형 ADC에서 삼각형의 중점연결정리를 적용할 수 있다. 선분 OP는 선분 AC와 평행이고, 선분 OP의 길이는 선분 AC의 길이의 $\frac{1}{2}$배이다. 따라서 선분 MN과 선분 OP는 서로 평행이고 길이가 같다. 이제 점 M, N, O, P를 서로 이웃한 점끼리 연결하여 사각형 MOPN을 그리자. 그러면 사각형 MOPN은 한 쌍의 대변인 선분 MN과 선분 OP가 서로 평행이고 길이가 같다. 따라서 사각형 MOPN은 평행사변형이다.

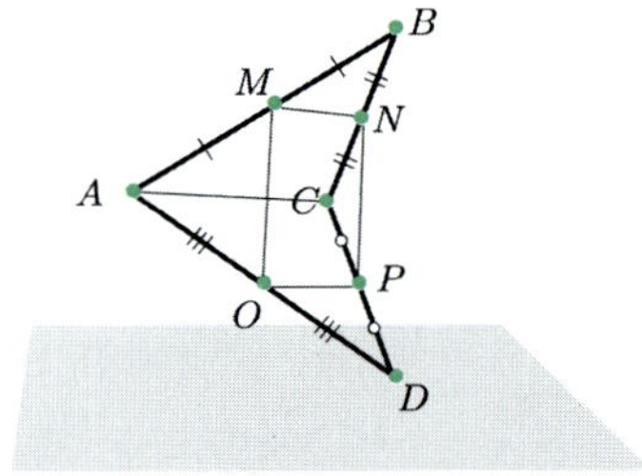

해결 예시 참고자료

구분	참고자료	근거
교육과정	수학과 교육과정(교육부, 2022)	37-40, 44
교과서	중학교 수학	도형과 측정 영역 (삼각형의 성질)
이론서	수학교육과정과 교재연구(김남희 외, 2024)	235
	수학 학습-지도 원리와 방법(우정호, 2011)	324-325
	어떻게 문제를 풀 것인가?(Polya, G., 1956: 우정호 역, 2008)	xvi, 4, 77
나의 추가 자료		

04 (1) 유클리드는 직선, 원 등의 도형을 전체적이고 종합적으로 파악한 반면, 데카르트는 직선이나 원을 분해하여 직선이나 원 위에 있는 각각의 점의 좌표 (x, y)에서 x와 y 사이에 성립하는 방정식의 관점에서 도형을 연구하였다. 원을 점의 집합으로 전체적이고 통합적으로 다루는 (a)는 종합기하적 접근으로, 도형을 점으로 분해하여 좌표를 도입하여 다루는 (b)는 해석기하적 접근으로 구분해 볼 수 있다.

(2) 좌표평면에서 한 점 $\mathrm{A}(x_1, y_1)$을 지나고, 기울기가 m인 직선 l의 방정식을 구해보자. 직선 l 위에 점 A와 다른 임의의 한 점을 $\mathrm{P}(x, y)$라고 하면

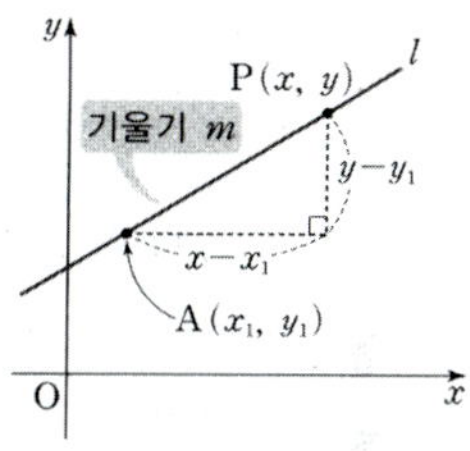

$$\frac{y-y_1}{x-x_1}=m$$

이다. 양변에 $x-x_1$을 곱하면

$$y-y_1=m(x-x_1) \cdots\cdots ①$$

을 얻는다. 점 $\mathrm{A}(x_1, y_1)$도 위의 방정식을 만족하므로, ①은 구하는 직선의 방정식이다.

해결 예시 참고자료

구분	참고자료	근거
교육과정	수학과 교육과정(교육부, 2022)	65
교과서	고등학교 수학	〈공동수학2〉 (직선의 방정식, 원의 방정식)
이론서	수학교육과정과 교재연구(김남희 외, 2024)	198-201
	학교수학의 교육적 기초(우정호, 2007)	291-293
나의 추가 자료		

05 관점 A: 절대주의 수리철학

관점 B: 준경험주의

관점 C: 사회적 구성주의

해결 예시 참고자료		
구분	참고자료	근거
이론서	수학교육과정과 교재연구(김남희 외, 2024)	219-227
	학교수학의 교육적 기초(우정호, 2007)	324-326
나의 추가 자료		

06

- 새로운 발견
- 정당화
- 조직화와 체계화
- 설명과 의사교환
- 이해와 확신을 위한 수단 등

해결 예시 참고자료		
구분	참고자료	근거
이론서	수학교육과정과 교재연구(김남희 외, 2024)	227
	학교수학의 교육적 기초(우정호, 2007)	344
나의 추가 자료		

07 수학적인 추론 능력은 추측하고 발견하는 능력과 증명하는 능력으로 구성된다. 수학 교육에서 증명 과정만을 강조하고 발견적 추론 과정을 소홀히 한다면 바람직한 수학적 추론 교육이라고 보기 어렵다. 관찰, 실험, 실측 등의 비형식적인 방법을 통한 발견적 추론을 자극하고 발견된 사실이 개연적인 추측에 불과하다는 것을 의식하게 한 후, 이를 정당화하거나 체계화하기 위한 수단으로서 연역적 추론을 도입해야 한다. 다시 말하면 증명의 지도에 있어서도 증명해야 할 사실에 대한 추측을 먼저 할 수 있도록 지도한 후에 그 추측이 참임을 보장하기 위해서 연역적 추론의 지도를 도입해야 하는 것이다.

해결 예시 참고자료		
구분	참고자료	근거
이론서	수학교육과정과 교재연구(김남희 외, 2024)	235-236
	수학 학습-지도 원리와 방법(우정호, 2011)	39-41
	학교수학의 교육적 기초(우정호, 2007)	17-18, 347
나의 추가 자료		

08 《원론》의 제1공준: 한 점에서 또 다른 한 점으로 한 직선을 그릴 수 있다.

교수학적으로 변환된 내용:

오른쪽 그림과 같이 한 점 A를 지나는 직선은 무수히 많지만 서로 다른 두 점 A, B를 지나는 직선은 오직 하나뿐이다. 즉, 서로 다른 두 점은 하나의 직선을 결정한다.

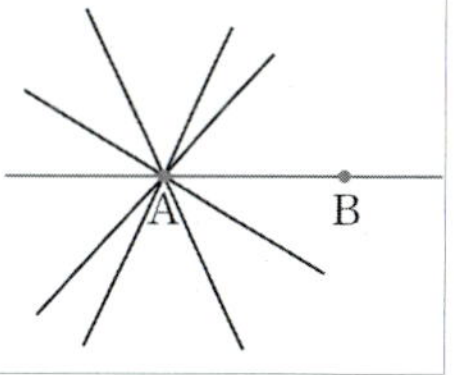

해결 예시 참고자료

구분	참고자료	근거
교육과정	수학과 교육과정(교육부, 2022)	37-40
교과서	중학교 수학	도형과 측정 영역(기본도형)
이론서	수학교육과정과 교재연구(김남희 외, 2024)	196-197
	수학 학습-지도 원리와 방법(우정호, 2011)	454
	학교수학의 교육적 기초(우정호, 2007)	161
나의 추가 자료		

09 (1) 도형을 관찰하는 것은 1수준 즉, 사고의 대상인 주변을 도형이라는 사고의 수단으로 인식하도록 하는 것이고, 도형의 성질들을 학생들 스스로 분석하는 경험은 2수준 즉, 우리의 사고 대상을 도형으로 삼고, 도형을 도형의 성질이라는 사고의 수단으로 인식하도록 하는 것이다.

①의 활동은 증명을 하기 전에 1수준과 2수준의 경험을 충분히 제공하는 것이다. 1, 2수준의 학습을 순차적으로 제공하여 바로 이어질 3수준의 학습이 자연스럽고 의미 있게 전개되도록 하는 학습 경험이라고 평가할 수 있다.

(2) 2수준에서 찾은 평행사변형의 성질들을 대상으로 "성질들 사이에 어떤 관련성이 있을까?" 하고 발문하여 학생들이 평행사변형의 성질들 사이의 관계를 추측할 수 있도록 한다. (종이 접기, 컴퓨터 프로그램을 이용한 측정 등으로도 추측을 하도록 안내한다.)

이후에 "일반적인 평행사변형에서도 우리의 추측이 성립할까?"라는 발문을 던져 증명의 필요성을 느끼게 한다. 우리의 추측이 임의의 평행사변형에서도 성립하는지를 보이려면 논리적으로 설명을 해야 함을 느끼게 한다.

(3) ■ 사회적 구성주의

■ 사회적 구성주의에서는 증명을 설명과 확신의 수단으로 바라본다.

해결 예시 참고자료

구분	참고자료	근거
교육과정	수학과 교육과정(교육부, 2022)	37-40
교과서	중학교 수학	도형과 측정 영역 (사각형의 성질)
이론서	수학교육과정과 교재연구(김남희 외, 2024)	211-213, 215-219, 225-227, 237-238
	수학 학습-지도 원리와 방법(우정호, 2011)	435
	학교수학의 교육적 기초(우정호, 2007)	326, 343
나의 추가 자료		

3단계

문제를 해결하며 학습해봅시다.

기출문제로 도약하기

- **문제해결** 문제를 스스로 해결한 후, 자신의 답안을 [해결 예시]와 비교해 봅시다.
- **반성 · 정리** 참고문헌에서 관련 내용을 찾아 문제해결을 검토하고 보완해 봅시다.
- **자료축적** 문제해결에 도움이 된 자료들을 기록하여 추후 학습에 활용해 봅시다.

➜ 교원임용시험대비 수험생들은 답안 작성 분량을 고려하면서 자신의 답안을 수정하거나 보완해 봅시다.

01 다음은 제7차 수학과 교육과정에서 제시하고 있는 수학 Ⅱ 의 공간도형 영역에 대한 '학습 · 지도상의 유의점'이다. **| 2007년 교원임용시험 기출문제 4번 |**

> **〈학습 · 지도상의 유의점〉**
>
> ① 공간도형의 성질을 관찰과 직관에 의해 이해하도록 한다.
>
> ② 공간도형은 공리계를 사용하지 않고 간단히 다룬다.

'공간에서 서로 다른 두 직선의 위치 관계'의 구체적인 학습 내용을 쓰고, 이 내용을 ①에 입각하여 도입하는 방법을 예를 들어 설명하시오. 또한 ②의 이유를 수학적 추론교육과 관련지어 쓰시오. (4점)

➜ [해결 예시] 264쪽

02 다음은 김 교사가 중학교 1학년 학생을 대상으로 삼각형의 결정조건을 지도하는 수업의 일부이다. 다음을 읽고 물음에 답하시오. (30점)

| 2009년 교원임용시험 2차 기출문제 1번 |

김 교사 : 지금까지 여러 모둠이 발표한 결과에 따르면, 세 변의 길이가 모두 주어진 경우, 두 변의 길이와 그 끼인각의 크기가 주어진 경우, 한 변의 길이와 양 끝각의 크기가 주어진 경우로 삼각형의 결정조건을 정리할 수 있습니다. 다른 경우를 발견한 모둠이 있습니까?

가영 : 저희 모둠에서는 두 각과 한 변이 주어졌는데 그 두 각이 주어진 변의 양 끝각이 아닌 경우에 삼각형이 결정되는지 알아보려 했어요. (칠판에 아래의 그림을 그린다.)

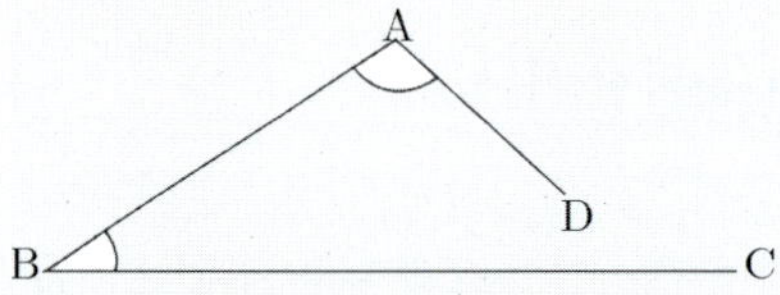

여기서 선분 BC는 주어진 변이고 각 A와 각 B가 주어진 각이에요. 그런데 이 그림에서 보면 삼각형 모양이 만들어지지 않아요. 그러면 이 경우는 삼각형을 결정할 수 없나요?

김 교사 : ㉠ 여기서 선분 AB와 선분 AD는 길이가 주어지지 않은 것이라서 늘이거나 줄일 수 있어요. 이 그림에서 선분 AB의 길이를 늘여서 선분 AD의 연장선이 점 C를 지나도록 하면 삼각형은 만들어지겠지요.

가영 : 하지만 그 그림에서 각 A의 크기와 각 B의 크기를 서로 바꾸면 다른 삼각형이 만들어져요.

김 교사 : ㉡ (전체 학생을 향해) 나영이가 한 말을 이해했어요? (학생들이 이해를 못하는 상황)
그럼 나영이는 지금 한 말을 다른 친구들이 이해할 수 있도록 좀 더 자세히 설명해 보겠어요?

가영 : 예를 들어, 한 변의 길이가 5 cm이고 두 각의 크기가 90°, 60°인 삼각형을 다음과 같이 그릴 수 있어요.

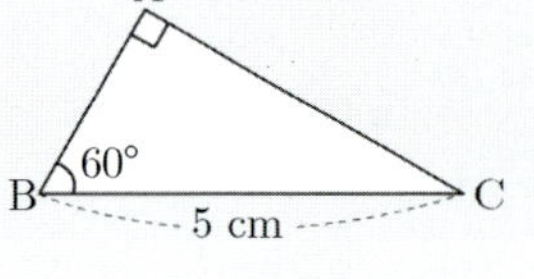

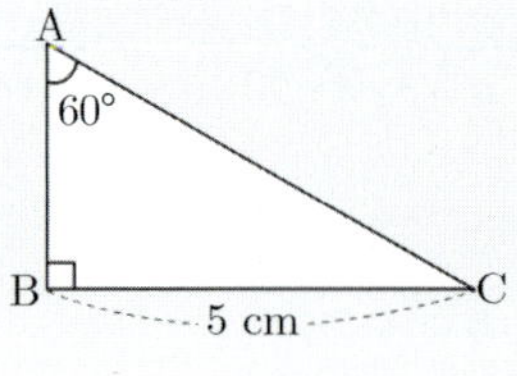

김 교사 : 네. 잘했어요. 나영이가 설명한 것처럼 가영이네 모둠이 제시한 조건은 삼각형의 결정조건이라고 할 수 없습니다.

가영 : 선생님, 질문이 있는데요. 그럼 두 변의 길이와 그 끼인각이 아닌 다른 한 각이 주어진 경우는 삼각형의 결정조건이 되나요?

(1) 2007년 개정 수학과 교육과정에서는 학생 스스로 문제를 해결하면서 개념, 원리, 법칙을 탐구하고, 수학적 사실을 추측하고 이를 정당화 또는 증명하여, 수학적 사고력과 의사소통 능력을 신장하고 수학에 대한 긍정적 태도를 함양하도록 지도할 것을 권고하고 있다. 이러한 관점에서 밑줄 친 부분 ㉠과 ㉡ 각각에 대하여 장점 또는 개선이 필요한 점을 한 가지 찾아 그 근거와 함께 설명하시오. (10점)

(2) 김 교사는 다영이의 질문을 아래와 같이 문제로 만들어 과제로 내 주었다. **문제** 에 대한 모범답안을 만들고, 과제물을 평가할 수 있는 채점 기준을 다음 〈조건〉에 따라 작성하시오. 그리고 다음의 <학생과제물 사례>에 있는 **풀이** 를 위에서 작성한 채점 기준의 채점 영역별로 평가한 근거와 함께 서술하시오. (20점)

조건

- 분석적 점수화 방법을 적용하여 채점 기준을 작성하되, 배점은 고려하지 않는다.
- 채점 기준은 채점 영역과 채점 요소로 구성한다.
- 채점 영역을 먼저 '문제해결'과 '<u>수학적 추론과 정당화</u>'로 구분하고, '문제해결' 영역은 다시 '<u>문제의 이해</u>', '<u>계획의 작성 및 실행</u>', '<u>반성</u>'의 3가지 하위 영역으로 구분한다.
- 위에서 밑줄 친 4가지 채점 영역 각각에 대하여 채점 요소가 2가지만 포함되도록 채점 기준을 구성한다.

학생 과제물 사례

문제 두 변의 길이와 그 끼인각이 아닌 다른 한 각의 크기가 주어진 경우는 삼각형의 결정조건이 되는지 판단하고, 그 이유를 설명해 보세요.

풀이 나는 두 변의 길이와 그 끼인각이 아닌 다른 한 각의 크기가 주어진 경우는 삼각형의 결정조건이 된다고 생각한다. 내 생각이 맞는지 알아보기 위해 컴퓨터 프로그램을 이용하여 직접 그려 보았다. 다음은 컴퓨터 화면을 캡쳐한 것이다.

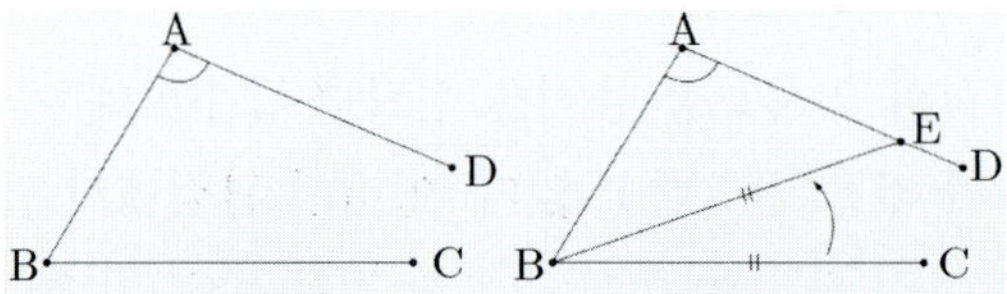

[그림 1] [그림 2]

[그림 1]에서 선분 AB와 선분 BC는 길이가 주어진 두 변을 나타내고 각 A는 크기가 주어진 각을 나타낸다. 여기서 선분 BC의 길이가 변하지 않도록 꼭짓점 B를 중심으로 선분 BC를 돌려서 [그림 2]와 같이 선분 AD와 만나도록 한다. 이때 생기는 교점을 E라고 하면 삼각형 ABE가 만들어진다. 선분 BC를 꼭짓점 B를 중심으로 회전시킨 이유는 선분 BC의 길이를 유지하면서 세 번째 꼭짓점을 구할 수 있기 때문이다. 이처럼 문제의 조건을 이용하여 삼각형을 실제로 만들어 낼 수 있으므로 두 변의 길이와 그 끼인각이 아닌 한 각의 크기가 주어진 경우는 삼각형의 결정조건이 된다.

→ [해결 예시] 265쪽

03 다음 <수업상황 A>와 <수업상황 B>를 보고 물음에 답하시오.

| 2012년 교원임용시험 2차 기출문제 1-2번 |

수업상황 A

학생들이 기하 탐구형 소프트웨어를 이용하여, 사각형 ABCD의 변의 길이를 변화시키면서 각 변의 중점을 연결하여 만든 사각형 PQRS의 성질을 탐구하고 있다.

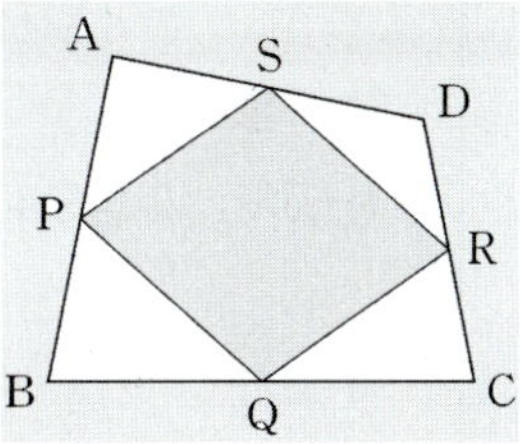

김 교사 : 사각형 PQRS는 어떤 사각형인 것 같아요?

학　생 : 평행사변형인 것 같은데요.

김 교사 : 그러면, 사각형 PQRS가 평행사변형이라는 것을 어떻게 보일 수 있을까요?

학　생 : 두 변 PQ와 SR, 그리고 PS와 QR가 각각 평행인 것을 보이면 됩니다.

김 교사 : 서로 평행인 것은 어떻게 보일 수 있을까요?

학　생 : 잘 모르겠는데요.

김 교사 : 이 문제에서 사용할 수 있는 성질이나 조건에는 어떤 것이 있을까요?

학　생 : 중점이요.

학　생 : 평행이요.

김 교사 : 중점, 평행하면 생각나는 정리 없어요?

학　생 : 삼각형의 중점연결정리요.

김 교사 : 좋아요. 그 정리를 이 문제에 이용하려면 어떻게 하면 될까요?

학　생 : 삼각형을 만들면 돼요. 점 A와 C를 연결하면 삼각형 ACD를 만들 수 있어요.

김 교사 : 그러면 무엇을 알 수 있지요?

학　생 : 중점연결정리 때문에 AC와 SR가 평행이에요.

김 교사 : <u>중점연결정리를 적용할 수 있는 삼각형은 삼각형 ACD뿐일까요?</u>

학　생 : <u>삼각형 ABC도 있습니다. 아! 그러면 PQ와 AC도 평행이니까, PQ와 SR도 평행이 돼요. 그리고 선분 BD를 그으면 PS와 QR도 평행이 되어 한꺼번에 증명이 돼요.</u>

(교사가 어떤 문제를 칠판에 제시한다.)

김 교사 : <u>이제 여러분들이 해 볼 차례입니다. 평소에 선생님이 문제를 해결하는 방식을 따라해 보면서, 이 문제를 스스로 해결해 보세요.</u>

학　생 : <u>선생님처럼 해 보니까, 이제 문제를 어떻게 풀어야 하는지 알겠어요.</u>

수업상황 A

최 교사: 삼각형 모양의 종이가 준비되었지요? 한 꼭짓점에서 두 변이 겹치도록 접었다가 펼쳐 보세요. 다른 꼭짓점에서도 똑같이 해 보세요. 접은 두 선이 만나는 점이 있지요?

학 생: 네

최 교사: 그 점으로부터 삼각형의 세 변에 이르는 거리를 재어 보세요.

(학생들의 측정 활동이 이어진다.)

최 교사: 어떤 사실을 추측할 수 있어요?

학 생: 삼각형의 두 내각의 이등분선의 교점으로부터 세 변에 이르는 거리가 같은 것 같습니다.

최 교사: 그러면, 명제 ㉠ '삼각형 ABC의 두 각 A와 B의 이등분선의 교점으로부터 세 변에 이르는 거리가 같다.'를 증명할 수 있을까요?

학 생: 네. 지난 시간에 한 것처럼 하면 될 것 같아요.

최 교사: 우리가 지난 시간에 어떻게 했지요?

학 생: 분석법을 이용하여, 삼각형 ABC의 두 변 AB와 BC의 수직이등분선의 교점으로부터 각 꼭짓점에 이르는 거리가 같다고 가정하고서 …… (중략) …… 그러고 나서 종합법을 이용하여 정리하니까 증명이 되었어요.

최 교사: 그래요. 이번에도 비슷하게 한번 해 볼까요?

학 생: 네.

최 교사: 그럼, 삼각형 ABC의 두 각 A와 B의 이등분선의 교점으로부터 삼각형의 각 변에 이르는 거리가 같다고 가정하고서 시작해 봅시다.

2007년 개정 수학과 교육과정의 교수·학습 방법에서 수학적 사고와 추론 능력을 발전시키기 위하여 권고한 유의사항에 근거하여, <수업상황 A>와 <수업상황 B>에 공통으로 나타난 수업의 특징을 구체적으로 설명하시오.
그리고 <수업상황 B>에서 명제 ㉠의 증명에 분석법과 종합법을 적용하는 과정을 구체적으로 제시하고, 명제를 증명할 때 분석법과 종합법을 함께 이용하는 활동의 수학교육적 의의를 설명하시오. (20점)

→ [해결 예시] 266쪽

04 다음은 수업 준비를 위한 교사용 보조 자료이다. 수학적 사실을 정당화하는 과정에서 두드러지게 나타나는 추론 유형을 (가), (나)에서 각각 하나씩 찾고, 이 두 유형의 추론을 기초로 정당화의 지도 방법을 <작성 방법>에 따라 논술하시오. (10점)

| 2016년 교원임용시험 전공B 기출문제 8번 |

〈한 가지 수학적 사실을 정당화하는 두 가지 접근〉

밑변의 양 끝각의 크기가 같은 사다리꼴에서 평행하지 않은 한 쌍의 대변의 길이는 서로 같음을 설명하시오.

(가) 밑변의 양 끝각의 크기가 같은 사다리꼴 모양의 종이를 준비한다. 그림과 같이 윗변의 수직이등분선을 따라 접는다.

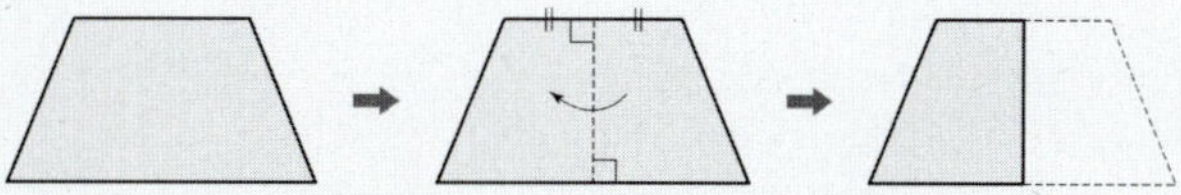

평행하지 않은 한 쌍의 대변이 일치하므로, 대변의 길이는 서로 같다.

(나) 그림과 같이 $\overline{AD} /\!/ \overline{BC}$ 이고 $\angle B = \angle C$ 인 사다리꼴 $ABCD$ 가 있다. $\overline{AB} = \overline{DC}$ 임을 보이자. 점 D 에서 $\overline{AB}$ 에 평행한 $\overline{DE}$ 를 그으면, 동위각의 성질에 의해서 $\angle DEC = \angle B$ 이다.

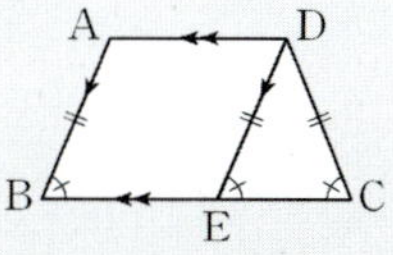

그런데 $\angle B = \angle C$ 이므로 $\angle DEC = \angle C$ 이다. 따라서 $\triangle DEC$ 는 이등변삼각형이므로 $\overline{DE} = \overline{DC}$ 이다.

또한 $\square ABED$ 는 평행사변형이므로 $\overline{AB} = \overline{DE}$ 이다.

따라서 $\overline{AB} = \overline{DE}$ 이고 $\overline{DE} = \overline{DC}$ 이므로 $\overline{AB} = \overline{DC}$ 이다.

작성 방법

- 서론, 본론, 결론의 형식을 갖출 것.
- 서론 부분에는 (나)와 같은 방법만으로 지도할 때 생길 수 있는 문제점을 포함할 것.
- 본론 부분에는 아래 요소를 포함하여 작성할 것.
  - 폴리아(G. Polya)의 관점에서 두 추론의 역할
  - 반 힐레(P. van Hiele)의 기하 학습 수준 이론에서 학습 수준을 제1수준 ~ 제5수준

으로 구분할 때, 제3수준과 제4수준이 주는 시사점

- 결론 부분에는 2009 개정 교육과정에 따른 수학과 교육과정의 '교수·학습 방법'에 제시된 수학적 추론 능력을 신장시키기 위한 유의사항을 포함할 것.

➜ [해결 예시] 266쪽

05 다음은 윤 교사가 고등학교 수학 '도형의 방정식' 단원에서 사용한 활동 과제 중 3가지를 나타낸 것이다.

| 2020년 교원임용시험 전공A 기출문제 6번 |

(1) 다음 [그림 1], [그림 2], [그림 3]은 축구공이 골라인을 나타내는 직선 l을 지나가는 상황을 차례로 찍은 사진이다. [그림 1], [그림 2], [그림 3]에서 각각 직선 l을 x축으로 하여 좌표축을 설정하고 축구공을 나타내는 원을 식으로 표현하시오.

※ 준비물: 삼각자

[그림 1]

[그림 2]

[그림 3]

(2) 좌표평면에서 원과 직선의 위치 관계를 알아보시오.

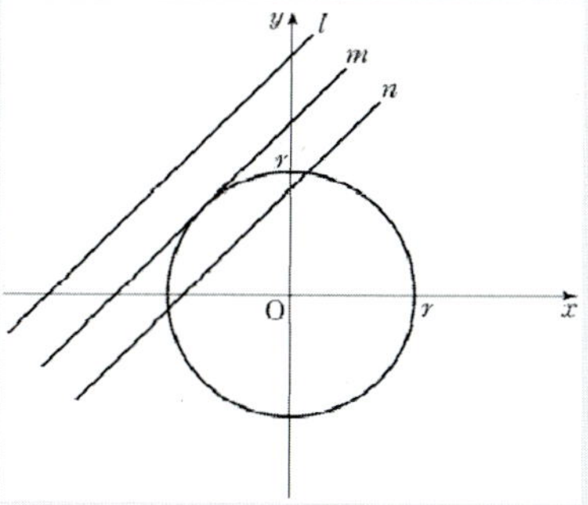

(3) 원 $x^2+y^2=r^2$과 직선 $y=px+q$의 위치 관계를 이차방정식의 판별식을 이용하여 설명하시오.

트레퍼스(A. Treffers)가 제시한 수평적 수학화와 수직적 수학화의 의미를 설명하고, 윤 교사의 활동 과제를 수평적 수학화와 수직적 수학화의 관점에서 분석하여 서술하시오. (4점)

→ [해결 예시] 267쪽

06 원의 현에 관한 성질 중 한 가지를 지도하기 위해 교사가 <자료 1>과 <자료 2>를 개발하였다.

| 2020년 교원임용시험 전공B 기출문제 3번 |

〈자료 1〉

① 원 모양의 종이에 현 AB를 그린다.

② 점 A와 점 B가 겹쳐지도록 접었다가 펼친다.

③ ②에서 접은 선을 l이라 하고, l과 현 AB가 만나는 점을 M이라고 한다.

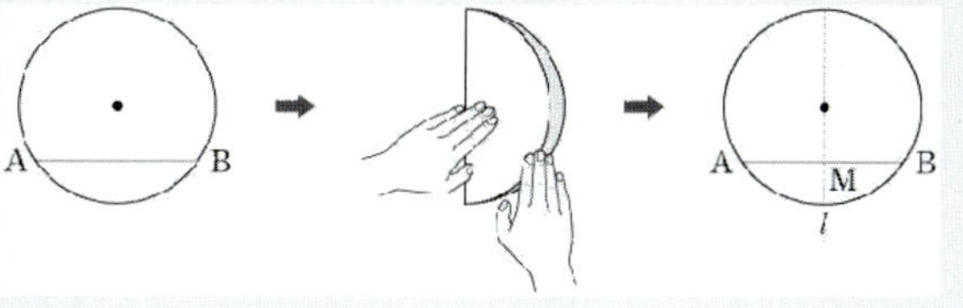

질문: 직선 l이 원의 중심을 지나는가?

직선 l이 현 AB와 이루는 각의 크기는 얼마인가?

$\overline{\mathrm{AM}}$과 $\overline{\mathrm{BM}}$의 길이를 비교하시오.

〈자료 2〉

원 O의 중심에서 현 AB에 내린 수선의 발을 M이라고 하면

$\triangle \mathrm{OAM}$과 $\triangle \mathrm{OBM}$에서

$\overline{\mathrm{OA}} = \overline{\mathrm{OB}}$ (반지름)

$\angle \mathrm{OMA} = \angle \mathrm{OMB} = 90°$

$\overline{\mathrm{OM}}$은 공통

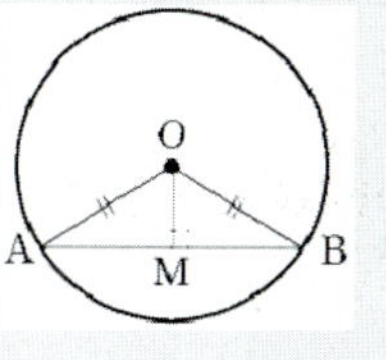

이므로 직각삼각형의 합동 조건에 의하여

$\triangle \mathrm{OAM} \equiv \triangle \mathrm{OBM}$이다.

따라서 $\overline{\mathrm{AM}} = \overline{\mathrm{BM}}$이다.

이로부터 다음을 알 수 있다.

(㉠)

<자료 1>과 <자료 2>를 통해 교사가 공통으로 가르치려는 원의 현에 관한 성질 ㉠을 서술하시오. 그리고 <자료 1>과 <자료 2>에서 사용한 정당화 방법이 무엇인지 각각 쓰고, 두 자료를 학생 수준에 맞게 수업에서 어떻게 활용할지 서술하시오. (4점)

→ [해결 예시] 267쪽

07 다음은 윤 교사와 강 교사가 수업을 반성하는 대화의 일부이다.

| 2021년 교원임용시험 전공B 기출문제 1번 |

윤 교사: 그림과 같이 지름의 길이가 6인 원 O 위의 점 A에서 지름에 내린 수선의 발을 B라 하고, $\overline{\mathrm{AB}}=2$일 때, 원의 중심 O에서 점 B까지의 거리 x의 값을 구하게 하였더니 어떤 학생이 x의 값을 구하지 못하더군요. 피타고라스 정리를 알고 이차방정식을 비교적 잘 푸는 학생임에도 불구하고 말이지요.

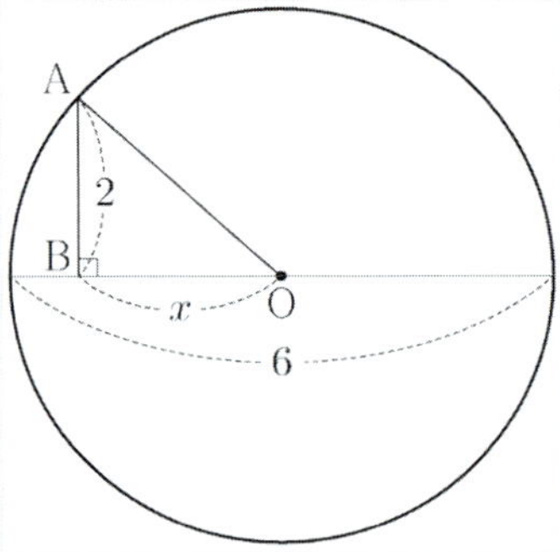

강 교사: ㉠ 선분 OA를 직각삼각형 OAB의 빗변으로 보면서 동시에 원 O의 반지름으로 보는 것과 같이 문제의 내적인 구조적 관련성을 파악하는 과정이 없었던 것이 아닐까요?

윤 교사: 저도 그렇게 생각합니다. ㉡ 전체에 대한 부분의 구조적 기능이 파악되어 '구조의 개선적 변화'가 일어나는 지적 과정에 더욱 관심을 기울여야겠다는 생각을 하게 되었습니다.

형태심리학에서 ㉠을 설명하는 용어와 베르트하이머(M. Wertheimer)가 ㉡을 설명하는 용어를 순서대로 쓰시오. (2점)

→ [해결 예시] 267쪽

08 (가)는 정 교사와 박 교사가 평행사변형의 지도에 대해 나눈 대화의 일부이고, (나)는 박 교사가 중학교에서 평행사변형의 성질을 지도하는 수업의 일부이다.

| 2022년 교원임용시험 전공B 기출문제 4번 |

(가)

정 교사 : 완성된 수학의 논리적인 전개 순서를 반영하여 평행사변형의 성질을 지도하는 것이 수월하다고 생각해요. 평행사변형의 정의를 먼저 제시한 후 그 성질들 각각을 정당화하도록 하는 방식이 논리적이지 않나요?

박 교사 : 저는 다른 방식으로 지도합니다. 학생들에게 평행사변형의 정의를 처음부터 제시하지 않고, ▱ 처럼 생긴 도형을 평행사변형으로 부르도록 안내한 후 평행사변형의 성질을 먼저 찾아보게 합니다. 그런 다음, ㉠ <u>학생들이 찾은 평행사변형의 성질들이 서로 어떻게 관련되는지를 탐구하게 합니다.</u>

(나)

박 교사 : 여러분, 평행사변형은 어떤 성질이 있는 도형인지 말해봅시다.

학 생 1 : 평행사변형은 두 쌍의 대변이 각각 평행하고 두 쌍의 대변의 길이가 각각 같고, 두 대각선은 서로를 이등분해요. 그리고 두 쌍의 대각의 크기가 각각 같고, 이웃하는 두 내각의 크기의 합은 $180°$예요.

박 교사 : 잘 알고 있네요. 그럼 여러분이 찾은 평행사변형의 성질들 사이의 관계를 살펴봅시다. 서로 어떤 관계가 있을까요?

학 생 1 : 평행사변형에서 두 쌍의 대변이 각각 평행하다는 것과 두 쌍의 대변의 길이가 각각 같다는 것은 서로 관계가 없는 것 같은데요. 잘 모르겠어요.

프로이덴탈(H. Freudenthal)의 국소적 조직화 관점에서 (가)의 박 교사가 밑줄 친 ㉠을 통해 평행사변형의 정의를 지도하는 방식을 지칭하는 용어를 쓰고, 그 방식을 설명하시오.

또한 반 힐레(P. van Hiele)의 기하 학습 수준 이론에서 학습 수준을 제1수준~제5수준으로 구분할 때, (나)에서 학생 1의 기하 학습 수준을 쓰고, 그렇게 판단한 근거를 설명하시오. (4점)

→ [해결 예시] 268쪽

09 (가)는 예비 교사가 웹 기반 소프트웨어를 활용하여 원의 접선에 관한 성질을 지도하는 수업의 일부이며, (나)는 지도 교사가 예비 교사의 수업을 참관하고 작성한 수업 참관 평가표의 일부이다. <작성방법>에 따라 서술하시오. (4점)

| 2024년 교원임용시험 전공B 기출문제 5번 |

(가)

예비 교사: 원 O 밖의 한 점 P에서 원 O에 그은 두 접선의 접점을 각각 A, B라 하고 점 P를 움직이면서 선분 PA와 선분 PB의 길이를 관찰해 봅시다. 무엇을 발견했나요?

학생 A: 두 선분의 길이가 같아 보입니다.

예비 교사: 그럼 이 소프트웨어의 측정 기능을 사용하여 선분 PA와 선분 PB의 길이의 측정값을 비교해 봅시다.

학생 B: 정말 두 선분의 길이가 같습니다.

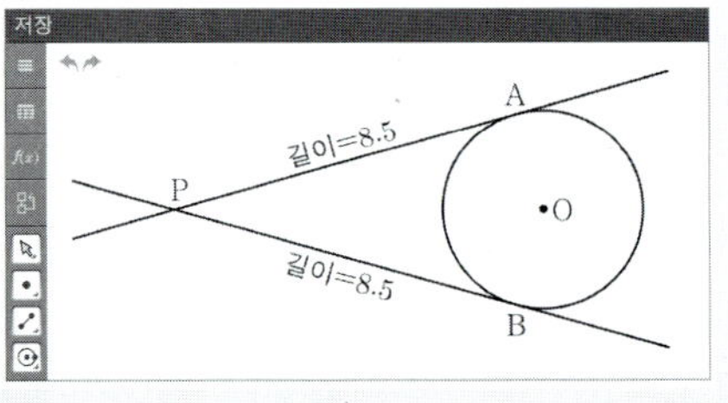

예비 교사: 잘했습니다. 이어지는 조작 활동으로 어떤 활동을 하면 좋을까요?

학생 C: (㉠)

예비 교사: 옳은 생각입니다. 이번에도 선분 PA와 선분 PB의 길이가 같은지 확인해 보세요

학생 A: 두 선분의 길이는 항상 같아요

예비 교사: 지금까지 발견한 내용을 누가 정리해 볼까요?

학생 B: 원의 한 점에서 그 원에 그은 두 접선의 길이인 선분 PA의 선분 PB의 길이는 같습니다.

예비 교사: 네, 좋습니다. 공학 도구를 활용하여 발견한 원의 접선의 성질을 이제 증명해 봅시다. 오른쪽 그림에서 점 A, B는 원 O 밖의 한 점 P에서 원에 그은 접선의 접점입니다. ∠PAO와 ∠PBO의 크기는 각각 얼마일까요? 그리고 그 이유는 무엇일까요?

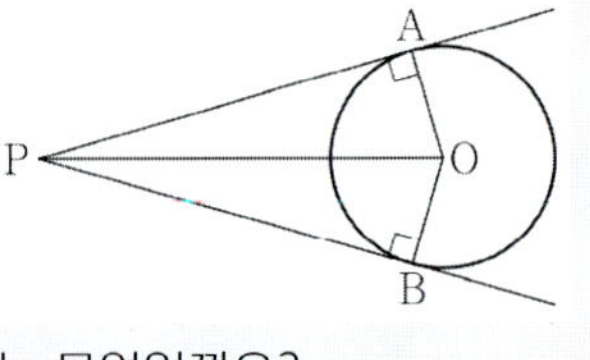

학생 C: 둘 다 90°입니다. 원의 접선은 그 접점을 지나는 반지름과 수직이기 때문입니다.

예비 교사: 네 맞습니다. 또 어떤 성질이 성립하나요?

학생 A: △PAO의 △PBO에서 선분 OA의 선분 OB는 원의 반지름으로서 길이가 같고, 선분 OP는 공통의 빗변입니다.

학생 B: 직각삼각형의 합동 조건에 의해 △PAO와 △PBO는 합동입니다.

학생 C: 그래서 선분 PA와 선분 PB의 길이가 같습니다.

예비 교사: 아주 잘했어요. 이로써 원 밖의 한 점에서 그 원에 그은 두 접선의 길이인 선분 PA와 선분 PB 길이가 같다는 것을 여러분 스스로 증명하였네요.

(나)

〈수업 참관 평가표〉

평가 항목			
	우수	보통	미흡
① 도형의 성질을 정당화하는 다양한 방법을 활용하였는가?			
② 수학과 수업의 교수학습 방안 중 적절한 유형을 건대하여 적용하였는가?			

작성 방법

- 딘즈(Z. Dienes)의 수학적 다양성의 원리를 적용한 조작 활동이 되도록 괄호 안의 ㉠에 들어갈 내용을 쓸 것.
- (가)와 2022 개정 수학과 교육과정(교육부 고시 제2022-33호)의 '성취기준 적용 시 고려 사항'에 근거하여, 지도 교사가 (나)의 평가 항목 ①을 '우수'로 평가한 이유를 서술할 것.
- (가)와 2022 개정 수학과 교육과정의 '교수·학습 방법' 중 교수·학습 방안에 근거하여, 지도 교사가 (나)의 평가 항목 ②를 '우수'로 평가한 이유가 되는 교수·학습 방안의 유형을 쓰고 그 특징을 설명할 것.

10 (가)는 신임 교사가 작성한 교수·학습 지도안의 개요이고, (나)는 이 개요에 대해 신임 교사와 수석 교사가 나눈 대화이다. <작성방법>에 따라 서술하시오. (4점)

| 2024년 교원임용시험 전공A 기출문제 5번 |

(가)

학습 목표	좌표평면에서 원과 직선의 위치 관계를 판단할 수 있다.
단계	교수 · 학습 활동
도입	• 실생활 상황을 제시하여 동기 유발 활동을 한다. • 학습 목표를 확인한다.
전개	• 직선의 방정식 $y=mx+n$을 원의 방정식 $x^2+y^2=r^2$에 대입하여 이차방정식을 얻는다. • '이차방정식으로부터 원과 직선의 위치 관계 도출하기'를 모둠별 토론주제로 제시한다. • 이차방정식의 판별식 D의 부호에 따른 원과 직선의 위치 관계를 정리한다. • 원과 직선의 위치 관계에 관한 문제를 푼다. 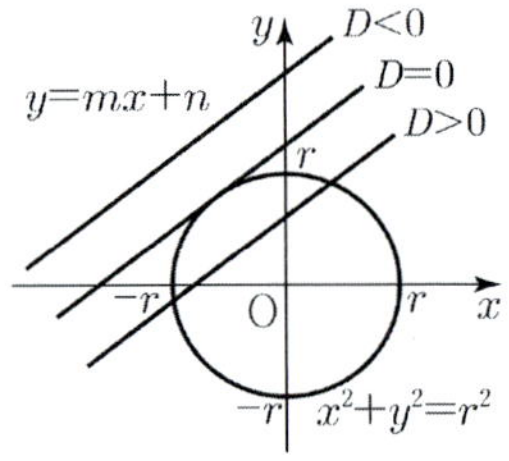
정리	•본시 학습 내용을 정리한다.

(나)

수석 교사 : 전개 단계에서 토론 주제를 제시한 이유가 있나요?

신임 교사 : 네. 원과 직선의 위치 관계에 이차방정식의 판별식을 이용하는 이유도 모른 채 암기한 절차를 적용하는 것이 아니라, ㉠ <u>왜 그런지를 알고 그 절차도 연역할</u> 수 있게 하려는 의도입니다.

수석 교사 : 좋습니다. 그런데 원과 직선의 위치 관계를 판별식으로만 판단하고 있는데요, 최근에 배운 내용을 이용하는 다른 방법으로는 무엇이 있을까요?

신임 교사 : 아, 생각났어요. (　　　㉡　　　)
그럼 이 방법을 추가하는 것으로 수정하겠습니다.

수석 교사 : 한 가지가 더 있습니다. 이차방정식의 판별식을 이용하여 원과 직선의 위치 관계를 도출하기 전에 학생들이 그 방법을 추론해 보게 하는 것은 어떨까요?

신임 교사 : 〈공통수학1〉에서 배운 '이차함수의 그래프와 직선의 위치 관계'와 연결하라는

말씀이시군요.

수석 교사 : 네. 엄밀한 논리적 전개가 아니더라도 학생의 추론역량 함양을 위해서는 개연적 추론도 중요합니다.

신임 교사 : 그럼 ⓒ 학생의 추론을 유도하는 적절한 발문을 준비해 보겠습니다.

작성 방법

- 밑줄 친 ㉠에 해당하는 용어를 스켐프(R. Skemp)가 제시한 이해의 관점에서 쓸 것.
- 괄호 안의 ⓛ에 들어갈 방법을 〈공통수학2〉의 '도형의 방정식'에서 학습한 내용을 이용하여 제시할 것.
- 밑줄 친 ⓒ에 해당하는 개연적 추론 유형을 쓰고, 이 추론을 유도하는 적절한 발문 1가지를 제시하되, 폴리아(G. Polya)가 제시한 문제 해결의 '계획 수립' 단계에 근거할 것.

→ [해결 예시] 268쪽

해결 예시

01 ■ 학습 내용: 일반적으로 공간에서 서로 다른 두 직선 l, m의 위치 관계는 다음 세 가지 경우가 있다.

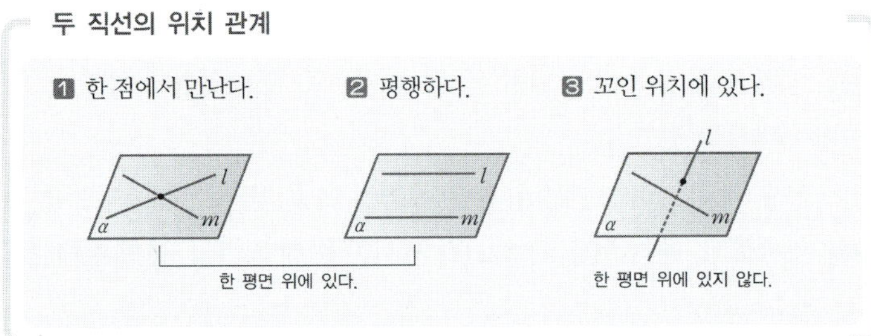

■ 도입 방법: 다음 예시와 같이 모형을 이용하여 직관적으로 이해할 수 있도록 설명한다.

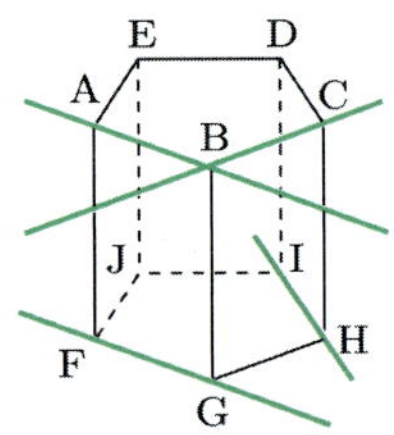

오른쪽 그림의 오각기둥에서

❶ 직선 AB와 직선 BC는 한 점에서 만난다.

❷ 직선 AB와 직선 FG는 평행하다.

❸ 직선 AB와 직선 IH는 꼬인 위치에 있다.

■ 공리계를 사용한 지도는 완성된 수학을 형식적으로 지도하는 것이다. 직관에 의한 수용 없이 형식적인 내용을 부과하면 학생들이 이해하는 데 많은 어려움이 발생할 수 있다. 이러한 이유로 추론 교육에서는 직관과 관찰을 토대로 한 개연적 추론에서 출발하여 수학적 사실을 추측하도록 하고 이를 정당화해야 할 필요성을 느껴 연역적 추론을 도입한다. 귀납, 유추 등의 발견적 추론을 먼저 행하고 점진적으로 형식화의 과정을 거쳐서 마지막에 완성된 수학을 다루는 것이 중요하다. 특히 학교수학에서 정당화는 학생의 수준에 따라 다르게 접근할 수 있다. 삼각형의 세 내각의 합이 180도라는 사실도 중학교 수준에서는 형식적인 증명에 의한 정당화가 이루어지지만 초등학교 수학에서는 관찰 및 측정에 의한 정당화로도 충분하다. 공간도형을 공리계를 사용하여 지도하지 않는 것은

학생들의 인지수준에 맞춘 지도라고 할 수 있다. 수학을 완성된 공리체계로 제시하면 자칫 도구적 이해 수준에 머무르게 할 수 있기 때문이다. 구체적인 모델을 통해 직관적인 수준에서 자연스럽게 그 내용을 수용할 수 있는 활동이 필요하다. 문제에 제시된 <학습·지도상의 유의점>에는 공리계에 의한 학습은 이후 학습 수준이 상승함에 따라 점진적으로 형식화하는 과정 속에서 자연스럽게 도입되는 것이 바람직하다는 교육적 의도가 숨어 있다고 할 수 있다.

해결 예시 참고자료		
구분	참고자료	근거
교육과정	수학과 교육과정(교육부, 1997)	112
교과서	고등학교 수학	기하 영역(공간도형)
이론서	수학교육과정과 교재연구(김남희 외, 2024)	190-192, 215-219
	수학 학습-지도 원리와 방법(우정호, 2011)	24-25
	학교수학의 교육적 기초(우정호, 2007)	17-18
나의 추가 자료		

02 (1) ㉠은 개선되어야 한다. 그 이유는 김 교사는 가영이의 질문에 대해 가영이가 계속 생각을 할 수 있도록 이끄는 대신, 즉각적으로 답을 제공하고 있다. 이것은 가영이가 스스로 학습해 나갈 수 있는 기회를 제공한다기보다는 오히려 그런 기회를 없애는 경우라고 생각된다. 따라서 김 교사는 학생의 질문에 직접적인 결과를 제공하기보다는 학생 스스로 수학적 개념, 원리, 법칙을 발견해 나갈 수 있도록 학생의 사고를 촉진하는 발문을 제공해야 한다.

㉡은 장점이 드러난 경우라고 생각한다. 그 이유는 김 교사가 나영이로 하여금 학생 자신의 수학적 아이디어를 표현할 수 있도록 돕고 있기 때문이다. 이는 학생의 수학적 의사소통 능력의 신장을 키우고, 학생이 자신의 추측한 수학적 사실을 정당화할 수 있는 경험을 갖게 한다.

(2) 3부 1장 「수학과 평가」 기출문제 해결예시 09번 참조.

해결 예시 참고자료		
구분	참고자료	근거
교육과정	교육과정(교육과학기술부, 2009)	33-35
교과서	중학교 수학	기하 영역(작도와 합동)
이론서	수학 학습-지도 원리와 방법(우정호, 2011)	319
	어떻게 문제를 풀 것인가?(Polya, G., 1956: 우정호 역, 2008)	29-30
나의 추가 자료		

03 ■ <수업상황 A>에서는 탐구형 소프트웨어를 이용하여 사각형의 변의 길이를 변화시키면서 각 변의 중점을 연결하여 만든 사각형의 성질을 학생들 스스로가 탐구할 수 있도록 안내하고 있다. 탐구형 소프트웨어를 이용하여 변화하는 상황 속에서도 변하지 않는 불변의 성질을 학생들이 쉽게 파악할 수 있도록 보조하고 있으며 증명도 학생 스스로 할 수 있도록 안내하고 있다. <수업상황 B>에서는 삼각형 모양의 종이를 접었다 펼치는 활동을 통해 접은 두 선이 만나는 점을 확인하고 그 점으로부터 삼각형의 세 변에 이르는 거리를 재어보게 함으로써 학생들 스스로가 주어진 명제가 성립함을 추측할 수 있도록 안내하고 있다. 조작 활동과 측정 활동에 근거하여 학생의 추측을 유도하고 추측한 사실이 참인지 정당화하기 위해 학생이 증명을 스스로 할 수 있도록 안내하고 있다. <수업상황 A>와 <수업상황B>에 공통으로 나타난 수업의 특징은 수학적 사고와 추론 능력을 발전시키기 위하여 귀납, 유추 등을 통해 학생 스스로 수학적 사실을 추측하고 이를 정당화할 수 있도록 한다는 교육과정의 제안 사항을 잘 반영하고 있다는 점이다.

■ ㉠의 증명에 분석법과 종합법을 적용하는 과정 및 수학 교육적 의의는 4부 3장 「분석－종합」의 기출문제 해결예시 **02**번 참조.

해결 예시 참고자료

구분	참고자료	근거
교육과정	수학과 교육과정(교육과학기술부, 2009)	32, 35
	수학과 교육과정(교육부, 2022)	37-40
교과서	중학교 수학	도형과 측정 영역 (삼각형과 사각형의 성질)
이론서	수학교육과정과 교재연구(김남희 외, 2024)	192-196
	수학 학습-지도 원리와 방법(우정호, 2011)	41-47
	학교수학의 교육적 기초(우정호, 2007)	75-77
나의 추가 자료		

04 ■ 2부 1장 「추론 교육」 기출문제 해결예시 **06**번 참조.

05 (의미 설명)

수평적 수학화는 현실 내의 문제 장면을 형식적인 수학적 처리가 가능하도록 변환하는 것으로 현실을 수학적 수단으로 조직하는 것을 의미한다. 수직적 수학화는 좀 더 높은 세련된 수학적 처리가 가능하도록 변환하는 것으로 수학 자체의 수학화라고 할 수 있다.

(윤 교사의 활동 과제 분석)

윤 교사의 활동 과제에서 축구공이 골라인을 지나가는 상황(1)을 좌표평면에서 원과 직선의 위치 관계로 설명하는 것인 (2)로 나아간 것은 우리 일상 세계의 현실적인 문제 상황으로부터 좌표평면, 원, 직선을 이용한 기호의 세계로 이른 수평적 수학화의 예라고 볼 수 있다.

한편 좌표평면에서 원과 직선의 위치 관계로 설명하는 것인 (2)에서 이차방정식의 판별식을 이용해서 설명하는 것(3)으로 나아간 것은 원과 직선의 위치 관계를 반성적으로 이해하고 판별식이라는 새로운 조작을 재형성해나간 수직적 수학화의 예라고 할 수 있다.

해결 예시 참고자료		
구분	참고자료	근거
교육과정	수학과 교육과정(교육부, 2022)	65
교과서	고등학교 수학	〈공통수학2〉(도형의 방정식)
이론서	수학 학습-지도 원리와 방법(우정호, 2011)	380, 425
나의 추가 자료		

06

■ 2부 1장 「추론 교육」 기출문제 해결예시 09번 참조.

07

㉠ 통찰, ㉡ '생산적 사고' 과정

해결 예시 참고자료		
구분	참고자료	근거
교육과정	수학과 교육과정(교육부, 2022)	37-40
교과서	중학교 수학	도형과 측정 영역 (피타고라스 성질, 원의 성질)
이론서	수학교육과정과 교재연구(김남희 외, 2024)	206-208
	수학교육학신론1(황혜정 외, 2023)	195-200
	수학 학습-지도 원리와 방법(우정호, 2011)	325-326
나의 추가 자료		

08 ■ (1권) 2부 2장 「프로이덴탈의 수학화 학습 – 지도론」 기출문제 해결예시 **16**번 참조.

09 ■ (1권) 1부 5장 「딘즈의 활동주의 학습」 기출문제 해결예시 **09**번 참조.

10 ■ (1권) 1부 4장 「스켐프의 스키마 학습」 기출문제 해결예시 **05**번 참조

하브루타

질문과 토론으로 학습해 봅시다.

문제만들기로 나아가기

- **문제 만들기** 보충 또는 심화 학습이 필요한 내용을 문제로 만들어 봅시다.
- **탐구 학습** 관련 자료를 스스로 찾아가면서 문제해결해 봅시다.
- **토론 학습** 함께 토론하면서 문제 해결을 검토하고 보완해 봅시다.
- **포트폴리오 제작** 탐구 자료를 모아 '수학교육학' 포트폴리오를 만들어 봅시다.

❶ 문제 만들기(예시)

문제 만들기 ❶ 사범대학 수학교육과 학부생의 사례

중학교 수학 교과서에서 '사각형의 성질'에 관한 명제를 하나 선택하여 다음 두가지 방법으로 지도하는 과정을 구성해보자.

- 발견적 추론에 의한 지도
- 연역적 추론에 의한 지도

문제 만들기 ❷ 교원임용시험을 준비하는 예비 교사의 사례

다음에 제시한 교과서 지도 내용을 반 힐레의 학습 수준 이론에 비추어 몇 수준에 해당하는 내용인지 판단해보자. 그리고 그 이유를 친구들에게 설명해보자.

활동2 교실에서 ■, △, ○ 모양의 물건을 찾아보시오.

- 교실에서 찾은 ■, △, ○ 모양의 물건을 빈칸에 그리거나 쓰고, 친구들과 빙고 놀이를 해 보시오.

초등학교 수학 1-2 (교육부, 2013: 48)

활동1 삼각형의 세 각의 크기의 합을 알아보시오.

- 종이에 삼각형을 그린 후 가위로 오려 보시오.
- 색연필로 세 각의 안쪽을 색칠한 후 삼각형을 잘라 보시오.

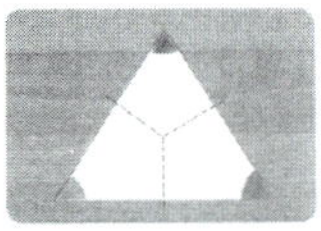

- 세 각의 꼭짓점이 한 점에 모이도록 이어 붙여 보시오.

- 삼각형 모양을 잘라 세 각을 이어 붙여 알게 된 것을 이야기해 보시오.

초등학교 수학 4-1 (교육부, 2014: 92)

평행사변형에서 두 쌍의 대변의 길이가 각각 서로 같음을 알아보자.

오른쪽 그림의 평행사변형 ABCD에서 대각선 AC를 그으면

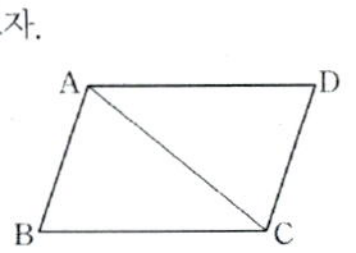

$\triangle ABC$와 $\triangle CDA$에서 $\overline{AB} /\!/ \overline{DC}$이므로

$\angle BAC = \angle DCA$ (엇각) ……①

이다. 또, $\overline{AD} /\!/ \overline{BC}$이므로

$\angle ACB = \angle CAD$ (엇각) ……②

$\overline{AC}$는 공통인 변 ……③

이다. ①, ②, ③에서 한 변의 길이가 서로 같고, 그 양 끝각의 크기가 각각 서로 같으므로 $\triangle ABC \equiv \triangle CDA$이다. 따라서

$\overline{AB} = \overline{DC}$, $\overline{AD} = \overline{BC}$

임을 알 수 있다.

즉, 평행사변형에서 두 쌍의 대변의 길이가 각각 서로 같다.

중학교 수학 2 (우정호 외, 2013b: 257)

문제 만들기 ❸ 중·고등학교 현직 수학 교사의 사례

우리나라 수학과 교육과정에서 '평면도형의 성질'지도를 위해 제시하고 있는 '성취기준 적용 시 고려 사항'을 찾아보자. 그 사항을 반영한 수학 교수－학습 사례를 계획해보고, 그 사례의 적절성에 대해 동료 교사들과 함께 토론해보자.

❷ 문제 만들기(실행)

(1) 문제 만들기(문제 제기)

(2) 탐구 및 토론 학습

(3) 문제해결 결과 정리

*문제해결에 도움이 된 참고자료들

* 문제가 추가되면 [부록 A]의 <문제 만들기> 활동지를 복사하여 활용한다.

문제
해결

1단계

문제를 해결하며
학습해봅시다.

⑤ 확률과 통계 영역

기초문제로 복습하기

- **문제해결** 문제를 해결해 가면서 주요 내용을 익히고 복습해 봅시다.
- **반성 · 정리** 참고문헌에서 관련 내용을 찾아 문제해결을 검토하고 보완해 봅시다.
- **자료축적** 문제해결에 도움이 된 자료들을 기록하여 추후 학습에 활용해 봅시다.

→ 강의 시간에 토론식 수업(토론 학습)을 한다면 해결 과정이나 결과를 서로 발표하고, 함께 검토하면서 발전시켜 봅시다.

01 우리나라 중학교 수학과 교육과정에서 '확률과 통계'는 '자료와 가능성' 영역에서 다룬다. 학년별 지도 내용 체계를 정리해보자.

*도움이 된 참고자료 기록하기

02 학교수학에서 확률 지도와 통계 지도의 의의를 각각 써보자.

*도움이 된 참고자료 기록하기

03 학교수학에서 확률과 통계는 다른 어떤 영역보다도 실생활의 유용성이 중요한 가치로 부각된다. 중학교 수학에서 학생들이 배우는 다음 학습 내용에 대해 그 유용성을 각각 써보자.

도수분포표, 산포도, 상자그림, 산점도

*도움이 된 참고자료 기록하기

04 확률과 통계의 역사적 발달 과정을 요약해보자.

*도움이 된 참고자료 기록하기

05 '심슨(Simpson)의 패러독스'는 부분으로 분해하여 논의한 후 종합하는 전략을 확률 문제에 적용할 때에는 주의해야 함을 암시한다. 구체적인 문제를 예로 하여 심슨의 패러독스를 설명해보자.

*도움이 된 참고자료 기록하기

06 확률적 판단을 할 때, 사람들은 흔히 자기 나름대로의 전략을 사용한다. 확률과 통계 교수-학습 관련 연구에서 제시된 다음 네 가지 판단 전략을 구체적인 사례로 설명해보자.

- 대표성 전략
- 정보의 이용 가능성 전략
- 조정과 고정 전략
- 결과 중심 판단 전략

*도움이 된 참고자료 기록하기

07 확률과 통계 영역에서 공학 도구 활용의 유용성을 설명해보자.

*도움이 된 참고자료 기록하기

08 탐색적 자료 분석이란 무엇인지 설명해보자.

*도움이 된 참고자료 기록하기

09 학교수학의 통계 지도에서는 통계적 소양의 교육이 중요하다. 갈(Gal)에 의하면, 통계적 소양은 지식 요소와 성향 요소로 구분할 수 있다. 다음 표에 제시된 지식 요소와 성향 요소들에 대해 각각 설명해보자.

지식 요소	성향 요소
기본 소양 통계적 지식 수학적 지식 맥락적 지식 비판적 질문	신념과 태도 비판적 자세

통계적 소양 (Gal, 2004)

*도움이 된 참고자료 기록하기

10 고등학교 수학 교육과정에서 '경우의 수' 지도에 관한 '성취기준 적용 시 고려 사항'이다. ①에 알맞은 구체적인 활동을 제시하고 ②를 설명해보자.

> 합의 법칙과 곱의 법칙은 ① 구체적인 예를 통하여 이해하게 하고, ② 이들이 적용되는 상황의 차이점을 설명하게 할 수 있다.

*도움이 된 참고자료 기록하기

2단계

문제를 해결하며 학습해봅시다.

정리문제로 다지기

- **문제해결** 문제를 스스로 해결한 후, 자신의 답안을 [해결 예시]와 비교해 봅시다.
- **반성 · 정리** 참고문헌에서 관련 내용을 찾아 문제해결을 검토하고 보완해 봅시다.
- **자료축적** 문제해결에 도움이 된 자료들을 기록하여 추후 학습에 활용해 봅시다.

→ 강의 시간에 토론식 수업(토론 학습)을 한다면 해결 과정이나 결과를 서로 발표하고, 함께 검토하면서 발전시켜 봅시다.

01 우리나라 교육과정에서는 실제적인 자료의 특성에 따라 대푯값으로 중앙값과 최빈값을 적절히 사용하도록 제시하고 있다. 다음은 교육과정의 '대푯값' 지도 내용이다.

> (1) 대푯값
> [9수04-01] 중앙값, 최빈값의 뜻을 알고, 자료의 특성에 따라 적절한 대푯값을 선택하여 구할 수 있다.

대푯값과 산포도 (교육부, 2022: 40)

대푯값으로 최빈값이 적절한 문제 상황을 제시하고, 제시한 문제를 수학적 모델링의 과정으로 해결해보자.

나의 문제해결

→ [해결 예시] 282쪽

02 확률 지도에 관한 연구에 따르면, 인간은 체계적인 확률 교육을 받지 않으면 개인 특유의 확률적 판단 전략과 오개념을 형성하게 된다는 결과가 있다.
확률적 판단의 오류를 범하는 대표적인 판단 전략으로 '대표성 전략'과 '정보의 이용 가능성 전략'이 있다. 각 전략을 설명하고 사례를 한 가지씩 들어보자.

나의 문제해결

03 확률 지도에서 공학 도구를 활용했을 때 얻을 수 있는 교육적 효과(장점)를 제시해보자.

나의 문제해결

➜ [해결 예시] 283쪽

04 다음은 학교수학의 통계 교육에 관한 프로이덴탈의 주장 중 일부 내용이다.

> 전통적인 통계 교육은 미래의 통계학자를 교육하기 위한 것과 같으며 학교수학에서 너무 많은 통계 기법을 피상적으로 가르치고 기계적으로 적용하게 하고 있다. 통계 교육은 통계치의 계산보다 실제적인 자료를 수집하여 이를 표현하고 처리하는 경험을 통해 통계의 기본 원리를 이해하도록 함으로써 자료에 대한 비판적인 추론 능력을 개발해야 한다.
>
> (Freudenthal, 1973: 우정호, 2007: 482)

현재 학교수학의 통계 교수-학습 상황에서 나타나는 문제점을 그 사례와 함께 한 가지 기술하고, 이를 토대로 바람직한 통계 교육의 방향에 대해 서술해보자.

나의 문제해결

05 학교수학의 지도에서 공학 도구의 활용은 수업의 보조 수단으로서 그 필요성이 강조되고 있다. 우리나라 수학과 교육과정의 교수-학습 방법란에 제시된 공학 도구 활용에 대한 제안 사항과 확률과 통계 영역에서 공학 도구 활용으로 제시된 '성취기준 적용 시 고려 사항'을 각각 써보자.

나의 문제해결

→ [해결 예시] 284쪽

06 통계적 확률(경험적 확률)과 수학적 확률(고전적 확률)의 정의를 구분해서 적어 보자. 그리고 통계적 확률이 유용한 문제 상황을 하나 제시해보자.

나의 문제해결

07 다음은 교육과정의 '자료와 가능성' 영역에서 '성취기준 해설'으로 제안된 것이다. ①의 뜻을 쓰고, 대푯값 중 중앙값을 예로 하여 ②를 설명해보자.

> 자료의 특성에 따라 적절한 ① 대푯값을 선택하여 구해보고, ② 각 대푯값이 어떤 상황에서 유용하게 사용될 수 있는지 토론해보게 한다.
>
> (교육부, 2022: 41)

나의 문제해결

→ [해결 예시] 286쪽

08 학교수학에서 통계적 확률의 가치가 더 잘 드러나기 위해서는 수학적 확률이 정의되지 않는 사건에 대해 통계적 확률을 구해보는 상황이 제시될 필요가 있다. 다음은 주사위를 던져 각 눈이 나올 확률을 공학 도구를 활용해 알아보는 과정이다. '큰 수의 법칙'이 무엇인지 설명하고, 이를 다음 활동과 관련하여 해석해보자.

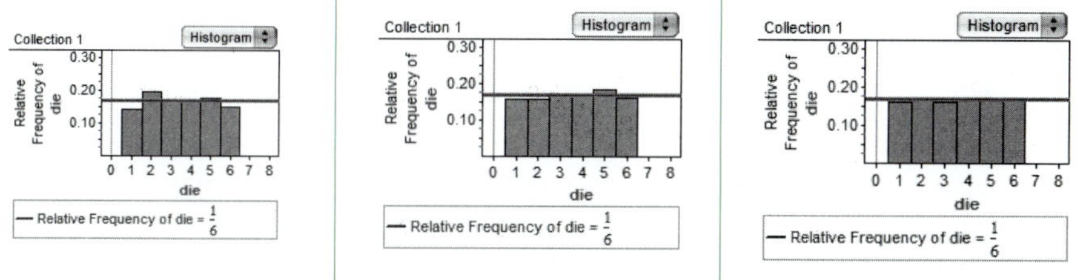

500번 시행	1000번 시행	2000번 시행

주사위 던지기 모의실험 (김남희 외, 2008: 185-189)

나의 문제해결

→ [해결 예시] 287쪽

해결 예시

01 최빈값이 적절한 문제 상황의 예:

다음은 윤희네 반 학생 25명의 수학 여행지 선호도를 조사하여 나타낸 것이다.

중국	일본	태국	필리핀	태국	프랑스	태국	미국	태국	필리핀
인도	프랑스	중국	일본	미국	태국	태국	일본	일본	태국
중국	일본	태국	인도	태국					

가장 많은 학생이 선호하는 나라로 수학여행을 가려고 한다. 어느 나라를 수학여행지로 선택하는 것이 좋겠는가?

문제해결: 아래의 형식에 따라 문제를 해결해본다.

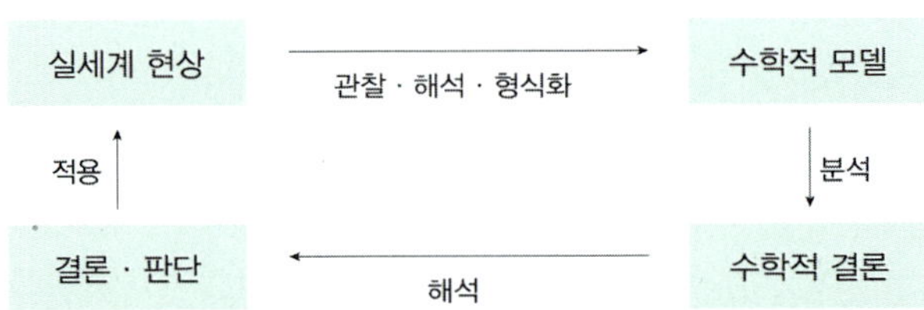

〈실세계의 현상〉

다음은 윤희네 반 학생 25명의 수학 여행지 선호도를 조사하여 나타낸 것이다.

> 중국 일본 태국 필리핀 태국 프랑스 태국 미국 태국 필리핀 인도 프랑스 중국 일본 미국 태국 태국 일본 일본 태국 중국 일본 태국 인도 태국

가장 많은 학생이 선호하는 나라로 수학여행을 가려고 한다. 어느 나라를 수학여행지로 선택하는 것이 좋겠는가?

→

〈수학적 모델〉

수학여행지 선호도를 다음과 같이 표로 정리했을 때, 최빈값을 구하시오.

장소	중국	일본	태국	미국
학생 수	4	6	10	5

↓

〈수학적 결론〉

최빈값은 태국이다.

←

〈결론·판단〉

가장 많은 학생들이 선택한 여행지가 태국이므로 수학 여행지를 태국으로 정하는 것이 좋겠다.

↑

해결 예시 참고자료

구분	참고자료	근거
교육과정	수학과 교육과정(교육부, 2022)	40-41
교과서	중학교 수학	자료와 가능성 영역 (대푯값, 산포도)
이론서	수학교육과정과 교재연구(김남희 외, 2024)	330-331, 344-346
	학교수학의 교육적 기초(우정호, 2007)	512
나의 추가 자료		

02 '대표성 전략'은 표본이 크기에 관계없이 모집단과 유사할 것을 기대하거나, 표본을 추출하는 과정이 무작위성을 반영하기를 기대하는 것을 의미한다. 예를 들어, '전체 교사의 3분의 1이 여성'이라고 하면, '교사 세 명 중에서 반드시 한 명은 여성'이라고 기대한다거나(모집단과 유사할 것을 기대) 동전 6개를 던지면 HHHTTT(H:앞면, T:뒷면)보다는 HTTHHT로 나타날 가능성이 더 높다고 생각하는 경향(무작위성 반영을 기대)을 가리킨다.

'정보의 이용 가능성 전략'은 판단을 내릴 때 개인적으로 이용할 수 있는 정보에 영향을 받는 것을 의미한다. 예를 들어, 최근에 교통사고를 목격한 경험이 많은 사람은 그렇지 않은 사람보다 교통사고 확률에 대해서 훨씬 더 높게 추측하는 경향을 가리킨다.

해결 예시 참고자료

구분	참고자료	근거
이론서	수학교육과정과 교재연구(김남희 외, 2024)	316-317
	학교수학의 교육적 기초(우정호, 2007)	460-462
나의 추가 자료		

03 확률 지도에서 공학 도구를 활용했을 때 얻을 수 있는 교육적 효과를 제시하면 다음과 같다.

첫째, 모의실험 등을 통해 직관과 유추를 용이하게 하고 의사 교환을 촉진함으로써 확률의 개념, 원리, 법칙의 이해를 보다 용이하게 할 수 있다. 둘째, 복잡하고 큰 수, 많은 양의 자료를 다룰 수 있으므로 더 실제적이고 복잡한 실세계의 문제를 해결할 수 있다. 셋째, 실생활의 실제적인 자료를 통한 수학적 모델링 과정을 실행함으로써 현실에서 출발한 문제해결로 확률 학습의 동기를 유발할 수 있다. 넷째, 직관적인 주관적 판단이나 추측을 실험 결과와 비교·분석하게 도와줌으로써 초기의 추측을 수정·보완하는 오류 수정 활동을 통해 확률적 사고를 발달시킬 수 있다. 다섯째, 실험을 연장하거나 계속 반복할 수 있고, 크고 다양한 표본을 쉽고 신속하게 생성하고 다룰 수 있다. 여섯째, 자료를 쉽게 저장하여 여러 가지로 관점에서 처리할 수 있으며 표본 분포의 역동적 시각화가 가능하여 확률 문제해결의 수고를 덜어주면서 확률적 사고 교육에 집중할 수 있다. 일곱째, 통계 지도에서 인위적으로 고안된 자료에 한정하지 않고, 실제적인 연구를 위해 수집된 자료를 다룰 수 있으므로 통계의 실제적인 유용성을 경험할 수 있다.

해결 예시 참고자료

구분	참고자료	근거
이론서	수학교육과정과 교재연구(김남희 외, 2024)	346-351
	학교수학의 교육적 기초(우정호, 2007)	473-478, 513
나의 추가 자료		

04 현재 학교수학의 통계 교수–학습 상황에서 나타나는 문제점은 통계를 수량적인 자료로 가득한 계산 패턴 체계로 다루는 경우가 많다는 것이다. 예를 들면 수학 교과서에 제시되는 대부분의 문제들은 아래와 같이 이미 자료가 모두 주어져 있고, 계산해야 할 통계 기법까지 결정되어 제시되고 있어서 학생들은 단지 계산만 해서 문제를 해결하면 되는 실정이다.

오른쪽은 민주네 반 학생들의 하루 평균 교육 방송 시청 시간을 조사하여 나타낸 도수분포표이다. 분산과 표준편차를 각각 구하시오.

시청 시간(분)	학생 수(명)
50 이상 ~ 60 미만	3
60 ~ 70	5
70 ~ 80	12
80 ~ 90	9
90 ~ 100	1
합계	30

프로이덴탈의 교수학적 현상학에 의하면, 이러한 문제는 학생이 스스로 자료를 조사하고 탐색하는 상황이 배제된 것으로 의미 있는 통계적 사고 방법의 학습을 방해할 수 있다는 것이다.

통계는 문제해결의 도구 또는 주변 세계를 이해하는 유용한 도구로서 도입되어야 한다. 교사들은 학생 스스로 현실감을 느끼고 문제 파악에 적극적으로 참여하도록 학습자의 현실에 적절하게 연결되는 의미 있는 상황으로 문제를 재구성해야 할 필요가 있다. 또한 통계적 사고는 우리 주변에 그리고 우리가 행동하는 모든 것에 존재하고 있으므로 이론적인 접근 못지않게 경험적인 접근의 시도도 중요하며 특히 학생들이 자료를 관찰하는 과정이 우선적으로 전제되어야 한다.

구체적으로 현실 상황을 탐구하는 상황에서 학생들이 통계적 사고를 경험하도록 하기 위해서는 우선 교사들은 학생들이 체계적으로 정보를 확인하여 문제로 형식화하고 측정 방법의 결정, 표본 추출 방법 결정 등의 문제해결을 위한 계획을 세울 수 있도록 도와야 한다. 그 다음에 학생들이 문제해결에 필요한 자료를 수집, 관리, 정돈하여 분석 과정을 통해 결과를 해석하고 결론을 도출하는 순서로 학습이 이루어질 수 있도록 안내하는 것이 바람직할 것이다.

해결 예시 참고자료

구분	참고자료	근거
교육과정	수학과 교육과정(교육부, 2022)	40-42
교과서	중학교 수학	자료와 가능성 영역
이론서	수학교육과정과 교재연구(김남희 외, 2024)	323-329
	학교수학의 교육적 기초(우정호, 2007)	491-494, 510-514
나의 추가 자료		

05 우리나라 교육과정의 '교수 · 학습 방법'이다.

- 교구나 공학 도구를 활용하여 추상적인 수학 내용을 시각화하고 수학의 개념, 원리, 법 칙에 대한 직관적 이해와 논리적 사고를 돕는다.
- 계산 기능 함양을 목표로 하지 않는 교수·학습 상황에서는 복잡한 계산을 할 때 공학 도구를 이용할 수 있게 한다.

성취기준 적용 시 고려 사항으로 제시하는 내용은 다음과 같다.

- 자료를 수집하고 정리하여 표나 그래프로 나타내거나 대푯값과 산포도를 구할 때 공학 도구를 이용할 수 있게 하고, 공학 도구의 편리함과 유용성을 인식하게 한다.

(중학교 수학)

- 통계적 확률과 수학적 확률의 관계를 이해하고 통계적 확률을 다룰 때 충분히 많은 횟수의 시행을 구현하기 위하여 공학 도구를 이용할 수 있다. (고등학교 '확률과 통계')

해결 예시 참고자료		
구분	참고자료	근거
교육과정	수학과 교육과정(교육부, 2022)	42, 129
교과서	중학교 수학	자료와 가능성 영역
	고등학교 수학	〈확률과 통계〉 (확률의 개념과 활용)
이론서	수학교육학신론(황혜정 외, 2016)	122, 156
나의 추가 자료		

06 • 통계적 확률(경험적 확률) : 일정한 조건 아래에서 n회의 시행을 반복하여 사건 A가 a회 일어났다고 할 때, n을 충분히 크게 하면, 상대도수 $\frac{a}{n}$가 일정한 값 p에 가까워질 때, 이 값 p를 사건 A가 일어날 통계적 확률이라고 한다.

- 수학적 확률(고전적 확률) : 사건이 일어나는 모든 경우의 수를 n, 그들 중 어느 둘도 중복해서 일어나지 않고, 모든 경우가 일어나는 것이 같은 정도로 기대될 때, 이 n가지 중 사건 A가 일어나는 경우의 수가 a가지라고 하면, 사건 A가 일어날 확률 $P(A)=\frac{a}{n}$이다. 이를 수학적 확률이라고 한다.

수학적 확률은 경우의 수가 무한히 많을 때 혹은 각 경우가 일어날 가능성이 균등하지 않을 때 확률을 어떻게 정의해야 하는가의 문제를 갖는다. 이러한 문제와 관련하여 통계적 확률은 고전적 관점에서 해결할 수 없는 문제를 다룰 수 있다. 통계적 확률이 유용한 문제 상황의 예는 윷놀이나 병뚜껑을 던질 때와 같이 각 경우가 일어날 가능성이 동등하지 않은 사건의 확률을 구하는 상황을 들 수 있다.

해결 예시 참고자료		
구분	참고자료	근거
교육과정	수학과 교육과정(교육부, 2022)	129
교과서	고등학교 수학	〈확률과 통계〉 (확률의 개념과 활용)
이론서	수학교육과정과 교재연구(김남희 외, 2024)	334-337
	학교수학의 교육적 기초(우정호, 2007)	435-439
나의 추가 자료		

07 ▪ 자료 전체의 중심적인 경향이나 특징을 대표적인 하나의 수로 나타낸 값을 대푯값이라고 한다.

▪ 주어진 변량 중 매우 크거나 매우 작은 값이 있는 경우에 평균은 그 극단적인 값의 영향을 많이 받는다. 이와 같은 경우에는 변량을 작은 값부터 크기순으로 나열하였을 때, 한가운데 있는 값이 평균보다 그 자료 전체의 중심적인 경향을 더 잘 나타낼 수 있다. 이 값을 중앙값이라고 한다. 즉, 자료의 값 중 매우 크거나 작은 값과 같이 극단적인 값이 있을 경우에는 평균은 특잇값에 영향을 받기 때문에 자료 전체의 대표적인 경향이나 특징을 잘 나타내지 못할 수 있으므로 이런 경우에 평균 이외의 다른 대푯값으로 중앙값이 유용하게 사용될 수 있다.

해결 예시 참고자료

구분	참고자료	근거
교육과정	수학과 교육과정(교육부, 2022)	40-42
교과서	중학교 수학	자료와 가능성 영역 (대푯값)
이론서	수학교육과정과 교재연구(김남희 외, 2024)	344-345
	학교수학의 교육적 기초(우정호, 2007)	512
나의 추가 자료		

08 큰 수의 법칙은 시행 횟수 n을 크게 할수록, 통계적 확률이 수학적 확률에 가까워짐을 뜻한다. 문제의 모의실험에서는 주사위를 던지는 횟수가 많아질수록 각 눈이 나오는 상대도수가 $\frac{1}{6}$에 가까워짐을 시각적으로 확인할 수 있다. 큰 수의 법칙에 의하면 시행 횟수를 충분히 크게 했을 때, 주사위의 각 눈이 나오는 수학적 확률 $\frac{1}{6}$과 같아짐을 알 수 있다.

해결 예시 참고자료

구분	참고자료	근거
교육과정	수학과 교육과정(교육부, 2022)	40-42, 98-99
교과서	중학교 수학	자료와 가능성 영역(확률)
	고등학교 수학	〈확률과 통계〉 (확률분포)
이론서	수학교육과정과 교재연구(김남희 외, 2024)	346-351
	학교수학의 교육적 기초(우정호, 2007)	473-478
나의 추가 자료		

3단계

문제를 해결하며 학습해봅시다.

기출문제로 도약하기

- **문제해결** 문제를 스스로 해결한 후, 자신의 답안을 [해결 예시]와 비교해 봅시다.
- **반성 · 정리** 참고문헌에서 관련 내용을 찾아 문제해결을 검토하고 보완해 봅시다.
- **자료축적** 문제해결에 도움이 된 자료들을 기록하여 추후 학습에 활용해 봅시다.

➜ 교원임용시험대비 수험생들은 답안 작성 분량을 고려하면서 자신의 답안을 수정하거나 보완해 봅시다.

01 다음은 중학교에서 확률 개념을 도입하는 수업의 일부이다. 이 수업 이전에, 2009 개정 교육과정에 따른 수학과 교육과정에 따라 '가능성'은 초등학교 5－6학년군에서 다루어졌고 '상대도수', '사건', '경우의 수'는 중학교에서 이미 다루어졌다고 하자.

| 2014년 교원임용시험 전공B 기출문제 논술형 1번 |

김 교사 : 오늘은 가능성의 크기를 어떻게 구하는지에 대해 공부하려고 해요. 이와 관련해 일어날 가능성이 가장 큰 사건을 찾는 활동을 해 봅시다. 예를 들어 두 주사위를 던졌을 때, 두 주사위의 눈의 합이 나올 수 있는 사건의 수는 11입니다. 합이 2인 사건부터 12인 사건까지 나올 수 있는 것이지요. 그 11가지 사건 중에서 일어날 가능성이 가장 큰 사건은 무엇일까요?

학 생 들 : 11가지 사건이 일어날 가능성은 서로 같을 것 같은데요.

김 교사 : 왜 그렇게 생각하나요?

학 생 들 : 그냥 서로 같을 것 같아요.

김 교사 : 그러면 두 주사위를 던지는 실험을 통해 여러분의 예상이 맞을지에 대해 알아보도록 하지요.

12개의 모둠을 편성해서 모둠마다 두 주사위를 30번씩 던지고, 던진 횟수에 대해 각 사건이 나온 횟수를 기입하는 방식으로 상대도수를 나타낸 아래의 표를 완성하였다.

	두 주사위의 눈의 합										
	2	3	4	5	6	7	8	9	10	11	12
30회 상대도수	$\frac{(1)}{30}$	$\frac{(2)}{30}$	$\frac{(2)}{30}$	$\frac{(3)}{30}$	$\frac{(4)}{30}$	$\frac{(5)}{30}$	$\frac{(5)}{30}$	$\frac{(3)}{30}$	$\frac{(3)}{30}$	$\frac{(1)}{30}$	$\frac{(1)}{30}$
60회 상대도수	$\frac{(2)}{60}$	$\frac{(3)}{60}$	$\frac{(5)}{60}$	$\frac{(5)}{60}$	$\frac{(9)}{60}$	$\frac{(11)}{60}$	$\frac{(9)}{60}$	$\frac{(6)}{60}$	$\frac{(6)}{60}$	$\frac{(3)}{60}$	$\frac{(1)}{60}$
360회 상대도수	$\frac{(9)}{360}$	$\frac{(21)}{360}$	$\frac{(32)}{360}$	$\frac{(38)}{360}$	$\frac{(51)}{360}$	$\frac{(59)}{360}$	$\frac{(50)}{360}$	$\frac{(39)}{360}$	$\frac{(31)}{360}$	$\frac{(19)}{360}$	$\frac{(11)}{360}$

김 교사 : 우리가 예상한 것과 상당히 다른 결과가 나온 이유가 뭘까요? 왜 그런지 생각해 봅시다.

학생 A : 제 생각에는 11가지 사건이 일어날 가능성이 원래부터 서로 같지 않아서 그런 것 같아요. 각 사건에 들어있는 경우의 수를 잘 세어야 해요.

김 교사 : 그 가능성이 어떻게 서로 다른지에 대해 자세히 설명해줄 수 있나요?

학생 A : 네. 두 주사위의 눈의 합이 나오는 사건의 수는 11이 맞습니다. 하지만 두 주사위의 눈이 나오는 경우의 수는 $(1,\ 1)$, $(1,\ 2)$, $(1,\ 3)$, $\cdots$, $(5,\ 6)$, $(6,\ 1)$, $\cdots$, $(6,\ 6)$과 같이 36입니다.

이후, 학생 A는 두 주사위의 눈의 합이 2인 사건부터 12인 사건 각각에 포함된 경우들을 언급하면서, 전체 경우의 수에 대한 해당 사건에 포함된 경우의 수를 세어서 11가지 각 사건이 일어날 가능성이 $\frac{1}{36}$, $\frac{2}{36}$, $\frac{3}{36}$, $\frac{4}{36}$, $\frac{5}{36}$, $\frac{6}{36}$, $\frac{5}{36}$, $\frac{4}{36}$, $\frac{3}{36}$, $\frac{2}{36}$, $\frac{1}{36}$임을 설명하였다.

김 교사 : 실험 결과에서 합이 2인 사건부터 12인 사건까지의 상대도수가 서로 비슷하지 않은 이유가 무엇인지 알겠어요?

학 생 들 : 네. 알 것 같아요. 원래 가능성이 서로 달랐기 때문에 실험 결과에서도 서로 다르게 나온 것 같아요.

학생 B : 그러고 보니까, 학생 A가 제시한 각각의 가능성이 실험을 통해 나온 각각의 상대도수와 거의 같아요.

김 교사 : 좋은 관찰입니다. … (중략) … 어떤 사건이 일어날 가능성을 확률이라 합니다. 이제 우리가 오늘 했던 활동을 바탕으로 일반적으로 확률을 어떻게 구하면 될지 생각해 볼까요?

학생 A : 어떤 사건이 일어날 확률을 구할 때에는 그 사건에 들어있는 경우의 수를 전체 경우의 수로 나누면 구할 수 있어요.

학 생 들 : ㉠ 선생님, 다른 상황에서도 어떤 사건이 일어날 확률을 구할 때 각각의 경우는 항상 같은 가능성을 가지고 있다고 생각하면 되는 거지요?

김 교사 : ㉡ 지금 질문한 내용이 중요합니다. 여러분이 확률을 구해야 하는 상황에서 흔히 잘못 생각하는 부분이 있어요. 정육면체 주사위와 직육면체 주사위를 던진다고 생각해 봅시다. … (중략) … 이런 점을 잘 고려해서, 어떤 사건이 일어날 확률은 어떻게 구하면 되고 이때 무엇에 유의해야 하는지 정리해 볼까요. … (하략) …

2009 개정 교육과정에 따른 수학과 교육과정의 중학교 확률과 통계 영역 〈교수·학습상의 유의점〉 2가지 사항과 확률 직관에 대한 피시바인(E. Fischbein)의 이론을 적용하여, 김 교사는 '경우의 수의 비율'로 확률 개념을 도입하고 있다.
김 교사의 수업에서 확률과 통계 영역의 〈교수·학습상의 유의점〉 2가지 사항이 각각 어떻게 적용되고 있는지 설명하시오. 그리고 학생이 확률을 배우기 이전부터 가지고 있던 '확률 직관의 특성'과 '확률 직관 발달의 특성'에 대한 피시바인의 이론을 각각 설명하고, 위의 밑줄 친 ㉠과 ㉡에서 그러한 피시바인의 이론에 어떻게 적용되고 있는지 각각 설명하시오. (10점)

→ [해결 예시] 303쪽

02 다음은 투키(J. Tukey)가 제안한 탐색적 자료 분석의 관점을 적용한 중학교 3학년 통계 영역 수업의 일부이다. **| 2017년 교원임용시험 전공A 기출문제 9번 |**

김 교사 : 지난 시간에 우리가 사는 지역의 환경 보전을 위하여 탄소 배출량 줄이기 프로젝트를 수행하기로 결정하였습니다. 프로젝트의 자료를 수집하기 위하여 전체 학생 647명 중 100명을 대상으로 설문 조사를 실시하였고 수집한 자료를 다음 표와 같이 정리하였습니다. 이 표를 이용하여 우리 지역 탄소 배출량 자료의 특징을 알아봅시다.

연번	탄소 배출량	가족 구성원 수	탄소 소비와 관련된 생활 특징
1	340.03	4	절수기를 사용함.
2	676.14	6	조부모님과 함께 거주함.
3	457.33		플러그 뽑기를 생활화함.
99	3503.1	4	가족이 외출하는 시간이 많음.
100	405.78	3	컴퓨터 사용 시간이 많음.

학생 A : 이 표만으로는 자료의 특징을 찾기 어렵습니다.
김 교사 : 어떻게 하면 자료의 특징을 알 수 있을지 함께 생각해봅시다.
학생 B : 저는 평균으로 자료의 특징을 찾아보려고 합니다.
김 교사 : 평균과 같은 대푯값을 구해 보는 것도 좋은 생각입니다. 이와 같이 수치로 나타내는 방법 이외에도 자료의 특징을 쉽게 파악할 수 있는 다른 방법은 (㉠).
학생 B : 평균으로 자료의 특징을 찾아보려고 표를 살펴보니 빈칸이 하나 있고 99번의 탄소 배출량은 소수점이 잘못 표시되어 있는 것 같습니다. 이런 경우에도 평균을 이용해도 될지 궁금합니다.
김 교사 : 좋은 질문입니다. 이와 같이 평균을 이용하기 어려운 상황에서는 (㉡).
… (하략) …

탐색적 자료 분석의 관점에서 괄호 안의 ㉠과 ㉡에 김 교사가 제시할 수 있는 지도 내용을 각각 쓰시오. 그리고 탐색적 자료 분석의 관점에서 ㉠과 ㉡의 지도 내용이 적절한 이유를 서술하시오. (4점)

→ [해결 예시] 304쪽

03 다음은 2015 개정 교육과정에 따른 중학교 수학과 교육과정에 제시된 내용 체계의 일부와 수학과 교육과정의 변화에 대한 두 교사의 가상 대화이다.

| 2018년 교원임용시험 전공A 기출문제 1번 |

내용 체계

영역	핵심 개념	내용 요소		
문자와 식	다항식	• 문자의 사용과 식의 계산	• 식의 계산	• 다항식의 곱셈과 인수분해
	방정식과 부등식	• 일차방정식	• 일차부등식과 연립일차방정식	• 이차방정식
확률과 통계	확률		• 확률과 그 기본 성질	
	통계	• 자료의 정리와 해석		• 대푯값과 산포도 • (㉠)

가상 대화

교사 A : 2015 개정 교육과정에 따른 중학교 '수학' 과목 교육과정의 내용 영역은 수와 연산, 문자와 식, 함수, 기하, 확률과 통계입니다.

교사 B : 맞아요. 그런데, 2009 개정 교육과정에 따른 중학교 '수학' 과목 교육과정과 어떤 차이가 있나요?

교사 A : 네, 내용 체계에서 확률과 통계 영역의 제시 순서가 바뀌었어요. 그리고 내용 요소에 새롭게 추가된 것이 있어요.

교사 B : 그렇군요. 그러면 대수 영역에도 변화가 있나요?

교사 A : 대수 영역의 내용 중 일부가 바뀌었어요. 다항식의 곱셈과 인수분해를 통합하여 학습하도록 하였고, ㉡ 2009 개정 교육과정에 따른 중학교 '수학' 과목 교육과정의 대수 영역 '용어와 기호'에 있던 내용 중, 2015 개정 교육과정에 따른 고등학교 '수학' 과목 교육과정의 대수 영역 '학습 요소'로 이동한 것이 있어요.

위 내용 체계 에서 괄호 안의 ㉠에 들어갈 내용 요소와 가상 대화 의 ㉡에 해당하는 학습 요소를 순서대로 쓰시오. (2점)

→ [해결 예시] 305쪽

04 박 교사는 상관관계를 지도하는 수업 시간에 학생들에게 '휴대전화 사용 시간과 수면 시간의 상관관계'를 포스터로 제작하도록 하였다. A 모둠 학생들이 만든 포스터는 다음과 같다. **| 2020년 교원임용시험 전공B 기출문제 4번 |**

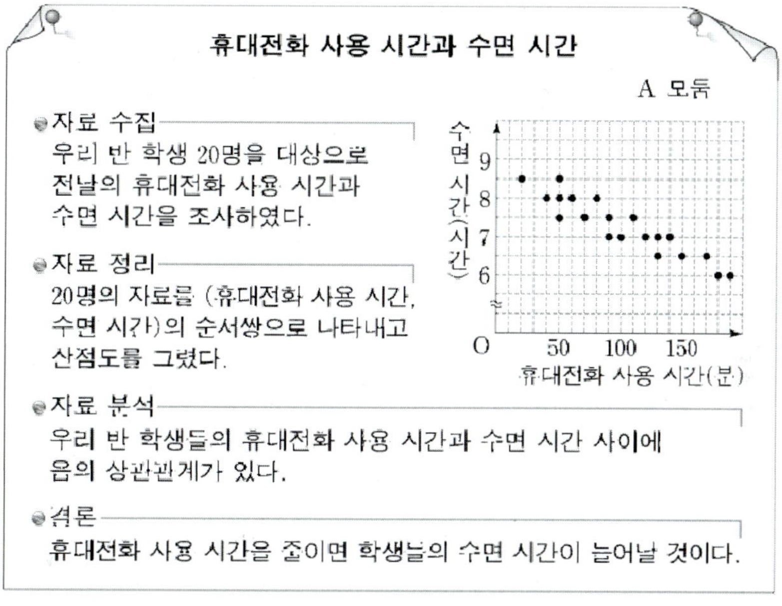

박 교사는 프로젝트 평가 방법을 사용하여 학생들의 포스터를 다음의 항목에 대해 평가할 계획이다.

평가 항목	
평가 항목	(1) 자료를 적절한 방법으로 수집하였는가?
	(2) 자료를 조사 목적에 맞게 정리하였는가?
	(3) 자료를 옳게 분석하였는가?
	(4) 결론이 적절한가?

이 수업의 평가 방법으로 프로젝트 평가가 적절한 이유를 설명하시오. 그리고 평가 항목 (3)에 따라 A 모둠 포스터의 '자료 분석'을, 평가 항목 (4)에 따라 A 모둠 포스터의 '결론'을 평가하여 그 결과를 각각 서술하시오. (4점)

→ [해결 예시] 305쪽

05 다음 <자료 1>은 중학교 3학년 학생 A의 수학일기의 일부이고, <자료 2>는 <자료 1>에 대하여 교사들이 나눈 대화이다.

| 2021년 교원임용시험 전공A 기출문제 8번 |

〈자료 1〉

오늘은 친구 B와 함께 시네마 영화관을 갔다. 보고 싶은 영화를 선택해야 하는데 B와 의견이 달랐다. 나는 액션 영화를 선택했고, B는 액션 영화도 좋지만 다른 영화를 함께 골라보자고 하였다.

시네마 영화관에서는 현재 여러 개의 영화를 동시에 상영하고 있어 영화를 고르기가 힘들었다. 그때 마침 내게 좋은 아이디어가 떠올랐다. 영화 관람을 마치고 나오는 많은 사람들에게 그들이 본 영화가 무엇이었는지 조사해보자는 것이었다. 그런 다음 사람들이 가장 많이 본 영화를 관람하기로 결정하면 어떨까 생각하고 B의 의견을 물었다. B도 나의 의견에 동의하였다.

나는 먼저, 영화 관람을 마치고 나오는 사람들에게 관람한 영화가 무엇이었는지 조사하였다. 그리고 별생각 없이 조사한 자료로 수학시간에 배운 평균을 구하자고 B에게 말하였다. 그런데 ㉠ <u>B가 "자료를 대표하는 값은 여러 가지가 있고, 주어진 자료에 따라 적절한 값을 사용해야 그 자료의 특성을 대표할 수 있다."라고 하면서 우리가 함께 관람하기로 한 영화 선택의 조건이 무엇이었는지 나에게 상기시켜 주었다.</u> "맞아, 그거야! 여기서는 최빈값이 대푯값으로 적절하겠구나."라는 것을 깨달았다.

…(중략)…

친구의 도움으로 최빈값의 의미와 그것을 언제 사용해야 하는지 확실히 알게 되었다. 그러고 보니 빅 데이터 기술을 이용하여 많은 사람들이 주로 사용하는 단어를 최빈값으로 구해낼 수 있고, 그 단어가 갖는 여러 의미를 해석해 볼 수 있어 최빈값이 매우 유용하지 않을까 하는 생각도 들었다. 그래도 오늘 가장 좋았던 것은 ㉡ <u>교과서의 정리된 수학이 아닌 내 주변에 살아있는 수학을 경험한 것이었다.</u>

〈자료 2〉

김 교사: 수학이 우리 삶 가운데 유용하게 사용되고 있음을 알도록 학생들에게 수학일기를 써 보게 했습니다.

박 교사: 좋은 생각입니다. 학생들이 수학을 왜 배워야 하는지 모르겠다고 하는데 수학일기를 통해 수학의 실용적 가치를 깨닫는 좋은 기회가 될 것 같습니다.

김 교사: 네, 그리고 동시에 ⓒ 수학이 객관적 진실이라기보다는 우리의 삶의 경험을 조직하는 데 도움이 됨을 학생들이 인식하면 좋겠습니다.

비고츠키(L. Vygotsky) 학파의 관점에서 <자료 1>의 ㉠을 설명할 수 있는 개념 용어를 쓰고, A가 알게 된 최빈값의 의미를 쓰시오. 그리고 <자료 1>의 ㉡, <자료 2>의 ㉢에 근거하여 사회적 구성주의와 차별화되는 급진적 구성주의의 원리를 설명하시오. (4점)

→ [해결 예시] 305쪽

06 다음은 김 교사가 베커(A. Bakker)의 통계 교육 이론에 기초하여 중학교 3학년 통계 단원 수업을 한 후 작성한 수업일지의 일부이다.

| 2021년 교원임용시험 전공B 기출문제 3번 |

나는 도입 단계에서 다음과 같은 〈자료〉를 학생들에게 제시하며 통계가 현실과 단절된 수량적인 자료의 계산 체계가 아님을 알려주고자 하였다.

〈자료〉

어느 학자에 따르면, 역사적으로 평균 개념은 큰 수를 대략적으로 추정하기 위한 상황에서 활용되었다고 한다. 고대 인도의 이야기 속 주인공은 나무 한 그루에 달린 나뭇잎과 과일의 총수를 알아보기 위해 우선 평균 크기의 나뭇가지를 선택하고, 그 나뭇가지에 달린 나뭇잎과 과일 수를 헤아린 후 전체 나무에 달린 나뭇잎과 과일 수를 추정하였다.

본시 학습에서는 그림 속 양의 개체수를 추정하는 활동 과제를 제시하였다. 각각의 학생들은 자신만의 큰 수 추정 방법을 활용하여 몇 마리의 양이 있는지를 (a), (b), (c), (d)와 같이 찾아내었다.

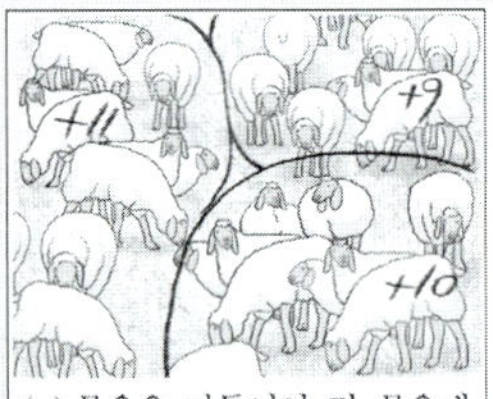

(a) 묶음을 만들어서 각 묶음에 실제로 몇 마리의 양이 있는지 세어 합하였다.

(b) 하나의 수를 먼저 정한 후, 그 수만큼의 양이 들어 있는 묶음을 표시하고 그 크기의 묶음이 몇 개인지를 어림하여 계산하였다.

$18 \times 12 = 216$

(c) 그림의 위쪽 모서리와 오른쪽 모서리를 따라 각각 양의 수를 구한 후, 그 두 수를 곱하여 전체 양의 수를 어림하였다.

(d) 격자를 만들어 격자 속 양의 수가 평균적인 것에 해당되는 것을 고른 후 그 안에 들어 있는 양의 수를 세어 격자의 수에 곱하였다.

㉠ 학생들은 통계의 주요 개념의 역사를 살펴보면서 주어진 상황을 탐색하고, 상황 속 문제 해결의 방법을 배웠다.

베커의 이론에 기초한 통계 수업을 진행할 때 얻을 수 있는 교육적 의의를 위 수업 일지에 근거하여 2가지 제시하시오. 그리고 ㉠과 관련지어 (a)와 (d)를 비교하여 설명하시오. (4점)

➜ [해결 예시] 305쪽

07 다음은 '확률'에 대한 중학교 수업의 일부이다.

| 2021년 교원임용시험 전공B 기출문제 4번 |

교　사: 우리가 공부한 확률의 뜻을 이용해서 문제를 풀어 보세요.

확률의 뜻 어떤 실험이나 관찰에서 각각의 경우가 일어날 가능성이 같다고 할 때, 일어날 수 있는 모든 경우의 수를 n, 어떤 사건 A가 일어나는 경우의 수를 a라고 하면 사건 A가 일어날 확률 p는

$$p = \frac{a}{n}$$

문제 1이 적힌 카드와 2가 적힌 카드가 각각 2장씩 있다. 4장의 카드 중에서 2장의 카드를 동시에 뽑아 각 카드에 적힌 두 수를 곱했을 때 2이 나올 확률을 구하시오.

교　사: 〈학생 A의 풀이〉를 같이 볼까요?

〈학생 A의 풀이〉

카드에 적힌 수 1, 2를 서로 곱해서 나올 수 있는 값은 1, 2, 4로 모두 3가지이다. 일어날 수 있는 모든 경우의 수는 3이므로, 확률은 $\frac{1}{3}$이다.

교　사: 〈학생 A의 풀이〉에 대하여 의견 있나요?

학생B : 저는 다르게 풀었습니다. 일어날 수 있는 모든 경우의 수가 3이므로, 답은 $\frac{1}{6}$입니다.

학생A : 학생 B의 의견을 들어보니, 문제를 풀 때 ㉠ **확률의 뜻**에서 제가 확인하지 않은 부분이 있네요.

… (중략) …

교　사: 이번에는 컴퓨터 프로그램을 이용해서 **문제**를 다시 살펴봅시다. 카드 2장을 뽑는 횟수를 입력하면 $\frac{(\text{두 수의 곱이 1이 되는 횟수})}{(\text{카드 2장을 뽑는 횟수})}$의 값이 나오는 모의실험 프로그램을 작성해 두었습니다. 여러분은 카드 2장을 뽑는 횟수만 입력하면 됩니다.

학생B : 선생님, 10을 입력하니까 0.2, 30을 입력하니까 0.3, 50을 입력하니까 0.24가 나왔어요. $\frac{1}{6}$과는 차이가 큰 것 같아요.

학생A : 저는 10을 입력하니까 0.4, 20을 입력하니까 0.4, 30을 입력하니까 0.2가 나왔어요. 저도 $\frac{1}{6}$과 차이가 큰 것 같아요.

교　사: 그럼 이렇게 해보세요. (　　　　　㉡　　　　　)

학생B : 선생님 말씀대로 했더니 $\frac{1}{6}$에 점점 가까워지는 값이 나오네요.

밑줄 친 ㉠의 '확인하지 않은 부분'이 무엇인지 쓰고, 학생 A가 ㉠과 같이 말한 이유를 <학생 A의 풀이>를 이용하여 설명하시오.
또한, 괄호 안의 ㉡에 들어갈 교사의 발문 1가지를 쓰고, 컴퓨터 프로그램을 이용하여 **문제** 를 다시 살펴본 의의를 폴리아(G. Polya)의 문제 해결 과정 중 반성 단계의 측면에서 서술하시오. (4점)

→ [해결 예시] 306쪽

08 다음은 대푯값을 다루는 중학교 수업의 일부이다.

| 2022년 교원임용시험 전공A 기출문제 5번 |

교　사 : 선생님이 칠판에 적은 ㉠ 5개의 수는 cm 단위를 빼고서 우리 학교 농구팀 주전 선수　명의 신장을 적은 것입니다. 이 자료의 대푯값으로 평균이 적합할까요?

학생 1 : 여기서는 평균이 대푯값으로 적합하지 않은 것 같은데요.

학생 2 : 우리 농구팀 주전 선수들의 구성이 좀 특이해서, 평균 신장이　5명의 신장 자료를 대표하는 것 같지 않아요.

교　사 : 그렇다면, 평균 말고 우리 농구팀 주전 선수들의 신장 자료를 대표하는 새로운 값을 생각해 볼까요?

[이후에 농구팀의 신장 자료의 대푯값으로 중앙값 개념을 도입하는 교수·학습을 한다. 그리고 어떤 신발 가게에서 하루 동안 팔렸던 신발 치수의 자료를 다루는데, 중앙값 개념을 도입 할 때와 비슷한 방식으로 이 자료를 대표하는 새로운 값을 찾으면서 최빈값 개념을 도입하는 교수·학습을 한다.]

교　사 : 지금까지 자료의 대푯값으로 평균, 중앙값, 최빈값 개념을 배웠습니다. 이제 선생님이 나누어 준 학습지를 가지고 모둠 활동을 할 것인데요.

학생들 : 무슨 활동을 하는데요?

교　사 : 생활 주변, 사회 및 자연 현상에서 나온 자료의 특징을 잘 살펴보면서, 어느 대푯값이 어떤 상황 속의 어떤 자료에 대해 유용하게 사용될 수 있는지 토론할 거예요. 그리고 상황과 자료에 따라 대푯값을 구하는 활동도 할 거예요.

밑줄 친 ㉠의 자료는 평균이 대푯값으로 사용되기에 적절하지 않은 사례로서 수업에서 중앙값을 도입하기 위하여 제시된 것이다.

밑줄 친 ㉠의 자료로 적합한 '5명 신장의 예'를 제시하고, 예시한 자료의 특성을 설명하시오.

또한 2015 개정 수학과 교육과정(교육부 고시 제2020-236호)의 '교수·학습 방법'에서 수학적 문제 해결 능력으로서의 수학적 모델링 능력의 신장을 위해 강조한 사항을 쓰고, 이 강조 사항이 이 수업에서 어떻게 반영되고 있는지를 기술하시오. (4점)

→ [해결 예시] 307쪽

09 다음은 류 교사가 진행한 중학교 '자료와 가능성' 영역의 수업에서 두 모둠이 수행한 통계 프로젝트 활동 과정을 공유한 자료이다. 최종 산출물을 만들기 전에 류 교사는 각 모둠에 피드백을 제공하려고 한다. <작성 방법>에 따라 서술하시오. (4점)

| 2024년 교원임용시험 전공B 기출문제 4번 |

[A 모둠]

○ 탐구 주제: 학교 도서관 이용 실태

○ 탐구 방법 : 우리 학교 1학년과 3학년 학생을 대상으로 일주일간 학교 도서관 방문 일수를 입력하는 온라인 설문 조사 진행

○ 자료 수집 : 수집한 자료는 총 120명의 설문 응답 (1학년 60명, 3학년 60명)

○ 현재까지 진행된 과정 및 받고 싶은 피드백 사항: 자료를 정리해서 표로 나타내 보았다. 두 집단의 분포와 특성을 비교하기 위해 그래프를 그릴 예정인데, 두 집단 간의 분포와 특성, 평균과 중앙값 등을 한눈에 볼 수 있는 ㉠ <u>그래프는 어떤 것이 있을지</u> 선생님의 피드백을 받고 싶다

방문 일수(일)	인원(명)	
	1학년	3학년
0	9	1
1	12	2
2	18	13
3	13	15
4	6	13
5	2	13
6	0	2
7	0	1
총합	60	60

[B 모둠]

○ 탐구 주제: 우리 지역 청소년 수영 기록 분석

○ 자료 수집: 지난 10년간 우리 지역 청소년 남자 50m 자유형 1등 기록

○ 현재까지 진행된 과정 및 받고 싶은 피드백 사항:

자료를 표로 정리하고 그래프로 나타내 보았다.

지역 뉴스에서는 지난 10년간 기록이 상당히 단축되었다고 했는데,

우리 모둠은 ㉡ <u>그래프에서 큰 변화를 발견하지 못해서</u> 선생님께 피드백을 받고 싶다.

연도	기록(초)
2014	30.64
2015	30.60
2016	30.50
2017	30.48
2018	30.13
2019	30.10
2020	29.81
2021	29.38
2022	29.00
2023	28.80

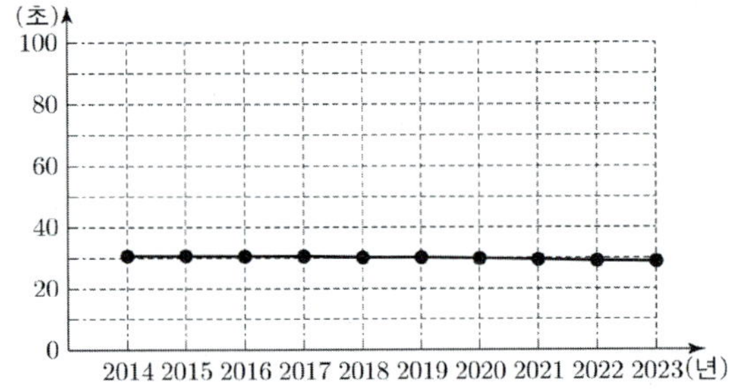

작성 방법

- 2022 개정 수학과 교육과정(교육부 고시 제2022-33호)의 '자료와 가능성' 영역에서 추가된 '성취기준'에 근거하여, A 모둠 활동 자료의 밑줄 친 ㉠에 대하여 교사가 제시할 그래프의 유형을 쓰고 그 특징을 서술할 것.
- B 모둠 활동 자료의 밑줄 친 ㉡의 이유를 투키(J. Tukey)의 '그래프의 현시성'에 근거하여 서술하고, 이에 대하여 교사가 제공할 수 있는 적절한 피드백 1가지를 제시할 것.

→ [해결 예시] 308쪽

해결 예시

01 김 교사가 적용한 <교수·학습상의 유의점>은 다음 두 가지이다. 첫째, 확률은 실험이나 관찰 상황에서 구한 상대도수로서의 의미와 경우의 수의 비율로서의 의미를 연결하여 이해하게 한다. 둘째, 경우의 수의 비율로 확률을 다룰 때, 각 경우가 발생할 가능성이 동등하다는 것을 가정한다는 점에 유의한다. 첫 번째 유의점은 김 교사가 학생들에게 12개의 모둠을 편성하여 모둠마다 두 주사위를 30번씩 던지게 하고 각 횟수에 대해 각 사건이 나온 횟수를 기입하는 방식으로 두 주사위의 눈의 합이 2부터 12인 11가지 사건의 확률들을 학생들이 직접 구해보고 비교하는 활동 과정에 적용되고 있다. 두 번째 유의점은 김 교사가 정육면체 주사위와 직육면체 주사위를 비교하는 설명 과정에 잘 반영되어 있다. 학생의 질문에 대해 김 교사가 정육면체 주사위와 직육면체 주사위를 던지는 실험을 통하여 확률을 다룰 때 유의해야 할 점에 주목하도록 하고 있는 것이다. 피시바인은 학생들이 확률 교육을 받기 훨씬 이전에 이미 가지고 있는 확률에 대한 일차적 직관이 있으며 이 확률 직관은 확률 개념을 이해하는 데 방해가 되는 경우가 있음을 주장하면서 '확률 직관의 특성'을 설명하였다. 또한 피시바인은 확률 개념은 학생의 인지 발달에 따라 자발적으로 발달하지 않으며 학교에서의 의도적인 확률 교육을 통해서만 발달할 수 있다는 것도 '확률 직관 발달의 특성'으로 설명하였다. 그는 학생들이 이미 발달시킨 직관의 한계를 이해하고 이를 드러내어 교육을 통해 수정, 개선해 주는 것이 중요하다고 주장하였다. ㉠에서는 피시바인이 말한 확률 직관의 첫 번째 특성 즉, 학생들이 확률 교육을 받기 훨씬 이전에 이미 가지고 있는 확률에 대한 일차적 직관이 있으며 이 확률 직관은 확률 개념을 이해하는 데 방해가 됨이 드러나고 있다. 위 글에서 교사는 각각의 경우의 가능성이 다를 수 있다고 지도하였으나 여전히 학생들은 ㉠과 같이 다른 상황에서도 여전히 확률의 일차적 직관에 따라 사고하려는 특성을 보여주고 있는 것이다. ㉡에서는 피시바인이 말한 확률 직관의 두 번째 특성 즉, 확률 개념은 학생의 인지 발달에 따라 자발적으로 발달하지 않으며 학교에서의 의도적인 확률 교육을 통해서만 발달할 수 있다는 것을 교사가 인식하고 이를 지도에 반영하고 있음이 나타난다. 교사는 정육면체 주사위와 직육면체 주사위를 던지는 실험을 통해 학생들이 가지고 있는 일차적인 확률 직관을 수정할 수 있도록 안내하고 있다.

해결 예시 참고자료		
구분	참고자료	근거
교육과정	수학과 교육과정(교육부, 2022)	40-42
교과서	중학교 수학	확률과 통계 영역 (확률)
이론서	수학교육과정과 교재연구(김남희 외, 2024)	315-316
	학교수학의 교육적 기초(우정호, 2007)	452, 459-462
나의 추가 자료		

02

- 김 교사가 ㉠에 제시할 수 있는 지도 내용은 주어진 자료를 그래프를 나타내고, 그래프를 해석하면서 자료의 특징을 살펴보는 활동이다.
  (교육과정의 제안 참고: 다양한 상황의 자료를 표나 그래프로 나타내고 그 분포의 특성을 설명할 수 있게 한다.)
- 김 교사가 ㉡에 제시할 수 있는 지도 내용은 평균이 아닌 다른 대푯값을 선택하여 구해보게 하고, 그 대푯값이 왜 유용한지 생각해 보게 하는 활동이다. 위 문제의 경우에서는 중앙값을 구해서 자료의 특징을 분석하는 활동이 적절하다.
  (교육과정의 제안 참고: 자료의 특성에 따라 적절한 대푯값을 선택하여 구해보고, 각 대푯값이 어떤 상황에서 유용하게 사용될 수 있는지 토론해보게 한다.)
- 탐색적 자료 분석의 목적은 자료의 구조와 특징을 있는 그대로 제한 없이 탐색하는 것이다. 탐색적 자료 분석에서는 간단한 계산과 간단한 그림에 대한 해석에 기초하여 자료 이면에 들어 있는 의미를 파악하는 시도를 한다.
  탐색적 자료 분석의 관점에서 볼 때, 김 교사가 ㉠에서 자료를 수치로 나타내는 방법이 아닌 그래프를 이용하여 자료를 해석하도록 지도하는 방법은 자료의 추세와 분포에 주목하면서 자료의 특징에 대한 다양한 해석을 가능하게 한다는 측면에서 적절하다고 할 수 있다. 김 교사가 ㉡에서 평균이 아닌 다른 대푯값인 중앙값을 구해서 자료의 특징을 분석하도록 지도하는 방법은 일부 자료가 파손되어도 자료 전체에 대하여 비교적 합리적인 해석을 내릴 수 있다는 측면에서 적절하다고 할 수 있다.

해결 예시 참고자료		
구분	참고자료	근거
교육과정	수학과 교육과정(교육부, 2022)	40-42
교과서	중학교 수학	자료와 가능성 영역 (대푯값, 산포도)
이론서	수학교육과정과 교재연구(김남희 외, 2024)	324-325
	학교수학의 교육적 기초(우정호, 2007)	486-487, 503, 512
나의 추가 자료		

03 ■ 1부 1장 「수학과 교육과정」 기출문제 해결예시 **16**번 참조.

04 ■ 3부 1장 「수학과 평가」 기출문제 해결예시 **12**번 참조

05 A가 알게 된 최빈값의 의미는 '조사한 자료에서 가장 많이 나타나는 값'이다.
■ (1권) 1부 7장 「비고츠키의 학습심리학」 기출문제 해결예시 **04**번, 3부 2장 「구성주의」 기출문제 해결예시 **07**번 참조.

06 베커의 이론에 기초한 통계수업에서 얻을 수 있는 교육적 의의는 다음과 같다. 첫째, 학생의 현실 맥락과 심리를 고려한 지도가 가능하다. 통계를 현실과 단절된 추상 체계로 지도하지 않고 학습자의 수준과 현실을 고려한 문제 제시로(양의 개체수를 측정하는 활동 과제) 학생 스스로 현실감을 느끼고 자신만의 방법을 찾아가며 문제 해결에 적극적으로 참여하게 유도한다. 둘째, 수학의 역사를 반영한 지도가 가능하다. 학생들은 생활에서 있을 법한 문제를 해결하는 과정 속에서 평균 개념은 역사적으로 큰 수를 추정하는 상황에서 발생되었다는 것을 인식할 수 있다. (a)는 묶음을 만들어 각 묶음에 실제로 양이 몇 마리 있는지 일일이 세어 합하는 방법으로, 그 수를 정확히 알 수는 있겠지만 모든 경우를 세어보는 수고와 긴 시간이 필요하다. 특히 세어야 할 수가 매우 많을 경우에는 '더 나은 방법은 없을까? 더 쉽게 수를 어림할 수는 없을까?'의 생각을 불러일으키면서 보다 효율적인 방법을

추구하게 한다. (d)는 평균치에 해당될 격자를 선택한 후 그 안의 수를 세어 격자 수를 곱하였다. 단위를 이용한 측정의 과정이 개입된다. (a)에 비해 정확한 수를 알 수는 없겠지만 짧은 시간에 적은 수고로 전체적인 상황을 파악하는 데 용이하다. (a)의 방법에서 (d)의 방법으로 나아가는 것과 유사하게, 학생들은 수학의 역사를 살펴보면서 보다 나은 방법을 선택하기 위한 노력 가운데 통계 개념들이 발생했음을 문제 해결의 경험을 통해 이해해 나갈 수 있다.

해결 예시 참고자료

구분	참고자료	근거
교육과정	수학과 교육과정(교육부, 2022)	40-42
교과서	중학교 수학	도형과 측정 영역(원의 성질)
이론서	수학교육과정과 교재연구(김남희 외, 2017)	325-327
	학교수학의 교육적 기초(우정호, 2007)	509
	수학 학습-지도 원리와 방법(우정호, 2011)	404-407
나의 추가 자료		

07 ㉠의 '확인하지 않은 부분'은 카드에 적힌 수를 서로 곱해서 나올 수 있는 값의 경우인 1, 2, 4의 경우가 각각 일어날 가능성이 같은지의 여부를 알아보는 것이다.

학생 A가 ㉠과 같이 말한 이유는 <학생 A의 풀이>에서 1,2,4 즉, 3가지 경우가 일어날 수 있어서 모든 경우의 수는 3이라고 생각했었는데, 학생 B가 일어날 수 있는 모든 경우의 수가 6이라고 말한 것을 듣고 자신이 생각한 것(일어날 모든 경우의 수)이 잘못 되었다는 생각을 하게되고, 확률의 뜻을 다시 확인해볼 필요가 있음을 깨달았기 때문이다.

㉡에 들어갈 교사의 발문의 예로는 '횟수를 다르게 입력해 보면 어떨까요' 다시말하면 '카드 2장을 뽑는 횟수를 다르게 하면 어떨까요. 예를 들어 10이 아니라 좀 더 큰 수를 입력해 보세요. 컴퓨터 프로그램에서는 횟수를 크게 늘려도 그 결과를 쉽게 알 수 있으니까 횟수를 100번, 1000번, 10000번 이렇게 큰 수로 입력해서 조사해보면 어떨까요?'

컴퓨터 프로그램을 이용해서 문제를 다시 살펴본 것의 의의는 폴리아의 문제해결

과정 중 반성 단계에서 주로 하는 발문인 '결과를 점검할 수 있을가요?' '결과를 다른 방법으로 이끌어낼 수 있을까요? '또 다른 풀이 방법은 없을까요?' '풀이 결과가 올바른지 확인해 볼까요?' 등을 고려한 활동을 실행한 것이라고 볼 수 있다.

문제해결 예시 참고자료

구분	참고자료	근거
교육과정	수학과 교육과정(교육부, 2022)	40-42
교과서	고등학교 수학	〈확률과 통계〉(확률의 개념)
이론서	수학교육과정과 교재연구(김남희 외, 2024)	334-337
나의 추가 자료		

08

㉠의 자료 예시: 170, 174, 175, 178, 189

예시한 자료의 특성: 다른 자료에 비해 너무 크거나 작은 극단적인 값(특이값)이 존재한다.
평균으로는 이들 자료의 전체적인 특징을 잘 나타내기 어렵다. 대푯값으로 평균을 사용하는 것보다는 중앙값을 사용하는 것이 적절하다.

[참고] 평균은 특이값에 영향을 많이 받지만 중앙값과 최빈값은 그렇지 않다.

(2015 교육과정 근거)
−수학적 모델링 능력을 신장하기 위해 생활 주변이나 사회 및 자연 현상 등 다양한 맥락에서파악된 문제를 해결하면서 수학적 개념, 원리, 법칙을 탐구하고 이를 일반화하게 한다.

(2022 교육과정 근거)
− 수학적 모델링은 학생의 삶과 연계된 현상을 다양한 수학적 표현 방식을 이용하여 수학적 모델로 만들고 수학적 모델을 다시 실생활이나 사회 및 자연 현상에 적용하는 교수 · 학습 방안으로, 수학의 응용에 대한 넓은 안목을 갖게 할 수 있다.

- 자료의 특성에 따라 적절한 대푯값을 선택하여 구해 보고, 각 대푯값이 어떤 상황에서 유용하게 사용될 수 있는지 토론하게 한다. (성취기준 해설에서, 41쪽)
- 수학과 실생활, 사회 및 자연 현상, 타 교과의 내용을 연계하는 과제를 활용하여 수학의 유용성을 인식하게 한다.(연결 역량 강조에서, 44쪽)

(수업 반영)

이 수업에서는 실생활 자료(농구팀 주전의 신장, 하루 동안 팔린 신발 치수) 특성을 설명하는 대푯값으로 무엇이 적합할지 탐색하도록 했다. 평균 이외의 대푯값으로 중앙값, 최빈값의 개념을 도입하고 생활 주변, 사회 및 자연 현상에서 나온 자료의 특징을 살펴보면서 어느 대푯값이 어떤 상황 속의 어떤 자료에 대해 유용하게 사용될 수 있는지 토론하도록 안내한다. 주어진 상황과 자료에 따라 대푯값을 구하는 활동을 하면서 학생 삶과 연계된 현상을 대푯값이라는 표현방식을 이용해서 수학적 모델을 만들고 그것을 실생활, 사회 및 자연 현상에 적용. 수학의 응용에 대한 넓은 안목을 갖게 하면서 수학적 모델링 능력을 신장시키고 있다.
앞으로, 수학의 응용에 대한 넓은 안목을 갖게 할 수 있다.

문제해결 예시 참고자료

구분	참고자료	근거
교육과정	수학과 교육과정(교육부, 2015) 수학과 교육과정(교육부, 2022)	38 41, 44, 46
교과서	중학교 수학	자료와 가능성 영역(대푯값)
이론서	수학교육과정과 교재연구(김남희 외, 2024)	324-325, 330-331, 334-337
나의 추가 자료		

09 ㉠ 상자그림

상자그림: 자료로부터 얻어낸 통계량(최솟값, 제 1사분위수, 중앙값, 제 3사분위수, 최댓값)을 이용해 수치 자료를 표현하는 그래프다. 가로 또는 세로로 그릴 수 있다. 히스토그램과는 다르게 집단이 여러 개인 경우에도 한 공간에 수월하게 나타낼수 있다. 여러 집단의 분포 경향을 직관적으로 파악, 비교하고 해석하는 활동에 유용하게 활용된다.

㉡의 이유는 자료에 담긴 의미를 그래프가 적절히 담고 있지 못해서 자료의 특징

을 파악할 수 없기 때문이다. 그래프의 현시성(Revelation)은 자료에 담긴 다양한 의미를 그래프가 적절히 담고 있어서 그것을 해석하여 자료의 특징을 파악할 수 있어야 함을 뜻하는 성질이다.

(교사 피드백 예시)
그래프에서 큰 변화를 발견한 이유는 무엇일까?
눈금을 재조정해서 다시 그래프를 그리고, 분포의 특징을 다시 살펴보자.
표에 정리한 자료의 기록을 관찰해보자.
그래프의 세로축 눈금을 살펴보자. 적절한가?
세로축의 한 눈금을 몇 초로 하면 좋을까?
눈금을 재조정해서 다시 그래프를 그리고, 분포의 특징을 다시 살펴보자.

문제해결 예시 참고자료

구분	참고자료	근거
교육과정	수학과 교육과정(교육부, 2022)	40-42
교과서	중학교 수학	자료와 가능성 영역 (상자그림과 산점도)
이론서	수학교육과정과 교재연구(김남희 외, 2024)	324-325
나의 추가 자료		

문제만들기로 나아가기

하브루타

질문과 토론으로 학습해 봅시다.

- **문제 만들기** 보충 또는 심화 학습이 필요한 내용을 문제로 만들어 봅시다.
- **탐구 학습** 관련 자료를 스스로 찾아가면서 문제해결해 봅시다.
- **토론 학습** 함께 토론하면서 문제 해결을 검토하고 보완해 봅시다.
- **포트폴리오 제작** 탐구 자료를 모아 '수학교육학' 포트폴리오를 만들어 봅시다.

❶ 문제 만들기(예시)

문제 만들기 ❶ 사범대학 수학교육과 학부생의 사례

우리나라 교육과정에서는 '통계적 사고 교육'을 강조하고 있다. 이에 적합한 지도 사례를 수학 교과서에서 찾아 제시해보자.

문제 만들기 ❷ 교원임용시험을 준비하는 예비 교사의 사례

확률과 통계 지도에서 공학 도구를 활용한 사례를 중등수학 교과서에서 찾아보자. 그리고 교사가 확률과 통계 지도에서 공학 도구를 활용할 때 유의해야 할 점에 대해 토론해보자.

문제 만들기 ❸ 중·고등학교 현직 수학 교사의 사례

우리나라 수학과 교육과정에서 '확률의 개념' 지도를 위해 제시하고 있는 '성취기준 적용 시 고려 사항'을 찾아보자. 그 사항을 반영한 수학 교수-학습 사례를 계획해보고, 그 사례의 적절성에 대해 동료 교사들과 함께 토론해보자.

❷ 문제 만들기(실행)

(1) 문제 만들기(문제 제기)

(2) 탐구 및 토론 학습

(3) 문제해결 결과 정리

***문제해결에 도움이 된 참고자료들**

* 문제가 추가되면 [부록 A]의 <문제 만들기> 활동지를 복사하여 활용한다.

참고문헌

강옥기 외(2012). **수학교육학 신서**. 교우사.

강완 외(2014). **초등수학교육론**. 경문사.

교육과학기술부(2011). **수학과 교육과정**. 교육과학기술부.

교육부(1997). **수학과 교육과정 해설서**. 교육부.

교육부(2022), **수학과 교육과정**. 교육부.

교육부(2013). **수학** 1-2. 천재교육.

교육부(2014). **수학** 4-1. 천재교육.

교육부(2015). **수학과 교육과정**. 교육부.

김남희 외(2017). **예비교사와 현직교사를 위한 수학교육과정과 교재연구** (제3판). 경문사.

김남희 외(2024). **예비교사와 현직교사를 위한 수학교육과정과 교재연구** (제4판). 경문사.

김남희, 박경미(2008). **수학교육에서의 컴퓨터 활용**. 경문사.

문무과학성(2008). **중학교 학습 지도 요령 해설**. 수학편. 문부과학성.

문무과학성(2009). **고등학교 학습 지도 요령 해설**. 수학편. 문부과학성.

상경아 외(2016). **수학·과학 성취도 추이변화 국제비교 연구**. TIMSS 2015 결과 분석. 한국교육과정평가원 연구보고 RRE 2016-15-1.

우정호 외(2012). **중학교 수학** 3. 두산동아.

우정호 외(2013a). **중학교 수학** 1. 두산동아.

우정호 외(2013b). **중학교 수학** 2. 두산동아.

우정호 외(2014). **고등학교 미적분II**. 두산동아.

우정호(2007). **학교수학의 교육적 기초** (제2증보판). 서울대학교출판문화원.

우정호(2011). **수학 학습-지도 원리와 방법** (제2개정판 수정판). 서울대학교출판문화원.

이광호(2010). Common Core State Standards for MATHEMATICS 소개. **수학교육학논총 제38집**. 대한수학교육학회. 717-726.

이경화 외(2022). 2022 **개정 수학과 교육과정 시안 개발 연구**. 교육부, 한국과학창의재단.

이준열 외(2013). **중학교 수학** 1. 천재교육.

정상권 외(2008). **중학교 수학** 1. 금성출판사.

한국과학창의재단(2015). 2015 **개정 교육과정에 따른 수학과 교육과정(교수-학습 방법 및 평가) 개발 연구**. 한국과학창의재단.

황혜정 외(2016). **수학교육학신론** (2016 개정증보판). 문음사.

황혜정 외(2023). **수학교육학신론** 1(2022 개정 증보판). 문음사.

황혜정 외(2023). **수학교육학신론** 2(2022 개정 증보판). 문음사.

황혜정 외(2023). **수학교육학신론** 3(2022 개정 증보판). 문음사.

Common Core State Standards Initiative(CCSSI: 2014). Common Core State Standards for Mathematics. Revised from http://www.corestandards.org/math.

Freudenthal(1973). *Mathematical as an Educational tas*k. Reidel, Dordrecht.

Freudenthal, H.(1983). *Didactical Phenomenology of Mathematical Structures*. Dordrecht, The Netherlands: D. Reidel Publishing Company.

Gal, I.(2004). Statistical literacy. In D, Ben-Zvi, & J. B., Garfield(Eds.). (2004). *The challenge of developing statistical literacy, reasoning and thinking*. Dordrecht: Kluwer Academic Publishers.

Krabbendam, H. (1982). The non-quantitative way of describing of relations and the role of graphs. *Conference of functions report 1(*pp. 125~146). Enschede: SLO Foundation for curriculum development.

NCTM(1989). *Curriculum and Evaluation Standards for School Mathematics*. Reston, VA: NCTM. 구광조 외 2인 역(1992). **수학교육과정과 평가의 새로운 방향**. 서울: 경문사.

NCTM(2000). *Principles and Standards for School Mathematics*. Reston, VA: NCTM. 류희찬 외 5인 역(2007). **학교수학을 위한 원리와 규준**. 서울: 경문사.

Polya, G.(1956). *How to Solve it*. Princeton University Press. 우정호 역(2008). **어떻게 문제를 풀 것인가? -수학적 사고 방법-** (개정판). 교우사.

Polya, G.(1981). *Mathematical Discovery I*. 우정호 외 6인 역(2005). **수학적 발견** (1). 교우사.

Usiskin, Z. (1988). Conceptions of School Algebra and Uses of Variables, In *The Ideas of algebra K-12*, NCTM 1988 yearbook. 8~19.

PART

II

학교수학의 문제해결지도

CHAPTER

01

추론 교육

내용 학습

- 이 책에 정리된 주요 내용을 토대로 자신의 지식을 확장해 봅시다.
- 수학교육학 교재나 참고문헌에서 학습 주제 관련 내용을 찾아 심화 학습해 봅시다.

수학적 추론의 지도

폴리아는 완성된 수학은 연역적 과학이며 발생 과정의 수학은 실험적이고 귀납적인 과학이므로 실험적이고 귀납적인 수학적 발견의 교육적 가치를 중시하였다(Polya, 1956: vi: 우정호, 2011: 315). 수학적 사고 과정에서는 귀납, 유추 등에 의해 먼저 추측이 이루어진 후에 그 추측을 증명하는 과정이 뒤따른다. 수학적으로 사고한다는 것은 비록 하찮은 것이라고 하더라도 수학적 발견을 하는 것이다. 수학자의 창조적인 연구 결과는 연역적 추론, 곧 증명이지만 증명해야 할 사실은 귀납과 유추 등과 같은 발견적 추론에 의하여 추측된다. 따라서 추론 지도에서는 연역적 추론뿐 아니라 발견적 추론의 역할도 중요함을 강조해야 한다.

1. 귀납추론

귀납[1]추론은 관찰된 특수한 사례의 공통성에 주목하여 그러한 사례 전체에 대하여 성립하는 숨겨져 있는 일반 법칙을 이끌어내는 추론이다(우정호, 2011: 337). 측정, 관찰, 구체적 조작 등을 통하여 몇 가지 사례에 대해 어떤 명제가 참임을 보인 다음에, 이 사례가 속한 전체 범주의 대상에 대해 그 명제가 참임을 주장한다. 귀납추론은 개연성이 높은 추론으로서 수학적 발견과 지식의 범위 확장에 중요한 역할을 한다.

1) 귀납(歸納, induction)

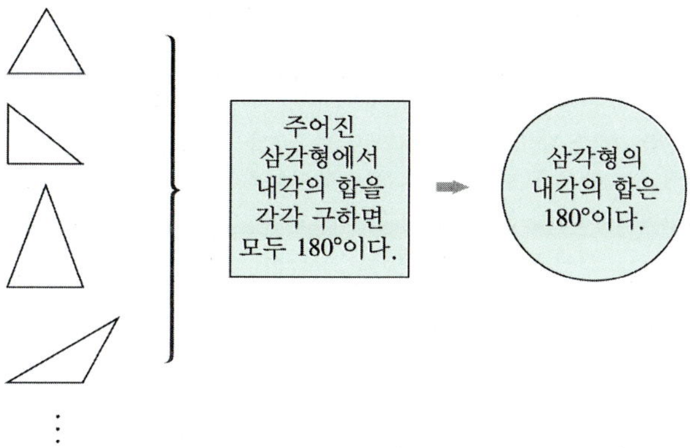

'삼각형의 내각의 합은 180°'임을 추측

귀납추론은 부분적 사례로부터 일반적인 결론을 이끌어내는 것이므로, 경험적이고 확률적인 판단이라고 볼 수 있다(우정호, 2011: 339). 귀납추론은 오류를 범할 가능성이 있으므로 귀납추론에 의한 추측은 항상 참이라고 보장할 수는 없다. 그럼에도 불구하고 인간은 본능적으로 귀납추론을 한다. 따라서 귀납추론에 의해 발견된 수학적 주장이나 추측에 대해서는 반드시 증명을 통해 수학적인 참을 확인하는 시도를 해야 한다(황혜정 외, 2016: 251).

2. 연역추론

연역[2)]추론은 일반적인 명제 또는 보편적 원리나 법칙을 전제로 보다 특수하고 개별적인 명제 또는 특수 원리나 법칙을 이끌어내는 추론이다. 다시 말해서, 전제로 주어진 명제로부터 논리적 규칙을 이용하여 엄밀하게 필연적인 귀결을 이끌어내는 방법으로, 일반적인 명제로부터 특수한 명제를 이끌어내는 추론이다(우정호, 2007: 160) 수학에서 '증명'은 연역추론을 통해 어떤 명제가 참임을 밝히는 것이다. 앞에서 귀납추론에 의해 삼각형의 내각의 합이 180°임을 추측하였다면 연역추론에서는 평행한 두 직선과 다른 직선이 만날 때 엇각이나 동위각이 같다는 사실을 활용하여 모든 삼각형의 내각의 합이 180°임을 증명한다.

2) 연역(演繹, deduction)

삼각형의 세 내각의 크기의 합은 180° 임을 평행선의 성질을 이용하여 확인해보자.

오른쪽 그림과 같이 삼각형 ABC에서 변 BC의 연장선 위에 한 점 D를 잡고, 점 C에서 변 BA에 평행한 반직선 CE를 그으면 $\overline{BA}//\overline{CE}$이므로

$\angle A = \angle ACE$ (엇각),

$\angle B = \angle ECD$ (동위각)

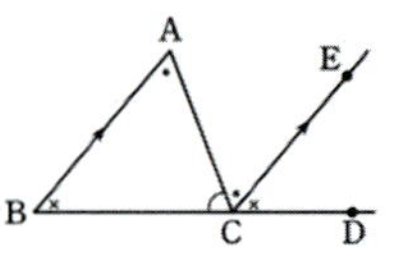

이다. 따라서 다음이 성립한다.

$$\angle A + \angle B + \angle C = \angle ACE + \angle ECD + \angle C = \angle BCD = 180°$$

즉 삼각형의 세 내각의 크기의 합은 180° 임을 알 수 있다.

'삼각형의 내각의 합은 180°'임을 증명

귀납추론은 전제와 결론의 관계가 개연적이지만 연역추론은 필연적이다. 따라서 연역추론에 의한 결과는 항상 참이다. 공리적 방법에 의한 연역적 전개는 현대수학의 큰 특징이므로 학교수학에서도 개연적 추론 및 직관적 이해의 학습과 더불어 연역추론의 학습도 충실히 해야 한다.

3. 유비추론

유비추론 즉, 유추[3]는 이미 확보된 성질이나 명제에 기초하여 유사점을 기초로 특정한 사실로부터 그와 유사한 다른 특수한 사실의 성질을 이끌어내는 추론이다. 어떤 대상에 성립하는 성질로부터 그와 유사한 대상의 성질을 추측하는 유비추론은 우리의 일상적인 사고나 대화에서는 물론 역사적으로 수학과 과학 및 예술에서의 창의적 사고와 문제해결에 충만해 있다(우정호, 2011: 342).

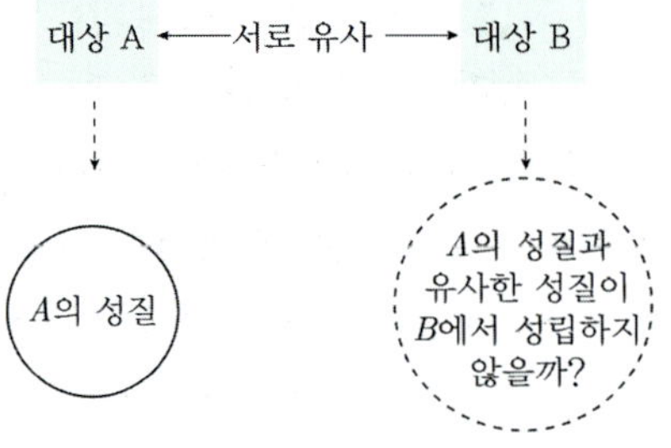

3) 유추(類推, analogy)

우리는 어떤 문제를 해결할 때 주어진 문제보다 좀 더 단순한 유사 문제를 알고 있다면 이 문제의 해결 방법이나 결과를 이용해서 주어진 문제를 해결하기도 한다. 예를 들어 삼각뿔의 부피 공식을 삼각형의 넓이 공식으로부터, 각기둥, 원기둥의 부피 공식을 직사각형 넓이 공식으로부터, 복소수의 연산을 실수의 연산으로부터 유추하듯이, 유추는 수학적 발견 및 문제해결 활동에서 자주 이용되는 사고 방법이다. 유추는 귀납추론과 마찬가지로 개연성이 높은 추론이지만 절대적으로 참인 명제를 이끌어내지는 못한다. 그러므로 유추하여 얻은 성질에 대해서는 그 성질이 수학적으로 참인가를 확인해야 한다(황혜정 외, 2016: 252).

이상에서 살펴보았듯이 연역추론의 결과는 항상 참이지만 귀납추론과 유비추론에 의한 결과는 항상 참이라고 할 수 없다. 따라서 귀납추론과 유비추론에 의한 결과는 논리적인 증명 과정이 뒤따라야 한다[4].

학교수학은 초기부터 완성된 수학으로 다루어서는 안 된다. 발생 과정의 수학적 사고 활동은 관찰과 귀납, 유추, 추측에 의한 발견과 검사 및 실험, 모델화, 일반화, 추상화 등과 같은 비형식적인 사고, 시행착오를 수반하는 탐구 과정, 경험적인 사고 과정을 바탕으로 하지 않을 수 없으며 연역하고 증명하는 형식적 사고 역시 그러한 사고를 전제로 한다(우정호, 2011: 315). 어떤 정리에 대한 연역적 증명은 추측과 실험의 마지막 결과이므로 학교수학은 구체적인 자료로부터 비형식적인 접근을 통해 점진적으로 엄밀한 형식에 이르도록 지도해야 한다.

폴리아는 귀납과 유추에 의한 발견적 사고의 중요성을 강조하고 있다(우정호, 2011: 313). 학습하는 최선의 길은 스스로 발견해내는 것이다. 효과적인 학습을 위해서는 가능한 한 학생들에게 생각할 시간을 충분히 주어 스스로 발견하도록 해야 하며 교사는 이를 돕는 질문과 권고를 통하여 산파역을 해야 한다(우정호, 2011: 319).

4) 학교수학에서는 학생들의 수준에 따라서 증명 대신에 또 다른 사례로 확인을 하는 경우도 있다. 폴리아가 말했듯이 추측으로 얻은 명제는 새로운 특별한 경우가 하나씩 밝혀질 때마다 그 신뢰성이 점점 증가한다. 추측은 새로운 확인에 의하여 보다 더 믿을 만하게 된다(Polya, 1990: 이만근 외 4인 역, 2002: 8, 33).

학교수학과 추론

흔히, 수학적으로 사고하는 능력에 대해 논의할 때에는 다음 그림과 같은 사면체 모델로 수학의 여러 측면을 강조한다(NCTM, 1989). 이 모델을 바탕으로 하여 수학적으로 사고한다는 것의 일반적인 의미를 살펴보면 다음과 같다(우정호. 2007: 15－20).

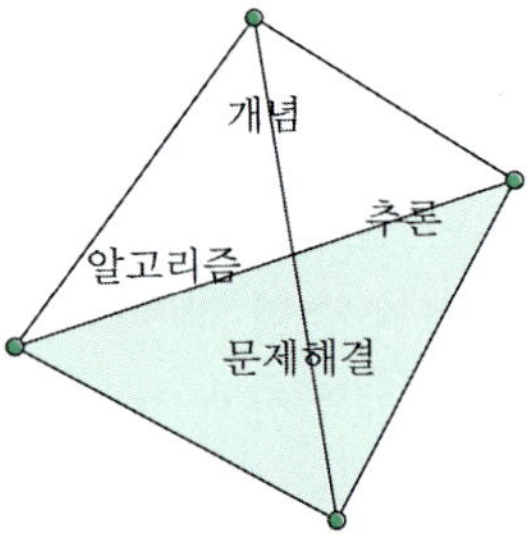

수학의 여러 측면

- 알고리즘적 수학: 여러 가지 계산법, 나아가 문제해결에 이르는 명확한 절차 곧 알고리즘을 능숙하게 구사하고 이를 개발하는 것
- 개념적 수학: 수학적인 '안목'을 갖고 의미충실한 개념적 사고를 하면서 수학의 용어와 기호를 구사하는 것
- 추론으로서의 수학: 수학적인 명제를 증명하고, 귀납과 유추를 통해 수학의 개념, 원리 법칙을 추측하고 발견하는 것
- 문제해결로서의 수학: 수학의 여러 가지 개념, 원리, 법칙 사이의 관련성을 파악하고 또한 수학적인 내용과 수학 외적인 상황과의 관련성을 파악하여 문제를 수학적으로 해결하는 것

수학적 사고 과정에서 추론은 알고리즘, 개념, 문제해결과 상보적인 관계 속에서 상호작용하고 있다고 볼 수 있다. 이에 따라 추론은 1980년대 이후 미국 교육과정에서 학교수학의 주요 규준(Standards)으로 설정되어 그에 대한 교육이 지속적으로 이루어져 왔으며 학교수학의 '수학적 실행' 규준의 하나로 강조되고 있다(NCTM, 1989: 1990: CCSSI, 2014).

우리나라 교육과정에서도 추론은 다음과 같이 수학과 목표에서도 강조하는 핵심 수학 교과 역량이다(교육부, 2022: 6).

> 수학의 개념, 원리, 법칙을 이해하고 수학의 가치를 인식하며 바람직한 수학적 태도를 길러 수학적으로 추론하고 의사소통하며 다양한 현상과 연결하여 정보를 처리하고 문제를 창의적으로 해결하는 수학 교과 역량을 함양한다.

추론역량 함양을 위해 교수-학습 방법으로 제안하는 사항은 다음과 같다.
(교육부, 2022: 44)

> ② 다음과 같은 교수·학습 방법을 통해 추론 역량을 함양하게 한다.
> ㉠ 관찰, 실험, 측정 등 구체적 조작 활동을 통해 수학의 개념, 원리, 법칙에 흥미와 관심을 갖고 다양한 방법으로 탐구하고 이해하게 한다.
> ㉡ 귀납, 유추 등의 개연적 추론을 통해 수학적 추측을 제기하고 정당화하며, 수학적 증거와 논리적 근거를 바탕으로 비판적으로 사고하는 태도를 갖게 한다.
> ㉢ 수학의 개념, 원리, 법칙을 도출하는 과정과 수학적 절차를 논리적이고 체계적으로 수행하고 반성하게 한다.

한편, 수학과의 평가에서도 다음의 지침을 제시하면서 추론 역량 함양 교육이 이루어질 것을 제안하고 있다(교육부, 2022: 48).

> ② 추론 역량의 평가는 수학의 개념, 원리, 법칙을 이해하는지, 논리적으로 절차를 수행하는지, 수학적 지식을 다양한 방법으로 탐구하는지, 관찰에 근거하여 추측하고 일반화를 할 수 있는지, 추측의 근거를 제시하는지, 타당한 정당화를 하는지, 수학에 대한 흥미와 관심을 갖는지, 체계적으로 사고하려는 성향이 있는지, 수학적 증거와 논리적 근거를 바탕으로 비판적으로 사고하는 태도를 갖는지 등을 고려한다.

학교수학의 추론 지도는 교사의 적절한 지도 계획 아래 학생들이 주어진 문제 상황에서 타당한 주장을 할 수 있고 자신의 주장을 설득력 있게 펼치며 상대방의 주장도 평가할 수 있는 능력이 개발되도록 하는 것이 필요하다. 실제 수학 수업에서는 학생들이 스스로 추측을 해보고 왜 그것이 타당한지를 설명할 수 있는 경험이 제공되어야 한다. 이러한 과정에서 발견적 추론과 연역적 추론의 역할과 그 본질에 대한 이해가 이루어져야 한다.

문제
해결

1단계

문제를 해결하며 학습해봅시다.

기초문제로 복습하기

- **문제해결** 문제를 해결해 가면서 주요 내용을 익히고 복습해 봅시다.
- **반성 · 정리** 참고문헌에서 관련 내용을 찾아 문제해결을 검토하고 보완해 봅시다.
- **자료축적** 문제해결에 도움이 된 자료들을 기록하여 추후 학습에 활용해 봅시다.

➜ 강의 시간에 토론식 수업(토론 학습)을 한다면 해결 과정이나 결과를 서로 발표하고, 함께 검토하면서 발전시켜 봅시다.

01 다음 용어의 뜻을 설명해보자.

- 추론
- 귀납추론
- 유비추론
- 연역추론

*도움이 된 참고자료 기록하기

02 박 교사는 중학교 3학년 수학 수업에서 '피타고라스 정리'를 지도하고자 한다. 다음 그림을 보고 물음에 답해보자.

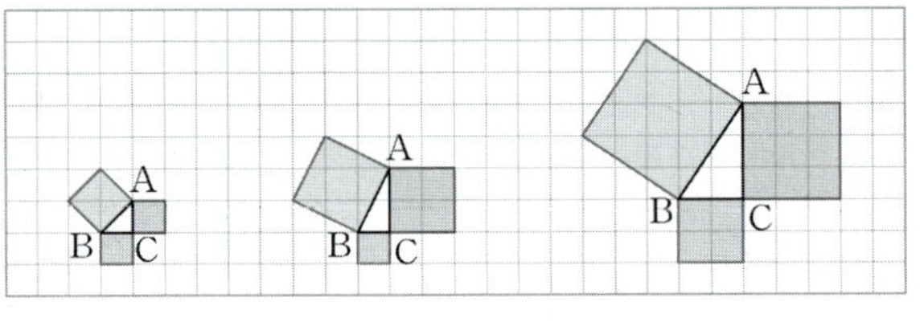

(1) 위 그림을 이용하여 박 교사가 학생들로 하여금 귀납추론에 의한 추측을 할 수 있도록 지도하는 과정을 설명해보자.

(2) (1)에서 얻을 수 있는 추측을 연역추론에 의해 증명해보자.

*도움이 된 참고자료 기록하기

03 다음에 제시된 그림들은 '피타고라스 정리'가 성립함을 확신하는 데 도움을 주는 시각화의 사례이다. 제시된 그림을 이용하여 '피타고라스 정리'가 성립함을 설명해보자.

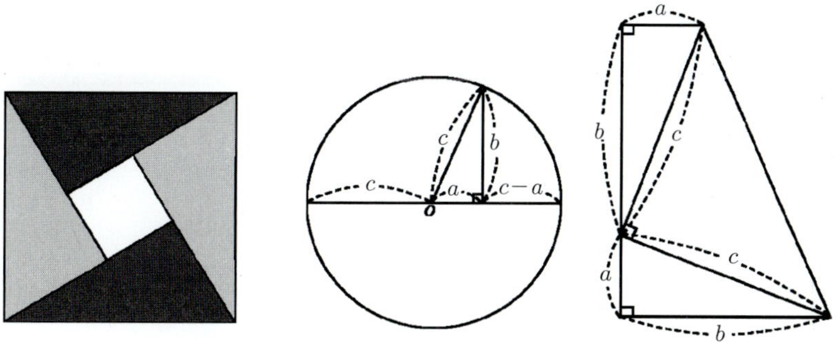

'피타고라스 정리' 시각화 사례 (조정수 외, 2010: 3-7)

*도움이 된 참고자료 기록하기

04 $\frac{a+b}{2} \geq \sqrt{ab}\,(a>0,\ b>0)$를 대수적으로 증명한 후, 반성 단계에서 '또 다른 풀이 방법은 없을까?'라는 발문과 함께 다음과 같은 시각화 자료가 제시되었다. 제시된 자료를 이용하여 문제를 해결해보자.

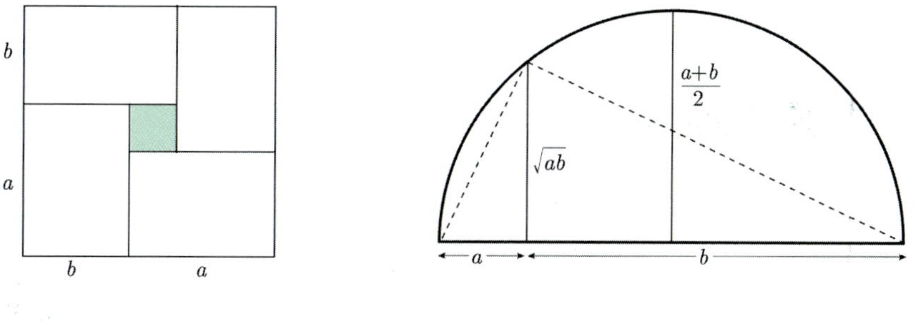

*도움이 된 참고자료 기록하기

05 다음 명제가 성립함을 '직관적이고 귀납적인 방법'과 '논리적이고 형식적인 방법'으로 각각 설명해보자.

삼각형에서 세 변의 수직이등분선은 한 점에서 만남을 보여라.

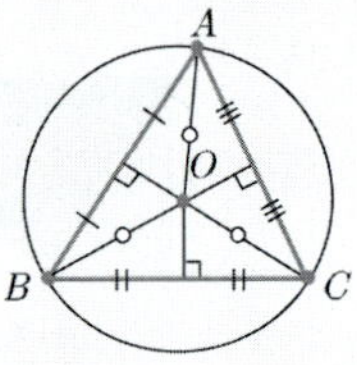

06 새은이는 아래의 몇 가지 사례에서 규칙성을 찾고 새로운 발견을 하게 되었다.

1	$=1$	$=1^2$	$=1^2$
$1+8$	$=9$	$=3^2$	$=(1+2)^2$
$1+8+27$	$=36$	$=6^2$	$=(1+2+3)^2$
$1+8+27+64$	$=100$	$=10^2$	$=(1+2+3+4)^2$
$1+8+27+64+125$	$=225$	$=15^2$	$=(1+2+3+4+5)^2$

다음은 새은이가 귀납추론으로 추측한 사실이다. 새은이가 추측한 사실을 연역추론으로 증명해보자.

새은이의 추측

$n=1, 2, 3, \cdots$에 대해,

$1^3+2^3+3^3+4^3+\cdots+n^3=(1+2+3+\cdots+n)^2$

*도움이 된 참고자료 기록하기

2단계

문제를 해결하며 학습해봅시다.

정리문제로 다지기

- **문제해결** 문제를 스스로 해결한 후, 자신의 답안을 [해결 예시]와 비교해 봅시다.
- **반성 · 정리** 참고문헌에서 관련 내용을 찾아 문제해결을 검토하고 보완해 봅시다.
- **자료축적** 문제해결에 도움이 된 자료들을 기록하여 추후 학습에 활용해 봅시다.

→ 강의 시간에 토론식 수업(토론 학습)을 한다면 해결 과정이나 결과를 서로 발표하고, 함께 검토하면서 발전시켜 봅시다.

01 유추에 의한 발견적 사고를 통해 아래 제기된 문제를 해결해보자.

사면체의 무게중심은 어떻게 구할까?

(1) 중학교 3학년 수준의 학생들이 위 문제를 해결할 때, 계획의 작성 단계에서 도움을 줄 수 있는 교사의 발문을 하나 적어보자.

나의 문제해결

(2) (1)에 제시한 발문을 바탕으로 사면체의 무게중심을 탐구하는 과정을 설명해보자.

나의 문제해결

→ [해결 예시] 332쪽

02 고등학생인 민경이는 '피타고라스 정리'를 바탕으로 하여 직각사면체의 네 면의 넓이 A, B, C, D 사이에 성립하는 관계를 다음과 같이 유추하였다.

$$D^2 = A^2 + B^2 + C^2$$

공간도형인 직각사면체에서 직각을 낀 세 면의 넓이 A, B, C와 다른 한 면의 넓이 D와의 관계를 알아보자.

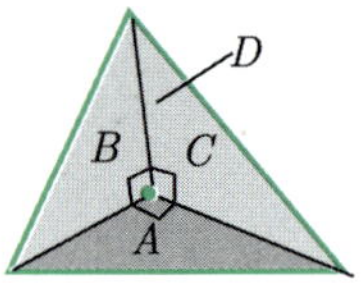

평면	→	공간
직각삼각형	→	직각사면체
변	→	면
변의 길이 사이의 관계 (피타고라스 정리)	→	면의 넓이 사이의 관계(?)

민경의 추측

직각사면체에서 직각을 낀 세 면의 넓이와 다른 한 면의 넓이 D에 대해 $D^2 = A^2 + B^2 + C^2$일 것이라고 추측

다음 물음에 답해보자.

(1) 유추(유비추론)에 대해 설명해보자.

(2) 민경의 사고 과정에서 유사성에 의한 추측이 일어났음을 구체적으로 설명해보자.

(3) 민경이가 유추한 사실이 참인지 연역추론으로 확인해보자.

나의 문제해결

→ [해결 예시] 333쪽

03 다음에 제시된 평면도형의 성질을 바탕으로 공간도형의 성질을 유추하는 사례를 하나 제시해보자.

삼각형의 외심

삼각형의 세 변의 수직이등분선은 한 점(외심)에서 만나고, 이 점에서 삼각형의 세 꼭짓점에 이르는 거리는 같다.

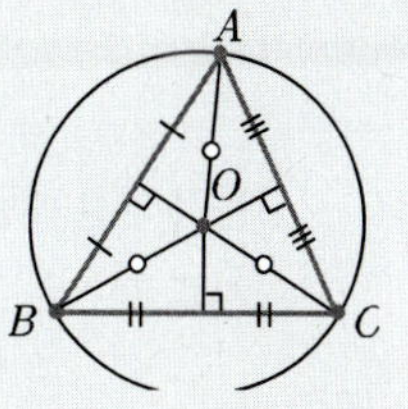

평면도형	⟶	공간도형
삼각형	⋯⋯▸	사면체

나의 문제해결

04 다음은 중학교 수학의 '원의 성질' 내용에서 다루는 명제이다.

원 O에서 한 호에 대한 원주각의 크기는 그 호에 대한 중심각의 크기의 $\frac{1}{2}$이다.

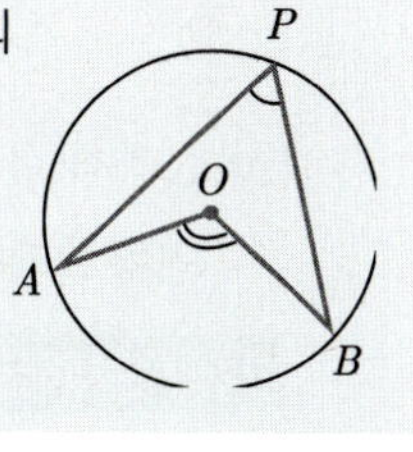

위 명제를 학습할 때는 처음부터 증명으로 결과를 입증하는 것보다 여러 가지 사례에서 직접 원주각과 중심각의 크기를 각각 측정하여 원주각의 크기가 중심각의 크기의 $\frac{1}{2}$과 같음을 추측하는 것이 필요하다.

(1) 위 명제의 추측을 돕는 지도 방법을 제시해보자.

나의 문제해결

(2) 추측한 사실을 정당화하고 체계화하기 위해서는 증명이 필요하다. 제시문을 참고하여 가장 기본이 되는 특수한 경우를 파악하고 이를 바탕으로 위 명제의 증명을 완성해보자.

문제해결 패턴 중에는 특수한 경우로부터 이를 해결한 다음 그러한 특별한 경우의 해의 일차결합으로 일반적인 해를 얻는 사고 패턴이 있다(우정호, 2007: 102).

① 중심 O가 $\angle APB$의 변 위에 있는 경우 ② 중심 O가 $\angle APB$의 내부에 있는 경우 ③ 중심 O가 $\angle APB$의 외부에 있는 경우

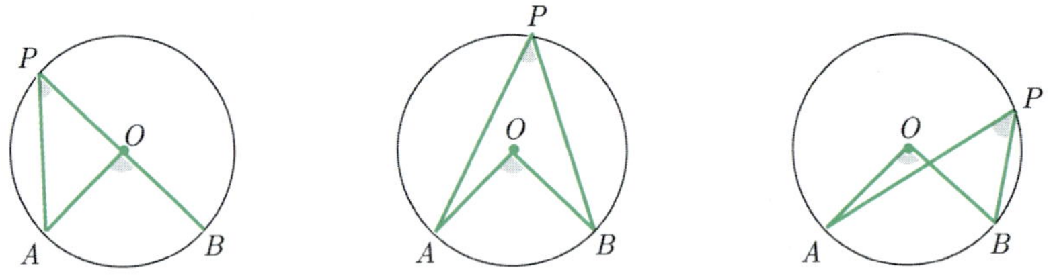

나의 문제해결

(3) 문제해결의 반성 단계에서 다은이는 "호 AB의 중심각이 180°보다 큰 경우는 어떻게 될까?"라는 문제를 제기하였다. 다은이가 제기한 문제를 해결해보자.

나의 문제해결

→ [해결 예시] 335쪽

05 '다각형의 내각의 크기의 합' 공식을 발견하는 귀납추론의 과정을 제시해보자.

다각형의 내각의 크기의 합

n각형의 내각의 크기의 합은 $180° \times (n-2)$이다.

나의 문제해결

06 수학교육 현대화 운동인 '새수학운동'에 대한 반성으로 '기초로 돌아가기' 운동이 일어난 이후 제시된 학교수학을 위한 권고사항 중 하나가 '반양자택일률'이다. 수학을 다음과 같이 서로 상반된 두 가지 측면으로 대비시켜보고, 추론 지도와 관련해서 '반양자택일률'의 의미를 설명해보자.

구체적 - 추상적

직관적 - 논리적

나의 문제해결

→ [해결 예시] 337쪽

해결 예시

01 (1) 중학교 수학에서 삼각형의 무게중심을 배웠지만 사면체의 무게중심을 구하는 문제는 아직 해결해보지 않았다. 사면체의 무게중심의 위치를 금방 판단하기 어려울 것이므로 이 문제해결에 유용한 교사의 발문은 다음과 같다.

『주어진 문제보다 단순하면서 유사한 문제를 알고 있는가?』

(2) 이 발문에 따라 우리는 '사면체는 삼각형과 유사하다'는 생각에 주목하면서 삼각형의 무게중심을 통해 사면체의 무게중심을 찾아보는 과정을 실행해볼 수 있다. 선분의 무게중심은 선분의 중점이므로 삼각형을 한 변과 나란하게 무한히 얇게 썰었다고 생각하면 각각의 조각의 무게중심은 그 선분 조각의 중점이므로 삼각형의 무게중심은 중선 위에 있게 된다. 따라서 삼각형의 무게중심은 세 중선의 교점이라는 결론을 얻게 된다(중학교 수학에서 이미 학습한 내용이다). 마찬가지로 생각하여, 사면체를 그림과 같이 한 면에 평행하게 무한히 얇게 썰었다고 가정하자.

선분의 무게중심

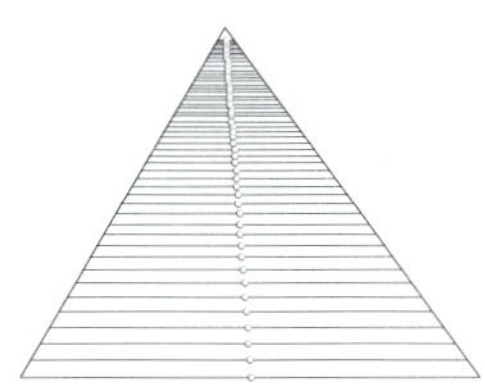

삼각형의 무게중심 탐색

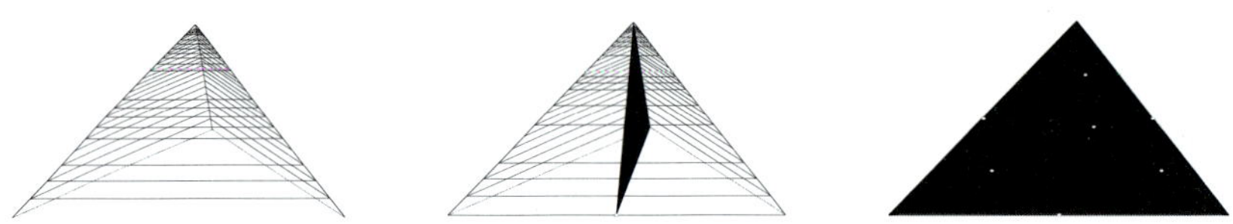

사면체의 무게중심 탐색

여기시 생기는 모든 삼각형의 무게중심은 한 모서리의 중점과 그와 마주보는 모서리로 이루어진 삼각형의 면 위에 있다. 사면체에서 그러한 삼각형의 면은 여섯 개 있으며 그 각각은 모두 사면체의 무게중심을 포함한다. 따라서 '사면체의 무게중심은 그러한 여섯 개의 삼각형 면의 교점이다.'라는 추측을 할 수 있게 된다.

해결 예시 참고자료		
구분	참고자료	근거
교육과정	수학과 교육과정(교육부, 2022)	37-40
교과서	중학교 수학	도형과 측정 영역 (삼각형의 성질)
이론서	어떻게 문제를 풀 것인가?(Polya, 1956: 우정호 역, 2005)	228-238
	학교수학의 교육적 기초(우정호, 2007)	120-121
나의 추가 자료		

02 (1) 유추(유비추론)는 유사성을 바탕으로 어떤 대상에 대하여 성립하는 성질로부터 그와 유사한 대상의 성질을 추측하는 것이다. 즉, A라는 대상과 B라는 대상이 서로 유사할 때, A에서 성립하는 성질과 유사한 성질이 대상 B에서 성립할 것이라고 주장하는 것을 의미한다. 유추는 귀납추론과 같은 발견적 추론이므로 개연성이 높은 추측이지만, 절대적으로 참인 명제를 이끌어내지 못하므로 유추에 의한 추측이 수학적으로 참이 되는지를 연역적으로 확인해야 한다.

(2) 위 문제에서 직각삼각형과 직각사면체는 서로 유사한 도형이다. 두 도형은 각각 직각을 가지고 있고 삼각형으로 이루어져 있다는 점이 공통이다. 또한 직각삼각형은 평면(2차원)을 내부와 외부로 나누는 가장 간단한 다각형이고, 직각사면체는 공간(3차원)을 내부와 외부로 나누는 가장 간단한 다면체라는 점에서도 서로 유사하다. 이러한 두 도형의 유사성에 기초하여 직각삼각형의 경계(변) 사이에 성립하는 성질이 직각사면체의 경계(면) 사이에서도 성립할 것이라고 추측하는 것은 자연스럽다.

(3) 주어진 직각사면체의 네 개의 꼭짓점을 각각 E, F, G, H 라 하자. 꼭짓점 E에서 $\overline{FG}$로의 수선의 발과 $\overline{FG}$의 교점을 I라 하고 $\overline{EH}=p$, $\overline{HG}=q$, $\overline{HF}=r$, $\overline{FG}=a$, $\overline{HI}=k$, $\overline{EI}=h$라 하자.

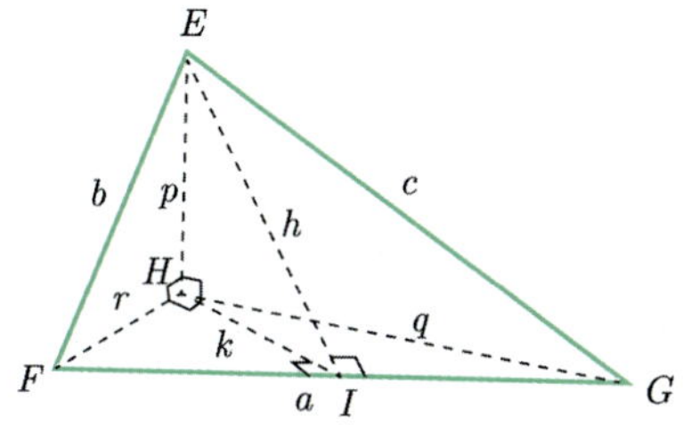

'삼수선의 정리'와 '피타고라스 정리'를 이용하면

$$
\begin{aligned}
D^2 &= \frac{a^2h^2}{4} \\
&= \frac{a^2(k^2+p^2)}{4} \\
&= A^2 + \frac{a^2p^2}{4} \\
&= A^2 + \frac{(r^2+q^2)p^2}{4} \\
&= A^2 + \left(\frac{rp}{2}\right)^2 + \left(\frac{pq}{2}\right)^2 \\
&= A^2 + B^2 + C^2
\end{aligned}
$$

이다. 따라서 영수가 유추한 사실은 참이다.

해결 예시 참고자료

구분	참고자료	근거
교육과정	수학과 교육과정(교육부, 2022)	37-40, 159
교과서	중학교 수학	도형과 측정 영역(피타고라스 정리)
	고등학교 수학	〈기하〉 (공간도형)
이론서	수학교육과정과 교재연구(김남희 외, 2024)	79
	수학교육학신론3(황혜정 외, 2023)	62-63
	수학교육학 신서(강옥기 외, 2012)	324-325
	수학적 발견 Ⅰ(Polya, 1981: 우정호 외 역, 2005)	55-60
	수학 학습-지도 원리와 방법(우정호, 2011)	342-343
	어떻게 문제를 풀 것인가?(Polya, 1956: 우정호 역, 2005)	228-238
	학교수학의 교육적 기초(우정호, 2007)	119-120
나의 추가 자료		

03 삼각형의 외심에서 사면체의 외심을 유추한다.

삼각형의 외심을 찾은 후 유추에 의해 3차원에서 공간에서 사면체의 외심을 구하는 문제를 해결한다.

	평면도형	공간도형
주어진 도형	삼각형	사면체
접하는 도형	외접원	외접구
외심	세 변의 수직이등분선의 교점	6개 모서리의 수직이등분면의 교점
외심의 성질	외심에서 삼각형의 세 꼭짓점에 이르는 거리는 같다.	외심에서 사면체의 네 꼭짓점에 이르는 거리는 같다.

이때 지필 환경에서 기하적 상상력에 의존하였던 것을 다음과 같이 공학 도구를 이용해서 시각적으로 이해하고 구체적으로 조작하는 학습을 할 수 있다.

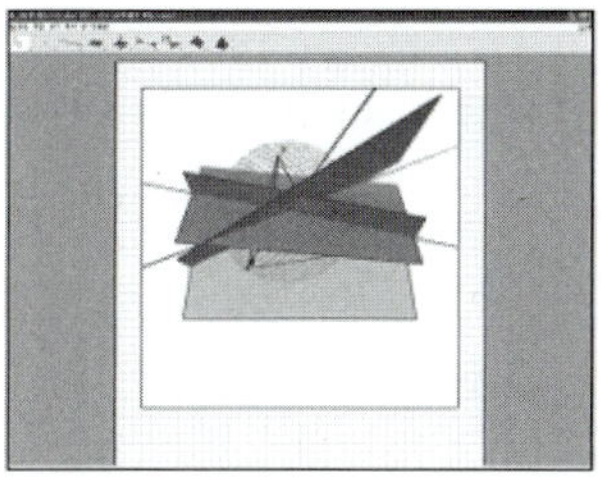

사면체의 외심 작도(Cabri3D 프로그램 사용)

해결 예시 참고자료		
구분	참고자료	근거
교육과정	수학과 교육과정(교육부, 2022)	37-40
교과서	중학교 수학	도형과 측정 영역 (삼각형의 성질)
이론서	수학교육과정과 교재연구(김남희 외, 2024)	79
	수학교육에서의 컴퓨터 활용(김남희 외, 2008)	147-161
	수학교육학신론3(황혜정 외, 2023)	61-62
	수학 학습-지도 원리와 방법(우정호, 2011)	342-343
	어떻게 문제를 풀 것인가?(Polya, 1956: 우정호 역, 2005)	228-229
나의 추가 자료		

04 (1) 위 명제의 추측을 돕는 지도 방법은 몇 가지 사례를 그림으로 그리고 실제로 중심각과 원주각의 크기를 각도기로 측정해 보는 방법이나 공학 도구를 이용하여 컴퓨터 프로그램의 측정 기능을 이용해 중심각의 크기와 원주각의 크기 사이의 관계를 추측하게 하는 것이다.

(2) ① $\angle APB$의 변 위에 중심 O가 있다.

$\triangle OAP$에서 $\overline{OP}=\overline{OA}$이므로

$$\angle OPA = \angle OAP$$

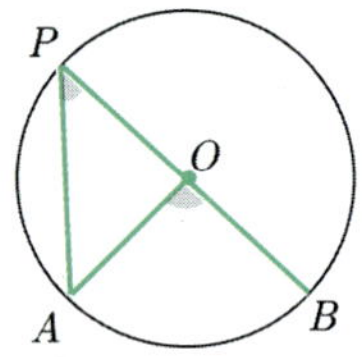

이다. 또 삼각형의 한 외각의 크기는 그와 이웃하지 않는 두 내각의 크기의 합과 같으므로

$$\begin{aligned}\angle AOB &= \angle OPA + \angle OAP \\ &= 2\angle OPA\end{aligned}$$

$$\therefore \angle APB = \frac{1}{2}\angle AOB$$

② $\angle APB$의 내부에 중심 O가 있다.
지름 PQ를 그으면, ①의 경우에 의하여

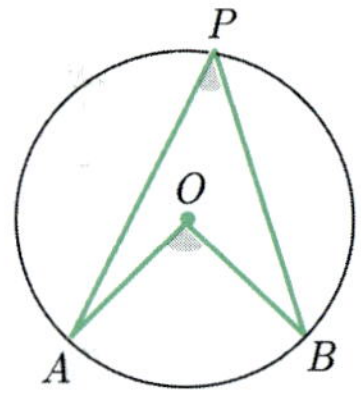

$$\angle APQ = \frac{1}{2}\angle AOQ,$$

$$\angle QPB = \frac{1}{2}\angle QOB,$$

$$\begin{aligned}\therefore \angle APB &= \angle APQ + \angle QPB \\ &= \frac{1}{2}(\angle AOQ + \angle QOB) \\ &= \frac{1}{2}\angle AOB\end{aligned}$$

③ $\angle APB$의 외부에 중심 O가 있다.
지름 PR를 그으면, ①의 경우에 의하여

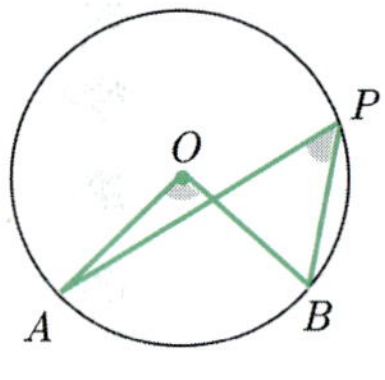

$$\angle RPB = \frac{1}{2}\angle ROB$$

$$\angle RPA = \frac{1}{2}\angle ROA$$

$$\begin{aligned}\therefore \angle APB &= \angle RPB - \angle RPA \\ &= \frac{1}{2}(\angle ROB - \angle ROA) \\ &= \frac{1}{2}\angle AOB\end{aligned}$$

(3) 아래 그림에 대한 문제해결 추가

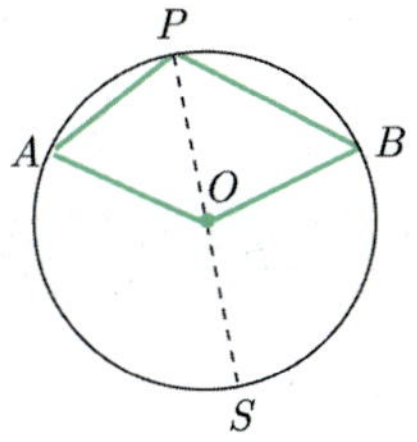

새로운 문제 제기 그림

지름 PS를 그으면 ①의 경우에 의하여

$$\angle APS = \frac{1}{2}\angle AOS,$$

$$\angle SPB = \frac{1}{2}\angle SOB$$

$$\therefore \angle APB = \angle APS + \angle SPB$$

$$= \frac{1}{2}(\angle AOS + \angle SOB)$$

$$= \frac{1}{2}\angle AOB$$

해결 예시 참고자료		
구분	참고자료	근거
교육과정	수학과 교육과정(교육부, 2022)	37-40
교과서	중학교 수학	도형과 측정 영역(원의 성질)
이론서	수학적 발견 I(Polya, 1981: 우정호 외 역, 2005)	174-178
	학교수학의 교육적 기초(우정호, 2007)	102-103
나의 추가 자료		

05 사각형, 오각형, 육각형, 칠각형은 각각 2개, 3개, 4개, 5개의 삼각형으로 나누어진다.

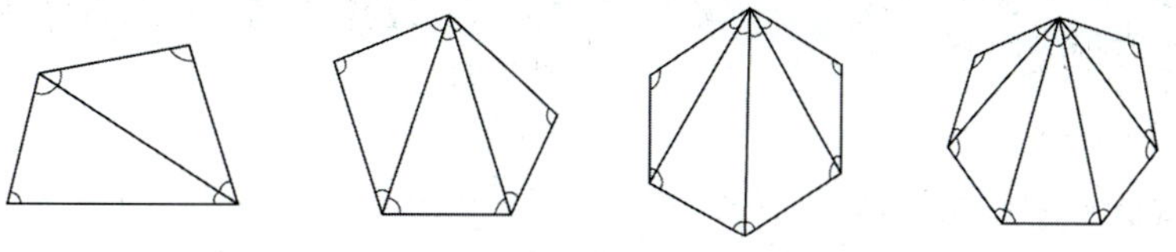

따라서 사각형, 오각형, 육각형, 칠각형의 내각의 크기의 합은 각각

$$180° \times 2 = 360°,\ 180° \times 3 = 540°,\ 180° \times 4 = 720°,\ 180° \times 5 = 900°$$

이다.

이와 같이 n각형의 한 꼭짓점에서 대각선을 그으면 n각형은 $(n-2)$개의 삼각형으로 나누어지므로 n각형의 내각의 크기의 합은 $180° \times (n-2)$이다.

해결 예시 참고자료

구분	참고자료	근거
교육과정	수학과 교육과정(교육부, 2022)	37-40
교과서	중학교 수학	도형과 측정 영역 (평면도형의 성질)
이론서	수학교육과정과 교재연구(김남희 외, 2024)	89, 190-192
	수학 학습-지도 원리와 방법(우정호, 2011)	337-339
나의 추가 자료		

06

실험적이고 귀납적인 수학	체계적이고 연역적인 수학
발견	정당화
분석적 발생적 접근	종합적 연역적 접근
활동적 조작	형식적 표현
⋮	⋮

수학에 대한 두 가지 관점

반양자택일률은 위와 같이 서로 상반된 두 가지 중 한 가지 관점만을 선택하기보다는 서로 보완적인 관점에서 두 가지 사이의 종합을 시도해야 한다는 것이다. 수학 교육의 현장에서는 서로 상반된 두 가지 측면 사이의 사려 깊은 조정과 조화를 꾀하여 교수-학습이 일어나는 것이 바람직하다. 추론 지도에서도 발견과 정당화 즉, 발견적 추론과 연역적 추론의 상보적인 역할을 인식하고 두 가지 추론이 수학 수업에서 적절하게 다루어지고 수학적 사고 교육에 통합되어야 한다.

해결 예시 참고자료

구분	참고자료	근거
이론서	수학교육과정과 교재연구(김남희 외, 2024)	235-237
	수학 학습-지도 원리와 방법(우정호, 2011)	303-306
	어떻게 문제를 풀 것인가?(Polya, G., 1956: 우정호 역, 2008)	vi
	학교수학의 교육적 기초(우정호, 2007)	67
나의 추가 자료		

3단계

문제를 해결하며 학습해봅시다.

기출문제로 도약하기

- **문제해결** 문제를 스스로 해결한 후, 자신의 답안을 [해결 예시]와 비교해 봅시다.
- **반성 · 정리** 참고문헌에서 관련 내용을 찾아 문제해결을 검토하고 보완해 봅시다.
- **자료축적** 문제해결에 도움이 된 자료들을 기록하여 추후 학습에 활용해 봅시다.

→ 교원임용시험대비 수험생들은 답안 작성 분량을 고려하면서 자신의 답안을 수정하거나 보완해 봅시다.

01 다음과 같은 [문제]와 [학생 A의 풀이]에 대하여 주어진 [채점기준]으로 평가하려고 한다. [학생 A의 풀이]에 타당한 점수를 [채점기준]에 근거하여 쓰고, 그 점수를 부여한 이유를 학생이 사용한 추론 양식과 관련하여 30자 이내로 서술하시오. (4점)

| 2003년 교원임용시험 기출문제 2번 |

[채점기준]
1점 - 문제이해 부족, 부정확한 수학적 표현
2점 - 그럴듯한 추론, 관찰을 수반한 풀이
3점 - 명확한 추론, 풀이과정의 경미한 실수
4점 - 명확한 추론, 바른 답

[문제] 성숙한 토끼 한 쌍은 한 달이 지나면 한 쌍의 토끼를 낳으며, 새로 태어난 토끼 한 쌍은 2개월 후부터 매달 한 쌍의 토끼를 낳기 시작한다고 한다. 1월 1일에 성숙한 토끼 한 쌍을 사서 기르기 시작하면, n개월 후에는 몇 쌍의 토끼가 있게 되는가? (단, 토끼들은 죽지 않는다고 가정한다.)

[학생 A의 풀이]
1개월 후부터 4개월 후까지 토끼의 쌍의 수를 세어보았더니 다음과 같다.
2, 3, 5, 8
이 수열은 제1계차가 1, 2, 3, ⋯ 인 등차수열이므로 n번째 항은

$$a_n = 2 + \{1+2+3+ \cdots +(n-1)\} = \frac{n^2-n+4}{2}.$$

따라서 n개월 후의 토끼의 쌍의 수는 $\frac{n^2-n+4}{2}$이다.

→ [해결 예시] 350쪽

02 A 학생이 B 학생에게 삼각뿔의 부피를 구하는 공식이 (밑변의 넓이)$\times$(높이)$\times\frac{1}{3}$ 임을 아래와 같이 설명하였다. 다음 물음에 답하시오. (총 5점)

| 2004년 교원임용시험 기출문제 1번 |

[그림 1]과 같이 삼각형이 직사각형에 내접해 있고, [그림 2]와 같이 삼각뿔이 삼각기둥에 내접해 있는 경우를 생각해보자.

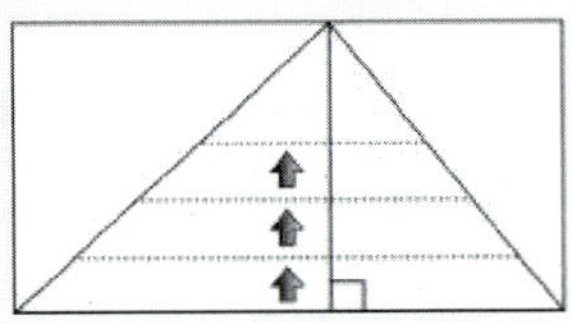

[그림 1]

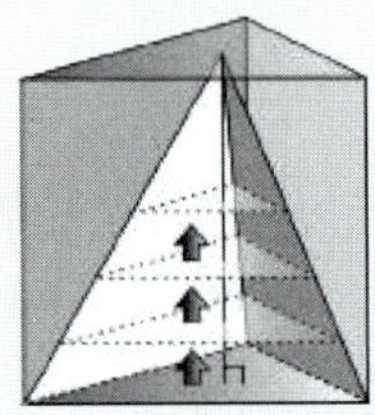

[그림 2]

삼각형의 넓이를 구하는 공식이 (밑변의 길이)$\times$(높이)$\times\frac{1}{2}$인 것은 잘 알고 있지?

[그림 1]의 삼각형을 보면, 화살표를 따라 위로 올라갈수록 그 폭이 점점 줄어드니까 삼각형의 넓이는 외접하는 직사각형의 넓이보다 당연히 작지? 마찬가지로 [그림 2]의 삼각뿔을 보면 위로 올라갈수록 단면의 넓이가 줄어드니까 삼각뿔의 부피도 외접하는 삼각기둥의 부피보다 작은 것이 당연해.

[그림 1]과 [그림 2]는 모두 삼각형과 관련이 있어. 그리고 [그림 1]의 삼각형에는 밑변과 높이가 있는데, [그림 2]의 삼각뿔에는 밑면과 높이가 있어.

삼각뿔의 부피는 외접하는 삼각기둥의 부피의 절반보다 더 작아 보이니까 $\frac{1}{3}$쯤 될 것 같아.

그래서 삼각뿔의 부피를 구하는 공식은 삼각형의 넓이를 구하는 공식과 비슷하게 될 것 같지 않니? 즉 삼각형의 넓이를 구하는 공식에서 '밑변의 길이' 대신에 '밑면의 넓이'로 바꾸고 $\frac{1}{2}$을 $\frac{1}{3}$로 바꾸어서 (밑면의 넓이)$\times$(높이)$\times\frac{1}{3}$이 된다고 생각할 수 있겠지.

(1) 앞의 설명은 A 학생이 유추(유비추리)적 사고를 통하여 삼각뿔의 부피를 구하는 공식을 이해하고 있음을 보여 준다. A 학생이 유추적 사고를 했다고 말할 수 있는 근거를 A 학생의 말을 인용하여 설명하시오. (3점)

(2) 만일 어떤 교사가 A 학생처럼 유추적 사고를 통하여 특정 수학 내용을 직관적으로 이해하도록 지도했다면, 이를 보완하기 위하여 취할 수 있는 지도 방법을 쓰고, 그 방법이 유추적 사고의 어떤 측면을 보완할 수 있는지 설명하시오. (2점)

→ [해결 예시] 350쪽

03 다음은 박 교사가 학생들의 수학적 추론 능력을 알아보기 위해 제시한 문제이다.

| 2008년 교원임용시험 기출문제 6번 |

> 카드의 앞면과 뒷면에 각각 1과 2, 3과 4, 5와 6, 7과 8, 9와 10이 적힌 다섯 장의 카드가 있다.
>
> | | | | | | |
> |---|---|---|---|---|---|
> | 앞면 | 1 | 3 | 5 | 7 | 9 |
> | 뒷면 | 2 | 4 | 6 | 8 | 10 |
>
> 다섯 장의 카드를 책상 위에 배열하였을 때, 보이는 다섯 개의 수 중 짝수가 2개인 경우 그 다섯 개의 수의 합이 얼마인지 구하시오.

이 문제에 대하여 철수가 다음과 같은 풀이를 제시하였다.

> 보이는 다섯 개의 수가 1, 4, 6, 7, 9일 경우, 2, 3, 5, 8, 9일 경우, 그리고 1, 3, 6, 7, 10일 경우를 살펴보면, 그 합이 모두 27이 됨을 알 수 있습니다. 다른 경우도 마찬가지일 것이므로 답은 27일 것입니다.

철수가 제시한 풀이에 나타난 수학적 추론의 유형을 쓰고, 이러한 유형의 추론이 철수의 문제해결 과정에서 어떤 역할을 하였는지 설명하시오. 그리고 철수의 풀이에서 보완되어야 할 점을 기술하시오. (5점)

→ [해결 예시] 352쪽

04 구간 $I=(-1,\ 1)$에서 정의되고 함숫값이 실수인 연속함수열 $\{f_n\}$이 있다. 함수열 $\left\{\sum_{k=1}^{n} f_k\right\}$가 I에서 함수 f로 점별수렴(pointwise converge)할 때, 물음에 답하시오.

| 2011년 교원임용시험 2차 기출문제 3-1번 |

'함수 f는 연속함수인가'에 대하여 경규는 다음과 같이 생각하였다.

경규의 생각이 속하는 추론 유형을 폴리아(G. Polya)의 문제해결 4단계 이론에 따른 문제해결 지도에 활용되는 방안을 기술하시오. 그리고 적절한 중등학교 수학 문제를 사례로 들어 이 활용 방안을 구체화하시오. (10점)

→ [해결 예시] 354쪽

05 다음은 김 교사가 정 교사의 수업을 참관한 후, 김 교사가 작성한 수업참관일지와 정 교사가 작성한 수업소감문의 일부이다.

| 2015년 교원임용시험 전공A 서술형 기출문제 2번 |

(가) 김 교사의 **수업참관일지**

정 교사는 도입 단계에서 다음과 같은 사실을 제시하여 학생의 학습 동기를 유발하고자 하였다.

$$1+3+5+7=16=4^2$$

이로부터, "연속한 홀수의 합은 어떤 수의 제곱이 될까?"라고 발문을 하면서,

$$1+3+5+\ \cdots\ +(2n-1)=\boxed{}^2$$

이라는 탐구과제를 학생들에게 제시하였다. 학생들은 이 탐구과제를 수행하는 과정에서 아래와 같은 특수한 몇몇 사례를 조사하였다.

$$\begin{aligned} 1 &= 1 = 1^2 \\ 1+3 &= 4 = 2^2 \\ 1+3+5 &= 9 = 3^2 \\ 1+3+5+7 &= 16 = 4^2 \\ 1+3+5+7+9 &= 25 = 5^2 \end{aligned}$$

학생들은 구체적인 사례에 대한 관찰로부터 새로운 추측 $1+3+5+\ \cdots\ +(2n-1)=n^2$을 발견하였다. 이러한 발견 이후, ㉠ <u>정 교사는 수학적 귀납법을 이용하여 탐구과제에 대한 수업을 계속 진행하였다.</u>

… (후략) …

(나) 정 교사의 **수업소감문**

학생들은 자신들이 관찰한 구체적인 사례로부터 공통점에 주목하여 새로운 추측을 잘 이끌어내었다. 하지만 조금 아쉬운 점은 ㉡ <u>$1+3+5+\ \cdots\ +(2n-1)=n^2$이 성립함을 보여 주는 시각적 모형(visual model)</u>을 학생들에게 제공해 주지 못했다는 것이다.

위의 **수업참관일지**를 통해 볼 때, 정 교사의 수업에서 학생들이 사용했을 추론 유형을 적고, 이 추론 유형의 특성에 근거하여 ㉠의 이유를 설명하시오. 또, **수업소감문**에 제시된 ㉡에 해당하는 구체적인 예를 하나 제시하시오. (5점)

→ [해결 예시] 355쪽

06 다음은 수업 준비를 위한 교사용 보조 자료이다. 수학적 사실을 정당화하는 과정에서 두드러지게 나타나는 추론 유형을 (가), (나)에서 각각 하나씩 찾고, 이 두 유형의 추론을 기초로 정당화의 지도 방법을 <작성 방법>에 따라 논술하시오. (10점)

| 2016년 교원임용시험 전공B 기출문제 8번 |

〈한 가지 수학적 사실을 정당화하는 두 가지 접근〉

밑변의 양 끝각의 크기가 같은 사다리꼴에서 평행하지 않은 한 쌍의 대변의 길이는 서로 같음을 설명하시오.

(가) 밑변의 양 끝각의 크기가 같은 사다리꼴 모양의 종이를 준비한다. 그림과 같이 윗변의 수직이등분선을 따라 접는다.

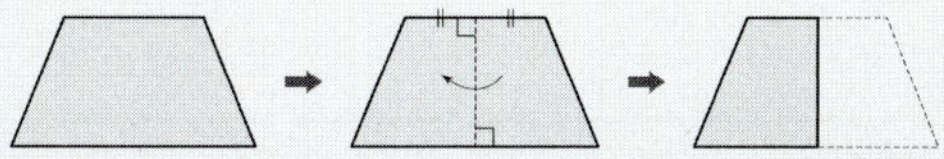

평행하지 않은 한 쌍의 대변이 일치하므로, 대변의 길이는 서로 같다.

(나) 그림과 같이 $\overline{AD} /\!/ \overline{BC}$이고 $\angle B = \angle C$인 사다리꼴 ABCD가 있다. $\overline{AB} = \overline{DC}$임을 보이자. 점 D에서 $\overline{AB}$에 평행한 $\overline{DE}$를 그으면, 동위각의 성질에 의해서 $\angle DEC = \angle B$이다. 그런데 $\angle B = \angle C$이므로 $\angle DEC = \angle C$이다. 따라서 $\triangle DEC$는 이등변삼각형이므로 $\overline{DE} = \overline{DC}$이다.

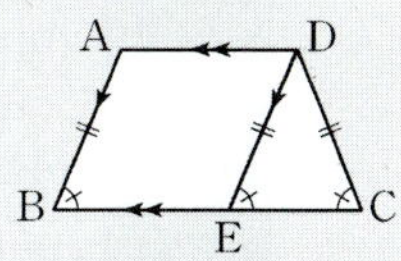

또한 □ABED는 평행사변형이므로 $\overline{AB} = \overline{DE}$이다.

따라서 $\overline{AB} = \overline{DE}$이고 $\overline{DE} = \overline{DC}$이므로 $\overline{AB} = \overline{DC}$이다.

작성 방법

- 서론, 본론, 결론의 형식을 갖출 것.
- 서론 부분에는 (나)와 같은 방법만으로 지도할 때 생길 수 있는 문제점을 포함할 것.
- 본론 부분에는 아래 요소를 포함하여 작성할 것.
  - 폴리아(G. Polya)의 관점에서 두 추론의 역할
  - 반 힐레(P. van Hiele)의 기하 학습 수준 이론에서 학습 수준을 제1수준 ~ 제5수준으로 구분할 때, 제3수준과 제4수준이 주는 시사점
- 결론 부분에는 2009 개정 교육과정에 따른 수학과 교육과정의 '교수 · 학습 방법'에 제시된 수학적 추론 능력을 신장시키기 위한 유의사항을 포함할 것.

→ [해결 예시] 356쪽

07 고등학교 확률과 통계의 순열과 조합 단원 수업에서 학생의 추론 능력을 평가하기 위하여 서술형 평가를 실시하였다. 다음은 박 교사가 실시한 평가 문항과 채점 기준표, 그리고 이 평가 문항에 대한 한 학생의 답안이다.

| 2017년 교원임용시험 전공A 기출문제 10번 |

(가) 평가 문항과 채점 기준표

• 평가 문항

다음 등식의 참, 거짓을 판단하고 그 이유를 설명하시오. (4점)

$$_{n}\mathrm{C}_{0} + {}_{n}\mathrm{C}_{1} + {}_{n}\mathrm{C}_{2} + \cdots + {}_{n}\mathrm{C}_{n} = 2^{n}$$

• 채점 기준표

점수	채점 기준
4	• 일반성을 보장하는 추론 유형을 사용하여 참이라고 판단한 경우
2	• 일반성을 보장하는 추론 유형을 사용하였으나 사소한 오류로 인해 거짓이라고 판단한 경우 • 일반성을 보장할 수 없는 추론 유형을 사용하여 참이라고 판단한 경우
1	• 추론 과정에 대한 서술 없이 참이라고 판단한 경우
0	• 그 외의 경우

(나) 학생의 답안

$n=1$일 때, $_{1}\mathrm{C}_{0} + {}_{1}\mathrm{C}_{1} = 2$

$n=2$일 때, $_{2}\mathrm{C}_{0} + {}_{2}\mathrm{C}_{1} + {}_{2}\mathrm{C}_{2} = 4 = 2^{2}$

$n=3$일 때, $_{3}\mathrm{C}_{0} + {}_{3}\mathrm{C}_{1} + {}_{3}\mathrm{C}_{2} + {}_{3}\mathrm{C}_{3} = 8 = 2^{3}$이 된다.

따라서 이 등식은 참이다.

위 (나) 학생의 답안에 나타난 추론의 유형을 쓰고, 그 유형의 특성을 설명하시오. 그리고 (가)의 채점 기준표에 근거하여 위 학생의 답안을 채점한 점수를 쓰고, 학생의 추론적 사고가 가진 제한점을 보완할 수 있는 지도 방안을 1가지 서술하시오. (4점)

→ [해결 예시] 359쪽

08 <자료 1>은 절대부등식을 증명하는 수업 과정에서 학생이 새로운 추측을 제기하는 상황이고, <자료 2>는 김 교사가 <자료 1>의 수업 과정에서 제기된 추측의 증명을 지도하기 위해 작성한 교수·학습 계획서의 일부이다. <자료 2>를 토대로 <자료 1>에서 추측한 명제의 증명을 지도하기 위한 교수·학습 방안을 <작성 방법>에 따라 논술하시오. (10점) | 2019년 교원임용시험 전공B 기출문제 8번 |

자료 1

… (상략) …

김 교사 : 지금까지 두 실수 x, y에 대하여 절대부등식 $x^2+y^2 \geq xy$가 성립함을 증명해 보았습니다.

학 생 1 : 선생님, 오늘 배운 절대부등식을 보면 세 실수 x, y, z에 대하여 부등식 $x^2+y^2+z^2 \geq xyz$도 성립할 것 같습니다.

학 생 2 : 저는 부등식 $x^2+y^2+z^2 \geq xy+yz+zx$가 성립할 것 같습니다.

김 교사 : 모두 좋은 추측입니다. 두 추측은 모두 참일까요? 여러분은 어떻게 생각합니까?

학생들 : (서로 다른 반응을 보이며 호기심을 가진다.)

김 교사 : 그럼 다음 시간에 확인해 봅시다.

자료 2

(가) 증명 지도 계획

- 수학에 대한 다음 2가지 관점을 활용한다.

관점	수학관
A	수학은 준경험적이고 오류 가능하며 인간의 창조적 활동의 산물이다. 수학적 지식은 절대적 진리도 아니고 절대적 확실성도 갖지 않으며 끊임없는 개선의 여지가 있다.
B	수학의 형성 과정에서 사회의 역할을 강조한다. 수학적 지식은 절대적인 진리로서 객관적인 것이 아니라 사회적으로 객관적인 것이다.

- 명제는 다음과 같이 증명한다.

명제

세 실수 x, y, z에 대하여 부등식

$$x^2+y^2+z^2 \geq xy+yz+zx$$

가 성립한다.

증명

세 실수 x, y, z에 대하여 부등식

$$x^2+y^2 \ge 2xy, \quad y^2+z^2 \ge 2yz, \quad z^2+x^2 \ge 2zx$$

… (중략) …

(가) 증명 지도 계획

- 교수·학습 과정에서 학생의 의사소통 능력과 태도 및 실천 능력을 평가한다.
- 관찰 평가 도구

관찰 항목		이름			
		S1	S2	…	S21
의사소통	㉠				
	다양한 관점을 존중하며 다른 사람의 아이디어를 이해한다.				

- 자기 평가 도구

점검 항목		그렇다	보통이다	그렇지 않다
태도 및 실천	㉡			
	다른 사람의 의견을 존중하며 협력하였다.			

작성 방법

- 서론, 본론, 결론의 형식을 갖출 것.
- 서론 부분에는 〈자료 1〉에서 학생이 사용한 추론 유형과 이 추론에 근거하여 보완해야 할 점을 제시할 것.
- 본론 부분에는 다음 요소를 포함할 것.
  - 〈자료 2〉의 관점 A에서 본 증명의 의미와 그 의미를 근거로 한 교사의 활동 1가지
  - 〈자료 2〉의 관점 B에서 본 증명의 의미와 그 의미를 근거로 한 교사의 활동 1가지
  - 2015 개정 수학과 교육과정의 '교수 · 학습 방법'에서 의사소통 능력, 태도 및 실천 능력 함양을 위해 강조한 사항을 근거로 하여 〈자료 2〉의 ㉠과 ㉡에 들어가는 항목 각각 1가지

→ [해결 예시] 359쪽

09 원의 현에 관한 성질 중 한 가지를 지도하기 위해 교사가 <자료 1>과 <자료 2>를 개발하였다. | 2020년 교원임용시험 전공B 기출문제 3번 |

자료 1

① 원 모양의 종이에 현 AB를 그린다.

② 점 A와 점 B가 겹쳐지도록 접었다가 펼친다.

③ ②에서 접은 선을 l이라 하고, l과 현 AB가 만나는 점을 M이라고 한다.

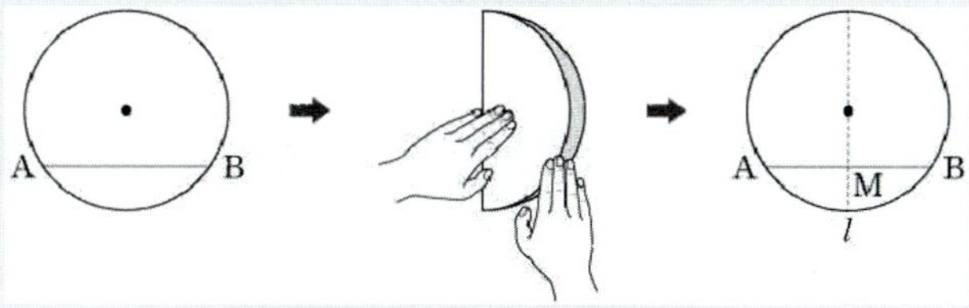

질문: 직선 l이 원의 중심을 지나는가?

직선 l이 현 AB와 이루는 각의 크기는 얼마인가?

$\overline{AM}$과 $\overline{BM}$의 길이를 비교하시오.

자료 2

원 O의 중심에서 현 AB에 내린 수선의 발을 M이라고 하면

$\triangle OAM$과 $\triangle OBM$에서

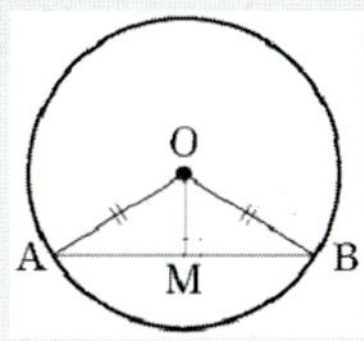

$\overline{OA} = \overline{OB}$ (반지름)

$\angle OMA = \angle OMB = 90°$

$\overline{OM}$은 공통

이므로 직각삼각형의 합동 조건에 의하여

$\triangle OAM \equiv \triangle OBM$이다.

따라서 $\overline{AM} = \overline{BM}$이다.

이로부터 다음을 알 수 있다.

(　　　　㉠　　　　)

<자료 1>과 <자료 2>를 통해 교사가 공통으로 가르치려는 원의 현에 관한 성질 ㉠을 서술하시오. 그리고 <자료 1>과 <자료 2>에서 사용한 정당화 방법이 무엇인지 각각 쓰고, 두 자료를 학생 수준에 맞게 수업에서 어떻게 활용할지 서술하시오. (4점)

→ [해결 예시] 359쪽

해결 예시

01 ■ 점수: 2점(그럴듯한 추론, 관찰을 수반한 풀이)

■ 이유: 그럴듯한 귀납추론을 시도했으나 제한된 사례 관찰로 명확한 추론에 실패했다.

해결 예시 참고자료		
구분	참고자료	근거
교육과정	수학과 교육과정(교육부, 2022)	102
교과서	고등학교 수학	〈대수〉 (수열)
이론서	수학교육과정과 교재연구(김남희 외, 2024)	190-192
	수학 학습-지도 원리와 방법(우정호, 2011)	335, 337, 340
나의 추가 자료		

02 (1) 유추(類推)적 사고는 유사성을 바탕으로 어떤 대상에 대하여 성립하는 성질로부터 그와 유사한 대상의 성질을 추측하는 것이다. 유사성을 탐구하여 문제를 해결하는 과정에서 A라는 대상과 B라는 대상이 서로 유사할 때, A에서 성립하는 성질과 유사한 성질이 대상 B에서 성립할 것이라고 주장하는 것이다.

학생 A는 삼각형과 삼각뿔을 서로 유사한 대상으로 보고 유추적 사고를 행하였다. 학생 A가 유추적 사고를 했다고 말할 수 있는 근거는 다음과 같은 학생 A의 말에서 찾아볼 수 있다.

"[그림 1]과 [그림 2]는 모두 삼각형과 관련이 있어"

"[그림 1]의 삼각형을 보면, 화살표를 따라 위로 올라갈수록 그 폭이 점점 줄어드니까 삼각형의 넓이는 외접하는 직사각형의 넓이보다 당연히 작지? 마찬가지로 [그림 2]의 삼각뿔을 보면 위로 올라갈수록 단면의 넓이가 줄어드니까 삼각뿔의 부피도 외접하는 삼각기둥의 부피보다 작은 것이 당연해"

학생 A는 삼각형과 삼각뿔이 서로 유사하므로 삼각형의 넓이를 구하는 공식과 삼각뿔의 부피를 구하는 공식이 유사할 것으로 추측하고 화살표를 따라 위로 올라갈수록 그 폭이 점점 줄어드니깐 [그림 1]에서 삼각형의 넓이가 외접하는 직사각형의 넓이보다 작은 것처럼 [그림 2]에서도 삼각뿔의 부피가 외접하는 삼각기둥의 부피보다 작을 것이라고 유추하였다.

"그래서 삼각뿔의 부피를 구하는 공식은 삼각형의 넓이를 구하는 공식과 비슷하게 될 것 같지 않니? 즉 삼각형의 넓이를 구하는 공식에서 '밑변의 길이' 대신에 '밑면의 넓이'로 바꾸고 $\frac{1}{2}$을 $\frac{1}{3}$로 바꾸어서 (밑면의 넓이) $\times$(높이) $\times \frac{1}{3}$이 된다고 생각할 수 있겠지."
라는 말이 바로 학생 A가 유추적 사고에 의해 삼각뿔의 부피를 구하는 공식을 추측한 것이다. 학생 A는 삼각형과 삼각뿔이 서로 유사하다고 보고(둘 다 삼각형과 관련이 있고 삼각형에는 밑변과 높이가 있는데 삼각뿔에도 밑면과 높이가 있다) 삼각형의 넓이를 구하는 공식으로부터 삼각뿔의 부피를 구하는 공식을 유추하였다.

(2) ■ **지도 방법:** 학생이 유추적 사고를 통해서 직관적으로 이해한 내용이 수학적으로도 항상 참인지를 보완해주는 연역적 추론(증명) 지도를 해야 한다.

■ **보완할 수 있는 측면:** 연역적 추론 지도는 유추적 사고에 의한 결과가 개연성이 높은 추측일 뿐, 수학적으로 참임을 보장하기 어려운 불완전한 측면을 가지고 있는 것을 보완해 준다. 유추적 사고는 수학적 발견에 도움이 되는 중요한 수단이기는 하나 그 결과가 참일 가능성이 높은 추론일 뿐, 확실성을 보장하지는 않는다. 즉, 유추적 사고에 의한 결과는 항상 참임을 보장하지는 못하는 불완전한 측면을 가지고 있는 것이다. 연역적 추론은 이러한 유추적 사고의 불완전한 측면을 수학적으로 보완해 주는 역할을 한다. 이를 바탕으로 학생이 발견한 결과가 참인지를 확인하고 그 결과에 대한 확신과 신념을 갖게 해준다.

연역적 추론은 유추적 사고의 전개 과정이 가지고 있는 사고의 불명료성과 비논리성의 측면, 유추적 사고를 통하여 도달한 결론의 진위가 불확실한 측면, 유추적 사고에 의한 오개념 생성 가능성의 측면을 보완해준다고 할 수 있다.

해결 예시 참고자료		
구분	참고자료	근거
교육과정	수학과 교육과정(교육부, 2022)	37-40
교과서	중학교 수학	도형과 측정 영역 (입체도형의 성질)
이론서	수학교육과정과 교재연구(김남희 외, 2024)	79-80
	수학 학습-지도 원리와 방법(우정호, 2011)	342-343
	학교수학의 교육적 기초(우정호, 2007)	116
나의 추가 자료		

03

- 철수가 제시한 풀이에 나타난 추론 유형은 귀납추론이다.
- 철수는 3가지 사례에서 그 합이 모두 27임을 관찰하고 이 사례를 포함한 다른 경우에도 모두 동일한 결과일 것이라고 주장하였다. 귀납추론은 철수가 일반적인 결론을 추측(예측)하거나 발견하게 하는 데 도움을 주는 역할을 했다.
- **보완점:** 귀납추론에 의해 발견된 사실은 추측에 불과하다. 귀납추론은 개연성이 높은 추론방식이지만 귀납추론에 의한 추측이 항상 참인 명제인 것은 아니다. 귀납추론은 부분적 사례로부터 일반적인 결론을 이끌어내는 것이므로 경험적이고 확률적인 판단이라고 볼 수 있다. 따라서 귀납추론에 의한 추측은 연역적 추론 곧 증명 과정이 뒤따라야 한다.

  학교수학에서 형식적인 증명이 어려울 경우 학생들의 수준을 고려하여 추측한 일반적인 성질이 참임을 확인하기 위해 나머지 사례들을 검토하여 제시할 수도 있다.

  철수는 3가지 경우에서 그 합이 모두 27임을 바탕으로 다른 경우에도 모두 그 합이 27일 것이라고 추측하였다. 그 추측이 항상 참이려면 나머지 모든 경우에서도 그 합이 27인지 확인해야 한다.

  위의 문제의 경우 5장의 카드를 책상 위에 배열하였을 때 보이는 5개의 수 중 짝수가 2개인 경우는 5개의 카드 중 보이는 수가 짝수인 카드를 2개 선택하는 경우의 수 즉, ${}_5C_2 = 10$(가지)가 된다.

  철수가 앞서 언급한 3가지의 경우는 모두 합이 27이므로 나머지 7가지의 경우에도 그 합이 27인지를 확인해야 한다.

  $(2, 4, 5, 7, 9)$, $(2, 6, 3, 7, 9)$, $(2, 10, 3, 5, 7)$, $(4, 8, 1, 5, 9)$,

$(4, 10, 1, 5, 7)$, $(6, 8, 1, 3, 9)$, $(8, 10, 1, 3, 5)$

위의 7가지 경우에도 그 합이 모두 27이다.

(다른 설명)

카드 앞면의 수만 모두 더하면 $1+3+5+7+9=25$이다. 이 중 2개 카드만 뒷면인 짝수로 제시된다면 위의 합 25에 1이 2번 추가되어 더해진다. 따라서 5개의 수 중 짝수가 2개인 경우는 그 5개의 수의 합이 27이 된다.

해결 예시 참고자료

구분	참고자료	근거
교육과정	수학과 교육과정(교육부, 2022)	81-82, 128
교과서	고등학교 수학	〈확률과 통계〉 (경우의 수)
이론서	수학교육과정과 교재연구(김남희 외, 2024)	190-192
	수학 학습-지도 원리와 방법(우정호, 2011)	337-342
나의 추가 자료		

04 ▪ 경규의 생각이 속하는 추론 유형은 유추(유비추론)이다.

▪ 유비추론을 폴리아의 문제해결의 4단계 이론에 따른 문제해결 지도에 활용하는 방안으로는 유추적 사고를 일으키는 발문과 권고를 하는 것이다.

문제해결 계획의 작성 단계에서는 아래와 같이 유사한 문제를 상기하게 하여 유사한 문제의 해결 방법을 활용하게 할 수 있다.

'관련된 문제를 알고 있는가.'

'미지의 것을 살펴보아라.'

'친숙한 문제 중 미지의 것이 같거나 유사한 문제를 생각해 보아라.'

'관련된 문제로 전에 풀어본 문제가 있구나. 그것을 활용할 수 있을까.'

'만일 제기된 문제를 풀 수 없다면 보다 접근하기 쉬운 관련된 문제를 생각해낼 수 있는가? 보다 특수한 문제는? 보다 유사한 문제는?'

문제해결 계획의 반성 단계에서는 원래 문제의 결과나 방법을 유사한 다른 문제에 활용하도록 유도할 수 있다.

'결과나 방법을 어떤 다른 문제에 활용할 수 있는가.'

▪ 중등학교 수학 문제 사례

〈삼각형의 중점연결정리〉

$\triangle ABC$에서 변 AB, AC의 중점을 D, E이라 하면

$$\overline{DE} \,//\, \overline{BC},\ \overline{DE} = \frac{1}{2}\overline{BC}$$

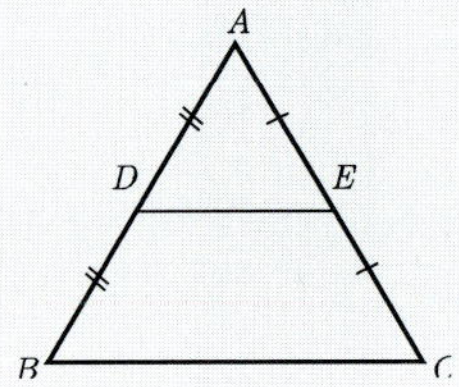

우리나라 중학교 2학년 수학 '도형의 닮음' 단원에서 삼각형의 중점연결정리를 학습한 후에 <u>'만일 삼각형이 아니라, 사각형에서 각 변의 중점을 이웃한 점끼리 서로 연결하면 어떻게 될까요?'</u>라는 문제 제기로 사각형에서 각 변의 중점을 이웃한 점끼리 서로 연결하면 평행사변형이 됨을 증명한다. 이후에 이와 유사하게 평면에서의 도형을 공간에서의 도형으로 확장하면 어떨까요? <u>'만일 종이에 네 점을 찍어서 사각형을 만드는 것이 아니라 공간에 네 점을 찍어서 사각형을 만드는 경우에는 어떨까요?'</u>라는 문제 제기를 한다.

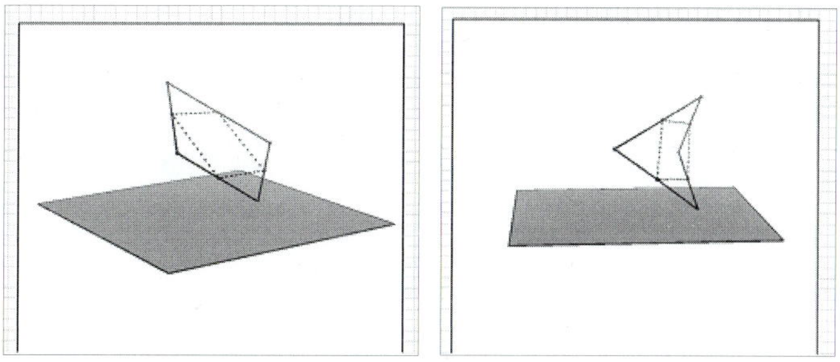

학생들은 유추적 사고에 의해 평면에서 그린 사각형의 경우와 유사한 결과가 나올 것 같다는 생각을 할 수도 있고, 증명을 하기 위해 평면에서 그린 사각형의 경우에서 사용했던 해결 방법을 활용할 수도 있다.

해결 예시 참고자료

구분	참고자료	근거
교육과정	수학과 교육과정(교육부, 2022)	37-40
교과서	중학교 수학	도형과 측정 영역 (도형의 닮음)
이론서	수학 학습-지도 원리와 방법(우정호, 2011)	350-351
	어떻게 문제를 풀 것인가?(Polya, 1956: 우정호 역, 2005)	xiv-xvi
	학교수학의 교육적 기초(우정호, 2007)	121
나의 추가 자료		

05 ▪ 정 교사의 수업에서 학생들은 귀납추론을 사용했다. 귀납추론은 몇 가지 사례에 대해 어떤 명제가 참임을 보인 다음에, 이 사례가 속한 전체 범주의 대상에 대해 그 명제가 참임을 주장한다. 그렇기 때문에 귀납추론에 의해 발견된 추측은 참일 가능성이 높은 개연적인 추측일 뿐, 항상 참이라고 할 수 없다. 따라서 귀납추론에 의한 추측은 연역적 추론(증명)에 의해 확인되어야 한다. 정 교사가 수학적 귀납법을 이용해 탐구하는 수업을 한 이유는 학생들이 발견한 사실 즉, 자연수에 관한 추측 $1+3+5+\cdots+(2n-1)=n^2$이 참임을 증명하기 위한 것이라고 할 수 있다.

■ $1+3+5+\cdots+(2n-1)=n^2$이 성립함을 보여주는 시각적 모형

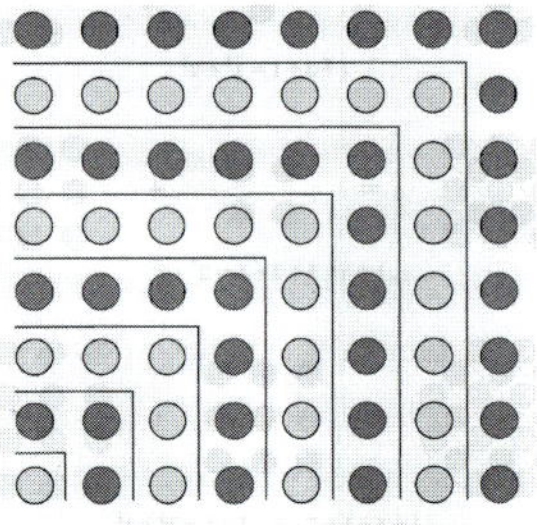

해결 예시 참고자료		
구분	참고자료	근거
교육과정	수학과 교육과정(교육부, 2022)	102
교과서	고등학교 수학	〈대수〉(등차수열)
이론서	수학교육과정과 교재연구(김남희 외, 2024)	77, 190-192
	수학교육학 신서(강옥기 외, 2012)	336-337
	수학 학습-지도 원리와 방법(우정호, 2011)	318, 337-339
	학교수학의 교육적 기초(우정호, 2007)	112-115
나의 추가 자료		

06 ■ (가), (나)에서 수학적 사실을 정당화하는 과정에서 두드러지게 나타나는 추론 유형은 각각 발견적 추론, 연역추론이다.

■ (논술)

학교수학에서 정당화의 지도는 귀납추론, 유추 등에 의한 발견이 먼저 선행된 후에 연역추론에 의한 증명이 이루어지는 방향으로 진행되어야 한다. 왜냐하면 수학적 사고 과정에서는 귀납, 유추 등에 의한 추측이 먼저 있은 후에 그 추측에 대한 증명이 뒤따르는 게 자연스러운 과정이기 때문이다. 수학자의 창조적인 연구 결과는 연역추론, 곧 증명이지만 증명해야 할 사실은 귀납과 유추 등과 같은 개연적 추론에 의하여 발견된다. 형식적인 증명은 거듭된 추측과 실험의 마지막 결과이므로 수학적 사실은 증명을 하기에 앞서 먼저 추측을 해야 한다. 만약 귀납추론, 유추 등과 같은 발견적 추론의 지도 없이 연역 추론의 지도만 한다면 여러 가지 문제점이 발생할 수 있다. 예를 들어 직관적인 근거로 수용되지 않은 사실에 대해서 증명의 필요성을 느끼지 못할 수도 있다. 직관적인 이해 없이 논리적이고 형식적인 방법으로만 학습하게 되어 증명의 근거를 알기 어렵

고 결국 학생들은 정당화하는 과정을 암기하는 경우도 발생하게 된다. 또한 바람직한 탐구 학습의 태도를 습득하지 못하게 된다.

폴리아는 완성된 수학은 연역적 과학이지만, 발생 과정의 수학은 실험적이고 귀납적인 과학이라고 하면서 수학의 발전에 있어서 연역추론 못지않게 귀납추론의 중요성을 강조하였다. 귀납추론은 측정, 관찰, 구체적 조작 등을 통하여 몇 가지 사례에 대해 어떤 명제가 참임을 보인 다음에, 이 사례가 속한 전체 범주의 대상에 대해 그 명제가 참임을 주장하는 것으로서 부분적 사례로부터 일반적인 결론을 이끌어내기 때문에 귀납추론에 의한 결론은 항상 연역추론에 의해 증명되어야 참으로 인정될 수 있다. 귀납 추론은 유비추론과 함께 개연성이 높은 추론이지만 발견적 추론 양식으로서 수학적 발견과 지식의 범위 확장에 중요한 역할을 한다.

연역추론은 일반적인 명제 또는 보편적 원리나 법칙을 전제로 해서 보다 특수하고 개별적인 명제 또는 특수 원리나 법칙을 이끌어내는 추론으로서 이미 참이라고 알고 있는 사실을 근거로 해서 논리적인 과정을 거쳐 또 다른 참인 명제를 이끌어낸다. 연역추론은 개연적 추측을 엄밀하게 증명함으로써 수학을 형식적이고 논리적으로 완성하는 역할을 한다. 연역추론은 고등수학의 전개 양식으로서 현대수학을 오늘날의 모습으로 발전시키는 데 큰 역할을 했다고 할 수 있다. 수학의 전개와 발전에 귀납추론과 연역추론이 각각 중요한 역할을 담당하고 있지만, 학교수학에서 정당화의 지도는 처음부터 연역적이 아니라 발견적으로 전개되어야 한다. 발견과 직관에 앞서 논리적 전개를 성급히 해서는 안 되며 연역적 접근은 직관적 이해가 선행된 이후에 학생들에게 의문이 생겨 필요하다고 생각될 때 도입되어야 한다.

한편 학교수학에서 정당화의 지도에 대한 시사점을 반 힐레의 학습 수준 이론에서도 엿볼 수가 있다. 반 힐레는 그의 학습 수준 이론에서 교사가 학생들의 수준을 파악하고 학생들의 수준에서 출발해서 상위 학습 수준으로 순차적으로 이행할 것을 권고하였다. 특히 제3수준(관계적/추상적 인식 수준)에서는 학생들로 하여금 도형의 여러 성질을 발견하게 하면서 그 성질들을 조직할 필요성을 느끼게 하는 것이 중요하다. (가)의 활동에서처럼 한 성질이 다른 성질의 전제가 된다는 것을 인식하는 논리적 사고가 연역추론을 향한 기초가 되기 때문이다. 제3수준에서는 비형식적 연역 추론, 국소적 조직화가 가능하다. (나)의 활동은 연역이 소규모로 국소적으로 이루어진 경우 제3수준에 해당되고 제4수준으로 이행하는 데 발판이 된다.

제4수준(형식적 연역 수준)에 이르면 학생들은 기하학의 이론 전체를 전개하는 공리적 방법의 의의를 이해하게 된다. 무정의 용어, 공리, 정의, 정리 사이의 논리적인 차이점을 인식하고 형식적인 연역 추론을 이해하며 형식적 증명을 구성할 수 있다. 학교수학에서 정당화의 지도에 대한 반 힐레의 학습 수준 이론은 증명을 도입하기에 앞서 여러 가지 사전 활동들이 전제되어야 함을 시사한다. 정당화의 지도를 위해서는 학생들에게 도형을 관찰하고 도형의 성질들 사이의 관련성을 파악하는 등 다양한 활동들이 먼저 경험되도록 해야 한다. 이를 통해 앞에서 언급된 귀납추론의 과정에 먼저 선행될 수 있고, 연역추론에 의한 정당화하는 학습이 자연스럽게 도입될 수 있는 것이다.

종합해볼 때, 학교수학에서 수학적 사실에 대한 정당화의 지도는 수학적 추론 능력의 신장을 위한 교육으로 매우 중요하다고 할 수 있다. 학교수학에서의 정당화의 지도는 (가)와 같이 귀납 추론에 의한 발견적 추론 능력을 신장시킨 후에 (나)와 같은 형식화의 과정으로 연역 추론에 의한 형식적 추론 능력을 키우는 것이 바람직하다. 이를 위해 귀납, 유추 등의 개연적 추론을 사용하여 수학적 추측을 제기하고 정당화할 수 있게 하는 것이 요구된다. 한편 수학의 개념, 원리 법칙을 도출하는 과정과 수학적 절차를 논리적이고 체계적으로 수행하게 지도해야 한다. 또한 자신의 추론 과정이 옳은지 항상 비판적으로 평가하고 반성할 수 있도록 안내해야 한다. 도형의 성질을 이해하고 설명하는 활동은 관찰이나 실험을 통해 확인하기, 사례나 근거를 제시하며 설명하기, 유사성에 근거하여 추론하기, 연역적으로 논증하기 등과 같은 다양한 정당화 방법을 학생 수준에 맞게 활용하는 것도 필요하다고 할 수 있다.

해결 예시 참고자료

구분	참고자료	근거
교육과정	수학과 교육과정(교육과학기술부, 2011)	35
	수학과 교육과정(교육부, 2022)	44
교과서	중학교 수학	도형과 측정 영역 (평면도형)
이론서	수학교육과정과 교재연구(김남희 외, 2024)	190-192, 210-213
	수학 학습-지도 원리와 방법(우정호, 2011)	39-40, 313-320, 335-342
	어떻게 문제를 풀 것인가?(Polya, 1956: 우정호 역, 2005)	vi
	학교수학의 교육적 기초(우정호, 2007)	306-312, 315
나의 추가 자료		

07 (나) 학생의 답안에 나타난 추론의 유형은 귀납추론이다(몇 가지 사례에서 주어진 등식이 참임을 보인 다음에, 이 사례들이 속한 전체 범주의 대상들에 대해 그 등식이 참임을 주장하였다).

귀납추론은 관찰된 특수한 사례의 공통성에 주목하여 그러한 사례 전체에 대하여 성립될 수 있는 숨어 있는 일반적인 법칙을 이끌어내는 추론이다. 귀납추론은 부분적 사례로부터 일반적인 결론을 이끌어내는 것이므로, 경험적·확률적 판단이라고 볼 수 있으며, 항상 참이라고 할 수 없고 최선의 가정을 제공해줄 수 있을 뿐이다. 개연성이 높은 추론으로서 수학적 발견과 지식의 범위 확장에 중요한 수단이지만 수학적 참을 절대적으로 보장하지는 못한다는 특징이 있다.

채점 기준표에 근거하여 학생의 답안을 채점한 점수는 2점이다. 왜냐하면 학생은 귀납추론을 사용하여 주어진 등식이 참이라고 판단은 하였으나 귀납추론에 의한 판단은 일반성을 보장할 수는 없기 때문이다.

학생의 추론적 사고가 가진 제한점을 보완하기 위해 교사는 귀납추론에 의해 발견된 수학적 주장이나 수학적 추측에 대해서는 반드시 연역추론(증명)을 통해 수학적 참을 확인하는 지도를 해야 한다. 위 문제의 경우에는 수학적 귀납법을 이용하여 주어진 등식이 참임을 보이는 활동을 할 수 있다.

해결 예시 참고자료

구분	참고자료	근거
교육과정	수학과 교육과정(교육부, 2022)	62, 81.128
교과서	고등학교 수학	〈확률과 통계〉 (순열과 조합)
이론서	수학교육과정과 교재연구(김남희 외, 2024)	190-192
	수학교육학신론(황혜정 외, 2016)	247-251
	수학 학습-지도 원리와 방법(우정호, 2011)	337-342
나의 추가 자료		

08 ■ (1권) 3부 2장 「구성주의」 기출문제 해결예시 06번 참조.

09 <자료 1>과 <자료 2>를 통해 교사가 공통으로 가르치려는 원의 현에 관한 성질은 “원의 중심에서 현에 내린 수선은 그 현을 이등분한다”이다.

<자료 1>은 실험과 관찰에 의한 정당화 방법(비형식적 방법, 발견적 추론)이, <자료 2>는 논리적 증명에 의한 정당화 방법(연역적 추론)이 사용되었다. 이 두 가지 방법은 모두 중요하다. <자료 1>의 방법은 논리적 추론 능력이 결여된 수준의 학생들을 지도하는 경우 또는 논리적 추론 능력이 충분한 수준의 학생들에게라도 증명해야 할 사실을 추측하게 하는 과정에서 활용되어야 한다. 실제로 해보는 실험과 관찰에서 원의 현에 관한 성질을 쉽게 발견하게 할 수 있기 때문이다. 이러한 발견이 있은 이후에 발견한 사실이 참임을 확인해야 할 필요성을 느끼게 하여 <자료 2>의 방법을 활용하는 것이 바람직할 것이다. 또한 <자료 2>만을 먼저 학습한 학생의 경우라도 <자료 1>의 방법을 통해 자신이 증명한 사실을 직관적으로 이해하도록 보완해주는 것이 필요하다.

해결 예시 참고자료

구분	참고자료	근거
교육과정	수학과 교육과정(교육부, 2022)	37-40
교과서	중학교 수학	도형과 측정 영역(원의 성질)
	수학교육과정과 교재연구(김남희 외, 2024)	190-192, 214-215, 235-237
이론서	학교수학의 교육적 기초(우정호, 2007)	342-343
	수학 학습-지도 원리와 방법(우정호, 2011)	35, 39-40, 435
나의 추가 자료		

문제만들기로 나아가기

하브루타

질문과 토론으로 학습해 봅시다.

- **문제 만들기** 보충 또는 심화 학습이 필요한 내용을 문제로 만들어 봅시다.
- **탐구 학습** 관련 자료를 스스로 찾아가면서 문제해결해 봅시다.
- **토론 학습** 함께 토론하면서 문제 해결을 검토하고 보완해 봅시다.
- **포트폴리오 제작** 탐구 자료를 모아 '수학교육학' 포트폴리오를 만들어 봅시다.

❶ 문제 만들기(예시)

문제 만들기 ❶ 사범대학 수학교육과 학부생의 사례

학교수학의 추론 지도에서 다음 두 추론 양식을 서로 보완적인 관점에서 다루어야 하는 이유에 대해 설명해보자.

- 발견적 추론(귀납추론, 유비추론 등)
- 연역추론

문제 만들기 ❷ 교원임용시험을 준비하는 예비 교사의 사례

1부터 n까지의 자연수의 합이 $\frac{1}{2}n(n+1)$임을 다음에 제시된 세 가지 방법으로 설명해보자.

- 방법 1: 귀납추론에 의한 방법
- 방법 2: 연역추론에 의한 방법
- 방법 3: 그림을 이용한 직관적인 방법(뒤의 그림 참조)

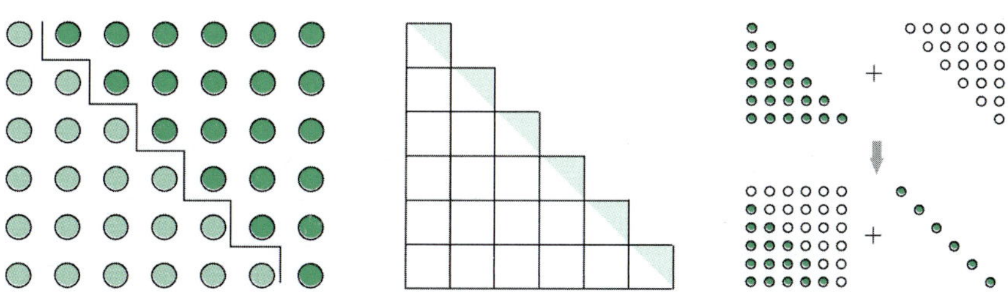

$1+2+3+\cdots+n=\frac{1}{2}n(n+1)$ $1+2+3+\cdots+n=\frac{n^2}{2}+\frac{n}{2}$ $1+2+3+\cdots+n=\frac{1}{2}(n$

문제 만들기 ③ 중·고등학교 현직 수학 교사의 사례

학교수학의 추론 지도에서는 추측과 증명 학습뿐만 아니라 수학에 대한 신념과 기대, 문제해결과 관련된 그림, 개념을 내포하는 전형적인 예 등을 동원한 심리학적인 요소를 포함하는 교육적 자극도 제공하는 것이 필요하다. 다음은 박 교사가 무한등비급수의 지도에서 활용한 시각적 자료이다. 제시된 그림을 이용해 주어진 식을 설명해보고, 이와 같은 자료를 활용한 학습활동의 교육적 효과에 대해 말해보자.

$$\sum_{n=0}^{\infty} ar^n = \frac{a}{1-r}$$

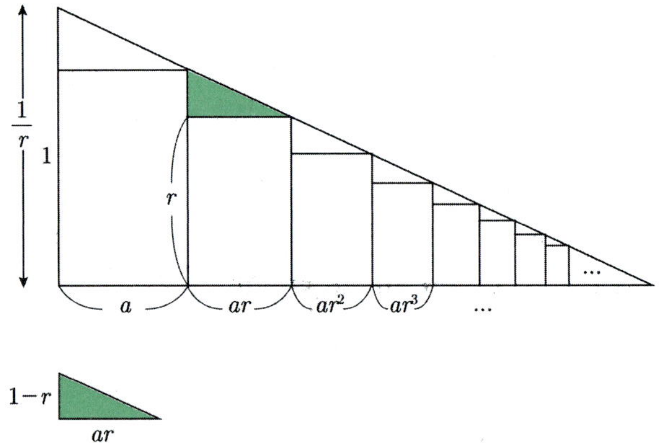

❷ 문제 만들기(실행)

(1) 문제 만들기(문제 제기)

(2) 탐구 및 토론 학습

(3) 문제해결 결과 정리

*문제해결에 도움이 된 참고자료들

* 문제가 추가되면 [부록 A]의 <문제 만들기> 활동지를 복사하여 활용한다.

CHAPTER

02

분석-종합

내용 학습

- 이 책에 정리된 주요 내용을 토대로 자신의 지식을 확장해 봅시다.
- 수학교육학 교재나 참고문헌에서 학습 주제 관련 내용을 찾아 심화 학습해 봅시다.

분석 - 종합

발견술에 대한 연구는 그리스 시대부터 시작된 것으로, 긴 역사를 가지고 있다. 수학 문제해결의 발견술 가운데 가장 오래전부터 사용되어온 방법은 분석법으로서 분석법을 체계적으로 정리한 사람은 기원전 3세기경의 그리스 수학자 파푸스(Pappus)이다(우정호, 2011: 41). 파푸스에 의하면, 분석법의 실행은 하도록 요구되고 있는 것을 이미 이루어진 것처럼, 구하고 있는 것을 이미 찾은 것처럼, 증명해야 할 것을 참인 것처럼 가정하는 것에서부터 시작된다. 분석은 풀이 계획을 발견하는 과정이고 종합은 그 계획을 실행하는 과정이다(우정호, 2007: 76).

1. '증명하는 문제'에서의 분석-종합

건물을 세울 때 비계가 필요한 것처럼 엄밀한 증명을 구성할 때에는 발견술에 따른 추리가 필요하다(Polya, 1956: 우정호 역, 2005: 172). 교과서에 제시되는 명제의 증명은 가정에서 출발해서 결론을 이끌어내는 과정으로 기술되어 있다. 그러나 실제로 증명 방법을 찾고 증명을 완성하는 과정은, 가정에서 결론으로 선형적으로 이루어지지 않는다. 증명 방법을 찾기 위해서는, 결론이 참이기 위해서 우선 만족되어야 할 선행 조건을 탐색하는 과정이 먼저 일어나야 한다. 이와 같이 결론에서 시작하여, 그 결론이 참이기 위해서 성립되어야 할 선행 조건들을 거꾸로 올라가면서 가정과 연결시키는 방식을 분석적 방식이라고 한다(우정호, 2011: 41 – 43). 결론이 이미 이루어진 것으로 가정하고 참이라고 인정한 결론의 충분조건(또는 필요충분조건)이 되는 명제들을 계속 찾아감으로써 이미 알려져 있는 가정에 도달하는 과정이 분석의 과정이다.

이와 반대로 분석의 과정을 뒤집어 분석에서 마지막에 도달한 지점에서 출발해서 분석 과정을 거꾸로 되밟아감으로써 마지막에 요구하는 결론에 도달하는 연역의 과정이 종합이다. 종합적 방식은 공준이나 공리, 정의에 근거해서 가정으로부터 결론을 이끌어 내는 선형적 방식을 말한다. 종합적 방식은, 문제해결의 과정에서 경험하였을 무수한 수

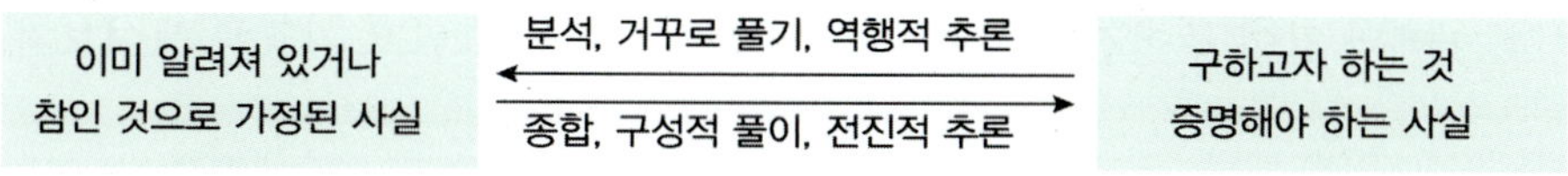

분석적 사고와 종합적 사고

학적 추론 과정을 드러내지는 않는다. 다만 수학적 사고의 결과를 세련된 표현 형식으로 제시해줄 뿐이다. 종합적 방식만으로 지도하면, 증명이 어떻게 해서 그런 모습으로 나타나게 되었는가를 학생들에게 이해시킬 수 없다. 증명을 지도할 때는 분석적 방식과 종합적 방식의 통합이 요구된다. 다시 말해서, 결론이 성립하기 위한 전제 조건을 탐색하는 분석적 방식으로 증명 방법을 찾고, 종합적 방식으로 증명 과정을 정리할 수 있도록 지도해야 한다.

중학교 수준에서 다룰 수 있는 아래 명제의 증명 과정을 적절한 발문과 함께 분석의 과정으로 설명해보자.

명제

임의의 삼각형 ABC가 주어져 있다. 삼각형 ABC의 각 변을 한 변으로 하는 정삼각형을 위로 향해 그린다. 그려진 정삼각형의 각 꼭짓점을 각각 D, E, F라 하자. 이때 사각형 ADEF는 평행사변형이다.

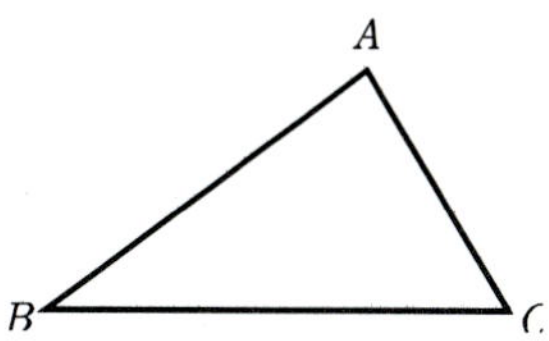

문제해결을 위한 발문

- 『주어진 문제에 대한 적절한 그림을 그려보아라』
- 『그림에 적당한 기호를 붙여보아라』
- 『문제를 달리 진술할 수 있는가?』
- 『원하는 결과는 어떤 전제로부터 이끌어질 수 있는가?』

먼저, 아래와 같이 주어진 문제에 대한 알맞은 그림을 그리고 기호를 붙여보자.

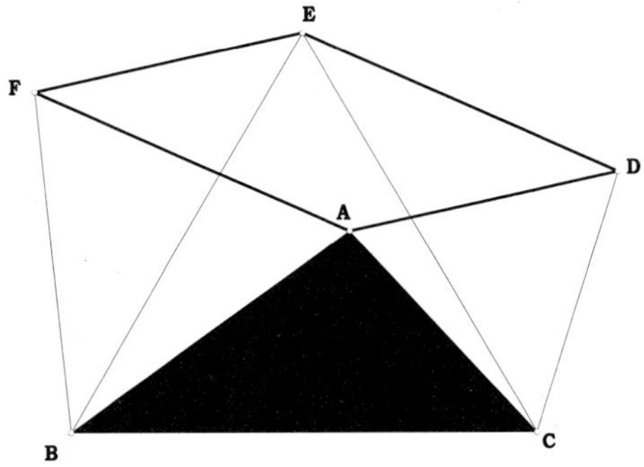

〈문제에 대한 그림〉

분석의 첫 단계는 우리가 증명해야 할 것을 참인 것처럼 가정하는 것이다. 즉,

"사각형 ADEF가 평행사변형이라고 가정하자."

『어떤 조건이 선행해야 사각형 ADEF가 평행사변형이 되는가?』

사각형 ADEF가 평행사변형이 되기 위한 (필요)충분조건은

$$① \ \overline{AF}=\overline{DE}\ ,\ ② \ \overline{AD}=\overline{FE}$$

이다.

『어떤 조건에서 ① $\overline{AF}=\overline{DE}$ 이 성립하는 것인가?』

$\overline{AF}=\overline{DE}$ 이기 위한 (필요)충분조건은
$\overline{AF}=\overline{AB}$ 이므로, $\triangle ABC \equiv \triangle DEC$ 이다. 그러면

『$\triangle ABC \equiv \triangle DEC$ 이기 위한 충분조건은 무엇인가?』

$\triangle ABC \equiv \triangle DEC$ 이기 위한 (필요)충분조건은

$$\overline{BC}=\overline{EC},\ \overline{CA}=\overline{CD},\ \angle ACB=\angle DCE$$

그런데, 이미 알려져 있는 주어진 사실에 의해

$$\overline{BC}=\overline{EC},\ \overline{CA}=\overline{CD},\ \angle ACB=\angle DCE$$
$$(\angle ACD=\angle ECB=60°\text{이고 } \angle ECA\text{는 공통})$$

이 성립한다.

② $\overline{AD}=\overline{FE}$에 대해서도 마찬가지 방법으로 생각해 볼 수 있다(우정호, 2011: 45-47).

위와 같이 우리가 증명해야 할 것을 참인 것처럼 가정한 후, 선행하는 어떤 것으로부터 바라는 결과가 유도될 수 있는가를 묻고 다시 그 선행자의 선행자는 무엇인가를 묻기를 계속하여, 결국 이미 알려져 있거나 참인 것으로 가정된 것에 이르는 과정이 바로 분석의 과정이다.

종합은 위에서 발견한 분석의 과정을 거꾸로 되밟아 결론에 도달하는 것이다. 아래와 같이 흔히 수학 교과서에 증명으로 제시되는 종합의 과정을 통해 비로소 증명이 완성된다.

증명

주어진 조건에 의해

$\overline{BC}=\overline{EC}$, $\overline{CA}=\overline{CD}$

$\angle ACD = \angle ECB = 60°$이고 $\angle ECA$는 공통이므로

$\angle ACB = \angle DCE$

따라서 삼각형의 합동조건에 의해,

$\triangle ABC \equiv \triangle DEC$

그러므로 $\overline{AF}=\overline{DE}$ …… ①

마찬가지 방법으로, $\overline{AD}=\overline{FE}$ …… ②

①, ②에 의해, 사각형 ADEF는 평행사변형이다.

위에 주어진 명제를 증명하는 분석과 종합의 과정을 요약해보면 다음 표와 같다.

분석-종합에 의한 증명

분석	종합
사각형 ADEF가 평행사변형이라고 가정하자. 사각형 ADEF가 평행사변형이 되기 위한 (필요)충분조건은 $\overline{AF} = \overline{DE},\ \overline{AD} = \overline{FE}$ $\overline{AF} = \overline{DE}$이기 위한 (필요)충분조건은, $\overline{AF} = \overline{AB}$이므로 $\triangle ABC \equiv \triangle DEC$ $\triangle ABC \equiv \triangle DEC$이기 위한 (필요)충분조건은 $\overline{BC} = \overline{EC},\ \overline{CA} = \overline{CD},\ \angle ACB = \angle DCE$ 그런데 $\overline{BC} = \overline{EC},\ \overline{CA} = \overline{CD}$는 주어진 조건에 의해 성립하며, $\angle ACD = \angle ECB = 60°$이고 $\angle ECA$는 공통이므로, $\angle ACB = \angle DCE$. 따라서 이 명제는 참이다. $\overline{AD} = \overline{FE}$에 대해서도 마찬가지 방법으로 생각해 볼 수 있다.	주어진 조건에 의해 $\overline{BC} = \overline{EC},\ \overline{CA} = \overline{CD}$ $\angle ACD = \angle ECB = 60°$이고 $\angle ECA$는 공통이므로 $\angle ACB = \angle DCE$ 따라서 삼각형의 합동조건에 의해 $\triangle ABC \equiv \triangle DEC$ $\therefore\ \overline{AF} = \overline{DE}$ 마찬가지 방법으로 $\overline{AD} = \overline{FE}$ 따라서 사각형 ADEF는 평행사변형이다.

2. '답을 구하는 문제'에서의 분석-종합

답을 구하는 문제에서는 구하고자 하는 것을 이미 구한 것처럼 가정하고 그로부터 유도될 수 있는 명제를 도출하고 다시 그로부터 유도될 수 있는 명제를 도출하기를 계속하여 이미 답을 알고 있는 명제에 도달하는 방법을 생각해 볼 수 있다. 다시 말하면 결론이 성립할 필요조건을 거듭 찾아가는 방법이다. 기하에서는 주어진 조건을 만족하는 도형을 작도하기 위해 원하는 도형을 작도했다고 가정하고 그 도형을 작도하기 위하여 필요한 도형을 찾아 작도하는 방법이다. 대수에서 방정식을 푸는 경우 방정식이 풀린 것으로 가정하고 등식의 성질을 적용하여 방정식을 거듭 변형하여 필요조건을 찾아 해결하는 방법이 이에 해당된다(우정호, 2011: 48).

여기서 방정식의 풀이 과정을 예로 들어보자. 방정식은 미지의 값에 따라 참인 명제도 되고 거짓인 명제도 된다. 방정식의 해를 발견하기 위한 분석 과정은 그 방정식을 이미 풀린 것으로 가정하고 등식의 성질을 이용해 방정식을 변형하면서 방정식이 참이 되기 위한 필요조건을 찾는 것이다.

방정식의 해를 찾기 위한 종합 과정은 분석 과정에서 발견한 해가 주어진 방정식을 참이 되게 하는 충분조건도 되는지 살펴보아 결론을 얻는 것이다. 즉, 주어진 방정식이 참이 되기 위한 필요충분조건을 찾는 것이다(우정호, 2011: 52－54).

고등학교 수학에서 다루는 분수방정식의 풀이를 분석－종합의 과정으로 설명해보자.

문제

다음 분수방정식을 풀어라.

$$\frac{2}{x^2-1}-\frac{1}{x-1}-1=0$$

먼저 이 방정식이 풀렸다고 본다. 곧 이 방정식이 등식이라고 생각한다. 등식의 성질에 따라 양변에 분모의 최소공배수 x^2-1을 곱하면

$$2-(x+1)-(x^2-1)=0$$

이 방정식을 정리하면

$$x^2+x-2=0$$

이 방정식을 풀면

$$(x-1)(x+2)=0$$

$$\therefore\ x=1 \text{ 또는 } x=-2$$

이는 주어진 방정식이 참이 되기 위한 필요조건이다. 여기까지의 과정이 방정식의 해를 발견하기 위한 분석 과정이다.

그런데 $x=1$은 주어진 분수방정식의 분모를 0이 되게 하므로 해가 될 수 없으며, $x=-2$는 주어진 방정식을 만족한다. 곧 $x=-2$는 주어진 방정식이 참이 되기 위한 필요충분조건이다. 따라서 주어진 분수방정식의 해는 $x=-2$이다.

이와 같이 분석 과정에서 발견한 해를 검토해서 방정식이 참이 되기 위한 필요충분조건을 찾는 과정이 방정식 풀이의 종합 과정이다.

문제
해결

1단계

문제를 해결하며
학습해봅시다.

기초문제로 복습하기

- **문제해결** 문제를 해결해 가면서 주요 내용을 익히고 복습해 봅시다.
- **반성 · 정리** 참고문헌에서 관련 내용을 찾아 문제해결을 검토하고 보완해 봅시다.
- **자료축적** 문제해결에 도움이 된 자료들을 기록하여 추후 학습에 활용해 봅시다.

➜ 강의 시간에 토론식 수업(토론 학습)을 한다면 해결 과정이나 결과를 서로 발표하고, 함께 검토하면서 발전시켜 봅시다.

01 수학적 발견술로서 가장 오래전부터 사용해온 분석법의 사고과정에 대해 설명해보자.

*도움이 된 참고자료 기록하기

02 중학교 수학 교과서에 제시되는 다음 증명은 종합의 과정으로 완성된 것이다. 제시된 증명에 이르는 분석의 과정을 기술해보자.

명제 「이등변삼각형의 두 밑각의 크기는 같다.」의 역 「두 밑각의 크기가 같은 삼각형은 이등변삼각형이다.」를 증명하여 보자.

[가정] $\triangle ABC$에서 $\angle B = \angle C$

[결론] $\overline{AB} = \overline{AC}$

[증명] $\angle A$의 이등분선을 그어 변 BC와의 교점을 D라 하자.

$\triangle ABD$와 $\triangle ACD$에서

가정에 의하여 $\angle B = \angle C$ … ①

$\angle BAD = \angle CAD$ … ②

삼각형의 내각의 크기의 합은 $180°$이므로

①, ②에서 $\angle ADB = \angle ACD$ … ③

$\overline{AD}$는 공통 … ④

②, ③, ④에 의하여 한 대응변의 길이가 같고, 그 양 끝각의 크기가 각각 같으므로

$\triangle ABD \equiv \triangle ACD \quad \therefore \overline{AB} = \overline{AC}$

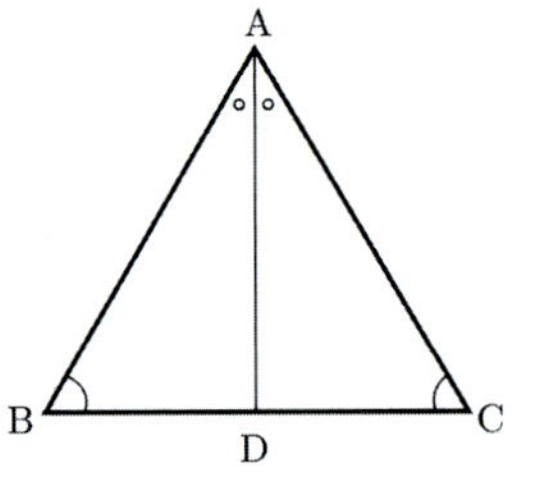

03 다음 분수방정식의 해결 과정을 예로 하여 방정식 풀이에서의 분석과 종합을 설명해보자.

$$\frac{1}{x-2}+\frac{1}{2}=\frac{4}{x^2-4}$$

*도움이 된 참고자료 기록하기

04 다음 문제의 해결을 위한 분석과 종합의 과정을 써보자.

삼각형의 세 변의 수직이등분선은 한 점에서 만나고, 이 점에서 삼각형의 세 꼭짓점에 이르는 거리는 모두 같다.

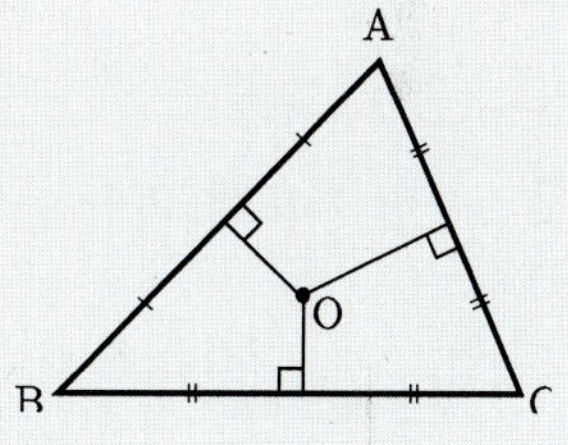

*도움이 된 참고자료 기록하기

2단계

문제를 해결하며 학습해봅시다.

정리문제로 다지기

- **문제해결** 문제를 스스로 해결한 후, 자신의 답안을 [해결 예시]와 비교해 봅시다.
- **반성 · 정리** 참고문헌에서 관련 내용을 찾아 문제해결을 검토하고 보완해 봅시다.
- **자료축적** 문제해결에 도움이 된 자료들을 기록하여 추후 학습에 활용해 봅시다.

→ 강의 시간에 토론식 수업(토론 학습)을 한다면 해결 과정이나 결과를 서로 발표하고, 함께 검토하면서 발전시켜 봅시다.

01 다음 문장의 괄호 안에 적절한 용어를 기입하여 분석법과 종합법을 설명하는 문장을 완성해보자.

> 분석법은 풀이 계획을 (①)하는 과정이고,
> 종합법은 그 계획을 (②)하는 과정이다.

나의 문제해결

02 증명 지도를 위한 아래 제안의 의미를 설명해보자.

> 증명은 연역 즉 종합법에 의해서만 지도되어서는 안 된다. 증명 지도에서는 분석법과 종합법이 통합된 역동적인 사고 과정의 지도가 필요하다.

나의 문제해결

→ [해결 예시] 376쪽

03 다음에 제시된 명제의 증명 방법을 찾는 분석법에 의한 추론 과정을 써보자.

> $\angle AOB$의 내부의 한 점 P에서 반직선 OA와 OB에 내린 수선의 발을 각각 D, E라고 할 때, $\overline{PD}=\overline{PE}$이면 $\overline{OP}$는 $\angle AOB$의 이등분선이다.

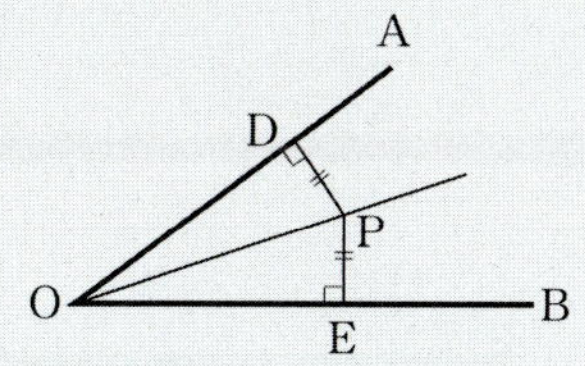

나의 문제해결

04 문제 **03**에 제시된 명제를 종합법에 의한 추론 과정으로 증명해보자.

나의 문제해결

05 무리방정식 $\sqrt{x+3}=3-x$을 분석과 종합의 과정으로 해결해보자.

나의 문제해결

→ [해결 예시] 377쪽

해결 예시

01 ① 발견 ② 실행

해결 예시 참고자료		
구분	참고자료	근거
이론서	수학교육과정과 교재연구(김남희 외, 2024)	192-196, 234-235
	수학교육학신론3(황혜정 외, 2023)	19
	수학 학습-지도 원리와 방법(우정호, 2011)	43
	학교수학의 교육적 기초(우정호, 2007)	76
나의 추가 자료		

02 분석법은 풀이의 계획을 발견하는 과정이고 종합법은 그 계획을 실행하는 과정이므로 증명할 때 분석법을 고려하지 않고 종합법만으로 증명하는 것은 풀이의 계획의 발견 없이 실행하는 것이다. 연역적 체계를 완성시켜주는 종합의 과정을 이해하기 위해서는 이러한 종합의 과정의 발생 배경과 발견의 방법을 이해해야 한다. 증명의 기술에 앞서 분석 과정의 음미가 중요하며 진정한 사고를 통한 문제해결의 지혜는 분석의 과정 없이는 얻어질 수 없다. 증명의 종합적 측면만으로는 학생들에게 증명이 왜 그러한 모습으로 나타나게 되는가를 적절히 보여주지 못하며, 결국 수학적 사고 활동으로서의 '증명하기'가 아닌 증명의 기록에 불과한 기성 수학을 학생들에게 부과하는 결과를 초래한다. 분석법을 통한 역동적인 추론 과정을 학생들에게 보이면서 학생들이 증명 방법을 찾을 수 있도록 도와주고, 종합법을 통해 증명 과정을 정리할 수 있도록 증명 지도를 해야 한다.

해결 예시 참고자료		
구분	참고자료	근거
이론서	수학교육과정과 교재연구(김남희 외, 2024)	230-231, 234-235
	수학 학습-지도 원리와 방법(우정호, 2011)	43
	학교수학의 교육적 기초(우정호, 2007)	76, 336-348
나의 추가 자료		

03 먼저, 결론이 뜻하는 것이 무엇인지 생각해보자.

결론은 선분 OP가 ∠AOB의 이등분선이라는 것이다.

이것은 ∠AOP = ∠BOP을 의미한다.

그렇다면 ∠AOP = ∠BOP가 성립하기 위해서는 먼저 무엇이 성립해야 할까?

(그렇다면 ∠AOP = ∠BOP가 성립하기 위한 선행 조건은 무엇인가?)

……

∠AOP와 ∠BOP가 대응각이 되는 합동인 두 삼각형이 있으면 좋겠다.

그렇다면, ∠AOP(∠DOP)와 ∠BOP(∠EOP)가 각각 내각이 되는 두 삼각형을 찾아보자.

∠DOP는 △DOP의 내각이고, ∠EOP는 △EOP의 내각이다.

이제 문제는 △DOP와 △EOP가 합동인가를 조사하는 것이다.

그런데 △DOP와 △EOP는 모두 직각삼각형이다.

직각삼각형의 합동조건을 생각해보자.

RHA, RHS 합동조건 중에 어떤 것이 성립할까?

RHA 합동조건을 생각해보자.

∠OPD와 ∠OPE의 크기가 같은가는 알 수 없으므로 RHA 합동조건은 안 된다.

이제 RHS 합동조건을 생각해보자.

가정에서 ∠PDO = ∠PEO = 90°, $\overline{PD} = \overline{PE}$ 이고

빗변 OP는 공통이므로

RHS 합동조건에 의해, △DOP ≡ △EOP

따라서 ∠DOP = ∠EOP

따라서 선분 OP는 ∠AOB의 이등분선이다.

해결 예시 참고자료

구분	참고자료	근거
교육과정	수학과 교육과정(교육부, 2022)	37-40
교과서	중학교 수학	도형과 측정 영역 (삼각형의 성질)
이론서	수학교육과정과 교재연구(김남희 외, 2024)	192-196
	학교수학의 교육적 기초(우정호, 2007)	76-77
나의 추가 자료		

04 문제 **03**에 제시된 명제를 종합법에 의한 추론 과정으로 증명하면 다음과 같다.

$\triangle$PDO와 $\triangle$POE에서

$\overline{PD} = \overline{PE}$ (가정) ……①

$\angle PDO = \angle PEO = 90°$ (가정) ……②

$\overline{OP}$는 공통 ……③

①, ②, ③으로부터 두 직각삼각형의 빗변과 다른 한 변의 길이가 같으므로

$\triangle POD \equiv \triangle POE$

$\therefore \angle POD = \angle POE$

따라서 $\overline{OP}$는 $\angle AOB$의 이등분선이다.

해결 예시 참고자료

구분	참고자료	근거
교육과정	수학과 교육과정(교육부, 2024)	37-40
교과서	중학교 수학	도형과 측정 영역 (삼각형의 성질)
이론서	수학교육과정과 교재연구(김남희 외, 2024)	192-196
	학교수학의 교육적 기초(우정호, 2007)	76-77
나의 추가 자료		

05

분석의 과정

먼저 이 무리방정식이 풀렸다고 본다.

양변을 제곱하면 $x+3=9-6x+x^2$

이 식을 정리하면 $x^2-7x+6=0$

이 이차방정식을 풀면 $x=1$ 또는 $x=6$

이는 주어진 무리방정식이 참이 되기 위한 필요조건이다.

종합의 과정

분석의 과정에서 발견한 해를 검토하면 $x=6$은 주어진 무리방정식을 만족하지 않는다. $x=1$은 주어진 무리방정식이 참이 되게 하는 필요충분조건이다. 따라서 주어진 무리방정식의 해는 $x=1$이다.

해결 예시 참고자료		
구분	참고자료	근거
이론서	수학교육과정과 교재연구(김남희 외, 2024)	81
	수학 학습-지도 원리와 방법(우정호, 2011)	50-54
	학교수학의 교육적 기초(우정호, 2007)	76, 146
나의 추가 자료		

3단계

문제를 해결하며 학습해봅시다.

기출문제로 도약하기

- **문제해결** 문제를 스스로 해결한 후, 자신의 답안을 [해결 예시]와 비교해 봅시다.
- **반성 · 정리** 참고문헌에서 관련 내용을 찾아 문제해결을 검토하고 보완해 봅시다.
- **자료축적** 문제해결에 도움이 된 자료들을 기록하여 추후 학습에 활용해 봅시다.

➜ 교원임용시험대비 수험생들은 답안 작성 분량을 고려하면서 자신의 답안을 수정하거나 보완해 봅시다.

01 다음 제안을 읽고 문제에 답하여라. (총 5점) | 1999년 교원임용시험 기출문제 5번 |

【증명의 교수-학습에 관한 제안】
증명 방법을 찾으려면 먼저 명제를 잘 이해한 다음, 분석법과 종합법으로 양쪽 방향에서 가정과 결론의 간격을 메우는 시도를 해보아야 한다.

(1) 위의 제안에 따라 다음 명제의 증명 방법을 찾고자 한다. 분석법에 의한 추론 과정을 쓰시오. (3점)

그림과 같이, 선분 AB 위에 점 C를 잡고, 두 정삼각형 ACD와 BCE를 만들면, $\overline{AE}=\overline{DB}$이다.

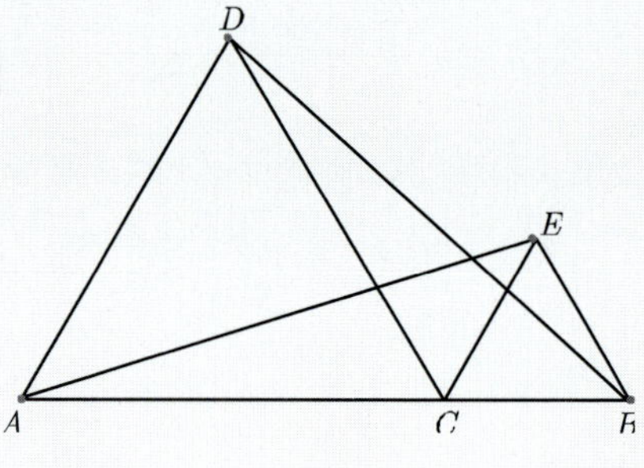

(2) 분석법을 고려하지 않고 종합법만으로 지도할 때 생길 수 있는 문제점을 서술하시오. (2점)

➜ [해결 예시] 389쪽

02 다음 <수업상황 A>와 <수업상황 B>를 보고 물음에 답하시오.

| 2012년 교원임용시험 2차 기출문제 1-2번 |

수업상황 A

학생들이 기하 탐구형 소프트웨어를 이용하여, 사각형 ABCD의 변의 길이를 변화시키면서 각 변의 중점을 연결하여 만든 사각형 PQRS의 성질을 탐구하고 있다.

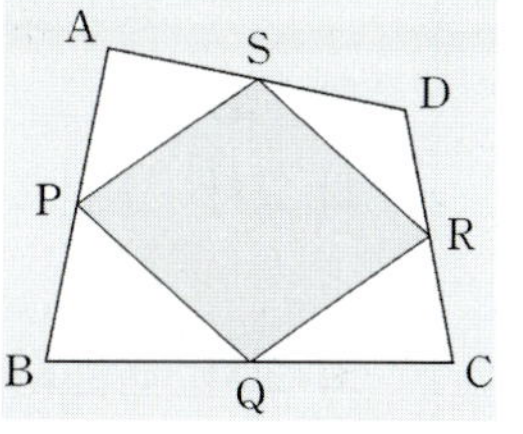

김 교사 : 사각형 PQRS는 어떤 사각형인 것 같아요?

학　생 : 평행사변형인 것 같은데요.

김 교사 : 그러면 사각형 PQRS가 평행사변형이라는 것을 어떻게 보일 수 있을까요?

학　생 : 두 변 PQ와 SR, 그리고 PS와 QR가 각각 평행인 것을 보이면 됩니다.

김 교사 : 서로 평행인 것은 어떻게 보일 수 있을까요?

학　생 : 잘 모르겠는데요.

김 교사 : 이 문제에서 사용할 수 있는 성질이나 조건에는 어떤 것이 있을까요?

학　생 : 중점이요.

학　생 : 평행이요.

김 교사 : 중점, 평행하면 생각나는 정리 없어요?

학　생 : 삼각형의 중점연결정리요.

김 교사 : 좋아요. 그 정리를 이 문제에 이용하려면 어떻게 하면 될까요?

학　생 : 삼각형을 만들면 돼요. 점 A와 C를 연결하면 삼각형 ACD를 만들 수 있어요.

김 교사 : 그러면 무엇을 알 수 있지요?

학　생 : 중점연결정리 때문에 AC와 SR가 평행이에요.

김 교사 : ㉠ 중점연결정리를 적용할 수 있는 삼각형은 삼각형 ACD 뿐일까요?

학　생 : ㉡ 삼각형 ABC도 있습니다. 아! 그러면 PQ와 AC도 평행이니까, PQ와 SR도 평행이 돼요. 그리고 선분 BD를 그으면 PS와 QR도 평행이 되어 한꺼번에 증명이 돼요.

(교사가 어떤 문제를 칠판에 제시한다.)

김 교사 : ㉢ 이제 여러분들이 해 볼 차례입니다. 평소에 선생님이 문제를 해결하는 방식을 따라해 보면서, 이 문제를 스스로 해결해 보세요.

학　생 : ㉣ 선생님처럼 해 보니까, 이제 문제를 어떻게 풀어야 하는지 알겠어요.

수업상황 B

최 교사 : 삼각형 모양의 종이가 준비되었지요? 한 꼭짓점에서 두 변이 겹치도록 접었다가 펼쳐 보세요. 다른 꼭짓점에서도 똑같이 해 보세요. 접은 두 선이 만나는 점이 있지요?

학 생 : 네

최 교사 : 그 점으로부터 삼각형의 세 변에 이르는 거리를 재어 보세요.

(학생들의 측정 활동이 이어진다.)

최 교사 : 어떤 사실을 추측할 수 있어요?

학 생 : 삼각형의 두 내각의 이등분선의 교점으로부터 세 변에 이르는 거리가 같은 것 같습니다.

최 교사 : 그러면, 명제 ⓜ '삼각형 ABC의 두 각 A와 B의 이등분선의 교점으로부터 세 변에 이르는 거리가 같다.'를 증명할 수 있을까요?

학 생 : 네. 지난 시간에 한 것처럼 하면 될 것 같아요.

최 교사 : 우리가 지난 시간에 어떻게 했지요?

학 생 : 분석법을 이용하여, 삼각형 ABC의 두 변 AB와 BC의 수직이등분선의 교점으로부터 각 꼭짓점에 이르는 거리가 같다고 가정하고서 …… (중략) …… 그러고 나서 종합법을 이용하여 정리하니까 증명이 되었어요.

최 교사 : 그래요. 이번에도 비슷하게 한번 해 볼까요?

학 생 : 네.

최 교사 : 그럼, 삼각형 ABC의 두 각 A와 B의 이등분선의 교점으로부터 삼각형의 각 변에 이르는 거리가 같다고 가정하고서 시작해 봅시다.

2007년 개정 수학과 교육과정의 교수·학습 방법에서 수학적 사고와 추론 능력을 발전시키기 위하여 권고한 유의사항에 근거하여, <수업상황 A>와 <수업상황 B>에 공통으로 나타난 수업의 특징을 구체적으로 설명하시오.
그리고 <수업상황 B>에서 명제 ⓜ의 증명에 분석법과 종합법을 적용하는 과정을 구체적으로 제시하고, 명제를 증명할 때 분석법과 종합법을 함께 이용하는 활동의 수학교육적 의의를 설명하시오. (20점)

➜ [해결 예시] 390쪽

03 다음은 폴리아(G. Polya)의 수학적 문제해결 교육론에 근거해 어떤 문제를 해결한 과정의 일부이다.

| 2014년 교원임용시험 전공B 서술형 기출문제 1번 |

〈이해 단계〉

문제에서 구하려는 것과 주어진 것을 파악하면서 문제를 분석한다. 구하려는 것을 x로 놓는다.

〈계획 단계〉

문제에서 구하려는 것과 주어진 것 사이의 관계를 파악하고, 그러한 관계를 나타내는 방정식을 세운다. 이때 방정식이 참이라고 하자.

$$\sqrt{2x-6}=3-x$$

〈실행 단계〉

양변을 제곱하여 정리하면 $x^2-8x+15=0$이고, $(x-3)(x-5)=0$이므로 $x=3$ 또는 $x=5$이다. 그런데 이 조건은 주어진 방정식이 참이 되기 위한 필요조건이다.

〈반성 단계〉

$x=3$ 또는 $x=5$가 주어진 방정식을 참이 되게 하는 충분조건도 되는지 알아본다. $x=3$은 충분조건이지만 $x=5$는 충분조건이 아니다. 따라서 $x=3$이 주어진 방정식을 참이 되게 하는 필요충분조건이다.

$x=3$이 문제의 상황에 부합하는지의 여부를 점검한다.

이 문제해결 과정에서는 수학적 발견술인 분석법이 사용되고 있다. <계획 단계>와 <실행 단계>에서 분석법이 어떻게 사용되고 있는지 각각 설명하시오. (3점)

→ [해결 예시] 392쪽

04 다음은 중학교 1~3학년군 기하 영역의 작도와 합동 단원 수업의 일부이다.

| 2017년 교원임용시험 전공A 기출문제 1번 |

김 교사 : 지금까지 삼각형의 합동 조건을 배웠습니다. 이제 삼각형의 합동 조건을 이용하여 다음을 설명해 봅시다.

사각형 ABCD에서 $\overline{AD} /\!/ \overline{BC}$, $\overline{AB} /\!/ \overline{DC}$일 때,
삼각형 ABC와 삼각형 CDA가 합동임을 설명하시오.

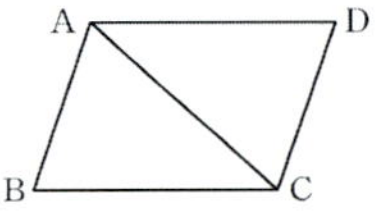

(김 교사는 위 문제에서 두 삼각형이 합동임을 연역적으로 설명한다.) …… ①

학생 A : $\angle ACB = \angle CAD$, $\angle BAC = \angle DCA$이고 변 AC가 공통이라는 조건을 어떻게 찾아냈는지 궁금합니다.

김 교사 : 좋은 질문입니다. 위의 문제는 삼각형 ABC와 삼각형 CDA가 합동임을 보이는 것입니다. ㉠ <u>이런 문제를 만났을 때 우선 이 두 삼각형이 합동이 된다고 생각하고, 합동이 되기 위해서는 어떤 조건을 만족해야 하는지를 찾아봅니다.</u>

학생 B : 그림에서 변 AC가 공통이니까 $\angle ACB = \angle CAD$, $\angle BAC = \angle DCA$이어야 할 것 같아요.

김 교사 : 잘 찾았어요. 그리고 그 양 끝각의 크기가 각각 같기 위해서는 두 대변이 평행이어야 합니다. 이것은 문제에서 조건으로 주어져 있습니다. ㉡ <u>문제에 대한 ①의 설명에서는 문제에서 주어진 조건과 찾아낸 세 조건을 이용하여 두 삼각형이 합동임을 보이고 있습니다.</u>

… (하략) …

김 교사는 ㉠에서 풀이 계획을 발견하는 방법을 설명하고 ㉡에서 그 계획을 실행하는 방법을 설명하고 있다. ㉠과 ㉡에 해당하는 방법을 순서대로 쓰시오. (2점)

→ [해결 예시] 392쪽

05 다음은 어느 예비교사가 수학 교육론 강의 시간에 분석법을 이용하여 직각의 삼등분선의 작도 문제를 해결한 과정이다. | 2019년 교원임용시험 전공A 기출문제 9번 |

문제 직각 XOY의 삼등분선을 작도하시오.

해결 과정 우선 직각 XOY의 삼등분선이 [그림 1]과 같이 작도되었다고 가정한다.

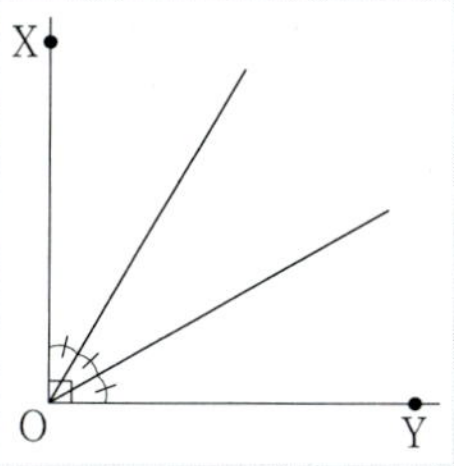

[그림 1]

삼등분선을 작도하기 위하여 필요한 도형은 직각을 삼등분하는 두 반직선 위의 두 점임을 알 수 있다. 직각을 삼등분하면 한 각의 크기가 $30°$이므로, [그림 2]와 같이 △AOC와 △DOB가 정삼각형이 되도록 하는 두 점 C, D를 작도하면 된다.

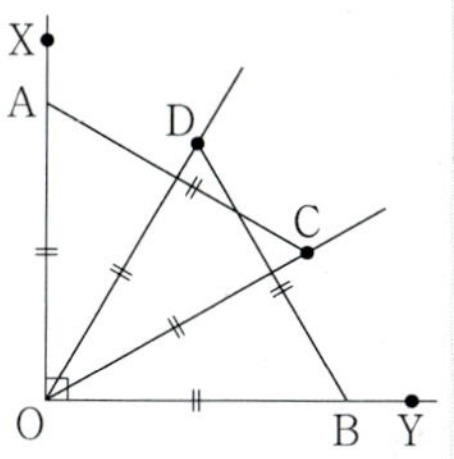

[그림 2]

이를 토대로 직각 XOY의 삼등분선을 작도하는 절차를 정리하면 다음과 같다.

① 점 O를 중심으로 하는 원을 작도하고, 이 원이 두 반직선 OX, OY와 만나는 두 점을 각각 A, B라 한다.

② 점 A를 중심으로 하여 ①에서 작도한 원과 반지름의 길이가 같은 원을 작도하고, ①에서 작도한 원과 만나는 점을 C라 한다.

③ 점 B를 중심으로 하여 ①에서 작도한 원과 반지름의 길이가 같은 원을 작도하고, ①에서 작도한 원과 만나는 점을 D라 한다.

④ 점 O와 점 C, 점 O와 점 D를 각각 이으면 직각의 삼등분선이 된다.

위 과정에서 수학적 발견술인 분석법이 어떻게 적용되었는지 그 근거와 함께 서술하시오. 그리고 작도 문제 해결 교육에서 분석법을 이용하는 의의를 스켐프(R. Skemp)가 제시한 도구적 이해와 관계적 이해의 관점에서 각각 설명하시오. (4점)

➜ [해결 예시] 393쪽

06 다음은 어떤 교수가 예비교사를 대상으로 분석법을 다루는 수업의 일부이다.

| 2022년 교원임용시험 전공B 기출문제 5번 |

예비교사 : 옛날 사람들이 삼각형의 내접원을 작도하는 방법을 처음에 어떻게 찾았는지 궁금해요.

교　　수 : 분석법을 통해 찾은 것으로 알려져 있는데요. 우리도 직접 찾아보도록 하지요. 작도법을 찾는 문제는 일종의 답을 찾는 문제라 할 수 있으니까, 방정식 문제를 해결할 때처럼 해 봅시다. 먼저, 분석법을 적용해서 방정식 문제를 해결할 때 어떻게 시작했나요?

예비교사 : (　　　　㉠　　　　)

교　　수 : 네. 그렇습니다. 삼각형에 내접하는 원의 작도법을 찾는 문제를 해결할 때에도 같은 방식으로 시작해봅시다. 그럼, 이 작도 문제를 해결할 때 어떻게 시작하면 될까요?

예비교사 : (　　　　㉡　　　　)

교　　수 : 그림을 그릴게요. 원의 중심 O 로부터 삼각형의 각 변 AB, BC, CA에 각각 수선의 발 D, E, F를 내려봅시다. 세 수선의 길이는 서로 어떻게 되나요?

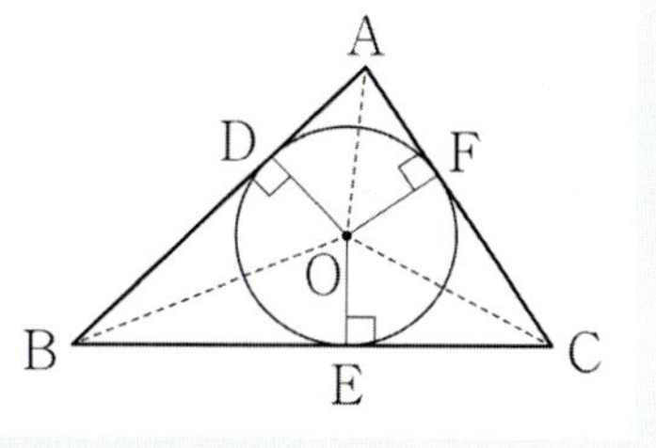

예비교사 : 원의 반지름이니까, 서로 같아요.

교　　수 : 원의 중심 O 에서 $\triangle$ABC 의 각 꼭짓점으로 선분 OA, OB, OC를 그어 볼까요? 그러면, $\triangle$ODB 와 $\triangle$OEB 는 서로 어떤 관계인가요?

예비교사 : 서로 합동이 돼요. RHS 합동이니까요.

교　　수 : $\triangle$ODA와 $\triangle$OFA는 어떤 관계이고, $\triangle$OFC와 $\triangle$OEC는 어떤 관계인가요?

예비교사 : 마찬가지로, RHS 합동에 의해 서로 합동이 돼요.

교　　수 : 그러면 선분 OA, OB, OC에 의해 $\angle$A, $\angle$B, $\angle$C는 각각 어떻게 되나요?

예비교사 : 이등분이 돼요.

교　　수 : 그런데 지금까지 유도된 결과들을 잘 살펴보면, '작도법'이 무엇인지 짐작할 수 있어요. 예를 들어, $\angle$A 와 $\angle$B 를 이등분하는 두 직선의 교점을 찾고 그 교점으로부터 수선의 발을 내리게 되면, 앞의 것은 원의 중심을 작도하는 것이고 뒤의 것은 원의 반지름을 작도하는 것이라는 생각이 들지 않나요?

예비교사 : 정말 그럴듯한데요. 삼각형의 내접원을 작도하는 법을 어떻게 추측해 냈는지 알 것 같아요.

괄호 안의 ㉠, ㉡에 적합한 내용을 순서대로 쓰시오. 또한 분석법이 지니는 수학교육적 의미를 1가지 기술하고, 이를 뒷받침하는 근거를 이 수업에서 찾아 제시하시오. (4점)

➜ [해결 예시] 394쪽

해결 예시

01 (1) 분석법에 의한 추론 과정

$\overline{AE} = \overline{DB}$이라고 가정하자.

$\overline{AE} = \overline{DB}$이기 위한 충분조건은 $\triangle ACE \equiv \triangle DCB$이다.

$\triangle ACE \equiv \triangle DCB$이기 위한 충분조건은 $\overline{AC} = \overline{DC}$, $\overline{CE} = \overline{CB}$, $\angle ACE = \angle DCB$이다.

그런데 $\overline{AC} = \overline{DC}$, $\overline{CE} = \overline{CB}$는 주어진 조건에 의하여 성립하고 $\angle ACD = \angle BCE = 60°$이고 $\angle DCE$는 공통이므로 $\angle ACE = \angle DCB$이다.

따라서 명제는 참이다. (이 명제가 참임을 증명할 수 있다.)

(2) 증명의 종합적 기술은 학생들이 학습해야 할 '증명 활동'이라기보다는 '증명의 기록'에 불과하다. 어떤 명제를 증명하기 위해서는, 증명해야 할 결론을 분석하여 결론이 성립하기 위한 선행 조건(전제 조건)을 탐색하는 분석의 과정이 필수적이다.

수학 문제해결에서 분석적 사고 과정을 행하지 않고 종합적 방법으로만 지도하였을 때 생길 수 있는 교육적 문제점을 제시하면 다음과 같다. 첫째, 거듭된 추측과 실험의 마지막 결과인 연역적 증명만을 제시하는 것은 학생들의 자연스러운 사고의 순서에 역행하는 문제점이 드러나 바람직한 학습 방향이 되기 어렵다. 발견과 직관에 앞서 논리적 전개를 해서는 안 된다. 둘째, 종합적 방법으로만 지도하면 학생들의 수학적 발견 능력을 키우기 어렵다. 수학적 발견은 상상, 직관, 실험, 추측, 시행착오, 실패 등에 의하여 이루어지는데 종합적 방법에 따른 논리와 연역적 증명은 수학적 발견의 과정에서 핵심 역할을 한다고 보기는 어렵기 때문이다. 셋째, 종합적 방식은 증명의 과정을 찾는 과정에서 극복한 어려움이 어떤 것이었는지에 대한 통찰을 주지 못하므로, 증명의 근거를 알 수 없고, 결국 학생들은 증명을 암기하게 될 가능성이 높다. 넷째, 학생 스스로 증명하는 과정을 찾아보는 경험을 하지 못하기 때문에 장차 새로운 증명 문제가 주어졌을 때 스스로 문제를 해결할 능력이 발현되기 어렵다. 다섯째, 수학의 증명은 천재적인 수학자들에 의해서만 가능하다는 생각을 갖게 하여 학생들에게 수학에 대한 잘못된 인상을 심어줄 수 있다.

해결 예시 참고자료		
구분	참고자료	근거
교육과정	수학과 교육과정(교육부, 2022)	37-40
교과서	중학교 수학	도형과 측정 영역(삼각형의 성질)
	수학교육과정과 교재연구(김남희 외, 2024)	192-196, 230-231, 234-235
이론서	수학 학습-지도 원리와 방법(우정호, 2011)	29-41, 43-47
	학교수학의 교육적 기초(우정호, 2007)	336-348
나의 추가 자료		

02 ■ 공통으로 나타난 수업의 특징은 1부 2장 「학교수학 교재연구」 ④ 기하 영역의 기출문제 해결예시 **03**번 참조.

㉤의 증명에 분석법을 적용하는 과정

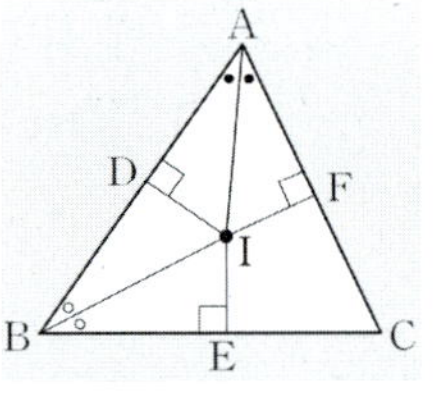

가정: $\angle IAD = \angle IAF$, $\angle IBE = \angle IBD$

결론: $\overline{ID} = \overline{IF} = \overline{IE}$

결론이 성립한다고 가정하자.

즉 $\overline{ID} = \overline{IF}$ 이고 $\overline{IF} = \overline{IE}$ 임을 가정하자.

먼저 $\overline{ID} = \overline{IF}$ 이려면 무엇이 성립해야 할까?

$\overline{ID}$ 와 $\overline{IF}$ 가 대응되는 합동인 두 삼각형이 있으면 좋겠다.

두 삼각형 $\triangle ADI$와 $\triangle AFI$가 서로 합동이기 위해서 어떤 조건이 필요할까?

$$\angle ADI = \angle AFI = 90°$$

$$\angle IAD = \angle IAF \text{ (가정)}$$

$$\overline{IA} \text{는 공통}$$

두 직각삼각형의 빗변의 길이와 다른 한 예각의 크기가 각각 서로 같으므로 $\triangle ADI \equiv \triangle AFI$임을 보일 수 있다.

따라서 $\overline{ID} = \overline{IF}$ 가 성립함을 설명할 수 있다.

$\overline{IF} = \overline{IE}$ 인 경우도 위와 마찬가지로 설명할 수 있다.

ⓜ의 증명에 종합법을 적용하는 과정

오른쪽 그림의 $\triangle ABC$에서 $\angle A$, $\angle B$의 이등분선의 교점을 I라 하고, 점 I에서 세 변 AB, BC, CA에 내린 수선의 발을 각각 D, E, F라고 하자.

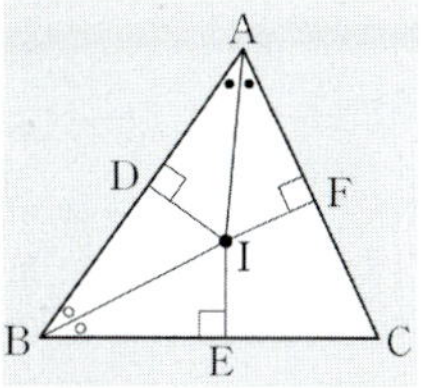

$\triangle ADI$와 $\triangle AFI$에서

$\angle ADI = \angle AFI = 90°$ …… ①

$\angle IAD = \angle IAF$ …… ②

$\overline{IA}$는 공통인 변 …… ③

이다.

①, ②, ③에서 두 직각삼각형의 빗변의 길이와 다른 한 예각의 크기가 각각 서로 같으므로 $\triangle ADI \equiv \triangle AFI$이다. 따라서

$\overline{ID} = \overline{IF}$ …… ④

이다. 마찬가지 방법으로 $\triangle BDI \equiv \triangle BEI$이므로

$\overline{ID} = \overline{IE}$ …… ⑤

이다. ④, ⑤에서 $\overline{ID} = \overline{IE} = \overline{IF}$이다. 즉, $\triangle ABC$의 $\angle A$, $\angle B$의 이등분선의 교점 I에서 세 변 AB, BC, CA에 이르는 거리는 모두 같다.

■ 명제를 증명할 때 분석법과 종합법을 함께 이용하는 활동은 연역적인 증명의 과정을 어떻게 구성해야 하는가에 대한 풀이 계획을 학생들이 발견할 수 있도록 도와주고, 그 이후 자신이 발견한 과정을 조직하고 종합하면서 논리적이고 연역적인 증명 과정을 완성할 수 있도록 한다. 그렇게 함으로써 학생은 자신의 사고 과정을 반성할 수 있는 기회를 갖게 된다. 또한 분석법과 종합법을 함께 이용하는 활동은 학생들의 문제해결 능력을 바르게 길러주는 방법이 된다. 그리고 학생들은 수학을 완성된 산물로 보지 않고(증명을 완성된 결과로만 보지 않고) 수학의 발생 과정을 경험하면서 수학을 재발명하는 기회를 갖게 된다. 앞으로의 학습에서 또 다른 명제를 증명해야 할 문제 상황에 접하게 된다면, 학생 스스로가 증명의 과정을 탐색하고 구상하면서 형식적인 증명으로 완성하기까지의 과정에 능동적으로 참여하는 학습 태도를 갖게 해준다.

해결 예시 참고자료

구분	참고자료	근거
교육과정	수학과 교육과정(교육과학기술부, 2009)	32, 35
	수학과 교육과정(교육부, 2022)	37-40
교과서	중학교 수학	도형과 측정 영역(삼각형의 성질)
이론서	수학교육과정과 교재연구(김남희 외, 2024)	192-196
	수학교육학신론3(황혜정 외, 2023)	222-224
	수학 학습-지도 원리와 방법(우정호, 2011)	41-47
	학교수학의 교육적 기초(우정호, 2007)	75-77
나의 추가 자료		

03 ■ <계획 단계>와 <실행 단계>에서 방정식의 해를 발견하기 위한 분석의 과정이 실행되었다. 방정식의 해를 발견하기 위한 분석 과정은 그 방정식이 이미 풀린 것으로 가정하고 등식의 성질을 이용하여 방정식을 변형하여 방정식이 참이 되기 위한 필요조건을 찾는 것이다.

<계획 단계>에서는 문제 상황으로부터 구하려는 것과 주어진 것 사이의 관계를 찾아, 그 관계를 식으로 나타낸 후, 이 식이 풀렸다(성립한다)고 가정하였다. <실행 단계>에서는 위에서 세운 방정식을 이미 풀린 것으로 가정하고 등식의 성질을 이용하여 방정식을 변형하면서 위 방정식이 참이 되기 위한 필요조건을 찾고 있다.

해결 예시 참고자료

구분	참고자료	근거
이론서	수학교육과정과 교재연구(김남희 외, 2024)	81
	수학 학습-지도 원리와 방법(우정호, 2011)	50-54
	학교수학의 교육적 기초(우정호, 2007)	76, 146
나의 추가 자료		

04 ㉠ 분석법, ㉡ 종합법

해결 예시 참고자료

구분	참고자료	근거
교육과정	수학과 교육과정(교육부, 2022)	37-40
교과서	중학교 수학	도형과 측정 영역(삼각형의 성질)
이론서	수학교육과정과 교재연구(김남희 외, 2024)	192-196
	수학교육학신론3(황혜정 외, 2023)	18-22
	수학 학습-지도 원리와 방법(우정호, 2011)	43
	학교수학의 교육적 기초(우정호, 2007)	76
나의 추가 자료		

05 작도 과정에서의 분석법은 주어진 성질 α 를 갖는 도형 F를 작도하기 위해 도형 F′를 작도하는 것이 필요하도록, 도형 F에 의하여 완전히 결정되는 성질 α ′를 갖는 도형 F′를 찾는 것이다. 위 문제에서는 미지의 도형인 각 XOY의 삼등분선이 작도되었다고 가정하고, 그것에 의해 결정되는 도형을 찾아나갔다. 결국 위 문제는 [그림 2]의 두 삼각형이 정삼각형이 되도록 하는 두 점 C, D를 작도하는 문제임을 파악하는 과정에서 분석법이 사용되었다.

관계적 이해(relational understanding)는 무엇을 해야 할지 그리고 왜 그렇게 되는지를 모두 아는 능력으로 우리가 흔히 '이해한다'고 할 때의 그 '이해'를 의미한다. 도구적 이해(instrumental understanding)는 왜 그렇게 되는지 알지 못한 채(예를 들어 공식이 왜 그렇게 유도되는지 알지 못한 채) 문제해결을 적당히 기억한 내용이나 알고리즘 순서에 따라 하는 능력이다.

작도 문제 해결에서 분석법을 이용하면 작도순서나 과정이 왜 그러한 모습으로 전개되는지 이해하는 데 도움을 준다. 분석법을 사용하지 않고 정해진 절차에 따라(교사의 작도방법을 따라서) 작도를 순서대로 진행하면 왜 그렇게 작도해 나가는지에 대한 이해가 되지 않은 채 도구적 이해 수준에서 작도를 학습하게 된다. 이렇게 되면 학생들이 비록 현재 주어진 문제를 해결할 수 있을지는 몰라도 새로운 작도 문제가 주어질 때는 그에 적합한 작도방법을 스스로 탐색하는 데 어려움을 겪게 된다. 따라서 분석법에 의한 작도는 주어진 도형의 작도 과정을 올바르게 탐색하는 학습을 하게 해 줄 뿐만 아니라 이후의 발전적인 학습을 가능하게 한다는 면에서 의의가 있다. 또한 현재 문제해결에 대한 관계적 이해를 도울 뿐만 아니라 다른 작도 문제를 접할 때 분석법에 의한 문제 해결을 용이하게 한다.

해결 예시 참고자료

구분	참고자료	근거
교육과정	수학과 교육과정(교육부, 2024)	37-40
교과서	중학교 수학	도형과 측정 영역(작도와 합동)
이론서	수학 학습-지도 원리와 방법(우정호, 2011)	48-50, 268-272
나의 추가 자료		

06 ㉠ 먼저, 주어진 방정식이 풀렸다고 가정을 하고 시작했습니다.

㉡ 작도할 도형(삼각형의 내접원)이 작도되었다고 가정하고 시작하면 됩니다(즉, 문제가 풀렸다고 가정합니다).

분석법의 수학교육적 의미:
문제를 해결하는 방법을 발견할 수 있다. 풀이 계획을 발견하게 한다.
(이 문제에서는 작도할 방법을 찾게 한다)

그 의미를 뒷받침할 근거:
삼각형의 내접원을 작도하는 법을 어떻게 추측해 냈는지 알 것 같다는 마지막 예비 교사의 말에서 분석법의 수학교육적 의의가 잘 드러났다.

[참고] 주어진 성질 α를 갖는 도형 F를 작도하는 문제를 해결하기 위한 분석은, 도형 F를 작도하기 위하여 도형 F′를 작도하는 것이 필요하도록(도형 F에 의하여 완전히 결정되는 성질 α'를 갖는 도형 F′를 찾는 것이다.

종합은 분석에 의해 밝혀진 미지인 도형이나 미지인 양이 존재하기 위한 필요조건이 충분조건이기도 함을 보이는 것이다. 미지인 도형이 작도된 다음에 이루어지며 분석을 통하여 발견되고 작도에서 사용된, 미지인 도형이 존재하기 위한 필요조건이 충분조건이기도 하다는 증명이다.

보충 설명: 성질 α'를 갖는 도형 F′(분석에서 찾은 것)를 작도하면 성질 α를 갖는 도형 F (원래 작도해야할 도형)를 작도할 수 있다.

문제해결 예시 참고자료

구분	참고자료	근거
교육과정	수학과 교육과정(교육부, 2022)	39-41
이론서	수학교육학신론 3(황혜정 외, 2023)	18-22
	수학 학습 지도 원리와 방법(우정호, 2011)	48-50
나의 추가 자료		

하브루타

질문과 토론으로 학습해 봅시다.

문제만들기로 나아가기

- **문제 만들기** 보충 또는 심화 학습이 필요한 내용을 문제로 만들어 봅시다.
- **탐구 학습** 관련 자료를 스스로 찾아가면서 문제해결해 봅시다.
- **토론 학습** 함께 토론하면서 문제 해결을 검토하고 보완해 봅시다.
- **포트폴리오 제작** 탐구 자료를 모아 '수학교육학' 포트폴리오를 만들어 봅시다.

❶ 문제 만들기(예시)

문제 만들기 ❶ 사범대학 수학교육과 학부생의 사례

중학교 수학 교과서에서 '평면도형의 성질'과 관련된 명제를 하나 선택하고, 그 명제의 증명을 분석적 방식과 종합적 방식으로 완성해보자.

문제 만들기 ❷ 교원임용시험을 준비하는 예비 교사의 사례

학교수학의 증명 지도 방향 중 하나로 '분석적 방식과 종합적 방식의 통합'을 제안할 수 있다. 이 제안의 의미를 구체적으로 설명해보자.

문제 만들기 ❸ 중·고등학교 현직 수학 교사의 사례

다음 제시문을 읽고 학생들이 증명 방법을 찾는 데 어려움을 느끼는 원인을 '학생의 학습 측면'과 '교사의 지도 측면'에서 각각 생각해보자.

> 증명 학습에서 학생들이 겪는 가장 큰 어려움은 증명 방법을 찾을 수 없다는 것이다. 학생들은 증명을 학습자 자신의 사고로는 감히 찾아낼 수 없는 것으로 인식하였으며, 자신이 증명 단원에서 할 수 있는 것은 교사가 설명해주거나 교과서에 제시되어 있는 증명을 오로지 외우는 것뿐이라고 생각하였다.
>
> 해성: 명제를 어떻게 증명할지를 전혀 모르겠어요.
>
> 주석: 증명은 그 방법이 이미 정해져 있는 것 같아요. 이전의 다른 문제들은 이렇게 저렇게 하다보면 답이 나오는데요, 증명은 그 방법을 찾기가 어려워요.
>
> (김남희 외, 2024: 230)

❷ 문제 만들기(실행)

(1) 문제 만들기(문제 제기)

(2) 탐구 및 토론 학습

(3) 문제해결 결과 정리

*문제해결에 도움이 된 참고자료들

* 문제가 추가되면 [부록 A]의 <문제 만들기> 활동지를 복사하여 활용한다.

CHAPTER

03

수학적 모델링

내용 학습

- 이 책에 정리된 주요 내용을 토대로 자신의 지식을 확장해 봅시다.
- 수학교육학 교재나 참고문헌에서 학습 주제 관련 내용을 찾아 심화 학습해 봅시다.

수학적 모델링

최근 우리나라의 교육과정에서는 학생들이 지식을 소유하는 것에서 나아가, 새로운 상황이나 의미 있는 맥락에서 지식을 활용하고 실제적인 과제를 수행하는 능력을 중요시하고 있다. 이와 관련하여 수학적 연결성의 맥락에서 수학을 실생활이나 다른 학문 분야의 문제해결에 적용하는 능력을 강조하고 있다. 수학 문제해결 교육에서 수학적 모델링은 수학적 개념을 새로운 상황에 적용하는 데 유용하다.

'수학적 모델링은 비수학적인 상황에서 출발'한다(NCTH, 1991). 디킨(M. Deakin)에 의하면 수학적 모델링은 어떤 구체적인 상황을 포함하는 문제를 적절히 수학적으로 표현해주는 수학적 모델을 만드는 일련의 과정을 의미하는 것으로 보인다. 실생활적인 어떤 문제가 있을 때 그것을 수학 문제로 바꿀 수 있다. 이때 이 수학 문제가 수학적 모델이다. 그러나 이 단계에서 만들어진 모델은 사실상 가모델이다. 왜냐하면 그 수학 문제를 풀어서 얻은 답을 다시 실생활적인 표현으로 바꾸고 그리고 그 답이 실생활 맥락에서 합리적인지 점검하는 것이 필요하기 때문이다. 이 네 활동을 온전히 거쳐야 비로소 모델이라 할 수 있다. 이 네 활동을 각각 문제 제기하기(pose), 모델 만들기(model), 모델 분석하기(analyse), 결과 해석하기(interpret)라고 한다(김연식 외, 2001: 196).

OECD가 주관하는 국제 학업성취도 평가(PISA2012)에서 제시한 평가틀에서는 수학적 모델링의 과정을 아래 그림과 같이 도해하여 제시하였다(한국과학창의재단, 2015: 5–6).

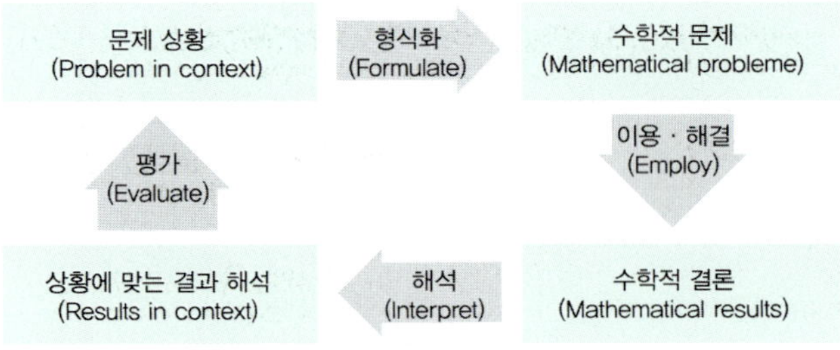

PISA 2012의 평가틀의 수학적 모델링과 '과정'의 세 가지 요소

CCSSM(Common Core State Standards for Mathematics)에서는 수학적 모델링을 고등학교 수학의 핵심 공통 규준으로 설정하고 수학적 모델링의 기본 사이클을 아래와 같이 세부 단계로 나누어 설명하였다(CCSSI, 2014: 72－73).

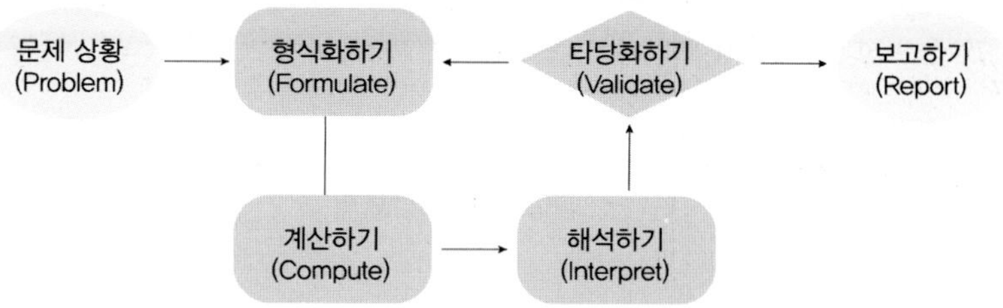

먼저, 문제 상황 단계에서는 문제 상황을 이해하고 그 상황에서 변수들을 확인하고 필수적인 특징들을 나타내는 표현들을 선택하는 단계이다. 형식화 단계는 가설을 설정하고 기하, 그래프, 표, 대수 또는 통계에서 사용하는 표현을 창조하고 선택하여 변수들 사이의 관계를 기술하는 것을 통해 모델을 형식화하고 수학적 문제로 번역하는 단계이다. 계산 단계는 이런 관계들을 분석하고 계산을 수행해서 결과를 도출하고 그 결과가 옳은지를 점검하는 단계이다. 해석 단계는 수학적 결과를 원래의 상황에서 해석하고 그 결과가 원래 상황에서 무엇을 의미하는지 결론을 도출하는 단계이다. 타당화 단계는 결과들을 상황과 비교해서 결론을 타당화하거나 모델을 개선하는 단계이다. 마지막 단계는 결론과 추론 과정을 공유하는 단계이다. 이러한 단계는 선형적이 아니라 모델이 상황에 적합하지 않으면 계속 정교화 과정을 거치기 때문에 순환적인 특징을 가진다(CCSSI, 2014: 72－73: 정영옥, 2016: 268).

수학적 모델링 과정은 아래에 제시된 그림들과 같이 학자의 견해에 따라 조금씩 다르긴 하지만 문제를 이해한 후 수학적 모델을 형성하여 문제를 해결하고, 그 결과를 원래의 문제 상황에서 재해석한다는 유사성이 있다(김수미, 1993).

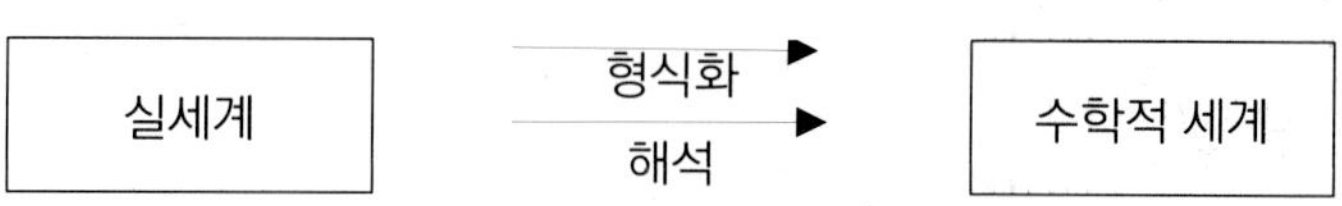

Burghes(1986)의 수학적 모델링 과정

Moscardini(1989)의 수학적 모델링 과정

NCTM(1991)에서는 수학적 모델링이 진행되는 4단계의 순환 과정을 다음과 같이 설명한다. 먼저, 현상을 관찰하여 문제 상황의 윤곽을 명료하게 하고 문제에 영향을 미치는 주요 요인들을 찾아낸다. 이 요인들 사이의 관계를 추측하고 해석하여 주어진 현상에 맞는 모델을 구축한다. 구축한 모델에 맞는 적절한 수학적 분석을 적용한다. 분석에 의한 결과를 얻어낸 후 이를 현상의 맥락에 맞도록 재해석하면서 결론을 이끌어낸다.

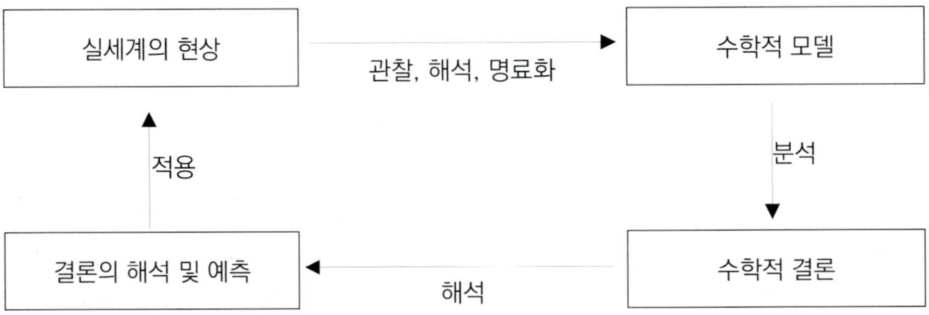

NCTM의 수학적 모델링 과정 (NCTM, 1991: 3)

학교수학의 수학적 모델링에서는 주로 실세계에서 주어진 현상을 수학적인 수단으로 정리하고 조직해 나가면서 문제를 해결하고 그 결과를 실세계의 문제 상황에 적용한다. 다음은 우리나라 고등학교 수학 익힘책에 제시된 수학적 모델링에 관한 설명이다.

실세계의 문제 상황을 수학적 모델로 표현하여, 다음과 같은 과정을 따라 해결할 수 있다.

1단계 | 실세계의 문제 상황 파악

실세계의 문제 상황을 파악하고 문제의 주요 요소를 이해한다.

2단계 | 수학적 모델 설정

요소들 간의 관계를 고려하여 수학적 모델을 만든다.

3단계 | 모델 내에서의 해

모델 내에서 수학적으로 문제를 분석하여 결과를 얻는다.

4단계 | 결론 도출

구한 결과를 문제 상황에 비추어 해석하여 결론을 도출한다.

수학적 모델링 (우정호 외, 2010: 45)

최근 우리나라 수학과 교육과정에서는 수학적 모델링을 문제해결 능력을 함양하기 위한 교수·학습 방법으로도 강조하고 있다.

수학적 모델링 능력은 학생의 삶과 연계된 현상을 다양한 수학적 표현 방식을 이용하여 수학적 모델로 만들고 수학적 모델을 다시 실생활이나 사회 및 자연 현상에 적용하는 교수-학습 방안으로, 수학의 응용에 대한 넓은 안목을 갖게 할 수 있다.

(교육부, 2022: 106)

수학적 모델링과 연결성

학생들은 수학의 여러 영역 간 그리고 영역 내에서의 개념들을 서로 연결하며, 수학을 일상생활이나 다른 교과에 연결해보는 경험을 통해 수학을 좀 더 깊이 있게 이해할 수 있다. 그뿐 아니라 그러한 과정 속에서 수학의 유용성도 인식할 수 있다. 이와 같은 관점에서 NCTM(1992, 2000)에서는 학생들이 갖추어야 할 능력 중 하나로 수학적 연결성을 강조해왔다.

수학적 모델링은 수학적 연결성과 밀접한 관련이 있다. 수학적 모델링은 현실 상황에 포함된 기본적인 수학적 아이디어에 대한 의미 있는 학습을 가능하게 하고 이를 통해 학생들이 세계를 더 잘 이해할 수 있도록 도울 수 있다. 수학 학습에서 다양한 수학적 내용을 사용하기 때문에 수학 개념 형성에도 도움을 준다. 수학의 여러 개념과 절차들을 연결하고 수학적 관계를 인식할 수 있는 기회도 제공한다. 학생들은 현실 세계의 문제를 해결함으로써 좀 더 포괄적이고 실제적인 의미의 문제해결 능력을 개발할 수 있다. 한편 수학적 모델링에 의한 학습에서 학생들은 수학을 배우는 의미를 보다 잘 인식할 수 있으며, 학습 동기를 얻게 되기도 한다. 수학적 모델링은 학생들이 수학 내적·외적 연결성을 파악하는 능력을 향상시키는 데 도움이 되며, 수학에 대한 이해와 수학의 유용성을 인식하는 데에도 매우 중요한 활동이다.

수학적 모델링은 CCSSM에서 'Model with mathematics'라는 실행 규준으로 명시적으로 강조되었다. Borromeo Ferri(2018)는 교사들이 수학적 모델링을 이론적 수준과 실제적 수준에서 풍부하게 다뤄 볼 기회를 가져야함을 주장하며, 모델링 지도를 위해 교사에게는 이론적 역량, 과제 관련 역량, 교수 역량, 진단 역량이 필요함을 제안하였다(장혜원 외 역, 2020: 4−7).

문제 해결

1단계

문제를 해결하며 학습해봅시다.

기초문제로 복습하기

- **문제해결** 문제를 해결해 가면서 주요 내용을 익히고 복습해 봅시다.
- **반성 · 정리** 참고문헌에서 관련 내용을 찾아 문제해결을 검토하고 보완해 봅시다.
- **자료축적** 문제해결에 도움이 된 자료들을 기록하여 추후 학습에 활용해 봅시다.

➜ 강의 시간에 토론식 수업(토론 학습)을 한다면 해결 과정이나 결과를 서로 발표하고, 함께 검토하면서 발전시켜 봅시다.

01 '수학적 모델링'의 과정을 적절한 그림을 이용해서 설명해보자.

*도움이 된 참고자료 기록하기

02 다음은 우리나라 중학교 수학 교과서에 제시된 학습자료이다. ㉠과 ㉡ 부분에 알맞은 내용을 구성해보자.

현실에서 출발하기

민선이네 모둠은 모두 6명이다. 6명이 모두 서로 한 번씩 악수를 할 때, 악수는 모두 몇 번 하게 될까?

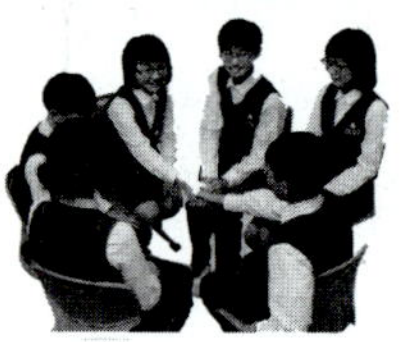

→

수학적으로 표현하기

㉠

↓

수학적으로 문제 해결하기

㉡

←

현실로 돌아오기

↑

중학교 1학년 수학: 평면도형 (우정호 외, 2008: 240-241)

*도움이 된 참고자료 기록하기

03 중학교 수학 또는 고등학교 수학 교과서 수학적 모델링 지도가 드러난 학습 내용을 찾아 제시해보자.

*도움이 된 참고자료 기록하기

2단계

문제를 해결하며 학습해봅시다.

정리문제로 다지기

- **문제해결** 문제를 스스로 해결한 후, 자신의 답안을 [해결 예시]와 비교해 봅시다.
- **반성 · 정리** 참고문헌에서 관련 내용을 찾아 문제해결을 검토하고 보완해 봅시다.
- **자료축적** 문제해결에 도움이 된 자료들을 기록하여 추후 학습에 활용해 봅시다.

➜ 강의 시간에 토론식 수업(토론 학습)을 한다면 해결 과정이나 결과를 서로 발표하고, 함께 검토하면서 발전시켜 봅시다.

01 다음에 제시된 수학적 모델링의 과정으로 주어진 문제를 해결해보자.

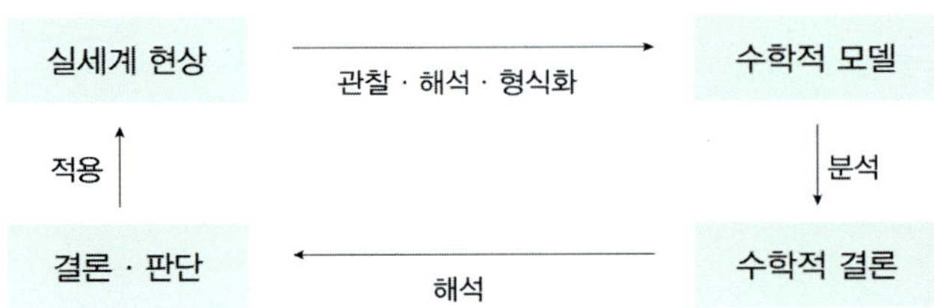

수학적 모델링의 과정

우리 반 학생들 중에서 수학을 좋아하는 학생은 27명, 음악을 좋아하는 학생은 19명, 수학 또는 음악을 좋아하는 학생은 35명이다. 수학도 좋아하고 음악도 좋아하는 학생은 모두 몇 명일까?

나의 문제해결

➜ [해결 예시] 408쪽

02 수학 학습에서 수학적 모델링의 과정을 통해 얻을 수 있는 교육적 효과를 써보자.

나의 문제해결

03 다음 문제를 수학적 모델링의 과정으로 해결해보자.

새로 지을 아파트 단지에 나무를 심어 꾸미려고 한다. 가로, 세로의 길이가 각각 $600\,\mathrm{m}$, $480\,\mathrm{m}$인 직사각형 모양의 아파트 단지의 가장자리를 따라 네 모퉁이를 포함하여 일정한 간격으로 은행나무를 심는다고 하자. 은행나무를 가능한 한 적게 심으려면 은행나무 사이의 간격을 얼마로 해야 할까?

나의 문제해결

→ [해결 예시] 409쪽

해결 예시

01

실세계 현상

우리 반 학생들 중에서 수학을 좋아하는 학생은 27명, 음악을 좋아하는 학생은 19명, 수학 또는 음악을 좋아하는 학생은 35명이다. 수학도 좋아하고 음악도 좋아하는 학생은 모두 몇 명일까?

→

수학적 모델

수학을 좋아하는 학생들의 집합을 A, 음악을 좋아하는 학생들의 집합을 B라 하자. 수학 또는 음악을 좋아하는 학생들의 집합은 $A\cup B$이고, 수학도 좋아하고 음악도 좋아하는 학생들의 집합은 $A\cap B$이다. 두 집합 A, B에 대하여, $n(A)=27$, $n(B)=19$, $n(A\cup B)=35$일 때 $n(A\cap B)$를 구하시오.

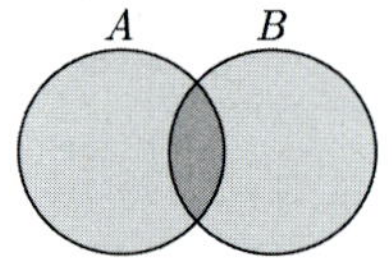

↓

수학적 결론

$A\cup B$의 원소의 개수는 35,
A의 원소의 개수는 27,
B의 원소의 개수는 19이므로
식 $35=27+19-n(A\cap B)$를 풀면
$n(A\cap B)=11$
즉, $A\cap B$의 원소의 개수는 11

←

결론 · 판단

수학도 좋아하고 음악도 좋아하는 학생은 11명이다.

↑

해결 예시 참고자료

구분	참고자료	근거
교육과정	수학과 교육과정(교육부, 2022)	85
교과서	고등학교 수학	〈기본수학2〉(집합)
이론서	수학교육학신론3(황혜정 외, 2023)	28-34
나의 추가 자료		

02 수학적 모델링의 과정을 통한 수학 학습에서 얻을 수 있는 교육적 효과는 다음과 같다. 첫째, 새로운 수학적 개념과 방법을 이해할 수 있다. 수학적 모델링 과정을 통한 수학 학습은 새로운 수학적 개념을 도입하는 이유를 설명할 수 있고, 수학적 개념을 새로운 상황에 적용하는 방법을 다루는 데 유용하다. 둘째, 실생활 또는 다른 교과에 수학을 응용하고 모델링하는 실제를 이해할 수 있다. 수학적 모델링은 실세계의 여러 현상을 수학적인 수단으로 정리하고 조직하는 활동으로 문제를 해결하기 위하여 여러 가지 수학적 표현으로 변환하면서 현상에 내재된 수학적 개념을 파악하고 문제를 해결하여 실세계의 문제 상황에 적용할 수 있도록 돕는 활동 과정이다. 수학적 모델링을 통해 실생활의 문제나 다른 교과의 문제를 해결할 때 수학이 어떻게 응용되는지를 이해시킬 수 있다. 셋째, 창의적 사고와 문제를 해결하는 태도와 능력을 기를 수 있다. 수학적 모델링은 우리 주변의 문제를 해결하는 강력한 수단이 된다. 수학적 모델링을 통해 중요한 수학적 아이디어를 다룰 수 있고, 문제를 해결하는 활동을 경험하면서 문제해결의 태도와 능력을 신장할 수 있다. 넷째, 수학을 활용하여 실생활 또는 다른 교과와 연결된 맥락을 비판적이고 합리적으로 사고하려는 태도를 기를 수 있다. 실생활의 문제나 다른 교과에서 다루는 문제를 합리적이고 논리적인 사고로 해결하는 태도를 기를 수 있다. 다섯째, 수학이 이미 완성된 산물이 아니라, 인간 활동의 결과로 만들어진 것임을 이해할 수 있다. 수학은 문제를 해결하고자 하는 인간의 활동 결과로 탄생한 것이며, 완성된 산물로서가 아니라 우리 주변 세계의 문제를 해결하기 위한 과정으로서 학습하는 것이 의미 있음을 이해하게 된다.

해결 예시 참고자료

구분	참고자료	근거
이론서	수학교육학신론3(황혜정 외, 2023)	34
	수학 학습-지도 원리와 방법(우정호, 2011)	404-407
나의 추가 자료		

03

실세계 현상

새로 지을 아파트 단지에 나무를 심어 꾸미려고 한다. 가로, 세로의 길이가 각각 600 m, 480 m인 직사각형 모양의 아파트 단지의 가장자리를 따라 네 모퉁이를 포함하여 일정한 간격으로 은행나무를 심는다고 하자. 은행나무를 가능한 한 적게 심으려면 은행나무 사이의 간격을 얼마로 해야 할까?

→

수학적 모델

은행나무를 심는 위치를 직사각형에 점으로 찍어 본다. 점과 점 사이의 간격이 일정하려면 600과 480의 공약수를 구해야 한다. 은행나무를 가능한 한 적게 심으려면 점과 점 사이의 간격이 최대가 되어야 한다.

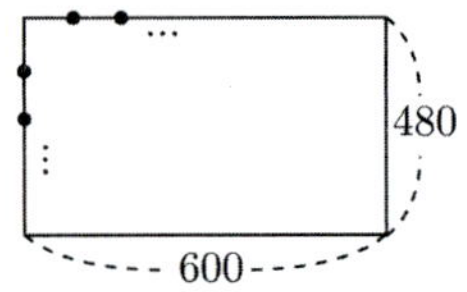

따라서 문제의 뜻을 수학적으로 표현하면

600과 480의 최대공약수는 얼마인가?

↓

수학적 결론

600과 480을 각각 소인수분해하면 다음과 같다.

$$\begin{array}{l} 600 = 2\times2\times2\times3\times5\times5 \\ 480 = 2\times2\times2\times2\times2\times3\times5 \\ \hline \ 2\times2\times2\times3\times5 \end{array}$$

따라서 구하는 최대공약수는 다음과 같다.

$$2^3\times3\times5=120$$

←

결론 · 판단

아파트 단지의 가장자리를 따라 네 모퉁이를 포함하여 120 m 간격으로 은행나무를 심으면 된다.

↑

해결 예시 참고자료

구분	참고자료	근거
교육과정	수학과 교육과정(교육부, 2022)	33-34
교과서	중학교 수학	수와 연산 영역 (소인수분해)
이론서	수학교육학신론3(황혜정 외, 2023)	28-34
	중학교 1학년 수학익힘책(우정호 외, 2008)	38-39
나의 추가 자료		

3단계

문제를 해결하며 학습해봅시다.

기출문제로 도약하기

- **문제해결** 문제를 스스로 해결한 후, 자신의 답안을 [해결 예시]와 비교해 봅시다.
- **반성 · 정리** 참고문헌에서 관련 내용을 찾아 문제해결을 검토하고 보완해 봅시다.
- **자료축적** 문제해결에 도움이 된 자료들을 기록하여 추후 학습에 활용해 봅시다.

→ 교원임용시험대비 수험생들은 답안 작성 분량을 고려하면서 자신의 답안을 수정하거나 보완해 봅시다.

01 실세계의 현상이나 문제 상황은 수학적 모델링을 통하여(적용하여) 해결될 수 있다. 수학적 모델링 과정을 설명하고(4점), 그 과정에 맞추어 주어진 문제 상황을 해결하라(2점). (총 6점) | 1998년 교원임용시험 기출문제 2번 |

> [문제 상황]
> 높이가 9m인 대나무가 바람에 부러져서 그 끝이 나무 밑동에서부터 3m 떨어진 곳에 닿았다. 이때 대나무는 몇 m 높이에서 부러졌는가?

→ [해결 예시] 415쪽

02 다음 그림은 실세계 상황을 수학적 모델로 표현하여 문제를 해결하는 수학적 모델링 과정이다. | 2005년 교원임용시험 기출문제 3번 |

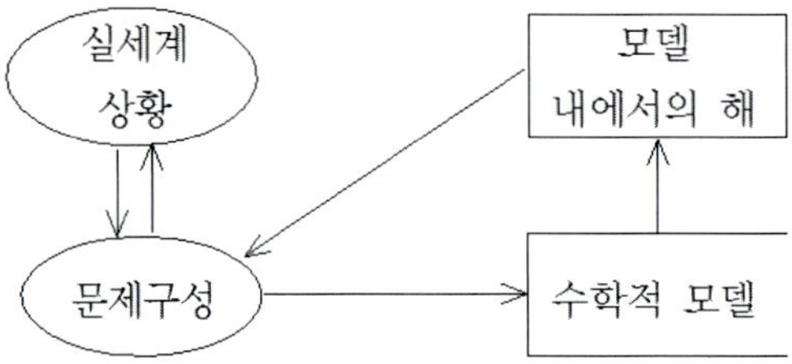

아래에 제시된 실세계 상황과 이 상황으로부터 구성된 문제를 중학교 수준에서 해결하기 위한 수학적 모델을 제시하시오. (2점)

실세계 상황 : 철수는 생일을 맞이하여 친구 5명을 생일 모임에 초대하였다. 모임에 참석한 6명이 서로 악수를 나누고 있다.
문제 : 모임에 참석한 6명이 빠지지 않고 모두 악수를 할 때 악수는 몇 번 이루어지는가?

➜ [해결 예시] 416쪽

03 다음은 수학적 모델링과 수학화 과정에 대한 자료이다.

| 2023년 교원임용시험 전공B 기출문제 5번 |

(가) 현실적 문제 상황

[1단계] 작은 소품 상자가 필요해서 문구점에서 한 변의 길이가 12cm인 정사각형 모양의 판지를 구입했다. 네 귀퉁이에서 같은 크기의 정사각형을 잘라내어, 남은 부분으로 뚜껑이 없는 최대 부피를 가지는 직육면체 모양의 소품 상자를 만드는 현실적 문제상황을 탐구한다.

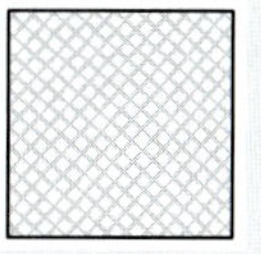

(나) 미국수학교사협의회(NCTM)의 수학적 모델링 과정

• '(가)'를 [1단계]로 하는 '수학적 모델링' 과정의 설명과 예시

[2단계]

설명 (　　　　㉠　　　　)

예시 (　　　　㉡　　　　)

[3단계]

설명 수학적 분석을 실시한다.

예시 직육면체의 밑면은 한 변의 길이가 $12-2x$인 정사각형이고, 높이가 x이므로 $V(x)=x(12-2x)^2$이다.

$V'(x)=12(x-2)(x-6)$이므로, $0<x<6$에서 $V(x)$의 증가와 감소에 의해서 $x=2$에서 $V(x)$는 최대가 된다.

[4단계]

설명 현상에 맞도록 재해석하여 결론을 도출한다.

예시 판지의 네 귀퉁이에서 잘라내는 정사각형의 한 변의 길이를 2cm로 하면, 상자의 최대 부피는 128cm^{3}이다.

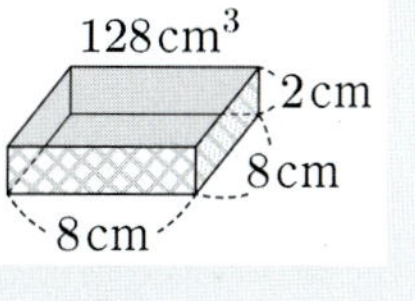

(다) 현실주의적 수학교육 이론의 수학화 과정

• '(가)'를 [1단계]로 하는 '수학화' 과정의 설명

[2단계] 현실 내의 문제 상황을 형식적인 수학적 처리가 가능하도록 변환하는 과정이다.

[3단계] 세련된 좀 더 높은 수학적 처리가 가능하도록 하는 과정이다.

[4단계] 개념을 새로운 문제에 적용함으로써 개념을 강화하고 일반화하는 과정이다.

'(가)'가 (나)와 (다)의 [1단계]가 될 수 있는 이유를, '수학적 모델링'과 '수학화'의 개념과 함께 서술하시오. 또한, (나)의 괄호 안의 ㉠과 ㉡에 들어갈 내용을 제시하시오. (4점)

➜ [해결 예시] 417쪽

해결 예시

01 수학적 모델링은 먼저 현상을 관찰하여 문제 상황의 윤곽을 명료하게 하고 문제에 영향을 미치는 주요 요인들을 찾아낸다. 이 요인들 사이의 관계를 추측하고 해석하여 주어진 현상에 맞는 모델을 구축한다. 구축한 모델에 맞는 적절한 수학적 분석을 적용한다. 분석에 의한 결과를 얻어낸 후 이를 현상의 맥락에 맞도록 재해석하면서 결론을 이끌어낸다.

실세계 현상	→ 관찰 · 해석 · 형식화 →	수학적 모델
↑ 적용		↓ 분석
결론 · 판단	← 해석 ←	수학적 결론

수학적 모델링의 과정

〈문제 상황 해결〉

실세계 현상

높이가 9m인 대나무가 바람에 부러져서 그 끝이 나무 밑동에서부터 3m 떨어진 곳에 닿았다. 이때 대나무는 몇 m 높이에서 부러졌는가?

→

수학적 모델

대나무가 부러져 밑동에서부터 3m 떨어진 곳에 닿았다면 다음 그림과 같이 대나무가 서 있는 부분과 꺾어진 부분이 각각 높이와 빗변이고, 지면이 밑변인 직각삼각형을 생각할 수 있다.

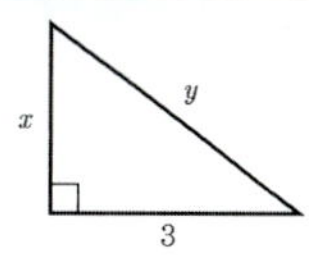

위 직각삼각형에서 밑변은 3이고, 높이를 x, 빗변을 y라 하자. 대나무의 길이가 9m이므로 $x+y=9$이다. 따라서 문제의 뜻을 수학적으로 표현하면 다음과 같다.

> 밑변이 3이고, 높이가 x, 빗변이 y인 직각삼각형이 있다. $x+y=9$의 관계가 성립할 때, x를 구하시오.

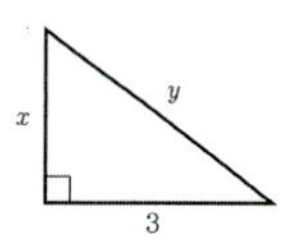

↓

수학적 결론

피타고라스 정리에 의해 $x^2+3^2=y^2$을 얻는다. $x+y=9$이므로 $y=9-x$이고 이를 $x^2+3^2=y^2$에 대입하여 풀면 $x=4$이다.

←

결론 · 판단

높이가 9m인 대나무가 바람에 부러져서 그 끝이 나무 밑동에서부터 3m 떨어진 곳에 닿았다면 대나무는 4m 높이에서 부러진 것이다.

↑

해결 예시 참고자료

구분	참고자료	근거
교육과정	수학과 교육과정(교육부, 2022)	37-40
	Mathematical Modeling in Secondary School Mathematics Curriculum(NCTM, 1991)	3
교과서	중학교 수학	도형과 측정 영역 (피타고라스 정리)
이론서	수학교육학신론3(황혜정 외, 2023)	28-34
나의 추가 자료		

02 ■ (예시 1) 사람을 점으로, 악수하는 것을 선분으로 나타내보자. 실세계의 문제 상황은 다음과 같은 문제로 표현 가능하다.

'육각형의 대각선의 개수와 변의 개수를 모두 합하면 몇 개인가?'

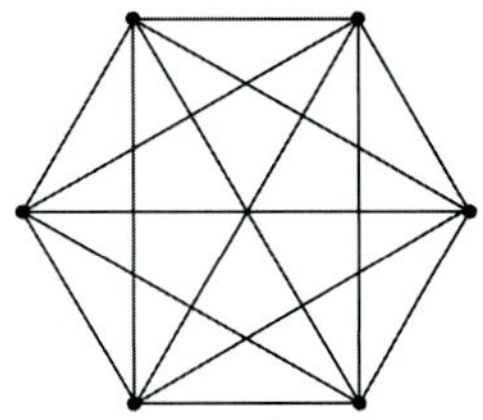

■ (예시 2) 사람마다 1부터 6까지 번호를 붙이고 서로 악수하는 사람끼리 해당하는 번호를 쌍으로 나타내보자. 예를 들어 1번 사람과 6번 사람이 악수하는 것은 (1, 6) 또는 (6, 1)로 나타낼 수 있다. 그러면 문제에 주어진 상황을 다음과 같이 표현해 볼 수 있다.

'1, 2, 3, 4, 5, 6의 6개 숫자를 이용하여 2개 숫자로 이루어진 쌍을 만들어 보자. (1, 1)과 같이 같은 수로 만들어진 쌍은 제외하고 (1, 6) 또는 (6, 1)과 같이 두 수의 순서만 다른 쌍은 동일한 것으로 보았을 때, 만들 수 있는 쌍의 개수는 모두 몇 개인가?'

■ (예시 3) 수형도를 이용한 그림을 이용해 경우의 수를 세어보자.

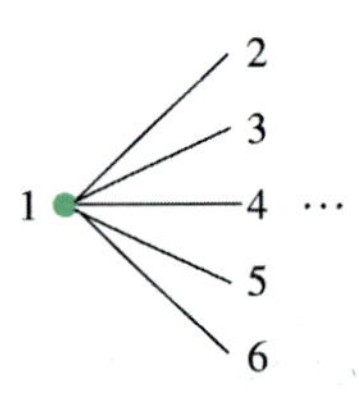

■ (예시 4) 6명에서 2명의 대표를 뽑는 경우의 수는?

해결 예시 참고자료		
구분	참고자료	근거
교육과정	수학과 교육과정(교육부, 2022)	37-42
교과서	중학교 수학	도형과 측정 영역 (평면도형의 성질), 자료와 가능성 영역 (경우의 수)
이론서	수학교육학신론(황혜정 외, 2016)	28-34
나의 추가 자료		

03 • 수학적 모델링은 실세계의 현상 문제를 관찰하고 해석해서 수학적 모델을 만든 후, 수학적 결론을 이끌어내고, 이를 현상에 맞게 해석하는 과정이다. 따라서 (가)의 현실적 문제 상황은 수학적 모델링을 위한 (나) [1단계]가 될 수 있다.

• 수학화는 현상을 수학적 수단인 본질로 조직하는 활동이다(현상은 현실적인 것일 수도 있고 수학적인 것일 수도 있다). (다)에서 제시된 [2단계]가 실행되려면 우선 현실 내의 문제 상황이 주어져야 한다. 따라서 (가)의 현실적 문제 상황은 수학화를 위한 (다)의 [1단계]가 될 수 있다.

㉠ 현실적 문제 상황에 적합한 수학적 모델을 만든다(적절한 수학 문제로 형식화한다).

㉡ 한 변의 길이가 12cm인 정사각형이 있다. 네 귀퉁이를 같은 크기의 정사각형으로 잘라내어 남은 부분으로 부피가 최대인 직육면체 모양을 만들고자 한다(직육면체의 뚜껑은 없다고 가정한다). 이때, 잘라내는 정사각형의 한 변의 길이를 구하시오.

문제해결 예시 참고자료		
구분	참고자료	근거
교육과정	수학과 교육과정 (교육부. 2022)	115, 143
교과서	고등학교 수학	〈미적분 Ⅰ〉, 〈미적분Ⅱ〉 (도함수의 활용)
이론서	수학교육학신론 1(황혜정 외, 2023)	280
	수학교육학신론 3(황혜정 외, 2023)	28-30
	수학 학습 지도 원리와 방법(우정호, 2011)	379
나의 추가 자료		

하브루타

질문과 토론으로 학습해 봅시다.

문제만들기로 나아가기

- **문제 만들기** 보충 또는 심화 학습이 필요한 내용을 문제로 만들어 봅시다.
- **탐구 학습** 관련 자료를 스스로 찾아가면서 문제해결해 봅시다.
- **토론 학습** 함께 토론하면서 문제 해결을 검토하고 보완해 봅시다.
- **포트폴리오 제작** 탐구 자료를 모아 '수학교육학' 포트폴리오를 만들어 봅시다.

❶ 문제 만들기(예시)

문제 만들기 ❶ 사범대학 수학교육과 학부생의 사례

중·고등학교 수학 교과서에서 수학적 모델링의 지도가 드러난 사례를 찾아보자.

문제 만들기 ❷ 교원임용시험을 준비하는 예비 교사의 사례

다음에 제시된 수학적 모델링의 과정으로 주어진 문제를 해결하는 과정을 설명해보자.

1단계 | 실세계의 문제 상황 파악

실세계의 문제 상황을 파악하고 문제의 주요 요소를 이해한다.

2단계 | 수학적 모델 설정

요소들 간의 관계를 고려하여 수학적 모델을 만든다.

3단계 | 모델 내에서의 해

모델 내에서 수학적으로 문제를 분석하여 결과를 얻는다.

4단계 | 결론 도출

구한 결과를 문제 상황에 비추어 해석하여 결론을 도출한다.

수연이는 친구들과 함께 '청소년을 위한 고전 음악회'에 가려고 한다. 고전 음악회의 입장료는 한 사람당 8000원이고, 20명 이상의 단체인 경우에 입장료의 20 %를 할인해 준다. 몇 명 이상부터는 20명의 단체 입장권을 사는 것이 유리할까?

(우정호 외, 2009: 136)

문제 만들기 ❸ 중·고등학교 현직 수학 교사의 사례

우리나라 수학과 교육과정은 수학 교과 역량 중 하나로 '연결' 역량을 강조하고 있다. 수학적 모델링에 의한 지도를 연결 역량 지도 측면에서 평가해보자.

❷ 문제 만들기(실행)

(1) 문제 만들기(문제 제기)

(2) 탐구 및 토론 학습

(3) 문제해결 결과 정리

*문제해결에 도움이 된 참고자료들

* 문제가 추가되면 [부록 A]의 <문제 만들기> 활동지를 복사하여 활용한다.

참고문헌

강옥기 외(2012). **수학교육학 신서**. 교우사.

교육과학기술부(2011). **수학과 교육과정**. 교육과학기술부.

교육부(2015). **수학과 교육과정**. 교육부.

교육부(2022). **수학과 교육과정**. 교육부.

김남희 외(2008). **수학교육에서의 컴퓨터 활용**. 경문사.

김남희 외(2017). **예비교사와 현직교사를 위한 수학교육과정과 교재연구** (제3판). 경문사.

김남희 외(2024). **예비교사와 현직교사를 위한 수학교육과정과 교재연구** (제4판). 경문사.

김수미(1993). 중등학교에서의 수학적 모델링에 관한 고찰. 서울대학교 대학원 교육학 석사학위 논문.

김연식 외(2001). 수학교육학 용어해설(8). **학교수학 제3권** 제1호. 185-213.

우정호 외(2008). **중학교 수학 1 익힘책**. 두산.

우정호 외(2009). **중학교 수학 2 익힘책**. 두산.

우정호 외(2010). **고등학교 수학 익힘책**. 두산.

우정호(2007). **학교수학의 교육적 기초** (제2증보판). 서울대학교출판문화원.

우정호(2011). **수학 학습-지도 원리와 방법** (제2개정판 수정판). 서울대학교출판문화원.

장혜원 외 역(2020). **수학적 모델링, 어떻게 가르칠까**. 경문사.

정영옥(2016). **중학교 수학과 수학적 모델링으로서의 연결성**, 대한수학교육학회 2016 연보. 262-288. 경문사.

조정수 외(2010). **보고 생각하고 증명하라**. 경문사.

한국과학창의재단(2015). 2015 **개정 교육과정에 따른 수학과 교육과정(교수-학습 방법 및 평가) 개별 연구**. 한국과학창의재단.

황혜정 외(2016). **수학교육학신론** (개정증보판). 문음사.

황혜정 외(2023). **수학교육학신론** 1(2022 개정 증보판). 문음사.

황혜정 외(2023). **수학교육학신론** 2(2022 개정 증보판). 문음사.

황혜정 외(2023). **수학교육학신론** 3(2022 개정 증보판). 문음사.

Borromeo Ferri. R(2018). *Learing How to Teach Mathematical Modeling in School and Teacher Education. Springer International Publishing AG*. 장혜원 외 역(2020). 수학적 모델링, 어떻게 가르칠까? - 학교수학과교사교육을 위한 수학적 모델링 지도의 이론과 실제. 경문사.

Burghes, D. N.(1986). *Mathematical Modelling - Are we heading in the Right Direction?*. in J. S. Berry et al. (Eds.) Mathematical Modelling, Methodology, Models and Micros.

Common Core State Standards Initiative(CCSSI: 2014). Common Core State Standards for Mathematics. Revised from http://www.corestandards.org/math.

Moscardini, A. O.(1989). *The Identification and Teaching of Mathematical Modelling Skills* in W.

Blum et al. (Eds.). Modelling, Applications and Applied Problem Solving.
NCTM(1989). *Curriculum and Evaluation Standards for School Mathematics*. Reston, VA: NCTM. 구광조 외 2인 역(1992). **수학교육과정과 평가의 새로운 방향**. 경문사.
NCTM(1991). *Mathematical Modeling in Secondary School Mathematics Curriculum in Frank Swetz and J. S. Hartzler(Eds.).* Reston, VA: NCTM.
NCTM(2000). *Principles and Standards for School Mathematics*. Reston, VA: NCTM. 류희찬 외 5인 역(2007). **학교수학을 위한 원리와 규준**. 경문사.
Polya, G. (1956). *How to Solve it*. Princeton University Press. 우정호 역(2005). **어떻게 문제를 풀 것인가? -수학적 사고 방법-** (개정판). 교우사.
Polya, G. (1981). *Mathematical Discovery I,* 우정호 외 6인 역(2005), **수학적 발견** (1). 교우사.

PART

III

수학과 평가

CHAPTER 01

수학과 평가

내용 학습

- 이 책에 정리된 주요 내용을 토대로 자신의 지식을 확장해 봅시다.
- 수학교육학 교재나 참고문헌에서 학습 주제 관련 내용을 찾아 심화 학습해 봅시다.

수학과 평가

수학과 평가에서는 수학적 사고 능력의 신장을 유도하는 '진정한' 평가를 해야 한다는 요구가 지속적으로 제기되고 있다. 이는 종래의 결과 중심의 객관식 선택형 또는 단답형 시험에서 벗어나 다양한 평가 방법을 실시하는 변화를 이끌며 문제해결, 추론, 의사소통, 개념 이해, 수학적 성향 등을 평가하는 방향으로 구체화되고 있다.

미국수학교사협의회(NCTM, 1989)에서 제시한 평가 규준(Standards)에 의하면 '평가'는 수학적 사고의 과정을 다양한 방법으로 진단하여 그 결과를 교수-학습에 반영하는 지속적이고 역동적인 과정이다. 학생 평가는 단순한 성취도 검사 이상으로서 수업의 일부로 수업에 통합되어야 한다. 교사는 여러 가지 평가 방법으로 학생에 대한 정보를 수집하여 전문적인 식견으로 학생을 판단해야 한다. NCTM이 제시한 평가 규준은 모든 형태의 평가에 적용되는 일반 원리뿐만 아니라 학생 평가와 프로그램 평가의 여러 가지 측면도 강조한다. 이와 함께 평가에서 강조해야 할 측면과 약화해야 할 측면을 대비시켜서 수학과에서 지향해야 할 평가의 방향을 암시하고 있다.

관심이 증가하는 영역	관심이 감소하는 영역
• 학생들이 수학에 대해 무엇을 알고 있으며 어떻게 생각하느냐를 평가함 • 평가를 하는 것은 가르치는 것에 통합되어야 함 • 광범위한 범위의 수학적 과제에 초점을 두고 수학의 전체적인 관점을 택하는 것 • 많은 수학적 개념의 적용을 요구하는 문제 상황을 개발하는 것 • 지필 검사, 구두시험 및 시범 등 다양한 평가 기법을 사용하는 것 • 평가에서 계산기, 컴퓨터, 조작물을 사용하는 것	• 학생들이 무엇을 모르느냐를 평가함 • 평가를 하는 것은 단지 등급을 정할 목적으로 옳은 답의 개수를 세는 것임 • 내용-행동의 이원분류 행렬에 의해 조직화된 특수하고 개별화된 많은 기능에 초점을 둠 • 한두 가지의 기능만을 요구하는 연습 문제나 문장제를 사용함 • 지필 검사만 사용함 • 평가 과정에서 계산기, 컴퓨터, 조작물을 배제함

평가의 강조점 변화(NCTM, 1989: 구광조 외 역: 274)

우리나라 수학과 교육과정에서도 수학적 지식과 기능의 획득 정도만을 단순히 양적으로 평가하는 관점에 머무르지 않고 전통적인 선다형 평가 이외에 서술형 등 다양한 평가 문항의 반영 비율을 높일 것을 권장하고 있다. 그뿐 아니라 수학적 사고와 태도에 관한 평가 등을 포함하여 균형 있는 평가를 유도하고 있다. 특히 제7차 수학과 교육과정부터는 다음과 같이 다양한 평가 방법을 더욱 장려하면서 수행평가의 활성화를 지속적으로 강조해오고 있다.

- 객관식 선다형 위주의 평가를 지양하고 주관식 지필검사, 관찰, 면담 등 다양한 평가 방법을 활용하여 종합적인 수학 학습 평가가 이루어질 수 있게 한다.

(교육부, 1997: 88)

한편 평가는 학생의 인지적 영역과 정의적 영역에 대한 유용한 정보를 수집·활용하여 학생의 수학 학습과 전인적 성장을 돕고 교사의 수업 방법을 개선하는 것을 목적으로 함을 수학과 교육과정에 다음과 같이 명시적으로 제시하고 있다.

학생의 수학 학습에 대한 정보를 수집 · 활용하여 학생의 주도적 학습과 성장을 지원하고 교사의 수업 개선을 돕도록 지속적으로 평가를 실시한다.

(교육부, 2022: 47)

평가 결과는 학생이 교육과정에 제시된 성취기준의 목표를 달성했는지의 여부를 알려주고 교사의 수업에 대한 정보를 파악하게 해주어 수업 개선에 도움을 줄 수 있다. 평가 결과는 학생의 학습 과정 또는 그 결과로 학습된 지식에 대한 정보를 제공하기 때문에 교사는 평가를 통해 교수학적 변환의 결과를 파악할 수도 있다. 평가는 학생이 목표에 도달했다고 하더라도 어떤 과정으로 도달하였는지, 목표에 도달하지 못했다면 그 이유가 무엇인지에 대한 정보를 제공할 수 있다. 이 정보를 통하여 교사는 추후 학습 지도 방향을 모색하거나 학생에게 학습의 조언을 해줄 수 있으며 자신의 수업 내용이나 방법에 대한 피드백을 받을 수 있다. 따라서 평가는 수업에 통합되어야 하며, 수학과 평가는 수학 교육을 개선하는 한 가지 수단으로 유용하게 활용될 수 있는 것이다.

수행평가

수학과의 평가는 학생들의 성취수준을 다양한 방법으로 파악하고 이를 통해 수학 교수·학습의 질을 관리할 수 있어야 한다. 수행평가[1]는 결과만이 아닌 문제해결 과정에도 주안점을 두는 평가로서 기존 평가에 대한 반성, 최근의 인식론 및 학습관의 변화, 수학교과에 대한 인식의 전환, 국제적인 평가 방향의 변화와 더불어 그 필요성이 대두되었다. 특히 최근의 국제적인 평가 동향에서 주목받고 있는 고등 사고 능력에 대한 평가는 선택형 문항보다는 수행평가 도구를 통해서 보다 효과적으로 이루어질 수 있다.

우리나라에 수행평가가 도입된 것은 1991년 국립교육평가원에서 제3차 수학·과학 성취도 추이변화 국제비교 연구(TIMSS)에 참여한 것이 계기가 되었다(최택영, 최혜정, 2001). 또한 미국수학교사협의회(NCTM) 등에서 수행평가가 대안적인 평가 방법으로 논의되기 시작하면서 우리나라에서도 수행평가에 대한 관심이 더욱 높아지게 되었다(한국교육과정평가원, 2014: 224).

수학과에서 실행 가능한 수행평가는 서술형 평가, 프로젝트 평가, 토론 및 관찰 평가, 포트폴리오 평가, 면담 평가, 연구보고서 평가 등이 있다. 교사는 각 평가 방법의 특징과 장·단점을 잘 파악해서 적절하게 사용해야 한다. 한편 수행평가를 실시할 때는 그 평가 결과의 객관성을 확보하기 위해서 명료한 채점 기준을 구체적으로 작성해야 한다. 예를 들어, 서술형 평가를 실시한다면, '총체적 점수화 방법(총체적 채점법)' 또는 '분석적 점수화 방법(분석적 채점법)'으로 평가 기준을 마련하고, 준비된 평가 기준에 따라 채점의 일관성을 유지할 수 있도록 노력해야 한다.

1) 수행평가란 수행(遂行)을 통해 평가하는 방식이다. 이때 수행이란 '수행을 기반으로 하고 있는' 또는 '수행과 산출을 포함하는'의 개념으로 자신의 지식과 기술을 이용하여 과제를 수행하고 산출물을 만들어 내는 학생들의 능력을 강조하는 용어이다(한국교육과정평가원, 2009: 1). 성태제·권오남(1999)은 수학과 수행평가를 '수학적 사고 능력이나 문제해결 능력 등을 평가하기 위하여, 학습자가 지니고 있는 수학적 지식이나 수학과 관련된 기능을 얼마나 알고 있으며, 얼마나 잘 수행하는가와 어떻게 잘 수행할 것인가를 총체적으로 평가하는 방법'으로 정의하고 있다(김연식 외, 2001: 195).

교육과정과 평가

수학과 평가의 관점은 우리나라 수학과 교육과정에 제시된 평가 방향에서 구체화되어 나타난다. 우리나라 수학과 교육과정 평가 방향과 평가 방법을 구체적으로 제시하면 다음과 같다(교육부, 2022: 47－49).

1. 평가 방향

(가) 학생의 수학 학습에 대한 정보를 수집·활용하여 학생의 주도적 학습과 성장을 지원하고 교사의 수업 개선을 돕도록 지속적으로 평가를 실시한다. **(목적)**

(나) 수학과 교육과정에 제시된 성격, 목표, 내용 체계, 성취기준, 교수·학습과 일관성을 가지도록 평가를 실시한다. **(일관성)**

(다) 학생의 수학 학습을 돕기 위해 수업과 평가를 통합하여 과정을 중시하는 평가를 실시한다. **(과정 중시)**

(라) 수학 내용 체계의 지식·이해, 과정·기능, 가치·태도를 학습 결과뿐 아니라 학습 과정에서 균형 있게 평가한다. **(3가지 범주 평가)**

(마) 학생이 평가 과정에 적극적으로 참여하고 스스로 설정한 수학 학습 목표에 대한 달성 여부를 점검할 수 있게 한다.**(학생 참여 평가)**

(바) 학생의 사회·문화적 배경, 신체 특성 등이 불리하게 작용하지 않도록 평가를 실시하고, 학생의 사전 지식, 수학에 대한 흥미, 학습 유형, 학습 수준을 고려하여 평가 목적, 교수·학습 내용 및 방법에 따라 다양한 평가 방법을 적용한다. **(다양한 평가 방법 적용)**

(사) 진단평가, 형성평가, 총괄평가 등을 적절히 활용하여 수학 학습 과정과 결과에 대한 구체적인 정보를 바탕으로 학생의 특성과 학습 결손을 파악하고 개별적 지원 방안을 마련한다.**(학생 개별 지원 방안)**

(아) 온라인 수학 수업에서 평가를 할 때 학습 환경 등의 외적 요소가 수학 학습 과정과 평가 결과에 영향을 미치지 않도록 한다.**(온라인 평가 유의)**

(자) 평가 절차를 개방적이고 공정하게 시행하고 학생의 수학 학습에 대한 의미 있는 정보를 학생, 학부모에게 제공한다.**(평가 결과 환류)**

2. 평가 방법

(가) 수학 수업과 연계하여 과정을 중시하는 평가를 실시할 때는 다음 사항을 고려한다. **(과정 중시 평가)**

① 성취기준을 중심으로 지식 · 이해, 과정 · 기능, 가치 · 태도 범주를 평가 요소로 구체화한다.

② 교수 · 학습과 연계하여 적절한 평가 도구와 준거를 개발하고 평가를 실시한다.

③ 평가 결과에 기반하여 학생의 학습 정보 및 수행 과정을 학생과 학부모에게 환류한다.

(나) 수학 교과 역량을 평가할 때는 다음 사항을 고려한다.**(수학 교과 역량 평가)**

① 문제해결 역량의 평가는 수학의 개념, 원리, 법칙을 문제 상황에 적절히 활용하는지, 주어진 조건과 정보를 분석하고 적절한 해결 전략을 탐색하여 해결하는지, 문제해결 과정을 돌아보며 절차에 따라 타당하게 결과를 얻어내고 이를 반성하는지, 적극적이고 자신감 있게 문제해결에 참여하는지, 적절한 방법을 찾기 위해 끈기 있게 도전하는지 등을 고려한다.

② 추론 역량의 평가는 수학의 개념, 원리, 법칙을 이해하는지, 논리적으로 절차를 수행하는지, 수학적 지식을 다양한 방법으로 탐구하는지, 관찰에 근거하여 추측하고 일반화를 할 수 있는지, 추측의 근거를 제시하는지, 타당한 정당화를 하는지, 수학에 대한 흥미와 관심을 갖는지, 체계적으로 사고하려는 성향이 있는지, 수학적 증거와 논리적 근거를 바탕으로 비판적으로 사고하는 태도를 갖는지 등을 고려한다.

③ 의사소통 역량의 평가는 수학 용어, 기호, 표, 그래프 등 수학적 표현을 이해하고 정확하게 사용하는지, 적절한 수학적 표현을 선택할 수 있는지, 수학적 표현 간에 변환을 할 수 있는지, 수학적 아이디어나 수학 학습 과정 및 결과에 대해 표현하고 다른 사람의 견해를 이해하는지, 수학적 표현의 편리함을 인식하는지, 타인을 배려하고 의견을 존중하는지 등을 고려한다.

④ 연결 역량의 평가는 영역이나 학년(군) 내용 사이에서 개념, 원리, 법칙을 적절하게 관련지어 이해하는지, 수학의 개념, 원리, 법칙을 연계하여 새로운 지식을 생성할 수 있는지, 수학을 실생활이나 타 교과의 지식, 기능, 경험에 적용할 수 있는지, 실생활이나 타 교과의 지식, 기능, 경험을 수학적으로 해석할 수 있는지, 수학을 바탕으로 창의적으로 관련성을 찾을 수 있는지, 수학의 유용성을 인식하는지 등을 고려한다.

⑤ 정보처리 역량의 평가는 자료와 정보를 목적에 맞게 수집하고 변환하고 정리하는지, 자료를 바탕으로 도출한 결론이 적절한지, 교구나 공학 도구를 적절하게 활용하는지, 수학적 근거를 바탕으로 합리적으로 의사 결정하는 태도를 갖는지 등을 고려한다.

(다) 학생의 수학 학습 과정과 결과는 다양한 평가 방안을 사용하여 양적 또는 질적으로 평가한다. **(다양한 평가 방안)**

① 지필평가는 수학 내용 체계의 지식 · 이해, 과정 · 기능을 평가하는 데 활용할 수 있고, 선택형, 단답형, 서 · 논술형 등의 다양한 문항 유형을 사용할 수 있다.

② 프로젝트 평가는 학생 스스로 특정 주제나 과제를 탐구하고 해결하기 위해 계획을 수립하고 수행하는 과정과 그 결과물을 평가하는 방안으로, 수학 내용 체계의 세 범주를 종합적으로 평가할 때 활용할 수 있다.

③ 포트폴리오 평가는 학생의 성장에 대한 정보를 얻기 위해 수학 학습 수행과 그 결과물을 일정 기간 수집하여 평가하는 방안으로, 수학 교과 역량의 발달을 종합적으로 평가할 때 활용할 수 있다.

④ 관찰 평가, 면담 평가, 구술 평가는 학생 개인 및 소집단을 관찰, 학생과의 질의응답, 학생의 발표를 통해 평가하는 방안으로, 학생의 사고 방법, 수행 과정, 수학 내용 체계의 가치 · 태도 등을 평가할 때 활용할 수 있다.

⑤ 자기 평가는 학생 스스로 자신의 학습 과정과 결과를 평가하는 방안으로, 수학 내용의 이해와 수행 과정, 문제해결과 추론 과정의 반성, 자신의 생각 표현, 수학 내용 체계의 가치 · 태도 등을 평가할 때 활용할 수 있다.

⑥ 동료 평가는 동료 학생들이 상대방을 서로 평가하는 방안으로, 협력 학습 상황에서 학생 개개인의 역할 수행이나 집단 활동의 기여를 평가할 때 활용할 수 있다.

(라) 교구나 공학 도구를 활용하여 평가할 때는 다음 사항을 고려한다.
(교구 및 공학 도구 활용)

① 성취기준의 도달 여부를 판단하는 데 교구나 공학 도구의 사용이 효과적인 경우 이를 활용한 평가를 실시할 수 있다.

② 교구나 공학 도구를 활용하여 평가할 때는 교구나 공학 도구의 기능 및 조작이 아닌 수학 내용의 탐구 과정을 평가한다.

(마) 온라인 수학 교수 · 학습 환경에서 평가할 때는 다음 사항을 고려한다.
(온라인 평가 유의)

① 온라인 수학 학습에서는 학생의 활동에 근거한 구체적인 자료를 사용하여 평가한다.
② 온라인 학습 플랫폼이나 학습 관리 시스템을 이용하여 학생의 수행 과정을 관찰하고 개별 맞춤형으로 환류할 수 있다.
③ 학생의 접속 환경 미비로 인한 불참 시 기회 부여 등에 대해 방안을 마련하고 형평성의 문제가 제기되지 않도록 사전에 안내한다.

학교 수학 교육은 교육과정에 제시한 평가 방향 및 평가 방법에 기초하여 실시 되어야 한다. 특히, 수업에서의 평가는 학생의 성장과 발달을 위해 실시하면서 교사의 수업 개선을 위한 반성 자료로 잘 활용되어야 한다.

문제
해결

1단계

문제를 해결하며
학습해봅시다.

기초문제로 복습하기

- **문제해결** 문제를 해결해 가면서 주요 내용을 익히고 복습해 봅시다.
- **반성 · 정리** 참고문헌에서 관련 내용을 찾아 문제해결을 검토하고 보완해 봅시다.
- **자료축적** 문제해결에 도움이 된 자료들을 기록하여 추후 학습에 활용해 봅시다.

➜ 강의 시간에 토론식 수업(토론 학습)을 한다면 해결 과정이나 결과를 서로 발표하고, 함께 검토하면서 발전시켜 봅시다.

01 우리나라 교육과정에 제시된 수학과 평가의 목표를 써보자.

*도움이 된 참고자료 기록하기

02 NCTM의 《학교 수학의 원리와 규준(Principles and Standards for School Mathematics 2000)》에서 제시한 학교수학의 6가지 원리 중 '평가의 원리'를 써보자.

*도움이 된 참고자료 기록하기

03 평가에 대한 다음 주장의 의미를 설명해보자.

평가는 단순한 성취도 검사 이상으로서 수업의 일부로 수업에 통합되어야 한다.

*도움이 된 참고자료 기록하기

04 평가를 시행할 때 교사는 학생들이 소집단별로 토론하는 과정을 관찰할 수도 있고, 수업 시간에 학생들이 문제를 해결하는 과정을 자연스럽게 관찰할 수도 있다. 관찰 평가의 장점을 2가지 제시해보자.

*도움이 된 참고자료 기록하기

05 교육과정에서 제시하는 평가 방향을 말해보자.

*도움이 된 참고자료 기록하기

06 다음은 수학과 수행평가에 대한 설명 중 일부이다. (가)와 (나)의 설명에 가장 알맞은 수행평가 유형을 아래 제시된 평가 유형에서 찾아보자.

포트폴리오 평가, 관찰 및 면담 평가, 서술형 평가, 프로젝트 평가

(가)

① 학생들이 문제의 해결과정을 기술하여 문제해결과정을 올바르게 이해하고 있는지를 파악하는 평가 유형으로, 학생들이 설명하는 문제 풀이 과정을 분석함으로써 학생들이 무엇을 잘못 알고 있는지를 평가하고 이를 올바르게 고쳐줄 수 있는 평가 유형이다.

② 학생의 수학적 사고 과정을 잘 드러낼 수 있는 문항 제작이 가능하며, 특히 문제 풀이 과정이 하나로 고착되지 않고, 통합교과적이고 실생활과 접목되는 문항을 출제할 수 있다.

③ 채점은 총체적 채점법과 분석적 채점법이 이용된다.

(조미경, 2007: 한국교육과정평가원, 2014: 227)

(나)

① 학생들이 탐구하고 싶은 주제를 선택하고 이에 관한 정보를 수집, 분석, 결론을 내리는 창의적인 주제 탐구 학습 활동이다.

② 개인적 차원에서 수행할 수도 있지만 소집단이 협동하여 수행하거나 1주일 이상의 장시간을 요구하는 경우가 많다.

③ 탐구력, 비판적 사고력, 창의적 문제해결력, 의사 결정력 등의 고등 사고 기능을 종합적으로 요구한다. 또한 그 결과를 발표하는 과정에서는 수학적 의사소통 능력도 신장할 수 있다.

④ 채점은 일반적인 채점 기준을 토대로 과제의 성격에 따라 구체적인 채점 기준을 마련하고, 체크리스트를 함께 활용하여 채점한다.

(한국교육과정평가원, 2014: 229)

*도움이 된 참고자료 기록하기

07 관찰 및 면담 평가에서 평가 결과를 기록하는 방법을 두 가지 제시하고 각 방법을 간단히 설명해보자.

*도움이 된 참고자료 기록하기

08 수학과 평가에서 다양한 평가 방법을 활용하는 것이 필요한 이유에 대해 설명해보자.

*도움이 된 참고자료 기록하기

2단계

문제를 해결하며 학습해봅시다.

정리문제로 다지기

- **문제해결** 문제를 스스로 해결한 후, 자신의 답안을 [해결 예시]와 비교해 봅시다.
- **반성 · 정리** 참고문헌에서 관련 내용을 찾아 문제해결을 검토하고 보완해 봅시다.
- **자료축적** 문제해결에 도움이 된 자료들을 기록하여 추후 학습에 활용해 봅시다.

➜ 강의 시간에 토론식 수업(토론 학습)을 한다면 해결 과정이나 결과를 서로 발표하고, 함께 검토하면서 발전시켜 봅시다.

01 수학과 평가에 대한 다음 제시문을 읽고 물음에 답하여보자.

> 수학 교수-학습의 형태가 탐구학습, 집단별 협동학습, 토론 및 발표 학습 등으로 점점 다양해짐에 따라 수학과 평가의 형태도 달라지고 있다. 따라서 학생들의 수학 학습의 성취, 수행, 숙달 정도 등에 관한 정보를 선택형이나 단답형 문항의 지필 평가 결과에만 의존하여 얻는 것에는 한계가 있다.

(1) 전통적인 지필 평가에 대한 대안적 평가의 유형을 제시해보자.

나의 문제해결

(2) 위에서 제시한 평가 유형의 장점과 단점을 각각 써보자.

나의 문제해결

➜ [해결 예시] 445쪽

02 수학과 평가의 바람직한 방향을 세 가지 이상 제시하고, 이를 수학과 교육과정에서 제시하는 평가 방향과 관련지어보자.

나의 문제해결

→ [해결 예시] 446쪽

03 우리나라 수학과 교육과정의 평가 방향에 드러난 평가의 목적을 교사와 학생의 관점으로 구분하여 써보자.

나의 문제해결

04 평가 실시 후 가채점을 실시하는 것은 수학과 평가 절차 중 하나라고 할 수 있다. 수학과 평가 과정에서 '가채점'의 중요성을 설명해보자.

나의 문제해결

→ [해결 예시] 447쪽

05 다음은 김 교사가 정의적 영역을 관찰 평가하기 위해 만든 체크리스트이다. 제시된 표의 관찰 항목에 대하여 세부 관찰 요목을 2가지씩 써보자.

〈관찰 평가 체크리스트〉

	관찰 항목	세부관찰 요목	학생 이름	학생 이름	-
정의적 영역	수학에 대한 흥미와 호기심				
	수학에 대한 자신감				
	과제 집착력과 의지				

나의 문제해결

→ [해결 예시] 448쪽

06 서술형 평가의 채점은 주로 총체적 채점법이나 분석적 채점법을 이용한다. 두 방법을 비교하여 설명해보자.

나의 문제해결

→ [해결 예시] 449쪽

07 중학교 1학년 수학에서 제시된 수행평가 문항의 예이다. 제시된 문항과 가장 가까운 평가 유형을 (예시)에서 선택하고, 선택한 평가 유형의 문항 제작에서 교사가 유의해야 할 사항을 3가지 들어보자.

(예시) 포트폴리오 평가, 토론 및 관찰 평가, 서술형 평가, 프로젝트 평가

자료를 찾아 통계 그래프로 나타내기

인터넷에서는 통계 자료를 가진 다양한 사이트를 찾을 수 있다. 다음의 사이트 혹은 관심을 가지는 주제의 자료가 있는 사이트를 검색하여 자료를 구하고 주제와 그 주제에 맞는 통계 그래프(예 : 히스토그램, 도수분포다각형)를 선택하여 나타내어라.

[참고사이트]
국가통계포털(http://kosis.kr), 교육통계서비스(http://cesi.kedi.re.kr),
기상청(http://kma.go.kr), 한국농구연맹(http://www.kbl.or.kr),
영화진흥위원회(http://www.kofic.or.kr)

[문항 1] 통계 그래프로 나타내고 싶은 주제 선정하기
주제 : ______________________

[문항 2] 자료 검색하기
주제의 자료가 있는 사이트 주소 : ______________________

[문항 3] 주제를 나타내기에 알맞은 통계 그래프 선택하기
알맞은 통계 그래프 : ______________________
그 이유는? ______________________

[문항 4] 통계 그래프 나타내기
조사한 자료를 통계 그래프로 나타내시오.

중학교 1학년 수학 문항 예시 (한국교육과정평가원, 2014: 258)

나의 문제해결

→ [해결 예시] 450쪽

08 다음에 제시된 두 교사의 대화를 읽고 물음에 답하여보자.

김 교사 : 학생들을 지도하다 보면 학생들이 주어진 문제의 ① 결과는 나름대로 답하는데 답을 어떻게 구했는지 알아보면 의외로 해결 과정이 정확하지 않거나 잘 알지도 못한 채 답을 한 경우가 있어요.

박 교사 : 맞아요. 그래서 객관식으로 수학을 평가하는 것이 과연 ② 학생의 수준을 잘 평가하고 학생의 학습을 향상시킬 수 있는 것인지 의문이 들 때도 있지요.

김 교사 : 그동안 우리 학생들이 수학을 학습할 때 문제해결 과정보다 문제해결 결과에 초점을 맞추는 방식으로 공부를 하지 않았나 하는 생각이 드네요. 수학 공식을 학습할 때도 학생들이 ③ 공식을 유도하는 과정보다는 ④ 공식 결과만을 암기해서 문제를 푸는 데 적용하는 학습을 많이 했으니까요. 이러한 학습 방법을 이제는 변화시켜야 한다고 생각합니다.

박 교사 : 그래요. 수학을 배우면서 어떤 사실이 왜 성립하는가에 대해서 생각하지 않은 채, 단지 결과적 지식을 피상적으로 받아들이고 문제해결에 적용하기만 한다면 결국 수학적으로 사고하는 힘을 육성하기는 어려울 테니까요.

(1) ①의 과정과 관련하여 적절한 평가 방법을 두 가지 제시해보자.

(2) ④를 지양하고 ③을 강조하는 교사가 고등학교 1학년 서술형 평가에서 다음과 같은 문제를 제시하였다.

삼각형 ABC에서 다음이 성립함을 증명하여라.

$a = b\cos C + c\cos B$

$b = c\cos A + a\cos C$

$c = a\cos B + b\cos A$

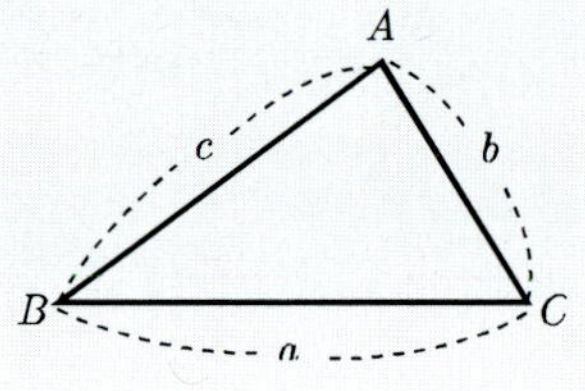

위 문제에 대한 모범답안을 작성해보자.

(3) ②와 관련해서 우리나라 교육과정에서 제시하고 있는 평가 방향을 모두 써보자.

나의 문제해결

→ [해결 예시] 450쪽

해결 예시

01 (1) 서술형 평가, 프로젝트 평가, 포트폴리오 평가, 관찰 및 면담 평가 등

(2) 서술형 평가는 학생들이 풀이 과정에 중점을 두어 문제를 풀도록 함으로써 학생들의 사고력과 문제해결력을 평가하거나 그 향상 정도를 파악할 수 있다. 또한 서술형 문항은 주어진 문제를 해결하는 데 필요한 다양한 종류의 지식과 자료를 수집하고 분석하며 비판하고 종합하여 해결 방안을 구안, 실험, 검증, 보고하는 등의 고등 정신 기능들을 평가하는 데 유리하다. 따라서 학생들의 비판적, 창의적 사고를 함양시키고 올바른 방법으로 학습할 수 있도록 도와준다. 그러나 학생 개개인의 답안지를 면밀히 분석해야 하므로 채점하는 데 많은 시간이 필요하며 채점 기준을 정확히 하지 않았을 경우에는 학생이 어느 단계에서 취약한지 알 수 없다는 단점이 있다.

프로젝트 평가는 프로젝트의 주제 및 진행 과정을 개별화 또는 차별화하여 학생의 수준과 개성에 맞게 다룰 수 있다는 장점이 있다. 또한 다양한 자료에 대하여 수학적으로 해석하고 설명하는 과정을 포함하므로 고차원적인 사고 능력을 기를 수 있고 소그룹의 협동 학습을 통하여 의사소통 능력을 신장시킬 수 있다는 장점이 있다. 프로젝트는 고정된 해답이 정해져 있지 않고 문제해결자의 관점에 따라 여러 가지 답이 나올 수 있으므로 모범답안을 하나로 결정할 수 없어서 평가에 어려움이 있을 수 있고, 참신하고 새로운 성격의 주제를 개발하기 어렵다는 단점이 있다.

포트폴리오 평가는 하나 이상의 주제나 문제에 대한 해결 과정과 이에 대한 반성적 자기 평가 결과들을 장기간에 걸쳐 모아둠으로써 학생들이 자기 자신의 변화 과정이나 장점, 약점, 성실성, 잠재가능성 등을 스스로 인식하게 해주는 장점이 있다. 한편 학생들의 과거와 현재의 상태를 쉽게 파악할 수 있어 학생, 학부모, 교사 간의 훌륭한 의사소통 수단이 된다는 장점도 있다. 그러나 포트폴리오 평가는 장기간의 시간과 노력이 필요하고 평가 결과에 대한 신뢰성 및 객관성 확보를 위해 교사가 별도의 노력을 기울여야 한다는 단점이 있다.

관찰 및 면담 평가는 인지적 영역뿐 아니라 수학에 대한 태도와 신념 등 정의적인 영역까지를 평가할 수 있는 장점이 있으며 양적으로 확인할 수 있는 학생의 수

학적 능력이나 사고에 대하여 보다 심화된 자료를 얻을 수 있다. 특히 관찰 및 면담은 독자적인 평가 기법으로서의 역할보다는 다른 평가 기법에 의한 결과를 점검하고 보완하는 보조 역할의 의미가 크다고 할 수 있다. 그러나 이러한 평가 기법은 관찰자인 교사의 많은 시간과 노력이 필요하며 관찰 목적에 알맞은 현상을 포착하기 어려울 때도 있고 또한 학생들에 대해 편견을 갖게 되어 관찰 결과에 주관성이 개입될 수 있다는 단점이 있다.

해결 예시 참고자료

구분	참고자료	근거
이론서	수학교육학신론2(황혜정 외, 2023)	181-211
	수학교육학 신서(강옥기 외, 2012)	455-467
나의 추가 자료		

02 첫째, 발달적 교육관을 중시하는 평가가 이루어져야 한다. 평가는 선발적 교육관과 발달적 교육관으로 대별할 수 있다. 발달적 교육관에서는 모든 학생이 가능한 한 의도하는 바의 수업 목표를 달성할 수 있도록 모든 학습자에게 적절한 학습 방법을 배치하고자 이를 위한 평가를 하게 된다. 따라서 학생 간의 서열을 매기기 위한 평가보다는 수업 목표 달성도의 평가에 그 관심이 집중된다. 이것은 우리나라 수학과 교육과정에서 제시하는 학생의 주도적 학습 성장을 지원하는 평가방향과 관련이 있다.
둘째, 다양한 평가 방법을 수반하는 평가가 이루어져야 한다. 지필 검사만으로는 다양한 상황에서 다양하게 표현되는 수학적 능력을 종합적으로 바르게 평가할 수 없으므로 일상적인 수업 방법을 탈피하여 학생들의 수학적 사고를 자극하는 새로운 수업 방법을 적용해보고 이에 부합하는 새로운 방법으로 평가를 해야 한다. 이것은 우리나라 수학과 교육과정에서 제시하는 '수학 학습과 결과는 다양한 평가 방안을 사용하여 양적 또는 질적으로 평가' 한다는 평가방향과 관련이 있다.
셋째, 문제해결의 과정을 중시하는 평가가 이루어져야 한다. 즉, '학생이 어떠한 사고 과정을 거쳐서 이 문제를 해결하였는가?', '학생이 사고 과정에서 어떤 오류를 범해서 문제를 풀지 못하였는가?'를 중시하여 학생이 수학적 사고 능력과 문제해결력의 향상을 위해 노력하도록 하고 교사 역시 자신의 교육 방법을 반성해야 한다. 이것은 우리나라 수학과 교육과정에서 제시하고 있는 '평가'의 제안 사항 중 '과정을 중시하는 평가를 실시'한다는 평가방향과 관련이 있다.

넷째, 정의적 영역의 능력을 중시하는 평가가 이루어져야 한다. 학생이 가지는 수학적 성향은 그가 수학에 지속적으로 관심을 갖고 공부하며, 높은 성취를 이룰 수 있을 것인지를 판단하는 중요한 준거가 되기 때문이다. 이것은 우리나라 수학과 교육과정에서 제시하고 있는 평가 방향과 관련이 있다.

해결 예시 참고자료		
구분	참고자료	근거
교육과정	수학과 교육과정(교육부, 2022)	47-49
이론서	수학교육학신론3(황혜정 외, 2023)	133-136
나의 추가 자료		

03 학생 관점: 학생의 수학 학습에 대한 정보(인지적 영역과 정의적 영역에 대한 유용한 정보)를 수집·활용하여 학생의 주도적 학습과 성장을 지원한다.

교사 관점: 학생의 수학 학습에 대한 정보를 수집·활용하여 교사의 수업 개선을 돕는다.

해결 예시 참고자료		
구분	참고자료	근거
교육과정	수학과 교육과정(교육부, 2022)	47
나의 추가 자료		

04 평가를 실시하고 난 후에는 가채점을 통하여 사전에 준비한 채점 기준 및 예상 답안의 적절성을 검토하여 이를 수정하고 보완한 후에 실제적인 채점에 임하는 것이 바람직하다. 따라서 가채점은 채점 기준의 요소 중에서 채점자(교사)가 생각하지 못하였던 채점 요소나 또는 부적절하게 배당된 요소별 점수가 있는지를 검토하고 미비한 부분을 보완하고 수정하는 데 중요하다.

해결 예시 참고자료

구분	참고자료	근거
이론서	수학교육학신론2(황혜정 외, 2023)	145
나의 추가 자료		

05 ■ 수학에 대한 흥미와 호기심:
수학 시간을 즐거워한다.
수학을 배우는 것을 좋아한다.
수학 내용 학습에 적극적으로 참여한다. 등

■ 수학에 대한 자신감:
수학 공부를 어려워하거나 두려워하지 않는다.
수학을 좋아하고 잘하는 과목이라고 생각한다.
어려운 문제를 접해도 해결할 자세를 보인다. 등

■ 과제집착력과 의지:
수학 시간에 배운 내용을 이해하려고 스스로 노력한다.
모르는 것이 있으면 주변에 물어보며 알아간다.
문제가 잘 안 풀리거나 어려워도 포기하지 않고 끝까지 해결하려 한다. 등

해결 예시 참고자료

구분	참고자료	근거
이론서	수학교육학신론2(황혜정 외, 2023) 수학교육학 개론(김응태 외, 2008)	156, 166, 173 328-331
나의 추가 자료		

06 총체적 채점법은 어떤 문제에 대한 답과 해결 과정 등 문제해결 전체에 대하여 단일한 점수를 부여하는 방법으로 풀이 전체에 대하여 하나의 점수를 배정한다. 분석적 채점법은 문제해결 과정의 여러 국면에 대하여 각각의 점수를 할당하고 전체적으로 합산하는 방법으로 문제해결 과정을 분석하여 몇 개의 단계로 구분하는 것이 필요하다. 흔히 문제의 이해, 풀이 계획, 답 구하기의 3단계로 구분하고 각 단계를 다시 3~4수준으로 나누어 점수를 부여한다.

총체적 채점법과 분석적 채점법의 비교 (조미경, 2007: 209)

	총체적 채점법	분석적 채점법
의미	성취 행동 전체를 채점단위로 하여 채점자가 전체적인 관점에서 판단하여 점수를 부여	성취행동을 평가기준표에 열거된 요소와 배점에 따라 채점을 하고 요소별로 점수를 부여
특징	- 학생들의 답안을 비교적 신속하게 채점할 수 있음 - 해답뿐만 아니라 풀이 과정을 중시할 수 있음 - 학생의 답안 전체에 대해 한 가지 점수를 부여	- 채점자 훈련 및 실제 채점 실시시 총괄적 채점기준을 활용할 때보다 시간이 더 걸림 - 요소나 영역별로 학생의 강점이나 취약점 파악 가능 - 수행의 여러 가지 측면을 구분하여 점수를 부여 - 채점의 신뢰도가 높음

(조미경, 2007, p.209)

분석적 채점 기준표의 예 (강옥기, 2007: 188)

단계	배점	측정의 관점
문제 이해	0	문제를 완전히 잘못 이해하였음
	3	문제의 일부를 잘못 이해하였거나 잘못 해석하였음
	6	문제를 완전히 이해하였음
풀이 계획	0	계획을 시도하지 않거나 완전히 틀렸음
	3	문제의 일부를 바르게 해석하여 부분적으로 옳은 계획을 세웠음
	6	바른 실행을 하면 옳은 답을 얻을 수 있는 계획을 세웠음
답 구하기	0	답이 없거나 부적절한 계획에 의하여 틀린 답
	1	기록 실수, 계산 실수, 또는 다수의 답 중 일부만을 제시
	2	잘못된 계획으로부터 구한 틀린 답
	3	답이 옳으며 적절함

해결 예시 참고자료		
구분	참고자료	근거
이론서	수학과 학습지도와 평가론(강옥기, 2007)	188
	수학교육학신론2(황혜정 외, 2023)	182-183, 199
	초등수학 서술형 수행평가 문항 및 평가기준 개발 연구(조미경, 2007)	209
나의 추가 자료		

07 프로젝트 평가이다.

프로젝트 평가 문항 제작에서 교사가 유의해야 할 사항은

- 틀에 박힌 정형문제를 지양하고 참신하고 새로운 성격의 주제(문제)를 개발하도록 한다.
- 평가 기준 작성에서는 평가 목적이나 목표에 따라 채점 요소를 정하고 배점을 부여한다.
- 평가 기준표(채점 기준)를 작성하여 문제와 함께 제시한다.
- 현실적이고 실현 가능한 프로젝트 수행 일정에 대한 안내를 한다. 등

해결 예시 참고자료		
구분	참고자료	근거
교육과정	수학과 교육과정(교육부, 2022)	40-42
교과서	중학교 수학	자료와 가능성 영역 (도수분포표와 상대도수)
이론서	교과별 수행평가 방법 개선 방안(한국교육과정평가원, 2014)	258
	수학교육학 신서(강옥기 외, 2012)	461-462
	수학교육학신론2(황혜정 외, 2023)	190-202
나의 추가 자료		

08 (1) 서술형 평가, 관찰 및 면담 평가

(2) 삼각형 ABC에서 세 변의 길이와 세 각의 코사인에 대하여 다음과 같은 법칙이 성립한다.

$a = b\cos C + c\cos B$

$b = c\cos A + a\cos C$

$c = a\cos B + b\cos A$

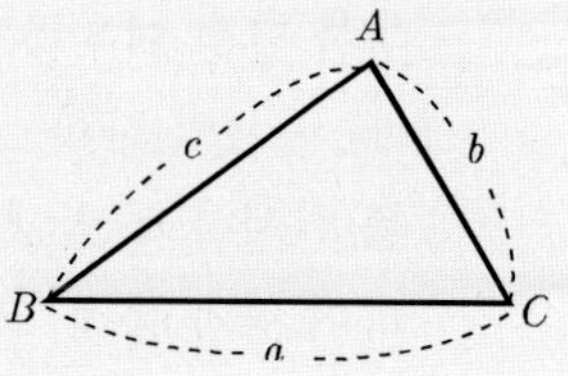

삼각형 ABC의 꼭짓점 A에서 변 BC 또는 그 연장선 위에 내린 수선의 발을 H라 하고, ∠C의 크기에 따라 다음과 같이 세 경우로 나누어 증명할 수 있다.

(i) $C < 90°$일 때,

$a = \overline{BH} + \overline{HC}$

$= c\cos B + b\cos C$

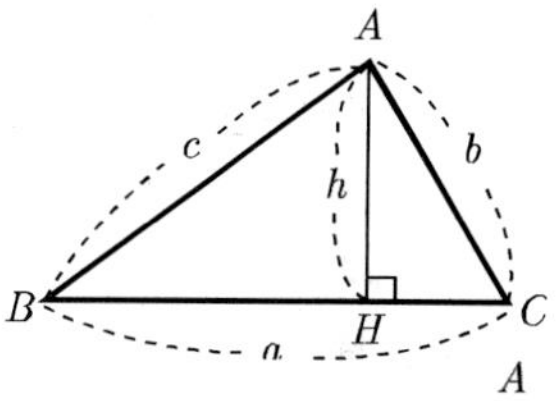

(ii) $C > 90°$일 때,

$a = \overline{BH} - \overline{CH}$

$= c\cos B - b\cos(180° - C)$

$= c\cos B + b\cos C$

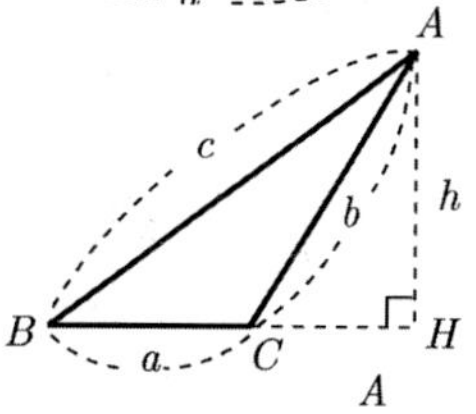

(iii) $C = 90°$일 때,

$\cos C = 0$이므로

$a = c\cos B$

$= c\cos B + b\cos C$

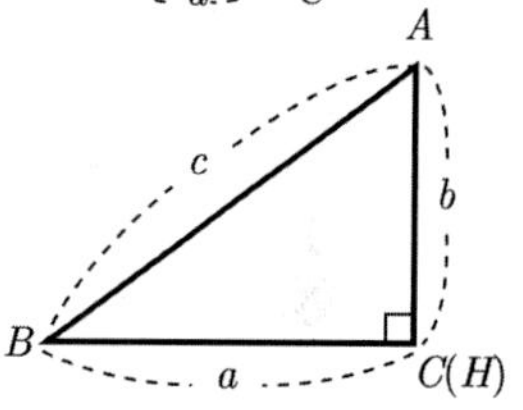

따라서 ∠C의 크기에 관계없이 $a = b\cos C + c\cos B$가 성립한다.

같은 방법으로 $b = c\cos A + a\cos C$, $c = a\cos B + b\cos A$도 증명할 수 있다.

(3) (가) 학생의 수학 학습에 대한 정보를 수집 · 활용하여 학생의 주도적 학습과 성장을 지원하고 교사의 수업 개선을 돕도록 지속적으로 평가를 실시한다. **(목적)**

(나) 수학과 교육과정에 제시된 성격, 목표, 내용 체계, 성취기준, 교수 · 학습과 일관성을 가지도록 평가를 실시한다. **(일관성)**

(다) 학생의 수학 학습을 돕기 위해 수업과 평가를 통합하여 과정을 중시하는 평가를 실시한다. **(과정 중시)**

(라) 수학 내용 체계의 지식 · 이해, 과정 · 기능, 가치 · 태도를 학습 결과뿐 아니라 학습 과정에서 균형 있게 평가한다. **(3가지 범주 평가)**

(마) 학생이 평가 과정에 적극적으로 참여하고 스스로 설정한 수학 학습 목표에 대한 달성 여부를 점검할 수 있게 한다.**(학생 참여 평가)**

(바) 학생의 사회 · 문화적 배경, 신체 특성 등이 불리하게 작용하지 않도록 평가를 실시하고, 학생의 사전 지식, 수학에 대한 흥미, 학습 유형, 학습 수준을 고려하여 평가 목적, 교수 · 학습 내용 및 방법에 따라 다양한 평가 방법을 적용한다. **(다양한 평가 방법 적용)**

(사) 진단평가, 형성평가, 총괄평가 등을 적절히 활용하여 수학 학습 과정과 결과에 대한 구체적인 정보를 바탕으로 학생의 특성과 학습 결손을 파악하고 개별적 지원 방안을 마련한다.**(학생 개별 지원 방안)**

(아) 온라인 수학 수업에서 평가를 할 때 학습 환경 등의 외적 요소가 수학 학습 과정과 평가 결과에 영향을 미치지 않도록 한다.**(온라인 평가 유의)**

(자) 평가 절차를 개방적이고 공정하게 시행하고 학생의 수학 학습에 대한 의미 있는 정보를 학생, 학부모에게 제공한다.**(평가 결과 환류)**

해결 예시 참고자료

구분	참고자료	근거
교육과정	수학과 교육과정(교육부, 2022)	47, 101
교과서	고등학교 수학	〈대수〉〈삼각함수〉
이론서	수학교육학신론2(황혜정 외, 2023)	125-126
	수학교육학 신서(강옥기 외, 2012)	455-456, 462-465
나의 추가 자료		

기출문제로 도약하기

3단계

문제를 해결하며 학습해봅시다.

- **문제해결** 문제를 스스로 해결한 후, 자신의 답안을 [해결 예시]와 비교해 봅시다.
- **반성 · 정리** 참고문헌에서 관련 내용을 찾아 문제해결을 검토하고 보완해 봅시다.
- **자료축적** 문제해결에 도움이 된 자료들을 기록하여 추후 학습에 활용해 봅시다.

→ 교원임용시험대비 수험생들은 답안 작성 분량을 고려하면서 자신의 답안을 수정하거나 보완해 봅시다.

01 일반적으로 문제 풀이의 과정을 중시하여 채점하는 방법으로 '총체적 점수화 방법'과 '분석적 점수화 방법'을 들 수 있으며, 여기서 분석적 점수화 방법이란 풀이 과정을 몇 단계의 요소로 나누어 채점 요소를 세우고 각 요소에 점수를 할당하여 이것을 척도로 이용하는 방법을 말한다. 다음의 서술형 주관식 문항을 분석적 점수화 방법으로 채점하기 위한 모범 답안(2점)과 이 답안을 10점 만점으로 하는 채점 기준(즉, 채점 요소와 배점)을 제시하시오(4점). (6점)

| 1998년 교원임용시험 기출문제 3번 |

[문제]
A중학교의 작년의 학생 수는 1,050명이고, 금년은 작년보다 남학생은 4% 증가하고, 여학생은 2% 감소하여 전체적으로 9명이 증가했다. 금년의 남녀 학생 수를 각각 구하시오.

→ [해결 예시] 468쪽

02 수학과 평가의 일반적인 절차를 6단계로 나누어 나타낸 아래의 표에 빈칸을 완성하시오.

| 2001년 교원임용시험 기출문제 4번 |

단계	내용
1단계	평가 목적 선정
2단계	
3단계	
4단계	평가 실시
5단계	
6단계	

03 다음은 수행평가의 한 유형인 <프로젝트>에서 사용할 수 있는 가상적인 소재이다.

| 2002년 교원임용시험 기출문제 2번 |

A교사는 학생들에게 학교의 부지, 건물 등이 배치되어 있는 설계도를 가져와서 학생들을 소집단으로 구성하고 각 소집단별로 다음 과제를 해결하게 한다.

> 다음 주에는 건물이 배치되어 있는 장소를 제외하고 나머지 땅에 잔디를 깔려고 한다. 가능한 한 최소 비용으로 이 작업을 마치려면 어느 정도의 예산이 필요한가?

제7차 수학과 교육과정의 세 가지 일반 목표 중에서, A교사가 위와 같은 수행평가를 실시했을 때 달성하고자 하는 목표와 가장 가까운 것 한 가지를 쓰시오. (4점)

→ [해결 예시] 469쪽

04 다음과 같은 [문제]와 [학생 A의 풀이]에 대하여 주어진 [채점기준]으로 평가하려고 한다. [학생 A의 풀이]에 타당한 점수를 [채점기준]에 근거하여 쓰고, 그 점수를 부여한 이유를 학생이 사용한 추론 양식과 관련하여 30자 이내로 서술하시오. (4점)

| 2003년 교원임용시험 기출문제 2번 |

[채점기준]
1점 - 문제이해 부족, 부정확한 수학적 표현
2점 - 그럴듯한 추론, 관찰을 수반한 풀이
3점 - 명확한 추론, 풀이과정의 경미한 실수
4점 - 명확한 추론, 바른 답

[문제] 성숙한 토끼 한 쌍은 한 달이 지나면 한 쌍의 토끼를 낳으며, 새로 태어난 토끼 한 쌍은 2개월 후부터 매달 한 쌍의 토끼를 낳기 시작한다고 한다. 1월 1일에 성숙한 토끼 한 쌍을 사서 기르기 시작하면, n개월 후에는 몇 쌍의 토끼가 있게 되는가? (단, 토끼들은 죽지 않는다고 가정한다.)

[학생 A의 풀이]
1개월 후부터 4개월 후까지 토기의 쌍의 수를 세어보았더니 다음과 같다.

$$2,\ 3,\ 5,\ 8$$

이 수열은 제1계차가 1, 2, 3, $\cdots$인 등차수열이므로 n번째 항은

$$a_n = 2 + \{1+2+3+\ \cdots\ +(n-1)\} = \frac{n^2-n+4}{2}.$$

따라서 n개월 후의 토끼의 쌍의 수는 $\frac{n^2-n+4}{2}$이다.

→ [해결 예시] 470쪽

05 A 교사가 학생들에게 '둘레의 길이가 100 m인 도형의 넓이'라는 조건을 사용하여 조별로 문제를 만들고 해결하여 발표하고, 보고서로도 제출하게 하였다. 이때 가능한 한 일상생활이나 다른 분야와 연계된 풍부한 배경을 가진 문제를 만들도록 하였다.

A 교사는 학생들의 조별 발표를 관찰하고 보고서를 검토하면서 수학적 의사소통 능력에 초점을 두어 평가하려고 한다. 이때, 수학적 의사소통 능력을 평가하기 위한 항목을 2가지만 쓰시오. (4점) | 2004년 교원임용시험 기출문제 4번 |

→ [해결 예시] 470쪽

06 다음은 제7차 수학과 교육과정의 '평가' 항목에서 제시하고 있는 내용의 일부이다.

> ① 객관식 선다형 위주의 평가를 지양하고, ② 주관식 지필 검사, 관찰, 면담 등 다양한 평가 방법을 활용하여 종합적인 수학 학습 평가가 이루어질 수 있게 한다.

제7차 수학과 교육과정에서 제시하고 있는 수학 학습 평가의 목적을 학생과 교사의 측면에서 각각 쓰고, 수학 학습 평가에서 ①에 비해 ②가 갖는 장점을 인지적 영역과 정의적 영역의 측면에서 각각 쓰시오. (4점)

| 2006년 교원임용시험 기출문제 6번 |

→ [해결 예시] 470쪽

07 다음은 수학 7-나 단계에서 학습하는 내용 요소와 평가 문항이다. 다음에 제시된 평가 문항의 문제점을 보완하기 위해 면담을 이용한 평가를 계획하려고 한다.

> ① 내용 요소: 히스토그램
> ② 평가 문항: 도수분포표를 그래프로 나타낸 것을 무엇이라고 하는가?

①을 ②의 문항으로 평가할 때의 문제점을 쓰고, 면담을 이용한 평가의 의의를 쓰시오. 또한 ①을 면담에 의해 평가할 때 활용할 수 있는 ①과 직접 관련된 질문을 한 가지 쓰시오. (4점) **| 2007 교원임용시험 기출문제 3번 |**

08 제7차 수학과 교육과정에서는 '수학학습의 평가가 ① 학생 개개인의 수학학습을 돕고, ② 교사 자신의 수업 방법을 개선'하는 데 기여할 것을 평가 목적의 하나로 명시하고 있다. 다음 문항을 위에 기술한 평가 목적에 보다 부합하도록 재구성하고, 재구성한 근거를 ①과 ②의 관점에서 문항 내용과 관련지어 서술하시오. (단, 문항을 재구성할 때, 주어진 명제는 변형하지 않도록 한다. (4점)

| 2008년 교원임용시험 기출문제 1번 |

> 다음 명제의 참, 거짓을 판별하시오. 답: ________
> 명제 : 이차함수 $y = ax^2 + bx + c$는 x절편과 y절편을 모두 갖는다.

→ [해결 예시] 471쪽

09 김 교사는 다영이의 질문을 아래와 같이 문제로 만들어 과제로 내 주었다. [문제]에 대한 모범 답안을 만들고, 과제물을 평가할 수 있는 채점 기준을 다음 <조건>에 따라 작성하시오. 그리고 아래의 <학생 과제물 사례>에 있는 [풀이]를 위에서 작성한 채점 기준의 채점 영역별로 평가한 결과를 근거와 함께 서술하시오. (20점)

| 2009년 교원임용시험 2차 기출문제 1-2번 |

다영: 선생님, 질문이 있는데요. 그럼 두 변의 길이와 그 끼인각이 아닌 다른 한 각이 주어진 경우는 삼각형의 결정 조건이 되나요?

조건

- 분석적 점수화 방법을 적용하여 채점 기준을 작성하되, 배점은 고려하지 않는다.
- 채점 기준은 채점 영역과 채점 요소로 구성한다.
- 채점 영역을 먼저 '문제해결'과 '<u>수학적 추론과 정당화</u>'로 구분하고, '문제해결' 영역은 다시 '<u>문제의 이해</u>', '<u>계획의 작성 및 실행</u>', '<u>반성</u>'의 3가지 하위 영역으로 구분한다.
- 위에서 밑줄 친 4가지 채점 영역 각각에 대하여 채점 요소가 2가지만 포함되도록 채점 기준을 구성한다.

학생 과제물 사례

[문제] 두 변의 길이와 그 끼인각이 아닌 다른 한 각의 크기가 주어진 경우는 삼각형의 결정조건이 되는지 판단하고, 그 이유를 설명해 보세요.

[풀이] 나는 두 변의 길이와 그 끼인각이 아닌 다른 한 각의 크기가 주어진 경우는 삼각형의 결정조건이 된다고 생각한다. 내 생각이 맞는지 알아보기 위해 컴퓨터 프로그램을 이용하여 직접 그려 보았다. 다음은 컴퓨터 화면을 캡쳐한 것이다.

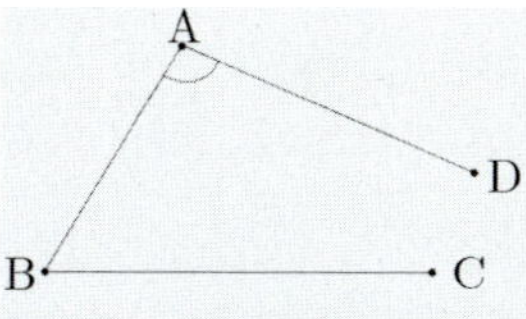

[그림 1]

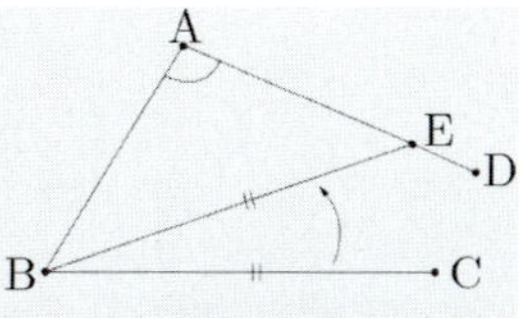

[그림 2]

[그림 1]에서 선분 AB와 선분 BC는 길이가 주어진 두 변을 나타내고 각 A는 크기가 주어진 각을 나타낸다. 여기서 선분 BC의 길이가 변하지 않도록 꼭짓점 B를 중심으로 선분 BC를 돌려서 [그

림 2]와 같이 선분 AD와 만나도록 한다. 이때 생기는 교점을 E라고 하면 삼각형 ABE가 만들어진다. 선분 BC를 꼭짓점 B를 중심으로 회전시킨 이유는 선분 BC의 길이를 유지하면서 세 번째 꼭짓점을 구할 수 있기 때문이다.

이처럼 문제의 조건을 이용하여 삼각형을 실제로 만들어낼 수 있으므로 두 변의 길이와 그 끼인 각이 아닌 다른 한 각의 크기가 주어진 경우는 삼각형의 결정조건이 된다.

→ [해결 예시] 472쪽

10 다음은 수학 교사를 위한 '평가' 연수 시간에 이루어진 대화의 일부이다.

| 2016년 교원임용시험 전공A 기출문제 10번 |

김 강사 : 서술형 평가의 중요성에 대해 말씀을 드렸습니다. 혹시 질문이 있으세요?

박 교사 : 서술형 평가는 선택형 평가와 비교해 장점도 있지만, 채점의 어려움이 걱정입니다.

김 강사 : '총체적 점수화 방법'을 적용하여 채점하면 좋을 듯합니다. **〈자료 1〉**로 설명해 볼게요.

〈자료 1〉

(선택형) $\sqrt{28x}$ 가 정수가 되는 100 이하의 모든 양의 정수 x의 합은?

① 7　② 28　③ 35　④ 70　⑤ 98

정답률 (%)	답지반응률(%)				
	①	②	③	④	⑤
51	4	12	25	8	51

(서술형) $\sqrt{28x}$ 가 정수가 되는 100 이하의 모든 양의 정수 x 의 합을 풀이 과정과 함께 쓰시오. [10점]

… (중략) …

박 교사 : 아, 풀이 전반에 걸쳐 하나의 점수를 부여하는 방법이군요. 다른 채점 방법도 있나요?

김 강사 : 네, '분석적 점수화 방법'이 있습니다. 문제를 해결하는 데 필요한 내용이나 과정을 몇 단계로 구분하여 단계별로 점수를 부여하는 방법입니다.

〈자료 2〉는 **〈자료 1〉**의 (서술형) 문제에 대해 어느 교사가 작성한 채점 기준표와 학생 A의 답안입니다.

〈자료 2〉

채점 기준표

채점 영역	채점 요소	배점
문제 이해	제곱근의 성질 $\sqrt{a^2}=a(a\geq 0)$을 이해함	2
문제해결	$\sqrt{28x}$를 $\sqrt{2^2\times 7\times x}$ 또는 $2\sqrt{7x}$로 고침	3
	$\sqrt{2^2\times 7\times x}$ 또는 $2\sqrt{7x}$를 이용하여 만족하는 수를 모두 구함	3
답 구하기	만족하는 모든 수의 합을 구함	2

학생 A의 답안

$\sqrt{x^2}=x(x\geq 0)$이므로 $\sqrt{28x}$가 정수가 되기 위해서는 $x=28$이고, 또한 $\sqrt{28x}=\sqrt{2^2\times 7\times x}=2\sqrt{7x}$이므로 $2\sqrt{7x}$가 정수가 되기 위해서는 $x=7$이다. 따라서 만족하는 모든 양의 정수의 합은 35이다.

… (중략) …

박 교사 : 네, 서술형 평가 실시에 큰 도움이 될 것 같습니다.

교사의 수업 개선에 초점을 맞추어 서술형 평가의 장점을 **〈자료 1〉**, **〈자료 2〉**와 관련지어 서술하시오. 또한 **〈자료 2〉**의 채점 기준표에 근거하여 '학생 A의 답안'을 채점한 점수를 쓰고, 그 점수를 부여한 이유를 설명하시오. (4점)

→ [해결 예시] 474쪽

11 고등학교 확률과 통계의 순열과 조합 단원 수업에서 학생의 추론 능력을 평가하기 위하여 서술형 평가를 실시하였다. 다음은 박 교사가 실시한 평가 문항과 채점 기준표, 그리고 이 평가 문항에 대한 한 학생의 답안이다.

| 2017년 교원임용시험 전공A 기출문제 10번 |

(가) 평가 문항과 채점 기준표

• 평가 문항

다음 등식의 참, 거짓을 판단하고 그 이유를 설명하시오. (4점)

$$_{n}\mathrm{C}_{0}+{}_{n}\mathrm{C}_{1}+{}_{n}\mathrm{C}_{2}+\ \cdots\ +{}_{n}\mathrm{C}_{n}=2^{n}$$

• 채점 기준표

점수	채점 기준
4	- 일반성을 보장하는 추론 유형을 사용하여 참이라고 판단한 경우
2	- 일반성을 보장하는 추론 유형을 사용하였으나 사소한 오류로 인해 거짓이라고 판단한 경우 - 일반성을 보장할 수 없는 추론 유형을 사용하여 참이라고 판단한 경우
1	- 추론 과정에 대한 서술 없이 참이라고 판단한 경우
0	- 그 외의 경우

(나) 학생의 답안

$n=1$일 때, $_{1}\mathrm{C}_{0}+{}_{1}\mathrm{C}_{1}=2$

$n=2$일 때, $_{2}\mathrm{C}_{0}+{}_{2}\mathrm{C}_{1}+{}_{2}\mathrm{C}_{2}=4=2^{2}$

$n=3$일 때, $_{3}\mathrm{C}_{0}+{}_{3}\mathrm{C}_{1}+{}_{3}\mathrm{C}_{2}+{}_{3}\mathrm{C}_{3}=8=2^{3}$이 된다.

따라서 이 등식은 참이다.

위 (나) 학생의 답안에 나타난 추론의 유형을 쓰고, 그 유형의 특성을 설명하시오. 그리고 (가)의 채점 기준표에 근거하여 위 학생의 답안을 채점한 점수를 쓰고, 학생의 추론적 사고가 가진 제한점을 보완할 수 있는 지도 방안을 1가지 서술하시오. (4점)

→ [해결 예시] 475쪽

12 박 교사는 상관관계를 지도하는 수업 시간에 학생들에게 '휴대전화 사용 시간과 수면 시간의 상관관계'를 포스터로 제작하도록 하였다. A 모둠 학생들이 만든 포스터는 다음과 같다. | 2020년 교원임용시험 전공B 기출문제 4번 |

휴대전화 사용 시간과 수면 시간

A 모둠

● 자료 수집
우리 반 학생 20명을 대상으로 전날의 휴대전화 사용 시간과 수면 시간을 조사하였다.

● 자료 정리
20명의 자료를 (휴대전화 사용 시간, 수면 시간)의 순서쌍으로 나타내고 산점도를 그렸다.

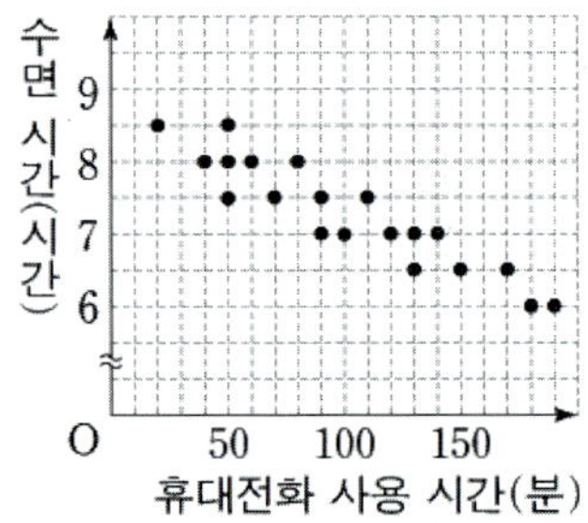

● 자료 분석
우리 반 학생들의 휴대전화 사용 시간과 수면 시간 사이에 음의 상관관계가 있다.

● 결론
휴대전화 사용 시간을 줄이면 학생들의 수면 시간이 늘어날 것이다.

박 교사는 프로젝트 평가 방법을 사용하여 학생들의 포스터를 다음의 항목에 대해 평가할 계획이다.

평가 항목	
평가 항목	(1) 자료를 적절한 방법으로 수집하였는가?
	(2) 자료를 조사 목적에 맞게 정리하였는가?
	(3) 자료를 옳게 분석하였는가?
	(4) 결론이 적절한가?

이 수업의 평가 방법으로 프로젝트 평가가 적절한 이유를 설명하시오. 그리고 평가 항목 (3)에 따라 A 모둠 포스터의 '자료 분석'을, 평가 항목 (4)에 따라 A 모둠 포스터의 '결론'을 평가하여 그 결과를 각각 서술하시오. (4점)

→ [해결 예시] 475쪽

13 다음은 강 교사와 임 교사가 학기 초에 수학 교과의 평가 방법을 논의하면서 나눈 대화의 일부이다. | 2022년 교원임용시험 전공A 기출문제 6번 |

강 교사 : 이번 학기에는 ㉠ 학생이 일정 기간 동안 시험지, 단순 과제물, 프로젝트 형태의 결과물, 수학 일기 등을 모아 제출하고, 교사가 이 제출물에 기초하여 학생의 학습 내용 이해뿐만 아니라 관련된 교과 역량을 종합적으로 평가하면 좋을 것 같습니다.

임 교사 : 네. 학생과 협력하여 목표 영역을 정하고, 장시간에 걸친 학생들의 수학 학습 수행과 그 결과물을 정해진 준거에 따라 평가하고 활용하는 방법이군요.

강 교사 : 그렇습니다. 이 평가 방법을 지난 학기에 사용했을 때 학생이 제출한 예시 자료를 보여 드릴게요.

제목 : ○○○의 위대한 수학 산책

1. 목차

___ 학년 ___ 반 ___ 번

이름 : ○○○

주제(평가 내용)	완성한 날짜	비고
1. 학년 초 수학 진단평가	20△△. 3. 5.	수업 중
2. 다항식 단원의 수학 오답 노트	20△△. 4. 15.	과제
3. 함수 단원의 모둠 활동지 모음	20△△. 5. 17.	수업 중
4. 컴퓨터로 배우는 수학 : 일차함수의 그래프 그리기	20△△. 5. 21.	수업 중
5. 실생활 속의 일차함수 프로젝트	20△△. 6. 10.	과제

임 교사 : ㉡ 협력 학습 상황에서 동료의 역할 수행 정도나 집단 활동에 기여한 정도를 학생들이 서로 평가한 기록지를 제출물에 추가하면 좋겠어요.

밑줄 친 ㉠, ㉡의 평가 방법의 명칭을 2015 개정 수학과 교육과정(교육부 고시 제2020－236호)의 '평가 방법'에 제시된 용어로 순서대로 쓰시오.
또한 2015 개정 수학과 교육과정의 '평가 원칙'에 제시된 수학과 평가의 목적을 기술하고, 그 목적의 관점에서 밑줄 친 ㉠의 평가 방법이 갖는 장점을 1가지 서술하시오. (4점)

→ [해결 예시] 476쪽

14 다음은 '수학평가론'의 강의 내용을 요약한 공책의 일부이다.

| 2023년 교원임용시험 전공A 기출문제 6번 |

〈과제 1〉 다음 [문제]에 대한 채점기준표를 만들고, [예시답안]을 채점하시오.

[문제]
두 함수 $f(x)=\log_n x$, $g(x)=1-\log_n(x+4)$의 그래프가 구간 $1<x<2$에서 만나도록 하는 모든 n의 값의 합을 구하시오. (단, $n \geq 2$인 자연수이다.) [4점]

[예시답안]
교점을 (x, y)라 하면, 방정식 $\log_n x = 1-\log_n(x+4)$이므로 방정식 $x^2+4x-n=0$은 실근을 가진다. 이차함수의 그래프에 적용하면 직선 $x=-2$를 축으로 하는 포물선이므로, $1<x<2$에서 실근을 가지려면 $D\geq 0$, $f(1)>0$, $f(2)>0$이다. 따라서 $n\geq -4$, $n<5$, $n<12$이므로, n의 값은 2, 3, 4이다. 합은 9이다.

• 우리가 만든 채점기준표

채점기준표 A

채점 요소	배점
백지 혹은 오답 이외 다른 내용이 없음	0
문제를 이해한 듯하나, 겨우 풀기 시작함	1
합리적으로 풀었지만, 중요한 실수로 옳은 풀이를 방해함	2
문제는 해결했지만, 단순한 계산 실수로 답을 구하지 못함	3
적절한 방법을 사용하여 문제를 해결하고 답을 구함	4

채점기준표 B

채점 영역	채점 요소	배점
문제 이해	방정식을 이용하고 있음	1
문제 해결	방정식 $x^2+4x-n=0$을 제시함	1
	구간 $1<x<2$에서 해가 존재할 조건을 제시하고, 모든 n의 값을 구함	1
답 구하기	모든 n의 값의 합을 정확히 구함	1

• [예시답안]의 채점 점수

채점기준표 A에 의한 점수는 (㉠)점이고, 채점기준표 B에 의한 점수는 (㉡)점이다.

〈과제 2〉 채점기준표 A에 의한 채점 방법과 비교하였을 때, 채점기준표 B에 의한 채점 방법이 가지는 장점 1가지를 적으시오.

괄호 안의 ㉠과 ㉡에 들어갈 점수를 순서대로 쓰고, 괄호 안의 ㉡에 들어갈 점수를 부여한 이유를 채점기준표 B에 근거하여 설명하시오. 또한, <과제 2>에 대한 답을 적고, 장점의 이유를 채점기준표 B에 의한 채점 방법의 의미에 근거하여 서술하시오. (4점)

→ [해결 예시] 477쪽

해결 예시

01 작년의 남녀 학생 수를 각각 a, b, 금년의 남녀 학생 수를 각각 x, y라 하자.

작년의 학생 수는

$$a+b=1050 \quad ---①$$

금년의 남학생 수는 $x=a+0.04\times a$

금년의 여학생 수는 $y=b-0.02\times b$이다.

또 전체적으로 9명이 증가하였으므로 $0.04\times a-0.02\times b=9$이므로

$$2a-b=450 \quad ---②$$

①과 ②를 더하면 $3a=1500$이므로 $a=500$

이를 ①에 대입하면 $500+b=1050$이므로 $b=550$이다.

a, b값을 식에 대입하면

$x=500+0.04\times 500=520$, $y=550-0.02\times 550=539$이다.

따라서 금년의 남녀 학생 수는 각각 520명, 539명이다.

(채점기준표)

영역 \ 요소		채점요소	배점
문제 해결	이해	미지수를 바르게 설정하기	2
		문제의 뜻에 맞게 식을 세우기	2
	해결 과정	세운 식을 조작하여 바르게 계산하기	1
		a, b의 값을 구하기	2
	결과 제시	x, y의 값을 정확하게 구하기	2
		문제의 뜻에 맞게 해석하기	1
총점			10

해결 예시 참고자료		
구분	참고자료	근거
교육과정	수학과 교육과정(교육부, 2022)	34-37
교과서	중학교 수학	변화와 관계 영역 (연립일차방정식)
이론서	수학교육학신론2(황혜정 외, 2023)	182-189
나의 추가 자료		

02

단계	내용
1단계	평가 목적 선정
2단계	**평가 영역 및 목표 선정**
3단계	**평가틀 및 평가 도구 개발**
4단계	평가 실시
5단계	**채점**
6단계	**평가 결과 분석 및 활용** (평가 결과를 교수-학습 개선에 반영)

해결 예시 참고자료		
구분	참고자료	근거
교육과정	수학과 교육과정(교육부, 2022)	47-49
이론서	수학교육학신론(황혜정 외, 2016)	457-458
	수학교육학신론2(황혜정 외, 2023)	147
나의 추가 자료		

03

(제7차 교육과정의 목표에 맞춰 기술한 사례)

수학적 지식과 기능을 활용하여 생활 주변에서 일어나는 여러 가지 문제를 수학적으로 관찰, 분석, 조직, 사고하여 해결할 수 있다.

[참고] 제 7 차 교육과정의 세 가지 일반 목표

(가) 여러 가지 생활 현상을 수학적으로 고찰하는 경험을 통하여 수학의 기초적인 개념, 원리, 법칙과 이들 사이의 관계를 이해할 수 있다.

(나) 수학적 지식과 기능을 활용하여 생활 주변에서 일어나는 여러 가지 문제를

수학적으로 관찰, 분석, 조직, 사고하여 해결할 수 있다.

(다) 수학에 대한 흥미와 관심을 지속적으로 가지고, 수학적 지식과 기능을 활용하여 여러 가지 문제를 합리적으로 해결하는 태도를 기른다.

해결 예시 참고자료		
구분	참고자료	근거
교육과정	제7차 수학과 교육과정(교육부, 1997)	29
	수학과 교육과정(교육부, 2022)	6
나의 추가 자료		

04 ■ 2부 1장 「추론 교육」 기출문제 해결예시 **01**번 참조.

05 우리나라 2015 개정 수학과 교육과정의 수학 교수－학습 방법에서 의사소통 능력을 함양하기 위한 제안사항을 참고하여 제시한다.

(1) (보고서 검토 관련) 둘레의 길이가 100m인 도형의 넓이라는 조건을 사용해서 수학 문제를 적절하게 만들고 수학 용어, 기호, 표 그래프 등의 수학적 표현을 정확하게 사용하면서 문제를 해결하고 있는가?

(2) (조별 발표 관찰 관련) 수학적 아이디어를 말, 글, 그림, 기호, 표, 그래프 등을 사용하여 다른 사람과 효율적으로 의사소통하고 있는가?

해결 예시 참고자료		
구분	참고자료	근거
교육과정	수학과 교육과정(교육부, 2015)	39
	수학과 교육과정(교육부, 2022)	37-40, 45
교과서	중학교 수학	도형과 측정 영역 (평면도형의 성질)
이론서	수학 학습-지도 원리와 방법(우정호, 2011)	322-323
	학교 수학을 위한 원리와 규준(NCTM, 2000: 류희원 외 역, 2007)	363-370
나의 추가 자료		

06 ■ 목적: (학생) 학생의 수학 학습과 전인적인 성장을 돕는다.

(교사) 교사의 수업방법을 개선하는 데 활용한다.

■ 장점:

인지적 영역의 측면 :

학생이 문제해결의 어느 단계에서 취약한지 또는 수학 학습의 어떤 능력이 부족한지에 대한 정보를 보다 풍부히 얻을 수 있어서 학생이 인지적 능력의 수준과 상태를 파악해 그에 대한 지도 계획과 방법을 고안할 수 있도록 한다.

문제해결의 결과보다는 문제해결의 과정에 중점을 두어 평가할 수 있기 때문에 수학적 지식, 개념, 원리에 대한 이해, 기본적인 계산 기능, 수학적 지식의 적용 능력 등에 대한 학생의 정보를 보다 잘 파악할 수 있다.

정의적 영역의 측면 :

학생의 수학적 성향(관심, 흥미, 태도, 의지, 자신감, 과제집착력 등)을 보다 잘 파악하게 되어 학생들이 수학에 대해 지속적인 관심을 가지고 공부를 하며 높은 성취를 이를 수 있도록 도와주는 지도 과정을 계획할 수 있다.

수학에 대한 가치관이나 수학 학습에 대한 관심, 흥미, 태도, 과제 집착력, 의지 등의 정도를 보다 의미 있게 평가할 수 있다.

학생의 수학적 성향 즉 수학 학습에 대해 갖는 관심, 흥미, 태도, 가치관 등에 대한 풍부한 정보를 얻을 수 있다.

해결 예시 참고자료

구분	참고자료	근거
교육과정	수학과 교육과정(교육부, 1997)	87
	수학과 교육과정(교육부, 2022)	47
나의 추가 자료		

07 ■ 문제점: 단답형의 답만 묻고 있어서, 히스토그램을 그리는 방법을 알고 있는지, 히스토그램이 주어졌을 때 그래프를 해석하는 능력을 갖고 있는지, 어떤 경우에 히스토그램을 활용하는지 등 히스토그램에 대한 전반적인 이해 정도를 파악하기 어렵다.

■ 의의: 히스토그램에 대한 학생들의 이해 정도를 전반적으로 파악할 수 있다. 그러므로 학습 부진아를 진단하거나 학습 우수아를 선별하는 데도 유용하다. 학생들의 이해가 부족한 부분에 대해 알게 되어 지도상의 개선도 꾀할 수 있다.

▪ 질문: 도수분포표를 제시하고, 이를 히스토그램으로 나타내보아라.
(또는 히스토그램을 제시하고 자료의 분포 상태를 해석하여라.)

해결 예시 참고자료		
구분	참고자료	근거
교육과정	수학과 교육과정(교육부, 2022)	40-42
교과서	중학교 수학	자료와 가능성 영역 (도수분포표와 상대도수)
이론서	수학교육학 신서(강옥기 외, 2012)	462-463
	수학교육과정과 교재연구(김남희 외, 2024)	332-334
나의 추가 자료		

08 ▪ 재구성한 문항 : 다음 명제의 참, 거짓을 판단하고, 그렇게 판단한 이유를 설명하시오.

▪ 재구성한 근거 :

①의 관점 : 학생이 용어의 뜻이나 개념 이해에 중점을 두면서 문제해결 결과가 아닌 문제해결의 과정에 초점을 맞춰 공부할 수 있도록 도울 수 있다.

②의 관점 : 교사는 학생의 답안 내용을 통해 틀린 부분을 찾아 학생이 어느 부분에서 취약한지를 확인하고 다음 지도에 반영하여 학생의 지식을 수정, 보완, 개선시킬 수 있다. 한편 학생의 답안 내용이 옳은 경우라면 동일 주제와 관련된 심화학습 내용을 계획할 수도 있다.

해결 예시 참고자료		
구분	참고자료	근거
교육과정	수학과 교육과정(교육부, 1997)	87
	수학과 교육과정(교육부, 2022)	83, 85, 91
교과서	고등학교 수학	〈기본수학2〉 (집합과 명제)
나의 추가 자료		

09 ▪ 모범답안 : 두 변의 길이와 그 끼인각이 아닌 다른 한 각의 크기가 주어진 경우가 삼각형의 결정조건이 되는지 생각해보자. 두 변의 길이가 각각 6 cm, 4 cm이고 끼인각이 아닌 다른 한 각이 30°라면 그림과 같이 삼각형의 모양과 크기가 하나로 결정되지 않는다.

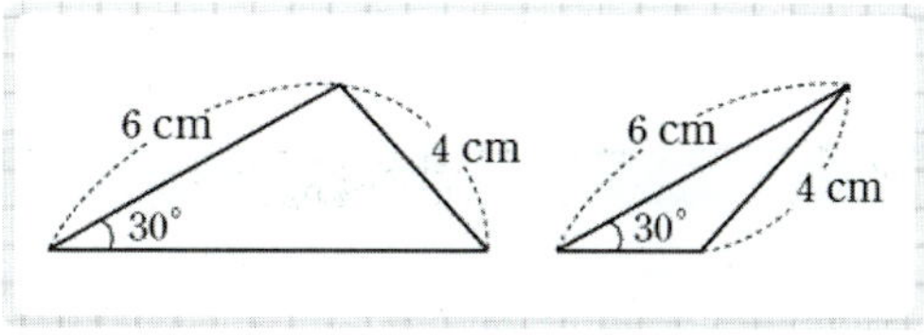

주어진 한 각이 두 변 사이의 끼인각이라는 조건이 없으면 삼각형이 하나로 정해지지 않으므로 문제에 주어진 조건은 삼각형의 결정조건이 되지 않는다.

■ 채점 기준 구성(분석적 점수화 방법) :

영역 \ 요소		채점요소	배점
문제해결	이해	두 변의 길이와 그 끼인각이 아닌 다른 한 각의 크기가 주어진 것을 이해	1
		문제에서 제시한 조건이 삼각형의 결정 조건이 되는지를 묻는 문제임을 이해	1
	계획	주어진 조건에 맞는 삼각형을 그리고자 시도	1
		제시한 삼각형 사례가 적절	1
	반성	문제해결 과정 또는 방법이 적절	1
		문제해결 결과가 타당	2
추론과 정당화		문제에서 요구하는 분명한 판단을 제시	1
		판단에 대한 이유가 논리적으로 타당	2
총점			10

* 총점이 바뀌면 총점에 따라 채점요소별 배점을 변경할 수 있다.

■ 채점 기준에 의한 학생 과제물 사례 평가 : 먼저 문제해결 영역에서 총 3점이다. 그 이유는 학생은 두 변의 길이와 그 끼인각이 아닌 다른 한 각의 크기가 주어진 것을 이해하고 있으므로 1점, 문제에서 제시한 조건이 삼각형의 결정조건이 되는지를 묻는 문제임을 알고 있으므로 1점, 주어진 조건에 맞는 삼각형을 그리고자 시도하여 1점, 그러나 컴퓨터 프로그램으로 그려서 제시한 삼각형 사례가 적절하지 않아 0점, 문제해결 과정 또는 방법은 부적절하여 0점, 문제해결 결과가 타당하지 않아 0점이다. 한편 추론 및 정당화 영역에서 총 1점이다. 문제에서 요구하는 분명한 판단을 제시하여 1점, 그러나 그 판단에 대한 이유가

논리적으로 타당하지 않아 0점이다. 따라서 학생 과제물 사례에 대한 총 평가 점수는 4점이다.

해결 예시 참고자료		
구분	참고자료	근거
교육과정	수학과 교육과정(교육부, 2022)	37-40
교과서	중학교 수학	도형과 측정 영역 (작도와 합동)
이론서	수학교육학신론2(황혜정 외, 2023)	182-183
나의 추가 자료		

10 ▪ <자료 1>의 선택형 문항은 학생들의 비판적, 창의적 사고의 함양을 억제하고 풀이 과정보다는 결과에 중점을 두어 문제를 해결하는 학습태도를 가지게 할 수 있다. <자료 1>의 선택형 문항과 달리 서술형 평가는 학생들이 주어진 문제를 해결하는 데 필요한 다양한 종류의 지식과 자료를 수집하고 분석하며 비판하고 종합하며 해결 방안을 구안, 실험, 검증, 보고하는 등의 평가 과정으로서 교사가 학생들의 고등 정신 기능을 평가하는 데 유용하다. 특히 서술형 평가는 <자료 2>와 같이 풀이 과정을 세분화하여 각 단계마다 학생의 사고 과정을 평가할 수 있어서 학생이 어느 단계에서 취약한지에 대한 정보를 얻고 평가 결과를 반영하여 교사가 지도 과정을 개선, 보완하는 데 도움을 얻을 수도 있다. 다시 말해서 <자료2>에서 볼 수 있듯이, 서술형 평가는 선택형 문항에 비해 학생이 모르는 부분, 실수한 부분에 대한 정확한 정보를 얻을 수 있어서 학생의 수학 학습 능력 신장을 위한 추가적인 지도가 가능하다. 나아가 교사의 지도 과정에서 부족했던 부분에 대해서 깨닫게 하는 경우도 있어, 교사가 이를 수업 중에 개선할 수 있도록 해주기도 한다.

▪ 평가 결과 : 학생 A의 답안을 채점한 점수는 5점이다.

(이유)

- 문제 이해 단계에서는 제곱근의 성질을 잘 이해하고 있음(2점).
- 문제해결 단계에서는 $\sqrt{28x}$ 을 $2\sqrt{7x}$ 로 고침(3점).

해결 예시 참고자료		
구분	참고자료	근거
교육과정	수학과 교육과정(교육부, 2022)	33-34
교과서	중학교 수학	수와 연산 영역(제곱근과 실수)
이론서	수학교육학 신서(강옥기 외, 2012)	455-460
	수학교육학신론2(황혜정 외, 2023)	182-183
나의 추가 자료		

11 ■ 2부 1장 「추론 교육」 기출문제 해결예시 **07**번 참조.

12 박 교사는 휴대전화 사용 시간과 수면 시간과의 상관관계를 포스터로 제작하도록 하여 학생들이 자료를 수집하고 정리하여 그 결과를 분석한 것까지 평가하고자 하므로 프로젝트 평가방법을 사용하는 것이 적절하다. (학생들은 실제 생활과 직접 관련된 주제를 가지고 어떤 수학적 지식을 사용해야 하는지, 어떻게 접근해야 하는지, 어떤 수학적 방법을 사용해야 하는지를 스스로 결정해서 자료를 수집하고 그 결과를 분석한 것을 제시하고 그 결과를 평가받아야 한다.)

평가 항목 (3)에 따라 모둠 포스터의 '자료 분석'을 살펴보면, A 모둠 학생들은 수집한 자료를 산점도로 정리하여 그림에 나타난 바와 같이 휴대전화 사용 시간과 수면 시간 사이에 음의 상관관계가 있음을 옳게 분석하였다고 평가할 수 있다.

평가 항목 (4)에 따라 모둠 포스터의 '결론'을 살펴보면, 휴대전화 사용 시간과 수면 시간 사이에 음의 상관관계가 있기는 하지만, 이 사실이 휴대전화 사용 시간을 줄이면 학생들의 수면 시간이 늘어난다는 사실을 보장하는 것은 아니기 때문에, A 모둠 학생들의 결론이 적절하다고 평가할 수 없다.

해결 예시 참고자료		
구분	참고자료	근거
교육과정	수학과 교육과정(교육부, 2022)	40-42
교과서	중학교 수학	자료와 가능성 영역 (상자그림과 산점도)
이론서	수학교육과정과 교재연구(김남희 외, 2024)	330-331
	학교수학의 교육적 기초(우정호, 2007)	511, 514
나의 추가 자료		

13 ㉠ 포트폴리오 평가
㉡ 동료평가
(2015교육과정 – 평가 목적)
수학과의 평가는 학생의 인지적 영역과 정의적 영역에 대한 유용한 정보를 수집·활용하여 학생의 수학 학습과 전인적 성장을 돕고 교사의 수업 방법을 개선하는 것을 목적으로 한다.

(2022 교육과정 – 평가 목적)
학생의 수학 학습에 대한 정보를 수집, 활용하여 학생의 주도적 학습과 성장을 지원하고 교사의 수업 개선을 돕도록 지속적으로 평가를 실시한다.

(평가 목적에 부합하는 장점 – 2022 교육과정에 비추어 서술함)

- (포트폴리오 평가는) 학생들이 자기 자신의 변화 과정을 알 수 있고 자신의 장점, 약점, 성실성 여부, 잠재 가능성 등을 스스로 인식할 수 있다. 그러므로 학생의 주도적인 학습과 성장을 가능하게 한다.
- (포트폴리오 평가는) 교사들이 학생의 과거와 현재 상태를 쉽게 파악할 수 있게 할 뿐만 아니라 앞으로의 발전 방향에 대한 조언을 할 수 있도록 한다. 학생의 변화 과정과 현재 이해 상태를 파악할 수 있으므로 어떤 부분을 더 교육하고 보완해야 하는지에 대해 판단이 가능하다. 이를 바탕으로 교사들은 학생 성장을 돕는 방향으로 수업을 개선해 나갈 수 있다.

[참고] 2022 교육과정

- 포트폴리오 평가는 학생의 성장에 대한 정보를 얻기 위해 수학 학습 수행과 그 결과물을 일정 기간 수집하여 평가하는 방안으로, 수학 교과 역량의 발달을 종합적으로 평가할 때 활용할 수 있다.
- 동료 평가는 동료 학생들이 상대방을 서로 평가하는 방안으로, 협력 학습 상황에서 학생 개개인의 역할 수행이나 집단 활동의 기여를 평가할 때 활용할 수 있다. (교육부, 2022: 49)

문제해결 예시 참고자료		
구분	참고자료	근거
교육과정	수학과 교육과정(교육부, 2015)	40
이론서	수학과 교육과정(교육부, 2022)	47, 49
	수학교육학신론 2(황혜정 외, 2023)	203-204
나의 추가 자료		

14 ㉠ 2점, ㉡ 2점

- ㉡에 2점을 부여한 이유: 문제 이해 단계에서 방정식을 이용하고 있고(1점), 문제 해결 단계에서 방정식 $x^2+4x-n=0$을 제시하였다(1점). 그러나 $1<x<2$에서 해가 존재할 조건을 바르게 제시하지 않았다.
- <과제 2>에 대한 답은 채점 기준표 B에 의한 채점 방법은 분석적 채점 방법이다. 이 방법이 가지는 장점은 채점 요소나 채점 영역별로 학생의 강점이나 취약점을 파악할 수 있다. (그 외에도 채점자 간의 평점차를 줄이고 동일한 채점자 내에서도 일관성 및 객관성을 유지할 수 있다는 장점이 있다).
- 위 장점의 이유는 채점기준표 B에 의한 채점 방법이 문제를 해결하는 데 있어서 필요한 단계(과정)을 구체화하여 각 단계별로 채점 기준(채점 요소)을 세우고 점수를 배당하고 있기 때문이다.

문제해결 예시 참고자료		
구분	참고자료	근거
교육과정	수학과 교육과정(교육부, 2022)	100
교과서	고등학교 수학	〈대수〉 (로그함수)
이론서	수학교육학신론 2(황혜정 외, 2023)	182-183
	수학교육학신론(황혜정 외, 2016)	434-435
나의 추가 자료		

하브루타

질문과 토론으로 학습해 봅시다.

문제만들기로 나아가기

- **문제 만들기** 보충 또는 심화 학습이 필요한 내용을 문제로 만들어 봅시다.
- **탐구 학습** 관련 자료를 스스로 찾아가면서 문제해결해 봅시다.
- **토론 학습** 함께 토론하면서 문제 해결을 검토하고 보완해 봅시다.
- **포트폴리오 제작** 탐구 자료를 모아 '수학교육학' 포트폴리오를 만들어 봅시다.

❶ 문제 만들기(예시)

문제 만들기 ❶ 사범대학 수학교육과 학부생의 사례

수학과 평가에서 정의적 영역을 평가할 수 있는 여러 가지 방법을 제시해보자.

문제 만들기 ❷ 교원임용시험을 준비하는 예비 교사의 사례

다음은 중학교 수학에서 '제곱근'의 교수–학습을 실행한 후 제시한 수행평가 문항이다. 제시 문항에 대한 모범답안을 만들고 분석적 채점법에 의한 채점 기준표를 작성해보자.

[문제]

1. 그림과 같이 같은 간격으로 찍혀있는 점을 연결하여 정사각형을 그리려고 한다. 서로 크기가 다른 정사각형을 있는 대로 모두 찾아 그림을 그린 후, 그 넓이와 한 변의 길이를 각각 구하여라.(단, 점과 점 사이의 거리는 1이다.)

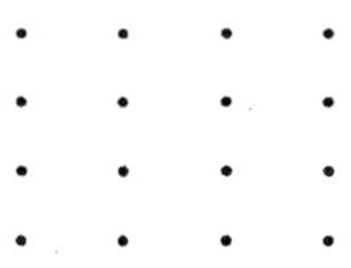

넓 이 : ______

한 변의 길이 : ______

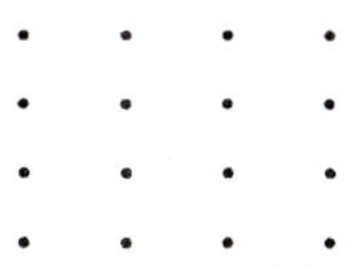

넓 이 : ______

한 변의 길이 : ______

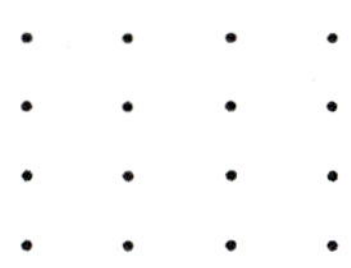

넓 이 : ______

한 변의 길이 : ______

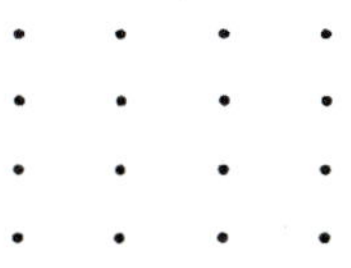

넓 이 : ______

한 변의 길이 : ______

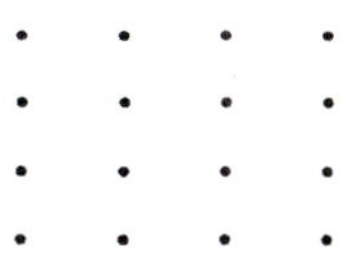

넓 이 : ______

한 변의 길이 : ______

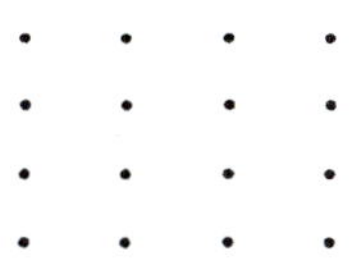

넓 이 : ______

한 변의 길이 : ______

2. 다음 모눈종이 위에 그려진 $\overline{AB}$의 길이를 구하고, 그 이유를 설명하여라.(단, 모눈종이 한 칸의 가로와 세로의 길이는 각각 1이다.)

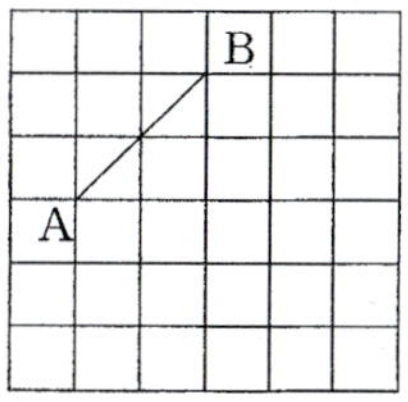

수행평가 문항의 예 (한국교육과정평가원, 2003: 26-28)

문제 만들기 ❸ 중·고등학교 현직 수학 교사의 사례

박 교사는 고등학교 수학에서 등차수열을 지도한 후, 학생들의 직관적인 이해와 시각화에 의한 문제해결을 돕고자 다음과 같은 수행평가 (서술형) 문항을 제시하였다. 그림을 이용하여 예시 답안을 만들고 채점 기준표를 작성해보자.

평가 문항

아래 제시된 그림을 이용하여 1부터 n까지의 자연수의 합 $\sum_{k=1}^{n} k$이

$$1+2+\cdots+n=\frac{1}{2}n(n+1)$$

임을 설명하여라.

1)

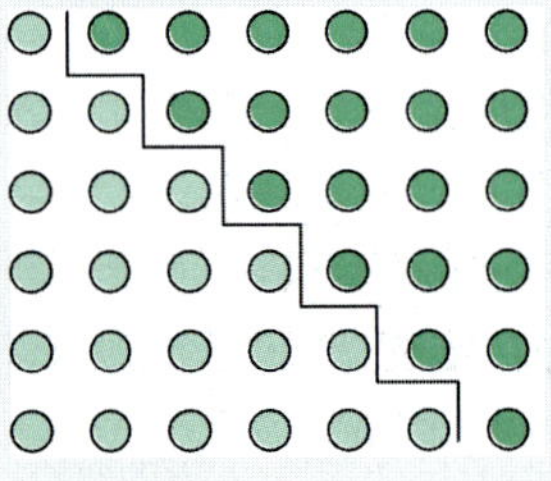

2)

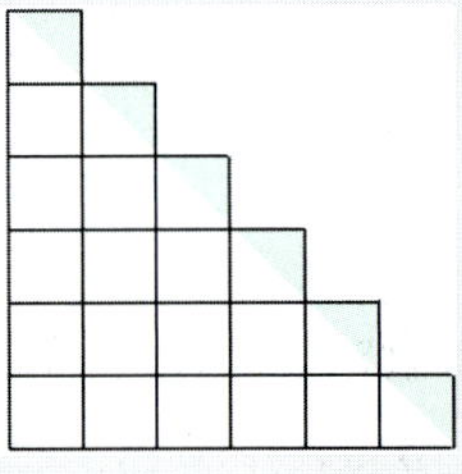

❷ 문제 만들기(실행)

(1) 문제 만들기(문제 제기)

(2) 탐구 및 토론 학습

(3) 문제해결 결과 정리

*문제해결에 도움이 된 참고자료들

* 문제가 추가되면 [부록 A]의 <문제 만들기> 활동지를 복사하여 활용한다.

참고 문헌

강옥기 외(2012). **수학교육학 신서**. 교우사.

강옥기(2007). **수학과 학습지도와 평가론** (제2판). 경문사.

교육부(1997). **수학과 교육과정**. 교육인적자원부.

교육부(2015). **수학과 교육과정**. 교육부.

교육부(2022). **수학과 교육과정**. 교육부.

김남희 외(2017). **예비교사와 현직교사를 위한 수학교육과정과 교재연구** (제3판). 경문사

김남희 외(2024). **예비교사와 현직교사를 위한 수학교육과정과 교재연구** (제4판). 경문사

김연식 외(2001). 수학교육학 용어해설(8). **학교수학** 3(1), 대한수학교육학회. 185-213.

성태제 · 권오남(1999). 수학과 학업성취도 평가를 위한 수행평가의 과제와 전망. **학교수학** 1(1). 대한수학교육학회. 217-234.

조미경(2007). 초등수학 서술형 수행평가 문항 및 평가기준 개발 연구. **한국수학교육학회 시리즈 A, 수학교육** 46(2), 207-226.

최택영, 최혜정(2001). 수학과 수행평가 절차 모형 연구. **한국학교수학회논문집** 4(1), 9-27.

한국과학창의재단(2015). 2015 **개정 교육과정에 따른 수학과 교육과정(교수-학습 방법 및 평가) 개발 연구**.

한국교육과정평가원(2003). **중등 수학과 수행평가 자료집, 연구개발**. RDM 2003-11.

한국교육과정평가원(2009). 학교교육 내실화를 위한 초,중학교 수행평가 프로그램 개발. 연구보고 RRE 2009-4.

한국교육과정평가원(2014). **교과별 수행평가 방법 개선 방안 - 국어 · 수학 · 영어 교과를 중심으로 -**. 연구보고 CRE 2014-3.

황혜정 외(2016). **수학교육학신론** (개정증보판). 문음사.

황혜정 외(2023). **수학교육학신론1** 문음사.

황혜정 외(2023). **수학교육학신론2** 문음사.

황혜정 외(2023). **수학교육학신론3** 문음사.

NCTM(1989). *Curriculum and Evaluation Standards for School Mathematics*. Reston, VA: NCTM. 구광조 외 2인 역(1992).

부록

부록 A

<문제 만들기> 활동지

문제 만들기(실행)

(1) 문제 만들기(문제 제기)

(2) 탐구 및 토론 학습

(3) 문제해결 결과 정리

*문제해결에 도움이 된 참고자료들

저자와의
협의하에
인지를
생략합니다

문제를 해결하며 학습하는

수학교육과정 및 교재론

지은이 김남희
펴낸이 조경희
펴낸곳 경문사
펴낸날 2021년 2월 28일 1판 1쇄
2025년 3월 1일 2판 1쇄
등 록 1979년 11월 9일 제1979-000023호
주 소 04057, 서울특별시 마포구 와우산로 174
전 화 (02)332-2004 팩스 (02)336-5193
이메일 kyungmoon@kyungmoon.com

값 30,000원

ISBN 979-11-6073-745-5